NOSSA HUMANIDADE

FUNDAÇÃO EDITORA DA UNESP

Presidente do Conselho Curador
Mário Sérgio Vasconcelos

Diretor-Presidente
Jézio Hernani Bomfim Gutierre

Superintendente Administrativo e Financeiro
William de Souza Agostinho

Conselho Editorial Acadêmico
Danilo Rothberg
Luis Fernando Ayerbe
Marcelo Takeshi Yamashita
Maria Cristina Pereira Lima
Milton Terumitsu Sogabe
Newton La Scala Júnior
Pedro Angelo Pagni
Renata Junqueira de Souza
Sandra Aparecida Ferreira
Valéria dos Santos Guimarães

Editores-Adjuntos
Anderson Nobara
Leandro Rodrigues

Francis Wolff

Nossa Humanidade
De Aristóteles às neurociências

Tradução de
Roberto Leal Ferreira

Notre humanité de Francis Wolff
2010 © Librairie Arthème Fayard, copyright mundial
2011 © da tradução brasileira

Direitos de publicação reservados à:
Fundação Editora da Unesp (FEU)
Praça da Sé, 108
01001-900 – São Paulo – SP
Tel.: (0x11) 3242-7171
Fax: (0x11) 3242-7172
www.editoraunesp.com.br
www.livrariaunesp.com.br
atendimento.editora@unesp.br

CIP-BRASIL. Catalogação na fonte
Sindicato Nacional dos Editores de Livros, RJ

W838n

Wolff, Francis, 1950-
　Nossa humanidade: de Aristóteles às neurociências./Francis Wolff; tradução Roberto Leal Ferreira. – São Paulo: Editora Unesp, 2012.

　Tradução de: *Notre humanité*
　ISBN 978-85-393-0370-0

　1. Humanidade 2. Antropologia filosófica. I. Título.

12-8976.　　　　　　　　　　CDD: 128
　　　　　　　　　　　　　　　CDU: 128

041375

Editora afiliada:

SUMÁRIO

INTRODUÇÃO 7

PRIMEIRA PARTE – FIGURAS

1 **O HOMEM ANTIGO**
O "animal racional" 23
Definir o homem, / O homem no mundo, / O homem, o ser modelo, / O homem definido pela Ciência da Natureza como o ser capaz de Ciência da Natureza, / O homem, o pensável e o impensável na Ciência antiga.

2 **O HOMEM CLÁSSICO**
A "substância pensante estreitamente unida a um corpo" 47
Um novo modo de determinar a essência do homem, / Da natureza do homem à possibilidade de uma Ciência da Natureza, / Da substância pensante à união da alma e do corpo, / Os dois conceitos de homem, condições da Ciência da Natureza.

3 **O HOMEM ESTRUTURAL**
O "sujeito sujeitado" 69
O não homem das Ciências Humanas, / Contra Descartes: o não sujeito, / Contra Aristóteles: a antinatureza.

4 **O HOMEM NEURONAL**
O "animal como os outros" 107
Dois paradigmas: cognitivismo x estruturalismo, / Transpor fronteiras, / O fim dos próprios do homem.

SEGUNDA PARTE – CONFIGURAÇÕES

INTRODUÇÃO – DAS FIGURAS À CONFIGURAÇÃO 139

5 **SISTEMA**
Das quatro maneiras de ser homem 143
Essencialismo ou antiessencialismo?, / O lugar do homem no mundo, / As duas variantes opostas do naturalismo, / As duas variantes opostas do dualismo antinaturalista.

6 **NARRATIVA**
Quatro revoluções científicas 163
A revolução da primeira figura: a possibilidade de uma Ciência Natural, / A revolução da segunda figura: a possibilidade de uma Física Matemática, / A revolução da terceira figura: a possibilidade das Ciências do Homem, / Formas aristotélicas e estruturas lévi-straussianas, / A revolução da quarta figura: o homem renaturalizado.

TERCEIRA PARTE – O REVERSO DAS QUATRO FIGURAS

INTRODUÇÃO – DA FRENTE AO VERSO DO HOMEM 201

7 **ATRATIVOS E PERIGOS DO ANIMAL RACIONAL** 205
Trunfos morais do essencialismo naturalista, / Vantagens e riscos do homem "naturalmente político", / Perigos políticos e morais do homem "animal racional", / A invocação de um conceito essencialista e naturalista da humanidade.

8 **ATRATIVOS E PERIGOS DA SUBSTÂNCIA PENSANTE** 223
"Armação" da natureza?, / Trunfos e riscos do homem composto por duas substâncias.

9 **ATRATIVOS E PERIGOS DO SUJEITO SUJEITADO** 239
O humanismo das Ciências Humanas, / O antirretrato do homem liberal, / Do homem estrutural como sujeito sujeitado aos sujeitos sujeitados a todos os totalitarismos.

10 **O REVERSO MORAL E POLÍTICO DO HOMEM NATURALIZADO** 255
Atrativos e perigos da naturalização dos afetos e das condutas humanas, / Biologismo, evolucionismo, racialismo, historicismo, / Duas consequências do naturalismo anti- -hierárquico: pós-humanismo e animalismo, / Nossa humanidade segundo a versão forte do animalismo, / O animalismo (versão fraca): estágio supremo do humanismo ou sua negação?, / Da humanidade moral diante dos outros viventes, / Nossa humanidade política segundo o animalismo (versão fraca), / Nossa humanidade no espelho antiespecista.

CONCLUSÃO – NOSSA HUMANIDADE 295

REFERÊNCIAS BIBLIOGRÁFICAS 321

ÍNDICE REMISSIVO 329

– INTRODUÇÃO –

Um belo dia, no fim do século passado, o homem mudou. Considerado à luz da Psicanálise ou da Antropologia Cultural havia cerca de trinta anos, estava sujeito ao peso das estruturas, era determinado pelas condições sociais e familiares, governado por desejos inconscientes, dependente da história, da cultura e da língua. Era, em suma, um "sujeito sujeitado". Esse homem das Ciências Humanas e Sociais que, em meados do século, florescia no paradigma estruturalista de Lévi-Strauss, Benveniste ou Lacan, e ainda triunfava em Bourdieu, esse homem desapareceu furtivamente da paisagem. Novas ciências falavam-nos de um novo homem. Eram as Neurociências, as Ciências Cognitivas, a Biologia da evolução. O homem por elas delineado nada tinha a ver com o anterior: estava sujeito ao peso da evolução das espécies, era determinado pelos genes e dependente do desempenho do cérebro. Era, em suma, um "animal como os outros". Passara do "homem estrutural" ao "homem neuronal", segundo o título do marcante livro de Jean-Pierre Changeux.[1] Havia-se, como dizem, "mudado de paradigma". Sem dúvida, para definir as condições de nossa humanidade, continuava havendo psicanalistas, linguistas ou antropólogos, mas também, a partir de então, e cada vez mais, psicólogos evolucionistas, linguistas cognitivistas e paleoantropólogos.

A controvérsia entre eles, que ainda persiste, não é apenas teórica: estão em jogo questões práticas. Um exemplo: o autismo. Na época do "homem estrutural", na França, o autismo era da competência da Psicanálise: era uma "doença mental" catalogada entre as "psicoses". *A fortaleza vazia*, de Bruno Bettelheim, e sua noção de "mães geladeiras", tomada de Léo Kanner

---

1 Changeux, *L'Homme neuronal*.

(o inventor da síndrome de "autismo infantil precoce"), faziam autoridade. Os lacanianos propunham diversos conceitos descritivos ou explicativos que, todos eles, relacionavam o autismo a uma falha na relação com a mãe (com seu "significado"), a uma carência da simbolização primária etc. Uma ou duas gerações mais tarde, na era do "homem neuronal", a Alta Autoridade em Saúde e a Federação Francesa de Psiquiatria, reportando-se à classificação das doenças pela Organização Mundial da Saúde, o CID 10, recomendaram, em outubro de 2005, que se passasse a considerar o autismo uma perturbação ligada ao desenvolvimento neurológico. Do mesmo modo, em dezembro de 2007, a Comunidade Europeia definiu o autismo como uma patologia de origem biológica. Não se trata apenas de uma mudança nosológica, nem sequer de uma mutação epistemológica. É também uma guinada "ética", como mostra o parecer 102 do Comitê Consultivo Nacional de Ética, de novembro de 2007.[2]

Este é só um exemplo, e poderíamos citar muitos outros. Pois a nossa maneira de tratar os anoréxicos, de reprimir ou tratar a homossexualidade, ou justamente de não reprimi-la nem tratá-la, de educar os filhos ou de punir os delinquentes, de cuidar dos animais ou de medir o poder das máquinas, depende da definição que dermos ao homem. Trata-se de determinar quais seres são dotados de "direitos". Alguns, ontem, no tempo do "homem estrutural", denunciavam a ideia mesma de "direitos humanos" como um engodo destinado a mascarar a realidade das relações sociais ou a relatividade das culturas; outros, hoje, nos tempos do "homem neuronal", não hesitam em estender os direitos para além das fronteiras da humanidade, em nome da comunidade natural que formamos com os animais. Ao mudar de humanidade, abalamos as nossas grades de avaliação moral e jurídica. Devemos ficar contentes? Devemos lamentar? Cumpre primeiro constatar, procurar as razões e medir os efeitos. Pois da resposta à pergunta "O que é o homem?" depende, talvez, tudo o que podemos conhecer e tudo o que devemos fazer.

No fundo, é o que afirmava Kant. Para ele, as interrogações humanas fundamentais são as seguintes: "O que posso saber? (questão metafísica); "O que devo fazer?" (questão moral); "O que posso esperar?" (questão religiosa). Todas elas dependem, porém, de uma quarta: "O que é o homem?" Com efeito, "poderíamos, no fundo, reduzir as outras à questão antropológica, pois as três primeiras estão vinculadas à última".[3] Responder à questão do homem seria, por assim dizer, a melhor maneira, talvez a única possível, de responder às questões que o homem se coloca.

---

2 Ver adiante, Capítulo 10, p.256-8.
3 Kant, *Logique*, p.25.

Levemos a sério essa observação. Meçamos, por exemplo, as consequências últimas da definição do homem como "criatura divina". Se o homem for, essencialmente e *nada além disso*, uma criatura divina, então não só o sentido da existência humana se vê esclarecido, mas as três outras questões são praticamente resolvidas: sei que *posso esperar* a imortalidade e a salvação (ou a danação); sei também o que *posso saber*: tudo o que foi revelado por Deus aos homens em seus livros, por seus profetas ou por meio de suas diversas manifestações diretas; e sei também o que *devo fazer* e não fazer: tudo o que é ordenado ou proibido por Deus, por um de seus mediadores reconhecidos ou pelos escritos em que foram registradas as suas vontades (ou as que lhe atribuem os intérpretes legítimos) – desde a maneira de cozinhar as carnes ou de escolher o cônjuge até a maneira de tratar as mulheres, os ladrões, os heréticos ou os descrentes.

Outros exemplos, claro, são possíveis. Suponhamos que o homem seja definido como "um ser *essencialmente* histórico". Não *sabe* ele então o que deve fazer: cumprir seu destino "desde sempre já" inscrito em sua essência? Não sabe também o que pode *esperar*: a realização dessa essência, por exemplo, a redenção de sua condição mortal, a ressurreição, a vitória definitiva do proletariado etc.? Outro exemplo, mais comum: se os seres humanos, os verdadeiros, são "o povo daqui", em oposição àqueles sub-homens de lá – os negros, os bárbaros, os judeus, os ciganos –, ou se, mais geralmente, os únicos homens somos "*nós*", simplesmente, "nós outros, o povo da tribo" (pois em muitas línguas se designa com a mesma palavra seu próprio grupo e a humanidade em geral), em oposição a "*eles*", os outros, então esses seres vivos bípedes que balbuciam uma algaravia ridícula são com certeza animais daninhos, ou talvez divindades maravilhosas. (Enquanto o espanhol, recorda Lévi-Strauss, alternava investigações minuciosas e extermínios sistemáticos para saber se o indígena era um animal ou um homem – definido como "ser vivo dotado de alma imortal" –, o indígena buscava verificar se os brancos eram mesmo aqueles seres vivos imortais que pretendiam ser, submergindo os prisioneiros para ver se o cadáver estava ou não sujeito à putrefação).[4] Diga-me, pois, como define o homem, eu lhe direi o que você crê poder saber, o que julga dever fazer e o que pode esperar.

* * *

---

4 Lévi-Strauss, "Race et histoire". In: _____, *Anthropologie structurale*, II, p.384.

A questão do homem é importante demais para permanecer puramente especulativa. Necessariamente, o conceito de humanidade transborda em todos os sentidos. Transborda primeiro para a esfera do saber, onde pode servir de caução a conhecimentos diversos: "Já que o homem é isso, podemos saber aquilo". Mas transborda também para a esfera social, onde pode servir a interesses práticos diversos e contribuir para justificar diversas ideologias morais ou políticas: "Já que o homem é isso, podemos e devemos fazer aquilo". Nas quatro figuras do homem que nos propomos analisar, entrecruzam-se, assim, verdades e normas, respostas às perguntas "O que podemos saber?" e "O que devemos fazer?". Com uma só diferença: reservaremos o termo "saber" só para o conhecimento científico, sem estender o seu uso a qualquer crença socialmente compartilhada. Entendemos, pois, por figura de humanidade uma concepção filosófica da humanidade (uma resposta à pergunta: "O que é o homem?"), quer explícita, quer implícita, que se esteia em conhecimentos ou teorias científicas, quer do âmbito das Ciências Exatas, quer das Ciências Humanas, e na qual se baseiam normas, regras ou valores. Mais simplesmente, uma *figura do homem* é o cruzamento entre uma relação com um saber que ela permite garantir e uma relação com normas que ela permite fundamentar.

Aludimos anteriormente a duas dessas figuras: a do "homem estrutural" e a do "homem neuronal". Nós as tiramos das próprias práticas científicas. O retrato do "sujeito sujeitado" ou do "animal como os outros" que esboçamos com largas pinceladas, nós o deduzimos do ponto de vista convergente de diversas disciplinas reunidas num mesmo paradigma – estruturalista ou cognitivista. Nenhuma delas formula explicitamente tal concepção filosófica do homem, que não é senão o ponto de fuga de seu olhar comum.

Procedamos inversamente. Partamos não mais das teorias e práticas científicas, mas das definições filosóficas do homem. Perguntemos quais são as mais comuns e as mais influentes da História. Da Antiguidade chegou até nós a ideia de que o homem é um "animal racional", isto é, um organismo vivo distinto de todos os outros, porque dotado de *logos* (linguagem? razão?). Essa ideia, que tem origem na filosofia de Aristóteles, encontrou de que se alimentar e se desenvolver no Estoicismo, depois atravessou os séculos, passou para os padres da Igreja, em especial Santo Agostinho, em cuja obra a fórmula assumiu uma feição claramente dualista – sendo a animalidade o destino do homem depois da queda e a racionalidade a marca do espírito; foi retomada na filosofia tomista, onde recuperou um sentido mais aristotélico – sendo a racionalidade entendida como a forma da animalidade; depois foi criticada por Descartes. Da Idade Clássica, e justamente de Descartes, bem como de todos os que se inscreveram no rastro de sua filosofia, chegou-nos outra definição metafísica do homem, como sendo "a estreita união de uma alma e de um corpo"; quase poderíamos confundir essa definição com certas interpretações da anterior, com a diferença de que ela é claramente dualista, pois o principal problema dos cartesianos consistia em saber como o homem pode ser um todo, sendo a união de duas substâncias heterogêneas, uma alma pensante e um corpo espacial.

Essas são duas das definições mais marcantes da História da Filosofia. Têm origem em Aristóteles e Descartes, respectivamente o "inventor" da Metafísica na Antiguidade e seu reinventor moderno.

Mas Aristóteles e Descartes não são só metafísicos. São também cientistas, físicos, ainda que evidentemente em sentidos diferentes: a Ciência Natural fundada e praticada por Aristóteles na Antiguidade (essencialmente o que chamaríamos de Biologia, em especial a Zoologia) é muito diferente da fundada e praticada por Descartes na Idade Clássica (a Física Matemática). É, porém, inegável que eles se consideravam pelo menos tanto "físicos" quanto filósofos ou metafísicos. A tese que queremos defender a respeito deles, ou melhor, a respeito das famosas concepções do homem que eles desenvolvem em suas filosofias é que, para além de seu sentido inegavelmente metafísico, ao qual em geral foram confinadas, tais definições só podem ser compreendidas no âmbito de seus respectivos projetos epistemológicos, ou seja, da revolução nas Ciências Naturais que elas pretendiam fundar. Dito inversamente: a Ciência antiga da natureza concebida por Aristóteles baseou-se em certa concepção do homem – aquela que a tradição reteve por meio da fórmula simplificada "animal racional" –, que era para ele o objeto por excelência do conhecimento científico. Do mesmo modo, a Ciência moderna da natureza que Descartes se propunha fundar obteve garantia na ideia de que o homem era "a estreita união de uma alma e de um corpo", os quais representavam para ele os dois polos, respectivamente subjetivo e objetivo, da nova Física. Em ambos os casos, essas concepções do homem, correlatos necessários de um processo científico, tinham consequências morais e políticas: Aristóteles e Descartes, eles mesmos, as consideravam em sua filosofia, outros depois deles as desenvolveram. O animal racional da Antiguidade e a união da alma e do corpo da Idade Clássica se nos apareceram, portanto, como duas outras "figuras do homem", no sentido que damos a esta expressão: o entrelaçar-se de exigências científicas e morais.

Desejamos, pois, mostrar que, nesses quatro casos, existe uma estreita correlação entre certas definições filosóficas do homem – animal racional, união de uma alma e de um corpo, sujeito sujeitado, animal como os outros – e certas grandes mutações na ordem do saber – nascimento da Ciência Natural na Antiguidade, nascimento da Física moderna na Idade Clássica, unificação estruturalista das Ciências Humanas no século XX, naturalização dos métodos de conhecimento do homem no século XXI.

Parece, porém, pelo menos à primeira vista, que essa correlação é *inversa* nas duas primeiras e nas duas últimas figuras. No caso de Aristóteles e Descartes, as definições são explícitas. Elas aparecem num discurso filosófico que parece ter sua autonomia, determinadas por meio de razões essencialmente metafísicas e sem vínculo direto com exigências científicas. O que propomos é retornar para sua razão implícita de ser: um projeto científico de conhecimento da natureza. Nessas duas figuras, a definição filosófica do homem *funda ou pelo menos garante* o projeto científico, ou seja, a adequação da teoria, o valor do método ou a exatidão dos conhecimentos. *É porque o homem é X que tal ciência está garantida*. Nas duas outras figuras, as do homem estrutural ou neuronal, parece que tudo se inverte. As definições filosóficas são implícitas, pois as Ciências Humanas se pretendem independentes de toda concepção "metafísica" do homem, e são determinadas por meio de razões propriamente positivas, apenas científicas. O que propomos é "tornar a descer" à definição do homem em que, implicitamente, elas convergem. Neste caso, é, portanto, o projeto científico (a teoria defendida, o método usado, os conhecimentos adquiridos) que *funda ou pelo menos garante* certa definição do homem. *É porque tal grupo de ciências garante que o homem é X*. As coisas apresentam-se, portanto, assim: nas duas primeiras figuras, uma definição filosófica do homem permite fundar um projeto científico, ao passo que, nas duas últimas, é a definição filosófica do homem que é cientificamente fundada. A correlação parece mesmo invertida.

Será, porém, assim tão simples? No caso das duas primeiras figuras, ao contrário de sua *autonomia* aparente no discurso filosófico, as definições do homem são, na realidade, dependentes de exigências epistemológicas. Mas é possível também que, em contrapartida, essas figuras do homem permitam a esses filósofos *fundarem* seu projeto científico: certa figura do homem era necessária à sua concepção da Ciência. O mesmo acontece, *mutatis mutandis*, nas duas últimas figuras: os discursos científicos que parecem determinar, com plena autonomia, os contornos singulares de certa figura do homem, serão eles tão independentes como pretendem de uma figura do homem colocada *a priori*? No fundo, devemos contentar-nos em dizer – por exemplo – que a Sociologia ressalta os traços irredutivelmente sociais da humanidade? Não podemos também afirmar, inversamente, que ela deve colocar *a priori* o caráter social de certas ações ou instituições para legitimar seus próprios métodos de investigação e se legitimar a si mesma? Outro exemplo: devemos contentar-nos em dizer que as Ciências Cognitivas mostram que o pensamento humano pode ser descrito como uma sequência de operações lógicas efetuadas sobre símbolos abstratos? Não é lícito supor que é preciso representar-se o pensamento humano como um cálculo para poder justificar o paradigma cognitivista? Qual é o primeiro e qual funda o outro? A ideia que fazemos do homem ou a ideia do que deva ser o conhecimento? Contentemo-nos, por enquanto, em colocar esta pergunta, que está no centro de nossa primeira parte.

* *
*

Podemos também perguntar: que se deve entender por "Ciência"? E como pôr "no mesmo saco" a Astronomia antiga (geocêntrica) ou as classificações aristotélicas dos animais (manifestamente mortas), a Óptica ou a Mecânica de Descartes (vivas, ainda que alguns de seus conceitos tenham sido refutados), a Sociologia, a Linguística ou a História (que são tidas como ciências "moles"), ou mesmo a Psicanálise ou a Psicologia Evolucionista (cujo estatuto de ciência é contestado)? No âmbito deste livro, não podemos tentar tratar de uma questão tão complexa quanto a relação entre, por um lado, a *cientificidade* geral de uma disciplina, de um método, de uma teoria, de conhecimentos ou de conceitos e, por outro, sua *historicidade*. Uma disciplina pode estar historicamente morta (a silogística aristotélica ou a psicometria de Wolf), embora seja científica (ao contrário da astrologia ou da orgonômica).[5] As teorias (como a Astronomia de Ptolomeu, a classificação de Lineu, a flogística de Becher e Stahl) podem ser refutadas, embora científicas: a refutabilidade seria até, segundo o famoso "critério de demarcação" de Karl Popper, a definição de teoria científica, ao contrário das pseudociências.[6] Um método pode ser abandonado, conhecimentos podem ser considerados caducos, embora tenham sido cientificamente vivos – e, portanto, permanecendo científicos em "espírito". Todas essas distinções gerais e estas fronteiras particulares são, sem dúvida, eminentemente contestáveis e constituem, aliás, objeto de rudes discussões, para não dizer polêmicas, entre os sociólogos ou etnólogos das ciências, mais ou menos

---

5 Lembremo-nos de que se trata da disciplina pretendida por Wilhelm Reich, que pretendia estudar, e até mesmo coletar, o orgônio, esse fluido vital cósmico universal (a libido freudiana fisicamente realizada), o que confirmaria as doutrinas vitalistas e permitiria curar a impotência ou o câncer.

6 Ver Popper, *La Logique de la découverte scientifique*, Capítulo 1.

relativistas por vocação, por um lado, e os epistemólogos, absolutistas por dever, por outro. Elas não podem ser resolvidas aqui. Acrescentemos a isso que também seria preciso poder relativizar a noção de cientificidade, que é necessariamente vaga – o que não significa que as ciências, por seu lado, o sejam: há não só diferentes modalidades de cientificidade (Ciências Formais, Ciências Exatas, Ciências "Humanas" e muitas variantes ou intermediários), mas também, provavelmente, diferentes graus de cientificidade (em especial para as teorias). Contentemo-nos em dizer, bastante dogmaticamente, que desejamos usar aqui o termo "ciência" num sentido que recusa ao mesmo tempo o *relativismo* (a ideia de que a Ciência seja toda forma de saber tida como legítima em certo momento por certa comunidade) e o *idealismo* (a ideia de que a Ciência seja a forma de saber absoluta e universalmente verdadeira). O relativismo reduz a Ciência à História, o idealismo é incapaz de dar conta da historicidade dos conhecimentos científicos. Da primeira recusa, deduzimos que o "empreendimento científico" em geral, que sempre se realiza em *disciplinas* particulares, se opõe a todas as formas de conhecimento irracionais, inverificáveis, incomunicáveis, não críticas ou puramente empíricas; ou, para dizê-lo de modo positivo e clássico, entenderemos por ciência todo processo de conhecimento de uma área particular que se empenhe em descrever e explicar os fenômenos confrontando seus conceitos e teorias com a experiência, por meio de métodos transmissíveis. Assim, consideraremos a classificação dos animais de Aristóteles, a mecânica cartesiana, a sociologia durkheimiana, a Psicanálise freudiana, a Antropologia lévi-straussiana, a Gramática Gerativa e Transformacional, a Psicologia Cognitiva e as Neurociências Computacionais como empreendimentos científicos, ainda que alguns de seus conceitos, ou até todos eles, sejam caducos e ainda que algumas de suas teorias, ou até todas elas, tenham sido refutadas.

O fato de considerar todos os empreendimentos – e, portanto, todas as teorias, todos os conhecimentos, todos os conceitos – científicos como destinados à historicidade e, portanto, à caducidade impede-nos de cair no idealismo e pensar que a Ciência alcance – ou mesmo vise a – *verdades*. Os conhecimentos científicos não são verdadeiros ou falsos, não visam à verdade, mas à certeza, pelo menos uma certeza racionalmente justificada e inseparável da teoria em que se inserem.

Esse ponto, ele mesmo necessariamente discutível, é importante para nosso propósito. Na primeira parte deste livro, onde tentamos esclarecer as correlações entre quatro conceitos do homem e quatro grandes mutações na ordem do saber científico, não nos colocamos nem a favor nem contra a *verdade* de nenhum desses conceitos. Não afirmamos que o homem é mais um "animal racional" do que "uma alma estreitamente unida a um corpo", nem, aliás, que seja menos; não pretendemos que o homem seja mais um "sujeito sujeitado" ou um "animal como os outros". A questão de saber o que dizer, a nosso ver, de "nossa humanidade" não será abordada antes do nosso capítulo de conclusão. Tampouco temos a pretensão de "decidir" entre os paradigmas estruturalista e cognitivista, nem de "criticar" este ou aquele tipo de método ou de disciplina. Tentamos apenas, nesta primeira parte, dizer o que é preciso supor que a humanidade seja para que tal tipo de saber seja possível. Essas quatro figuras do homem são, portanto, todas igualmente *válidas* – o que não significa "verdadeiras" – por terem permitido, ou pelo menos facilitado, certos momentos de ruptura e, é preciso dizer, de *progresso* dos conhecimentos científicos.

O que entendemos por figuras do homem pode, pois, ser reduzido a duas inferências.
(1) Se a Ciência mostra que X, é que o homem é Y.[7]
(2) Uma vez que o homem é Y, deve-se fazer (ou não fazer) Z.

A primeira parte deste livro é dedicada à análise das quatro variantes da primeira inferência, segundo as nossas quatro figuras. A terceira parte é consagrada ao estudo das quatro variantes da segunda inferência.

Como acabamos de alertar o leitor, as quatro figuras mostram-se igualmente válidas quando estão situadas em seu contexto epistemológico, como é o caso na primeira parte. O mesmo, porém, não acontece de modo algum quando as extraímos desse quadro para considerá-las como tais e quando as tomamos por definições reais e absolutas do homem, como é o caso na prótase da inferência (2) citada: "O homem é Y". É de se observar, com efeito, que essa segunda inferência deve tomar a proposição que enuncia o que é o homem como *verdadeira*, o que nenhuma Ciência jamais poderia afirmar de modo absoluto. Talvez até nenhuma Ciência jamais possa *mostrar* o que é o homem se este conceito for *suposto a priori* por ela como um postulado epistemológico ou metodológico ou como uma condição de validade de seu trabalho.

---

7 Observemos que essa proposição é deliberadamente equívoca para respeitar as duas interpretações sugeridas anteriormente, aquela em que a definição do homem funda o saber e aquela em que ela é fundada por ele, ou seja, respectivamente (1)': *"Para que tal saber científico X esteja garantido, é preciso admitir que o homem é Y"* e (1)'': *"Uma vez que tal saber científico X é aceito, então o homem é Y."*

A nossa terceira parte é dedicada a considerar a segunda inferência, que pretende deduzir do conceito de homem regras de conduta, normas morais ou valores políticos. Também aí não se trata da *verdade* dos quatro conceitos da humanidade, mas só da *legitimidade* das regras, das normas ou dos valores que se pretendem deduzir. Na Ciência, avaliam-se os conhecimentos pelos princípios; na moral, avaliam-se as normas pelos efeitos. As quatro figuras do homem, desta vez, não são julgadas pelo valor epistemológico (sob este aspecto, elas são igualmente válidas), mas pelas consequências boas ou más que podemos delas tirar ou que podemos ainda tirar-lhes quando as temos como definições verdadeiras do homem. Se todo recuo dos limites do que podemos saber está correlacionado a uma nova resposta à pergunta "O que é o homem?", esta também provoca uma modificação do que o homem pode fazer, ou seja, ao mesmo tempo do que ele se permite e se proíbe fazer e do que é permitido ou proibido fazer a ele.

Das quatro figuras do homem, podemos, por certo, a cada vez, inferir o valor de um tranquilo humanismo universalista: todos os homens são igualmente animais racionais; ou substâncias pensantes que compartilham o mesmo bom-senso; ou sujeitos que falam determinada língua e pertencem a determinada cultura (todas elas iguais); ou seres naturais que têm todos eles um patrimônio genético semelhante. Mas essas figuras da humanidade têm também o seu reverso. O animal racional que serviu de modelo à Ciência aristotélica também pôde, e durante muito tempo, justificar a escravidão ou a dominação das mulheres. É porque se colocava que o homem era uma "substância pensante estreitamente ligada a um corpo" que se podia tratar todos os outros seres vivos como matéria bruta. Como o homem é um ator social e histórico enganado, uma consciência necessariamente iludida, não podia também ser considerado um "sujeito sujeitado" a todos os totalitarismos? Quanto às Neurociências, que prometem reunificar o homem pelo cérebro e pelos genes, elas só podem provavelmente fazê-lo com a condição de supor implicitamente que ele seja uma máquina pensante ou um animal liberal.

Por certo, a escravidão e a dominação das mulheres, a coisificação dos habitantes da biosfera, o totalitarismo ou a biopolítica têm outras *causas* reais do que esses conceitos do homem; tais ideologias são inegavelmente fruto de condições históricas, econômicas, sociais etc. As ideias não conduzem o mundo. Muitas vezes, porém, elas o fazem girar num ou noutro sentido. Pois elas se justificam, se fazem aceitar e, por conseguinte, compartilhar, por meio de outras ideias, entre as quais a ideia do homem é uma das mais poderosas. No princípio de todas as ideologias, crenças ou práticas humanas, na origem dos costumes, na raiz da paz, das guerras, das conquistas e de todas as grandes mutações históricas, há, sem dúvida, implícita ou explícita, uma definição particular da nossa humanidade. E o que dá uma aparência de legitimidade a algumas dessas definições é que pretendem fundar-se, direta ou indiretamente, "na" Ciência, isto é, na forma de conhecimento que, por seu lado, é a mais legítima. A nossa época tende até demais a confundir a questão da legitimidade dos conhecimentos científicos com a conformidade de seus usos ou de suas deturpações ideológicas. A ideia de humanidade, que já traz consigo uma considerável carga passional e está, a nosso ver, na encruzilhada de conceitos teóricos e de noções práticas, é, portanto, mais do que nunca o lugar de todas as confusões e o objeto de sérias disputas de legitimidade. É isto, pelo menos, o que nos empenhamos em mostrar neste livro.

* * *

Resta a questão central – à qual é consagrada a segunda parte. Por que essas quatro figuras? E, aliás, por que falar de "figuras" e não de conceitos ou de definições?

Falar de figuras é, em primeiro lugar, colocar que essas concepções do homem têm não só uma validade (epistemológica) e um uso (moral), mas também um valor trans-histórico. Consideradas em si mesmas, independentemente do solo histórico sobre o qual se desenvolveram, elas constituem tipos sempre disponíveis para um pensamento do homem. Elas esgotam, talvez, todas as figuras possíveis, pelo menos as que estão ancoradas na positividade dos saberes: o homem como ser singular situável na ordem dos seres vivos e na ordem do mundo – figura que nos vem da Antiguidade grega e em particular da filosofia de Aristóteles; o homem como consciência e como interioridade que pensa uma exterioridade reduzida à matéria – figura que nos transmitiram a Idade Clássica e em particular a filosofia de Descartes; o homem como "não sujeito" determinado por suas condições de existência familiar, social ou histórica – figura oriunda do "paradigma estruturalista" das Ciências Humanas e Sociais; o homem como ser natural – figura vinculada ao formidável desenvolvimento das Ciências Biológicas desde o fim do século XX e que se cristaliza no paradigma "cognitivista". Os dois primeiros conceitos permitiram, de duas maneiras opostas, pensar uma Ciência da Natureza a partir do lugar que reservavam ao homem; os dos conceitos seguintes tornaram possíveis duas maneiras opostas de pensar cientificamente o homem. Consideramos, pois, estas quatro figuras do homem como arquétipos constantes e universais, que podem ser definidos pelo cruzamento de dois critérios. Por um lado: tem o homem uma essência una, constante e universal, ou será que devemos antes falar da irredutibilidade das diferentes culturas, das histórias, das populações humanas? Por outro lado: pode tudo o que é propriamente humano ser compreendido e explicado por meio de uma ontologia monista (por exemplo: o homem é um mero ser natural), ou devemos recorrer a uma ontologia dualista, segundo a qual o homem tem características irredutíveis às dos outros seres naturais?

Há mais, porém. Afirmamos que essas quatro figuras formam um sistema. Não são apenas tipos, mas realmente *figuras*, no sentido que demos alhures ao termo:[8] figuras que se definem umas às outras pelo jogo de suas identidades, diferenças e analogias. Figuras que poderiam inscrever-se numa tabela de entrada dupla e constituem uma única *configuração*, onde cada uma é determinada em relevo pelos traços que compartilha com as três outras e pelos que delas a diferenciam, em parte.

Poderá parecer exorbitante essa redução das inúmeras definições do homem a quatro figuras. É evidente que, em cada época, outras concepções do homem podem ser julgadas tão "importantes" como as que privilegiamos. E, aliás, como medir a "influência" de uma ideia? A cada momento da história das ciências ou dos costumes, não há um conceito único, mas diversas concepções rivais da humanidade, tanto do que é como do que deve ser; e certamente tanto esses conflitos ou essas alternativas constituem o horizonte de uma época, quanto a escolha efetiva em favor de tal conceito determinado. É claro, por exemplo, que, mesmo limitando-nos à área do conhecimento do homem, a nossa "época" se define menos como a de um só paradigma – o novo naturalismo – do que como o momento da rivalidade entre dois paradigmas, o das Ciências Humanas Pós-estruturalistas e o das Neurociências e das Ciências Cognitivas. Também é claro, ao considerar a história geral das ideias, que o século XVII possa ser visto como um momento de efervescência intelectual ou de concorrência entre diferentes paradigmas científicos, um campo de batalha entre diferentes conceitos do homem (filosóficos, religiosos), antes do que como apenas o momento "cartesiano" – redução que se pode mostrar, aos olhos de uma sólida história das ideias, uma simplificação bem escolar. A tal evidência seria impossível opor outras maneiras legítimas de conceber a história das ideias – adotando conscientemente um ponto de vista retrospectivo, como outros o fizeram para a história das ciências, e privilegiando as concepções "sancionadas, isto

---

8 Ver *L'Être, l'Homme, le Disciple*, Introdução, p.7-13.

é, atuais porque ativas", em detrimento das que são "caducas".[9] Sob este aspecto, o pensamento de Descartes aparece realmente como o lugar onde se cruzaram os princípios da nova Ciência que a sua filosofia permitia fundar e uma nova concepção do homem, de que cabia a outros – ou até à mesma história – tirar todas as consequências morais. Poderíamos, sobretudo, responder que preferimos as constantes filosóficas, em sua fértil claridade, às variáveis históricas, em sua exuberante diversidade. É a essas constantes que chamamos de "figuras".

Pois não se trata de fazer história das ideias. Trata-se de refletir sobre a nossa humanidade. Muito deve o retrato final que esboçamos como conclusão às figuras filosóficas clássicas, ou melhor, ao que delas subsiste ao crivo dos saberes contemporâneos. De um modo mais geral, defendemos o valor *científico* das quatro figuras, inclusive as duas atualmente em conflito, com a condição de não separá-las de sua base epistemológica e não pretender explorá-las na moral ou na política. Defendemos também o valor *filosófico* das duas primeiras figuras, com a condição de não lhes atribuir nenhum sentido epistemológico: que ao término deste percurso o homem se revele hoje como um "animal racional", num novo sentido, não deve ser visto como a prova de que a História gagueja, mas como o indício de que certos conceitos têm o poder de se aclimatar às suas reviravoltas. E afirmamos que, *em moral e em política*, o humanismo universalista não disse a sua última palavra, com a condição de não procurar fundá-lo numa "natureza" com a qual se meçam os seres humanos.[10]

---

9 Canguilhem, *Études d'histoire et de philosophie des sciences*, Introdução, p.13.

10 Agradeço calorosamente aos amigos que aceitaram ler uma versão anterior destas páginas e me demonstraram confiança e fidelidade ao me esclarecerem com suas observações e sugestões. Nem Paul Clavier, nem André Comte-Sponville, nem Sabine Lodéon, nem Bernard Sève, nem Olivier Schwartz têm, é claro, a mínima responsabilidade pelas teses aqui defendidas.

PRIMEIRA PARTE
FIGURAS

– 1 –

O HOMEM ANTIGO

O "animal racional"

Herdamos da Antiguidade a mais célebre definição do homem: o "animal racional". Esta fórmula, que tem indiscutivelmente origem na filosofia de Aristóteles, atravessou os séculos até a Idade Clássica, tendo sido transmitida ao Estoicismo[1] e ao Cristianismo.[2] Contudo, embora Aristóteles coloque a definição no centro da sua teoria científica e faça da definição do homem o seu exemplo privilegiado, em nenhum lugar ele enuncia claramente a "sua" definição do homem, em nenhum lugar, em todo caso, ele propõe essa fórmula. A importância de sua concepção não está aí. Ela coloca a questão do objeto e das condições do saber. A definição do homem está vinculada, com efeito, para Aristóteles, ao método das Ciências Naturais. Reciprocamente, o homem é o modelo de todos os seres naturais. Toda a concepção aristotélica da natureza depende, portanto, da essência do homem e do lugar eminente por ele ocupado no centro do mundo.

---

1 A fórmula "animal racional" pode até ser considerada mais estoica que aristotélica. Ver, por exemplo, Diógenes Laércio, VII, 51; Sexto Empírico, *Contra os professores*, VIII, 275 e XI, 8-11; Epicteto, *Conversações* I, XIX, 13 etc.

2 Ver Santo Agostinho, *A Ordem* II, 33. In: _____, *Oeuvres I*, Gallimard, coleção "Pléiade", 1998, p.168.

DEFINIR O HOMEM

Devemos a Aristóteles uma das teorias mais completas sobre a definição. Para ele, como já fora para Platão, a definição é uma das principais finalidades da investigação científica. O objeto primeiro do conhecimento é apreender as realidades em sua singularidade; o segundo, explicá-las. Além disso, só os seres propriamente definíveis, ou seja, as "realidades substanciais", existem propriamente, ou seja, independentemente de qualquer outra coisa;[3] o que não podemos definir não tem verdadeiramente realidade. Acerca de cada coisa, cumpre, pois, poder exprimir a resposta apropriada às perguntas "O que é...?", O que é uma planta?, O que é um ser vivo?, O que é o movimento?, O que é a natureza?, O que é o ser? etc. Conhecer algo, seja o que for, é saber-lhe determinar pela linguagem os contornos singulares. Assim é a definição. Não é um mero equivalente verbal do nome, mas a determinação precisa da essência da coisa, a qual permitirá em seguida encontrar a sua razão de ser. Acontece até de a definição de um ser encerrar em potência tudo o que dele se pode saber: é o caso da Matemática.[4] A partir das definições iniciais das figuras, os geômetras são capazes de deduzir todas as propriedades. Eis por que a definição está no centro do processo científico.

Resta saber como estabelecer as definições. A esta pergunta, responde Aristóteles com sua "Analítica", esse ramo propedêutico da Ciência que chamaríamos preferencialmente de "Lógica". Para determinar a essência de algo, convém primeiro situá-lo em seu "gênero".[5] Por exemplo, a andorinha é um pássaro; uma casa é um abrigo. É preciso entregar-se a uma espécie de operação de "classificação", colocar cada realidade no lugar certo. Na realidade, o "gênero" aristotélico não é exatamente o que chamaríamos de "classe", se entendermos por isso um conjunto definido em "extensão", como se cerca com um círculo traçado na lousa todos os indivíduos que possuem algum caráter comum. Se nos divertíssemos "classificando" os animais dessa maneira, nada impediria distinguir os "a) que pertencem ao Imperador; b) embalsamados; c) domesticados; d) leitões-mamões; e) que são sereias; f) fabulosos; g) cães em liberdade" para retomar o exemplo de um catálogo

---

3 Ver *Metafísica* Z, 1031a 11-12.
4 Esta era a concepção de Platão. Para Aristóteles, a Matemática é uma Ciência modelo. Nos *Segundos analíticos*, onde expõe a sua teoria da Ciência, a maior parte dos exemplos e dos conceitos (demonstrações, hipóteses, definições) é tomada da prática dos matemáticos. O tratado propõe, ademais, uma espécie de modelo "axiomático" das teorias científicas em geral, de que a Geometria de sua época lhe oferece um exemplo.
5 Acerca deste método, ver *Primeiros analíticos* I, 27, 43a 25-32.

de Borges citado por Michel Foucault.[6] E nada impediria que se dissesse que o homem pertence à "classe" dos animais peludos ou crédulos. (Não é o caso?) Mas tais "classes" não são "gêneros" científicos no sentido em que Aristóteles os entende, pois não respondem à questão sobre *o que são* os animais ou *o que é* o homem: permitem, no máximo, dizer *como* eles são. O naturalista deve esforçar-se por encontrar o gêneros naturais, que não são definidos por sua "extensão", mas pela "compreensão". O gênero deve dizer a essência: não é um conjunto de indivíduos, mas antes uma conjunção de caracteres naturalmente ligados entre si nos seres que ele designa.[7]

Que é, então, o homem? Resposta pelo "gênero": é um vivente, um *zoon*. Traduz-se muitas vezes a palavra por "animal", o que é em parte inexato. A palavra grega evoca mais amplamente o que possui a vida, *zoé*. É verdade que a língua e a cultura gregas não dividem *a priori* os seres como nós: os *zoa* excluem as plantas, o que torna difícil traduzir a palavra por "viventes". As plantas são reunidas aos *zoa* no gênero dos *empsycha*, os seres "animados" – os que possuem uma "alma" – porque se nutrem e se reproduzem sozinhos. Em compensação, os *zoa* incluem os deuses, de que diríamos, falando com rigor, que são "vivos", mas de modo algum que são "animais".

O homem é, portanto, um *zoon*, possui vida. Com efeito, todos os homens *vivem*, ao contrário das montanhas ou das estátuas. Viver, eis o que é *ser* para o homem.[8] É por isso que, a partir do momento em que morre, ele não é mais um "homem" propriamente dito.[9] É um cadáver, um corpo, matéria inerte. É outra coisa. Aquilo tem outra essência, existe de outra maneira. O gênero "vivo" não qualifica, propriamente falando, os homens ou os cavalos, mas diz *o que eles são*. O gênero não diz só a que classe de seres pertencem Sócrates ou Bucéfalo, pois, ao dizer a que "gênero" de ser eles pertencem, diz também o seu modo de ser particular: viver é não somente poder reproduzir-se permanentemente (é o efeito da nutrição) ou poder produzir um ser semelhante a si mesmo (é o efeito da geração), mas também possuir, como todos os outros *zoa*, a capacidade de sentir e de desejar.[10]

---

6 Foucault, *Les mots et les choses* [*As palavras e as coisas*], Prefácio, p.6.

7 Ver *Tópicos* I, 5, 102a 31-32: "É gênero um atributo que pertence em sua essência a várias coisas especificamente diferentes". Ver também *Metafísica* I, 8, 1057b 37-1058a 1.

8 "Para os viventes, existir é viver, e a causa e o princípio deles é a alma" (*Da alma* II, 4, 415b 12-14). Acerca dessa equivalência, neste caso, entre "existir" e "viver", ver também *Geração e corrupção* 318b 24-27.

9 "Um homem morto não é um homem" (*Da interpretação*, 11, 21a 23).

10 Sobre a primeira, ver *Da alma* III, 12, 434a 27-31 e, sobre a segunda, ibid. II, 3, 414a 29-b 16.

O gênero do homem diz, portanto, a sua *essência* – ou seja, o que é para o homem *existir*.[11] A essência de um ser é aquilo sem o qual ele não seria o que é, aquilo sem o qual ele não existiria de modo algum. Não há, de um lado, a essência e, de outro, a existência. Existir, para um ser, é ser o que é – em conformidade com seu gênero. Existir, para o homem, é "viver animalmente". O conhecimento científico dos seres naturais consistirá em poder classificá-los segundo os gêneros, o que permitirá não só organizar o saber que deles temos, mas também pôr em evidência a causa da existência deles. O conhecimento científico do homem será obra desse saber que chamamos "Zoologia" (estudo racional dos seres vivos), ramo principal da Ciência Natural.

A vida, portanto, é o *gênero* do homem. Mais classicamente, para a pergunta "O que é o homem?", a resposta certa é "O homem é um animal" – com a condição de entender por "animal", *zoon*, e por "é", a relação de subsunção sob um gênero. Ainda não é essa, porém, a definição do homem, pois a resposta é satisfatória, mas insuficiente. O "é" diz a que pertence, mas ainda não diz a essência: todos os homens são viventes, mas nem todos os viventes são homens. O gênero só nos dá as condições necessárias para ser homem, com a diferença de que Aristóteles não pensa em termos "extensionais", como se os conceitos universais designassem conjuntos de indivíduos, mas em termos "intensionais". Assim, ele pensa antes o seguinte: o gênero é essencial, mas não é a essência completa. "Vivente" (*zoon*) responde bem às perguntas "Em que gênero de seres classificar o homem?" (sentido classificatório do gênero) e "O que é para o homem existir?" (sentido ontológico do gênero). Mas não devemos contentar-nos em perguntar, a respeito do homem, *o que ele é*, é preciso tornar a perguntar *o que é* ser vivo para o homem. Cumpre, pois, responder a uma segunda pergunta que vai completar a primeira. Mas, também neste caso, não se pode tratar de determinar, em extensão, as características comuns a esses viventes que pertencem à classe dos homens. A segunda pergunta, tão "intensional" como a primeira, não é um mero complemento dela, é um verdadeiro redobrar-se sobre si mesma: não se pergunta mais *o que é* o homem, mas *o que é* para o homem ser vivo. A primeira questão perguntava "O que é o homem?", a segunda pergunta à resposta "O que é *ser homem* para um vivente?", ou seja, "O que é *viver* para o homem?". A questão "O que é...?" é, portanto, repetida, não mais acerca do ser que se queria definir, mas, ao quadrado, acerca do ser desse ser, isto

---

11 Daí a expressão muitas vezes usada por Aristóteles para designar a essência: "ser para X" (*einai* + dativo).

é, acerca da resposta que acaba de ser dada[12] ("vivente"): passa-se, assim, do enunciado da essência no sentido amplo (o que é...?) ao da essência no sentido estrito, a essência dessa essência "O que é ser tal?" ou, mais exatamente, "o que é (para esse ser) ser (isto é, ter sido dito) tal?".[13] É o que Aristóteles, forjando uma expressão sob medida para esse desdobrar-se que cinge a essência do modo mais próximo, chama de "o que é para um ser ser o que ele é" – o que os latinos traduzirão por *quidditas* e que um excelente tradutor moderno verteu por "o essencial da essência".[14]

É preciso, então, descobrir *o que é* para o homem *ser o que ele é*. Logicamente (ou "analiticamente"), é preciso determinar o ou os traços que *diferenciam* essencialmente o homem de todos os outros seres vivos – é o que a tradição reterá com o nome de "diferença específica", mas, na realidade, designa esse desdobrar-se da essência sobre si mesma. Teremos, assim, uma definição completa. "O que é, para o homem, ser um vivente?" (ou seja, *ter sido dito* "vivente") significa, portanto, ao mesmo tempo, "Qual (quais) diferença(s) há entre o homem e todos os outros viventes?" (interpretação classificatória da relação entre gênero e espécie) e "O que é para um homem ser *vivente*, o que é *viver* para o homem, qual é o modo de existência desse vivente que é o homem?" (interpretação ontológica da definição). Por exemplo, o modo de existência de uma ave é viver como um bípede alado; podemos deduzir daí o comportamento, o *habitat* e o modo de vida das aves: voam pelo ar e se adaptam a esse meio. Para o homem, não seria antes viver como um "bípede terrestre"?

São estes, pois, os princípios lógicos do processo de definição. A teoria é clara e perfeita. Sua aplicação, contudo, é mais incerta – pelo menos para o homem, pois para outros seres naturais Aristóteles nos propõe diversas realizações perfeitas dela. Paradoxalmente, ele se apoia quase sempre no exemplo do homem para expor a sua teoria da definição, mas sem nunca formular claramente a do homem. Quando raciocina logicamente sobre as definições, contenta-se com fórmulas prontas, como "Suponhamos que a definição de homem seja 'vivente bípede'", sem deixar claro se essa é realmente a definição certa de homem – e isso ela certamente não é, pois

---

12 Na expressão fixa grega *to ti hèn einai* (literalmente "o que era ser"), que designa a essência completa desse ser, o imperfeito remete, com efeito, sem dúvida, à resposta supostamente já dada à pergunta anterior da essência (geral).

13 "Uma definição é uma fórmula que exprime o essencial da essência do seu sujeito" (Aristóteles, *Tópicos* I, 5, 101b 38). Acerca do gênero como resposta certa à pergunta "Que é?", ver ibid. I, 5, 102a 31-36.

14 Trata-se de Brunschwig, em sua edição dos *Tópicos*, t.1: ver sua nota 3, p.199.

também as aves são bípedes.[15] Convém, portanto, passar da teoria lógica da definição à sua aplicação científica ao homem. Tal definição deve reunir três qualidades: além de dever responder à questão de saber o que é o homem e não como ele é (a definição é essencial), ela deve enunciar propriedades que o diferenciem dos seres do mesmo "gênero" (a definição é própria) e determinar aquela de suas propriedades que explica as outras (a definição é causal).[16]

O homem tem muitas propriedades, mas não são necessariamente essenciais. Fisicamente, ele tem o maior cérebro de todos os animais em proporção ao tamanho, é aquele que tem mais suturas na cabeça, e é também o único animal cujo término do parto é variável.[17] Psicologicamente, o homem é o único animal que sente cócegas, é capaz de rir,[18] de ter esperança ou sentir prazer com o perfume das flores;[19] sabe contar, é apto à leitura e à escrita ou à deliberação.[20] É também um animal "econômico" (porque vive em família com os filhos)[21] e um animal capaz de amizade. É bem fácil caracterizar o homem por suas propriedades – ainda que estabelecer a lista das suas "diferenças" seja uma tarefa infinita; dizer a sua essência é muito mais difícil. Pois a definição deve ser *explicativa*: é esse valor causal que justifica o seu lugar central no conhecimento científico e acarreta a dificuldade do exercício da definição. Cumpre descobrir a propriedade fundamental capaz de explicar as outras – como a definição do triângulo permite justificar, gradativamente, que a soma dos seus ângulos é necessariamente igual a dois ângulos retos. Só uma definição explicativa pode ter valor científico. A questão da definição do homem transforma-se, pois, nesta: qual é a propriedade que basta para diferenciar o homem dos outros "viventes" e explica todas as suas outras diferenças em relação a eles?

---

15 Ver, respectivamente, *Partes dos animais* I, 3, 643a 3: o homem é o único vivíparo bípede (ver também *História dos animais* V, 1, 539a 14).

16 Toda Ciência é explicativa e não só descritiva. Ver *Segundos analíticos* I, 2, 71b 10-12. A definição científica é, portanto, etiológica, ver ibid. II, 8, 93a 3-8 e *Metafísica* Z, 17, 1041a 10-b 11. "A substância [*ousia*] é o que é para todas as coisas causa de sua existência" (*Da alma* II, 4, 415b 12).

17 Ver, respectivamente, *Partes dos animais* II, 7, 653a 27, e *História dos animais* I, 16, 494b 28; *Partes dos animais* II, 7, 653a 37; e *História dos animais* I, 7, 491a 22. A respeito destes próprios do homem segundo Aristóteles, minha dívida é com Cyrille Bégorre-Bret, *Aristote et la définition de l'homme*. Paris, 2004. Tese (Doutorado). Universidade de Paris X.

18 Ver *Partes dos animais* III, 10, 673a 7-10 e III, 19, 673a 27-28. "Melhor é rir que de lágrimas escrever, pois o riso é o próprio do homem" (Rabelais, *Gargantua*).

19 Ver, respectivamente, *Partes dos animais* III, 6, 669a 13-23; *Do sentido* 5, 443b 17-444b 5.

20 Sobre essas propriedades, ver, respectivamente, *Tópicos* VI, 5, 142b 25-26; ibid. V, 4, 132b 35-133a 5; *História dos animais* I, 1, 488b 26; ibid. 488b 24.

21 Ver *Geração dos animais* III, 2, 753a 8-15.

O gênero *zoon* inclui, com efeito, muitas espécies, entre as quais poderíamos distinguir três grandes "faunas", por assim dizer: os deuses, os homens e os animais. Eles coabitam no Universo, cada qual em seu lugar, hierarquicamente, de cima a baixo. A diferença entre estes e aqueles é clara: os deuses são viventes imortais, ao passo que os animais e os homens são viventes mortais. O problema é saber se há uma propriedade que diferencie os homens de todas as outras espécies vivas mortais: os animais diferem entre si, com efeito, pelo "gênero de vida, pelas atividades, costumes e partes."[22] O "bipedalismo" não daria conta do problema, já que as aves também são bípedes. Em compensação, o homem é o único "animal que se mantém ereto": esta definição teria a vantagem de apresentar a *razão* (isto é, a causa "final") pela qual o homem é bípede – o que explicaria que ele seja o único animal a ter nádegas. Ele é bípede *para* poder manter-se ereto (e não o inverso):[23] tal posição é ao mesmo tempo um sinal de excelência e uma propriedade que o diferencia de outros bípedes (aves e macacos), que não se mantêm eretos. Outro bom candidato à definição: o homem é o único animal que *possui mãos* – as quais são "ferramentas que fazem as vezes de outras"; ora, é graças a essa propriedade que o homem é capaz de adquirir grande número de técnicas, e é também graças a ela que não precisa de outras armas, "pois a mão se torna garra, serra, chifre, lança, espada, qualquer outra arma ou ferramenta".[24] À questão de saber o que diferencia os homens dos animais, Aristóteles não é avaro em respostas diversas, mas em nenhum lugar apresenta claramente *a* propriedade que permita inferir todas as outras diferenças. Embora existam dezenas de textos em que trata dos atributos do homem, estaríamos em apuros se quiséssemos encontrar um único deles que formule claramente a sua definição. Este é um dos mistérios desse grande pensamento.

O que se reteve do aristotelismo, porém, durante cerca de dois milênios em que esse pensamento serviu de referência científica é claro, ainda que não unívoco. Basearam-se neste ou naquele texto de Aristóteles, ora para dizer que Aristóteles *definia* o homem como um "animal racional" (*logos, ratio*), ora para afirmar que o definia como um "animal político". Sobre esta questão, um texto muitas vezes mencionado, num ou noutro sentido, é o seguinte:

> É manifesto que a cidade faz parte das coisas naturais e que o homem é, por natureza, um animal político e que aquele que está fora da cidade, naturalmente,

---

22 *História dos animais*, I, 1, 487a 11.
23 A posse de nádegas contribui para repartir o peso do corpo para baixo e permite repousar o homem da fadiga ocasionada pela postura ereta. Ver *Marcha dos animais*, II, 705b 5-11.
24 Ver *Partes dos animais* IV, 10, 687a 2ss.

é claro, e não por acaso, é ou um ser degradado, ou um ser sobre-humano [...]. É por isso que é evidente que o homem é um animal político, mais do que qualquer abelha e qualquer animal gregário. Pois, como dizemos, a natureza nada faz em vão; ora, o homem é o único dos animas que tem uma linguagem [*logos*]. Por certo, a voz é o sinal do doloroso e do agradável, por isso a encontramos nos animais; a natureza deles, com efeito, chegou ao ponto de sentir o doloroso e o agradável e de significá-los mutuamente. Mas a linguagem existe para manifestar o vantajoso e o nocivo e, por conseguinte, também o justo e o injusto. Com efeito, não há senão uma coisa que seja própria dos homens em relação aos outros animais: o fato de serem os únicos que têm a percepção do bem, do mal, do justo e do injusto e das outras noções deste gênero. Ora, ter tais noções em comum é o que faz uma família e uma cidade.[25]

Este texto enuncia três propriedades fundamentais do homem: é o único animal que percebe os valores morais; é um "animal político"; é um "animal que tem a linguagem" (ou a razão? [*logos*]). Se quisermos a "verdadeira" definição, é preciso perguntar qual dessas propriedades permite deduzir as duas outras. A primeira é excluída, porque se explica pelo modo de vida (político) ou o modo de ser (*logos*) do homem. Sobram as duas outras.

Seria a diferença específica do homem a vida *política*? Seria preciso entendê-la no sentido forte. Não no sentido de que o homem seja apenas um "animal social", como as abelhas, as formigas, as vespas, os grous etc.,[26] que não podem viver no estado isolado e precisam do socorro dos outros e da coletividade. Pois a vida política é mais que isso: é uma comunidade especificamente humana que tem por finalidade não só a sobrevivência coletiva (não morrer de fome nem perecer aniquilado pelas outras espécies),[27] mas o "bem viver", isto é, a felicidade – pois o homem só pode realizar a sua essência pela e na coexistência com seus semelhantes. É por isso que

---

25 *Política* I, 2, 1253a 1-19, com base na trad. francesa de Pierre Pellegrin.

26 Nos textos do *corpus* biológico, o homem não é distinguido particularmente dos animais gregários e é classificado, como eles, entre os "animais políticos", que agem com vista a uma obra comum (ver *História dos animais* I, 1, 487b 32-488a 13ss. e VIII, 1, 589a 1ss.). O mesmo não acontece no *corpus* ético (ver *Ética a Nicômaco* I, 5, 1097b 11, IX, 9, 1169b 18, cf. VIII, 14, 1162a 18; *Ética a Eudemo* 1242a 23) e político, em que a linguagem (*logos*) é a condição da vida política e o "bem viver" é seu fruto propriamente humano, em oposição à vida dos animais e dos deuses (*Política* I, 2, 1253a 2-7 e III, 6, 1278b 15-30): o homem é, então, considerado político "por natureza" e oposto aos outros viventes, animais ou deuses.

27 Aristóteles opõe-se neste ponto às teorias políticas dos sofistas (ver, por exemplo, Platão, *Protágoras* 322a-d), em especial as que são contratualistas: os homens decidem passar entre si um contrato para não se prejudicarem mutuamente.

NOSSA HUMANIDADE

o homem é considerado político "por natureza" e oposto, neste ponto, aos outros seres vivos, quer os animais que vivem isolados ou em grupo, jamais em comunidades políticas, quer os deuses, que, evidentemente, tampouco formam uma comunidade onde se discute sobre a justiça e o bem comum.

Mas a diferença fundamental do homem não seria antes a "razão"? Aristóteles, na realidade, não tem uma palavra para designar essa "faculdade humana" a que chamamos "razão"; ele usa *logos*, que significa tanto discurso ou linguagem como razão. Ora, o que faz a especificidade da faculdade humana de comunicar é que ela não é uma mera ferramenta de transmissão das informações ou de expressão de emoções, mas o veículo de discurso que tem uma "estrutura predicativa": a linguagem permite produzir enunciados, afirmativos ou negativos, pelos quais asserimos (diante de alguém) "algo acerca de alguma outra coisa"[28] – asserções que permitem aos homens dialogar, opor-se uns aos outros sobre a mesma coisa. De um sujeito S dizemos que ele é P, diante de alguém que diz ou poderia dizer, sustentar, replicar que S não é P. Por exemplo (mas vê-se que não é um simples exemplo): "É *justo* fazer isto. – Não, é *justo* fazer aquilo". É o *logos* assim entendido que distingue a palavra humana do que Aristóteles chama de "voz", presente em outros animais.

Mas o *logos* tem outro argumento a seu favor para pretender ser a diferença própria do homem. Entendido dessa vez antes no sentido de faculdade de raciocinar, ele parece ser a propriedade que permite ao homem exercer a "função" que o distingue dos "outros animais".[29] Já que, raciocina Aristóteles, o bem mais alto para um ser consiste em fazer sua "obra" própria (ou sua função) e se o homem é o único ser vivo, na Terra, que pode viver "conforme a razão", então a felicidade humana consiste em "viver uma vida de ação acompanhada de razão". Assim, o homem teria o privilégio de poder viver controlando as emoções – logo, de agir *razoavelmente*, sem outro fim senão bem agir – e de poder comprazer-se na simples contemplação da natureza – logo, poder conhecer as coisas *racionalmente*, sem outro fim senão compreendê-las. Assim como é pelo fato de o homem ser inteligente que ele tem mãos (e não o inverso), é porque ele tem *logos* que ele pode levar uma vida boa e ser feliz como homem: agir sem outro fim senão bem agir, conhecer sem outro fim senão a verdade. A *causa* da humanidade, ou seja, de todas as outras propriedades humanas, parece,

---

28 O *logos* humano tem a estrutura "algo acerca de alguma outra coisa" (*ti kata tinos*), ou seja, um predicado acerca de um sujeito.

29 Ver *Ética a Nicômaco* I, 6, 1097b 24. Esta é uma das ideias chaves da Ética aristotélica, à qual voltaremos em pormenor no Capítulo 7.

pois, ser esta: o *logos*, com toda a ambiguidade que o conceito grego encerra – a razão ou a linguagem –, no sentido de faculdade de raciocinar, mas também de possibilidade de trocar, de dialogar, de opor-se a respeito dos valores morais.

Eis, portanto, duas características que, melhor do que o bipedalismo, permitem definir o homem: a vida política ou a posse do *logos*. Qual é causa da outra? Isto é algo que pode ser discutido, já que os textos podem ser interpretados nos dois sentidos. Pode-se dizer tanto que é porque dispõe do *logos* que o homem vive em cidades onde pode realizar a sua essência, comunicando o pensamento aos semelhantes e discutindo com eles sobre o que é justo ou injusto; quanto que é para poder viver em comunidades políticas que o homem dispõe de uma faculdade linguística que lhe permite orientar a vida da cidade, ao exprimir suas concepções sobre o bem comum. Em ambos os casos, a essência exprime a causa final: a finalidade do *logos* parece ser a vida política, mas a finalidade da vida política parece ser realizar as possibilidades do *logos* humano. Acontece que, nas éticas, Aristóteles afirma que a vida humana segundo o *logos* é a melhor vida possível e que ela pode realizar-se quer na vida política do homem prudente, quer na vida contemplativa do sábio.[30] A tradição, portanto, tinha razão ao fazer do *logos* a causa fundamental (final) de todas as propriedades essenciais do homem – mesmo se Aristóteles em nenhum lugar formulou essa definição propriamente dita: "O homem é um animal racional."

Este é o ponto até onde pode ir a tentativa de definir o homem como *vivente*. O homem é um ser natural que se diferencia de outros seres naturais. A Analítica aristotélica é uma lógica em que as características essenciais dos seres são subsumidas, em compreensão, umas sob as outras. Pensar é poder situar os seres em espécies (*eidé*) com os que compartilham a mesma essência natural e poder subsumir essas espécies sob gêneros menos ricos em determinações:[31] assim são possíveis as "deduções científicas", cujo modelo é o silogismo da primeira figura (é porque B é dito de todos os A, e que A é dito de todos os C, que B é dito de todos os C). É assim que procede o raciocínio matemático, modelo de dedução rigorosa. É assim que o saber puramente formal da Analítica fundamenta a possibilidade da demonstração matemática.

---

30 Sobre este ponto, ver adiante, Capítulo 7, p.205-7.
31 O gênero não é mais amplo (em "extensão") que a espécie, é simplesmente mais pobre semanticamente (isto é, em "intensão"): sabe-se menos quando se conhece o gênero do que quando se conhece a espécie.

NOSSA HUMANIDADE

Do mesmo modo, pensar a natureza é pensar que todas as espécies naturais se encaixam segundo "categorias" cada vez mais gerais (ou seja, cada vez mais pobres de "realidade"), até a categoria geral de *substância*, a que pertencem (entre outros, mas por excelência) todos os seres vivos, entre os quais se encontra (entre outros, mas por excelência) o homem. É a essa lógica que obedece a Ciência Natural, em especial a Zoologia e a classificação sistemática dos animais, cujos princípios perdurarão até Buffon, no século XVIII. Esse método científico permite não só apreender racionalmente, num quadro sinótico horizontal, todas as espécies naturais observáveis e suas relações, mas às vezes até ir além da observação: determinado lugar que é deixado vazio pela teoria poderá mais tarde ser ocupado por uma espécie não observada.[32]

Nesse quadro analítico em que todas as espécies são subsumidas sob gêneros e estes sob gêneros mais gerais, tudo é harmonioso. A natureza é uma ordem. (Pelo menos em teoria, pois na prática acontece de cometer erros e gerar seres híbridos ou até monstros). A essência de todos os seres naturais é, assim, entendida como uma combinação de alguns conceitos universais imutáveis, por exemplo, as classes paralelas vivíparos/ovíparos/larvíparos, ou os universais integrados animal-bípede-racional. Todos os homens têm uma só essência determinada, mas compartilham também certas características essenciais com os "animais sanguíneos", que têm traços em comum com todos os "animais", que são todos "viventes" com uma identidade comum e assim por diante, até o gênero mais geral, o de "substância", que reúne todos os seres existentes por si mesmos, independentes dos outros ou individualizáveis. Assim é a ordem da natureza e, portanto, da Ciência – a menos que seja o inverso. Assim é possível uma Ciência racional da natureza.

O HOMEM NO MUNDO

Nas Ciências Naturais, porém, não podemos contentar-nos com definições e deduções, como na Matemática. A "causa formal" – ou seja, a

---

32 Ver *Política* IV, 4, 1290b 25 (texto estudado adiante, Capítulo 6, p.185-6). Ver também Pellegrin, *La classification des animaux chez Aristote. Statut de la biologie et unité de l'aristotélisme* [A classificação dos animais em Aristóteles. Estatuto da biologia e unidade do aristotelismo], que pretende mostrar que Aristóteles se dedica menos a uma classificação morfológica das espécies do que a uma classificação das partes (órgãos) dos animais segundo as suas funções. Cumpre, porém, notar que é mesmo para compreender a essência de cada espécie que Aristóteles faz a comparação entre seus respectivos órgãos.

explicação contida na definição – não basta para explicar tudo. É preciso também proceder empiricamente para determinar as causas motrizes e as causas finais dos fenômenos naturais. E se a definição do homem permite determinar a sua situação de vivente no Universo, essa situação também pode ser definida de outra maneira: pois o Universo não é simplesmente uma série de *locais*, uma ordem *horizontal* e *sistemática* de espécies subsumidas sob gêneros cada vez mais abstratos e pobres, mas uma série de subordinações, uma ordem *vertical* e *hierarquizada* de seres ordenados uns sob os outros, do mais alto ao mais baixo.

O homem goza, com efeito, de uma singular situação cósmica. Está no centro do mundo. Este é globalmente constituído por duas esferas: uma esfera periférica, na qual estão suspensos os astros fixos (as estrelas) e que é animada por um movimento circular uniforme, e uma esfera central, a Terra imóvel; entre as duas esferas, a Lua separa dois mundos: o mundo *divino* (supralunar) da regularidade celeste, sujeito a movimentos eternos, necessários e previsíveis e habitado por *viventes* imortais, os planetas, que se conservam vivos em sua individualidade; e o mundo terrestre (sublunar), sujeito a movimentos em parte contingentes e imprevisíveis, habitado por viventes mortais que só mantêm vivas as suas espécies e se reproduzem segundo um ciclo de geração que conserva apenas a sua "forma" (isto é, sua espécie). O homem é o mais elevado dos seres de baixo, o mais divino dos animais terrestres,[33] e está como a meio caminho da Lua e da Terra. Os astros são divinos; não são corpos, mas "compartilham a ação e a vida".[34] E "o ato do deus é a imortalidade, isto é, a vida eterna, e é por isso que é necessário caber-lhe um movimento eterno".[35]

O homem não está apenas no centro do mundo físico, não é apenas o mais alto dos seres baixos ou o mais baixo dos seres altos, está também no centro do mundo psíquico, por assim dizer. Pois, na realidade, a ordem da natureza, e sobretudo dos viventes, é contínua:[36] "A natureza passa gradualmente dos seres inanimados aos animais, de tal modo que, em razão da continuidade, a linha de demarcação que separa uns dos outros é inapreensível e não se pode determinar a qual dos dois grupos pertence a

---

33 Ver, por exemplo, *Partes dos animais* II, 10, 656a 7-14; *Geração dos animais* II, 3, 737a 10; *Da alma* I, 4, 408b 29.

34 *Do céu* II, 12, 292a 21.

35 Ibid. II, 2, 286a 9-10.

36 É contínua no sentido mesmo que Aristóteles deu ao termo na *Física* VI, 1, 231a 2: "O contínuo é aquilo cujas extremidades são uma só coisa."

forma intermediária" [...].[37] Mas embora a natureza só conheça diferenças imperceptíveis entre as espécies e os gêneros, ela está centrada no homem, como mostra a hierarquia das almas terrestres. O tratado *Da alma*, com efeito, distingue uma série de almas hierarquizadas, ou seja, faculdades encaixadas "segundo uma sequência" tal, que a superior supõe ao mesmo tempo todas as inferiores: todos os animais sobre a Terra são, assim, inferiores ao homem, que é o vivente terrestre dono do maior número de faculdades teóricas e práticas.[38] Nesse universo hierárquico, onde as posições das espécies são repartidas de maneira gradual ao longo de uma escala única, do superior ao inferior, a condição e a posição da espécie humana são claras: no alto da natureza sublunar.

Essa situação no topo da vida terrestre dá ao homem uma função singular: ele é a finalidade da existência de todas as outras espécies naturais vivas. "As plantas existem para os animais e os animais existem para o homem, os [animais] domésticos para o trabalho e para o alimento [que o homem] deles tira, os [animais] selvagens [...] para sua alimentação e para outras utilidades, pois deles tira vestimentas e outros instrumentos."[39] Toda a natureza, portanto, está a serviço do homem. Em termos absolutos, porém, os homens não são os melhores viventes, pois são mortais, enquanto os deuses, viventes imortais, estão no topo da hierarquia de todo o cosmos. Pois "o deus é um animal [*zoon*] eterno perfeito",[40] cujo ato é uma vida perfeita e eterna. O homem dispõe de todas as faculdades, ou seja, de todas as possibilidades de vida, teóricas e práticas, de que pode dispor um mortal: faculdade reprodutiva, perceptiva, motriz, desejante, intelectual, racional – a qual é também o quinhão dos deuses.[41] Ele é, pois, superior aos outros viventes deste mundo: o único animal terrestre a se manter ereto,[42] é aquele em que o alto e o baixo reproduzem a ordem do alto e do baixo que observamos no Universo.[43]

---

37 *História dos animais* VIII, 1, 588b 3-7.
38 Ver *Da alma* II, 3, 415a 1, e *História dos animais* I, 1, 488b 25.
39 *Política* I, 8, 1256b 16-20; ver também *Física* II, 2, 194a 34.
40 *Metafísica* Λ, 7, 1072b 29.
41 Ver *Metafísica* A, 1, 980a 27-b 30 e *Da alma* II, 3, 415a 7ss.: "Enfim, certos *zoa*, e são minoria, têm raciocínio e pensamento. Com efeito, os seres perecíveis dotados de raciocínio gozam também de todas as outras faculdades; mas nem todos os que não têm senão esta ou aquela destas últimas possuem raciocínio; uns não têm imaginação, outros só por ela vivem..."
42 *Partes dos animais* II, 7, 653a 30-31; II, 10, 656a 12-13; e IV, 10, 686a 25ss.
43 Ver também *História dos animais* I, 15, 494a 27.

Único entre os seres que conhecemos, ou pelo menos em maior medida que todos esses seres, ele tem uma parte de divino. Assim, por esta razão, e porque o homem é o ser cuja forma das partes externas é mais bem conhecida, começaremos falando dele. E antes de tudo ele é o ser em que as partes naturais são dispostas na ordem natural; a parte alta do homem é voltada para a parte alta do universo.[44]

Assim, "o homem vence em perfeição os outros animais [*zoa*], [...] [mas] outros há de natureza muito mais divina que o homem, por exemplo, para nos limitarmos às realidades mais visíveis, aqueles de que o sistema cósmico é constituído".[45] É por isso que "o homem não é o que há de mais excelente no mundo", é inferior aos "viventes divinos" e não pode ser tão feliz como eles:[46] se, em certo sentido, a "vida dos animais diferentes do homem" é incapaz de uma atividade que lhes proporciona a felicidade, a vida dos deuses, por seu lado, é totalmente feliz. Entre as duas, está a vida humana: é em breves instantes de contemplação que o homem pode alcançar essa felicidade divina.[47]

E todos os seres vivos são ordenados no mundo proporcionalmente à excelência, desde os astros divinos até as plantas, e seu grau de atividade está de acordo com seu lugar na hierarquia: os mais simples são capazes de poucas ações, o mais elevado aqui embaixo, o homem, é capaz de muitas ações, e o ser mais alto do mundo, aquele "que detém a perfeição suprema, é tão excelente que não precisa de atividade para ser plenamente tudo o que pode ser, pois é sempre conforme ao seu próprio fim e de modo algum está separado de si mesmo".[48] E Aristóteles toma como modelo dessa situação média do homem, entre o céu e a terra, vivendo a igual distância dos deuses e das plantas, a desigualdade natural que existe entre os mesmos homens: assim, na área da saúde (a qual é o bem – o fim – do corpo), alguns são naturalmente sãos sem nada fazerem, outros precisam de cultura física e só a alcançam com dificuldade etc.

É difícil formular a definição do homem (cuja estrutura, porém, conhecemos *a priori*: "um vivente que se diferencia dos outros por..."), mas é fácil definir o *lugar* único do homem no mundo. Ele é o seu centro, não no sentido

---

44 *Partes dos animais* II, 10, 655a 7-13.
45 *Ética a Nicômaco* VI, 7, 1141a 31-b 2.
46 Ibid. 1141a 22. O tratado *Da alma* reserva a inteligência aos animais superiores (homens e deuses): ver II, 3, 414b 18, assim como *Metafísica* Λ, 9, 1075a 6ss.
47 *Ética a Nicômaco* X, 8, 1178b 7-32; ver também ibid. X, 7, 1177b 26-27.
48 *Do céu* II, 12, 292b 1-13.

de ser a espécie mais alta, mas no sentido de que a sua natureza, por mais imperfeita que seja, estaria rodeada por e como a meio caminho entre duas outras naturezas perfeitas, o animal e o deus.[49] Sabemos o lugar exato do homem no mundo e, reciprocamente, podemos conhecer o resto do mundo graças a esse lugar singular do homem.

Há, portanto, duas maneiras de pensar a estrutura do Universo e o lugar do homem. Há, por um lado, uma ordem horizontal dos lugares, regulada por relações que podem ser enunciadas logicamente: os gêneros mais gerais são predicados dos gêneros menos gerais, estes são predicados das espécies e estas dos indivíduos, e todos os viventes têm um e um só lugar nessas sucessivas imbricações; o homem, modelo do vivente, ele mesmo modelo do natural e do artificial, modelo de todo ser, portanto, está no fundamento dessa ordem. Há, por um lado, uma ordem vertical e escalar das hierarquias, da posição mais alta à mais baixa, e todos os viventes têm uma e uma só condição determinada nessa hierarquia; o homem está no meio da escala e, assim, no meio do mundo, a meio caminho entre deuses e animais. E a definição do homem como vivente, a meia altura entre deuses e animais, responde também às exigências científicas desse cosmos hierarquizado. Uma Cosmologia é, portanto, possível, Ciência de um mundo harmonioso em que todos os seres ocupam um lugar natural, Ciência da ordem do mundo, como indica o nome "cosmos", ordem.

Assim, a concepção do homem como "animal racional" (ou, talvez, como "animal político") obedece às exigências das Ciências Naturais. Por um lado, o lugar único do homem na natureza responde às exigências de toda ciência, isto é, à lógica de todo método científico, a da inclusão das classes umas nas outras. Conhecer é antes de tudo definir; definir é formular a essência fixa e necessária dos seres; e pensar é classificar, respeitando os limites e as normas das essências. Pois todo pensamento é um *pensamento da ordem*. Por um lado, essa concepção responde às exigências da ordem natural: como outras espécies, o homem é uma espécie viva cujas características específicas são determinadas pela classificação vertical dos animais em gêneros e em espécies, própria da Ciência Natural que é a Zoologia, pois a natureza é uma *ordem taxinômica*. Finalmente, esse lugar único do homem responde também às exigências verticais da hierarquia dos seres e das funções no mundo. Ele está no meio da natureza, nem deus nem animal;[50]

---

49 Sobre estes pontos, permitimo-nos remeter ao nosso estudo "L'animal et le dieu: deux modèles pour l'homme", em *L'Être, L'Homme, le Disciple*, op. cit., p.113ss.

50 Ver nosso "L'homme, ni dieu ni bête", ibid.

pois a natureza é uma *ordem hierárquica*. Assim, são possíveis uma Analítica geral e dois tipos de Ciências Naturais: um conhecimento científico dos viventes que os compreende classificando-os (uma "Biologia", como se diz desde Lamarck, a Ciência contida nos tratados sobre a alma e os animais) e um conhecimento científico dos seres que os compreende situando-os (uma Astronomia e uma "Cosmologia", a Ciência contida no tratado *Do céu*, por exemplo).

O HOMEM, O SER MODELO

Tudo isso mostra o que a figura aristotélica do homem deve à Ciência Natural antiga. Mas isso não mostra de modo nenhum o que essa concepção da Ciência Natural deve à figura do homem – ou seja, como esta permite aquela.

Ora, o homem não apenas está na encruzilhada da ordem vertical do mundo e da ordem horizontal da natureza, ele é o modelo de todos os seres naturais. É um "animal", mas não um "animal como os outros" (ao contrário do que será na quarta figura). É antes o inverso: os outros são como ele, um pouco. Ele é o ser natural que nos permite compreender todos os outros, quanto mais não seja porque "os homens são os animais mais conformes à natureza".[51]

Tomemos o exemplo da Fisiologia: para compreendermos as "partes" dos animais, isto é, a função de seus diferentes órgãos,

> [...] devemos antes de tudo voltar a nossa atenção às do homem. Assim como, com efeito, cada qual, para avaliar uma moeda, a compara com a que lhe é mais familiar, assim também devemos proceder com as outras pesquisas. Ora, o homem é de todos os animais necessariamente aquele que conhecemos melhor.[52]

Assim, aos membros do corpo humano correspondem, por homologia, as asas das aves e as nadadeiras dos peixes; aos pelos dos mamíferos (entre os quais o homem) correspondem as plumas e as escamas; aos pulmões correspondem as brânquias dos peixes, aos ossos suas espinhas. E o que é verdade da estrutura fisiológica também o é do modo de vida. "De maneira

---

51 *Marcha dos animais* 4, 706a 19.
52 *História dos animais* I, 7, 491a 19-22; ver também *Partes dos animais* II, 9, 655b 7ss.

NOSSA HUMANIDADE

geral, a vida dos animais apresenta ao observador um sem-número de ações que são imitações da vida humana."[53] É o caso, por exemplo, da nidificação entre as andorinhas, que misturam lama à palha e constroem uma cama como o homem, colocando como base uma primeira camada de matérias duras e proporcionando sua obra ao seu tamanho; e, nas outras espécies, o pai e a mãe cooperam ambos na obra de educação dos filhotes, até na maneira de lhes ensinar a evacuar seus excrementos do ninho. Isso se explica pelo princípio de finalidade. Não sabemos dizer com exatidão qual é a essência do homem; mas sabemos que é ela que nos permite compreender aquela dos outros animais e, por conseguinte, toda a ordem da natureza.

Essas comparações não são apenas comodidades heurísticas, não se trata só de nos contentarmos com o modelo mais fácil de conhecer porque é à nossa medida – humana –, nem de nos limitarmos, na falta de melhor, a meios de conhecimento que estejam na nossa escala. O homem não é só *para nós* o modelo dos outros animais, mas também *para eles*. Ele é ao mesmo tempo o que nos permite conhecê-los e o que lhes permite agir. Na realidade, os animais são cópias do homem. É por isso que poderíamos diferenciar as almas animais em função de sua maior ou menor semelhança com a alma humana.

> Existem na maioria dos animais rastros desses estados da alma que, no homem, se manifestam de maneira mais diferenciada, como a docilidade, a ferocidade, a mansidão ou a aspereza, a intrepidez ou a esperteza e, no plano intelectual, certa sagacidade; trata-se de imitações do homem que se encontram em grande número de animais [...][54]

O conhecimento do homem é, portanto, necessário à Zoologia, pois ele é o modelo que serve para compreender as cópias.

Mas isso não é tudo, pois o homem é decerto um animal, mas é de um modo mais geral um vivente, e mais geralmente um ser natural, e mais geralmente ainda uma "substância", e ainda mais geralmente um "ser". E não só o homem é o modelo de todo animal, de todo vivente e de todo ser natural, mas é até o modelo de todo ser, seja ele qual for. Um animal, por exemplo, o homem, é a unidade de um corpo vivo, garantida pela alma ("O homem morto não é um homem"). A partir desse modelo, pode-se compreender que o ser vivo é a unidade (precária, se for mortal) de um corpo

---

53 *História dos animais* IX, 7, 612b 18-33.
54 *História dos animais* VIII, 588a 16-b3.

que se nutre (se regenera a si mesmo) e procria (gera outro). Ou seja, o ser vivo reproduz-se em si mesmo, porque, enquanto vive, sua matéria muda, mas a sua forma (ou estrutura, *eidos*) permanece; e também se reproduz fora de si mesmo, porque pode produzir um ser diferente, mas da mesma espécie (*eidos*), isto é, que compartilha a mesma "forma" (*eidos*). O ser vivo é a unidade formal (o que chamamos alma) de tal matéria (o que chamamos corpo). Possui em si mesmo o princípio de seu duplo movimento de reprodução, em si mesmo ou em outro: é o que se chama *vida*.

No entanto, uma vez rompida a unidade garantida pela "forma", que permitia a continuidade das funções vitais, o vivente dá lugar à matéria, que logo se decompõe em seus próprios elementos: o cadáver não é mais do que um monte de carne e de ossos, uma árvore morta não passa de lenha para queimar. A partir desse mesmo modelo "hilemórfico"[55] podemos também pensar os artefatos: uma casa é a unidade formal (um abrigo) de um amontoado de madeira e de tijolos (matéria). A forma é a disposição dos elementos materiais que confere ao todo sua unidade estrutural e lhe permite exercer sua função própria, sua finalidade: abrigar homens. Uma vez destruída a casa, porém, desaparece a forma "casa" (isto é, a função "abrigo") e dá lugar aos materiais. Carecem de forma? Longe disso. A madeira, o tijolo, assim como a carne, os ossos, são seres "naturais", no sentido de possuírem também em si mesmos o princípio de seu movimento – por exemplo, "caem no chão sozinhos". E também *têm* uma forma, que é a organização, a unidade e a função de *seus* próprios materiais (a forma da madeira é o que faz que seja madeira e não outra coisa), os quais, por sua vez, podem dissolver-se em seus elementos materiais, quando a madeira apodrece, por exemplo. E assim por diante, até os elementos básicos (para Aristóteles, a terra, a água, o ar, o fogo), que, por sua vez, são definidos pelas propriedades formais e podem transformar-se uns nos outros. A matéria de uma coisa, ela mesma definida pela forma, também tem uma forma. Em suma, todos os seres naturais se definem pela forma, graças à qual os apreendemos tanto pela linguagem (chamamos um gato de gato, não de monte de carne, ossos e pelos etc.) quanto pelo conceito científico (conhecer cientificamente tal animal é saber *o que é* um gato).

Eis por que o homem é o objeto focal da Ciência Física, mas também da Ciência Metafísica, que estuda o ser enquanto ser. O conceito de homem permite-nos compreender o animal, mais geralmente o vivente, e mais

---

55 Entende-se por modelo hilemórfico a ideia de que um ser é pensável como a unidade de uma forma (*morphé*) que estrutura uma matéria (*hylé*).

geralmente o ser natural; e este nos permite até compreender os seres artificiais: este é todo o sentido da *Física* aristotélica. Mas é a partir desse mesmo modelo (uma forma que unifica e organiza uma matéria) que se deve compreender o ser – todo ser, todos os seres, sejam quais forem: este é todo o sentido da *Metafísica* aristotélica. Poderíamos praticamente resumir essa *Metafísica* nestas poucas linhas. "Existe uma Ciência que estuda o ser enquanto ser." Mas "*ser* se diz em diversos sentidos".[56] No sentido primeiro, ser é "ser por si", isto é, existir, isto é, ser isto de determinado modo, ter uma essência. E existir *por si mesmo* é não ser um acidente de outra coisa, mas ser uma substância, independente e individual (concreta) que não precisa de outra coisa para existir e ser o que é. E o que faz que uma substância seja uma substância é a unidade que a sua forma lhe dá. Todo ser, se for verdadeiramente um ser, forma de uma matéria, obedece, portanto, a esse mesmo modelo do vivente, alma de um corpo, cujo modelo é o homem. Todos os seres são mais ou menos seres em proporção à sua proximidade com esse modelo. Não são inteiramente seres os acidentes das substâncias (cor, quantidade etc.); tampouco são completamente seres os que não têm unidade ou têm uma unidade puramente artificial (um ramalhete de flores, a soleira da casa). São seres em sentido fraco aqueles cuja unidade formal de uma matéria imita a dos seres naturais (a casa); também são seres em sentido fraco esse seres naturais que não são individualizáveis (o ar, o fogo, a água, a terra ou mesmo a montanha ou o mar) ou partes dos seres naturais individuados (a cabeça, os braços, os músculos etc.). Só são seres no sentido pleno as substâncias, que devem sua independência e sua individuação ao fato de obedecerem ao modelo hilemórfico: as plantas, provavelmente, mas ainda mais os animais e, entre, eles o homem, vivente por excelência e, portanto, substância por excelência e, portanto, ser por excelência.[57]

Essa é a "função" científica do homem: modelo dos modelos da Ciência Natural, modelo dos modelos de tudo o que pode ser conhecido cientifica-mente e até de tudo o que realmente existe.

O HOMEM DEFINIDO PELA CIÊNCIA DA NATUREZA COMO O SER CAPAZ DE CIÊNCIA DA NATUREZA

A situação do homem na natureza e no mundo permite-lhe ser o mais conhecido dos seres da natureza, mas também poder conhecê-la. É o ser

---

56 Esta é a lição principal dos livros Γ e E da *Metafísica*.
57 São estas as lições dos livros Z e H da *Metafísica*.

natural mais bem conhecido, mas também o único que conhece natural-mente. Não que Aristóteles se interesse pelo problema "transcendental" do sujeito do conhecimento, ou seja, pela pergunta "Já que é possível a Física, que se deve supor acerca da essência de seu sujeito, separado de seu objeto?". Não, pois o olhar lançado ao homem é sempre objetivo, exterior: é o olhar do naturalista, não é nunca o ponto de vista do psicólogo ou do sociólogo, nem o ato reflexivo de uma subjetividade introspectiva ou de uma interro-gação transcendental. Mas o que o olhar naturalista sobre o homem pode fazer-nos conhecer a respeito dele é justamente o que faz com que o homem deseje conhecer objetivamente a natureza. A Ciência da Natureza pode explicar-nos por que ela mesma é uma realização da natureza do homem. Com efeito, fazer "Física" não é só, como em Matemática, conhecer a forma ou a essência das coisas,[58] é também compreender a finalidade delas. Ora, o homem tem, entre outras coisas, como fim natural poder compreender a natureza. É o que mostra a Física.

Dizer que a Física se empenha em explicar as coisas pela finalidade não significa de modo algum haver uma providência que tenha tudo disposto no mundo com vista ao bem ou para a satisfação dos homens. Significa que não podemos compreender um órgão num ser vivo sem lhe compreender-mos a função, ou seja, sem explicarmos "com vista a quê" existe essa parte. Assim, os chifres servem para se defender, o pulmão serve para arrefecer o organismo. Que um ser vivo execute esta ou aquela tarefa, atividade ou função (e o homem, em particular, a função de conhecimento) é um efeito da parte natural da alma que corresponde a essa função. Uma coisa é *mostrar* que o animal chamado homem é dotado de *logos*, de linguagem ou de intelecto, outra coisa é dizer *por quê*. À pergunta "Por que o homem, e só o homem, entre os mortais, tem um intelecto?", responde o conhecimento da natureza: para poder conhecer, isto é, para poder compreender o mundo. A Ciência é, com efeito, uma "disposição [do homem que o torna] capaz de demonstrar",[59] ou seja, explicitar a causa dos fatos. O homem, é claro, tem de se orientar na vida, para sobreviver e até "bem viver" (ser feliz), mas pode também querer conhecer o mundo ao seu redor sem outro fim senão compreendê-lo. Como a natureza nada faz em vão, dotou o homem de capacidades naturais cuja finalidade não é só prática, mas também "teórica", isto é, independente de todo interesse prático. O conhecimento da natureza pelo homem está, portanto, inscrito na natureza mesma do

---

58 Ver *Física* II, 7, 198 a 16.
59 *Ética a Nicômaco* VI, 3, 1139b 31-32.

NOSSA HUMANIDADE

homem. Dito inversamente: é por ser ele mesmo, por natureza, um animal dotado de *logos*, que o homem pode conhecer a natureza em geral e a sua própria em particular.

Que a Ciência da Natureza seja possível é a verdadeira conquista epistemológica de Aristóteles em relação aos seus antecessores platônicos. Para Platão, o homem só pode ter acesso a Ciências Matemáticas. Para Aristóteles, o homem pode também ter acesso a Ciências da Natureza (da Cosmologia ou da Meteorologia à Zoologia, passando pela Biologia – o tratado *Da alma*), menos rigorosas, porém mais *verdadeiras* que as Matemáticas, porque seu objeto é mais real.[60] O que o estudo natural da alma humana mostra é que a capacidade intelectual do homem não é senão um prolongamento de sua capacidade perceptiva e não pode ser verdadeiramente separada dela; o homem adquire, assim, os princípios de seu saber por indução a partir do sensível, e o intelecto humano não é dissociável de seu enraizamento "animal" que é a percepção.[61] O homem pode, assim, chegar, a partir da experiência sensível, às definições dos seres naturais e também compreender as causas *imutáveis e eternas* de seus movimentos, ainda que eles sejam mutáveis e mortais. A alma do homem dá-lhe, portanto, acesso a dois tipos de Ciências "teóricas" ou especulativas: Ciências Matemáticas, puramente dedutivas, que raciocinam sobre formas sem matéria; e Ciências Físicas, que raciocinam etiologicamente sobre objetos naturais – "formas numa matéria" – e tomam seus princípios da experiência. É exatamente porque a parte intelectual da alma é inseparável da animalidade do homem que a Ciência Física é possível; e ela é tanto *ciência* (puro conhecimento explicativo) quanto *física* (ela apreende seres que existem real e concretamente na natureza). Aristóteles pode reivindicar legitimamente a fundação um novo gênero de conhecimentos teóricos, as Ciências Físicas, ao lado das que Platão fundara, as Matemáticas.[62] E isso graças à sua concepção do homem. Porque o homem não é apenas um vivente, mas um vivente naturalmente *racional*, ele é dotado pela natureza de uma capacidade que não tem outra finalidade senão conhecer. A Ciência é, pois, um modo de ser natural para o homem. Porque o homem não é só vivente *e* racional, como se se tratasse de duas características tão separáveis como a alma e o corpo em Platão, pois a sua faculdade de pensar racionalmente está ancorada em sua animalidade (ou seja, o homem *vive* racionalmente), ele pode conhecer não só formas puras

---

60 Acerca desse ponto, ver adiante, Capítulo 6, p.167-8.
61 É o caso em especial do "senso comum" (ver *Da alma* III, 2) e da imaginação, pois a alma nunca pensa sem imagem (*Da alma* III, 7, 431a 16).
62 Acerca deste ponto, ver a seguir, Capítulo 6.

(matemáticas), mas todos os outros seres naturais (formas inseridas numa matéria). A Ciência da Natureza é, portanto, um modo de ser natural para o homem. O homem é esse animal que compreende a natureza.

O HOMEM, O PENSÁVEL E O IMPENSÁVEL NA CIÊNCIA ANTIGA

Dada essa figura aristotélica do homem, quais ciências são, então, possíveis? E quais são impensáveis?

São possíveis, por um lado, as Ciências Matemáticas e, por outro, as antigas Ciências da Natureza, em especial uma Zoologia e uma Cosmologia. São impossíveis as Ciências modernas da Natureza, em especial a Física Matemática, de Descartes e de Galileu, que se basearão numa outra figura do homem. Com efeito, a natureza aristotélica é um conjunto de substâncias concebidas a partir do modelo hilemórfico dos seres vivos. Não pode, portanto, haver nela uma Ciência Matemática das substâncias naturais que nos rodeiam, porque elas são feitas tanto de matéria como de forma: sua "matéria" torna imprevisíveis os seus comportamentos individuais, e sua "forma" permite uma ciência da ordem (classificação ou hierarquização), não uma ciência da medida. Elas não são inteligíveis pela "causa motriz", mas pela "causa formal" (sua essência) ou pela "causa final"; por conseguinte, só se pode explicar cientificamente a espécie (*eidos* – o cavalo) e não o indivíduo determinado (*tode ti* – o comportamento de Bucéfalo), cujos movimentos são sempre parcialmente erráticos. Em compensação, pode haver uma Ciência Astronômica matematizável, porque os viventes que são os astros estão sujeitos a movimentos regulares, previsíveis e não são feitos dessa mesma matéria rebelde, mesclada de potência irracional. Só há Ciência Apodíctica do que é sem matéria – os objetos matemáticos ou, pelo menos, matematizáveis. A Astronomia é uma das Ciências Naturais matematizáveis,[63] logo Apodícticas. Pois a causa motriz que ela faz intervir (o motor regular do mundo) é necessária e constante: os movimentos individuais dos astros são, teoricamente, sempre previsíveis.

A estrutura hilemórfica das substâncias possibilita, portanto, uma Física dos seres mortais, mas não matematizável (é a Ciência dos viventes de nosso mundo), e uma Física matematizável, mas que não trata dos seres mortais (é a Astronomia). A Física só pode ser Ciência da Natureza com a condição

---

63 Este é também o caso da óptica e da harmônica, de que antes diz Aristóteles serem as mais "físicas das ciências matemáticas": ver *Física* II, 2, 194a 7ss.

de haver muitas delas, por assim dizer: com a condição de postularmos a existência de duas naturezas distintas, ou melhor, de dois mundos separados, o mundo terrestre (infralunar), dominado pelo homem, e o mundo celeste (supralunar), que o homem pode, no máximo, esperar imitar. Ela proíbe a Física no sentido moderno do termo – Ciência Matemática que trate de uma natureza una e homogênea. A Astronomia pode tentar descobrir os movimentos geométricos a que obedecem os astros, mas a Ciência Natural do nosso mundo não pode formular nenhuma lei necessária e deve contentar-se com movimentos lineares mais ou menos regulares. A concepção hilemórfica das substâncias naturais, cujo modelo é o homem, proíbe toda Ciência geral do movimento, como será a Ciência Cartesiana.

Mas proíbe igualmente toda "Ciência do homem", isto é, toda Ciência que se proponha explicar o que há de propriamente humano: o comportamento individual ou coletivo dos homens, seus pensamentos, suas ações, seus costumes etc. No lugar dessa Ciência Teórica impossível, nesse exato lugar, há uma ética e uma política, *Ciências Práticas*[64] que determinam as normas e os valores próprios ao homem. Significativamente, sob a expressão "Filosofia das coisas *humanas*"[65] são reunidos os estudos éticos e políticos, os quais não podem ser Ciências Teóricas, isto é, explicativas, porque são Ciências Práticas, isto é, normativas.

A figura aristotélica do homem "animal racional" permite, pois, fundar dois tipos opostos de Ciências Naturais, a Astronomia e a Biologia, e exclui de modo igualmente necessário a possibilidade de uma Física Matemática (que se fundamentará na segunda figura do homem) e a possibilidade das Ciências Humanas (que se fundamentarão na terceira figura).

Devemos dizer, então, que o conceito do homem é cientificamente fundado ou então que é certa figura do homem que permite a Aristóteles fundar as Ciências Naturais? Ambas as teses devem ser sustentadas, mas em sentidos diferentes.

A definição aristotélica do homem, por exemplo, "animal racional" ou "político", parece à primeira vista fruto de desenvolvimentos propriamente filosóficos, de considerações analíticas (lógicas) sobre o método correto de "definição" em geral (cuja teoria sempre se apoia, note-se, no exemplo privilegiado do homem, "animal bípede") e de reflexões morais ou políticas acerca das faculdades próprias do homem: a palavra, a percepção dos valores morais etc.

---

64 Em *Metafísica* E, 1, 1025b 3, Aristóteles distingue Ciências Teóricas, Ciências Práticas e Ciências Poéticas (cf. também *Tópicos* VI, 1, 145a 13-18 e VIII, 1, 157a 11).

65 Só se encontra uma ocorrência, no fim da *Ética a Nicômaco* X, 10, 1181b 15.

Na realidade, o conceito de homem é cientificamente fundado porque cabe às Ciências Naturais defini-lo. Dado que ele é antes de tudo um "animal", a Zoologia pode comparar o seu modo de vida e as suas atividades com as dos outros animais; é ela que pode dizer o seu lugar numa classificação racional dos seres naturais. A Cosmologia também tem sua parte nesse trabalho definidor, pois o homem não se define apenas pelo lugar singular num encaixe de classes horizontais, mas também por sua posição intermediária na escala vertical dos seres do mundo, entre os animais e os deuses. Como os primeiros, e ao contrário dos segundos, ele é mortal; como os segundos, e ao contrário dos primeiros, ele é dotado de razão (*logos*). O homem, portanto, está na intersecção de uma ordem horizontal das classes biológicas e de uma ordem vertical das posições cosmológicas. Ele é, assim, o objeto central das duas Ciências Naturais, a "Zoologia" e a "Cosmologia".

Mas, ainda mais profundamente, é – inversamente – certa figura do homem que permite fundar as Ciências Naturais. O homem é, para a Zoologia, o animal mais conforme à natureza, e os outros animais podem ser compreendidos a partir do seu modelo. E há mais: por ser, em graus de generalidade crescente, um animal, um vivente, um ser natural, uma substância, um ser, todos os animais, os viventes, os seres naturais, as substâncias (sejam elas naturais ou artificiais), na verdade todos os *seres*, se forem verdadeiramente seres, podem ser conhecidos a partir do modelo "hilemórfico" do homem: uma forma que dá unidade e individualidade a uma matéria. É pela "forma" assim entendida que podemos apreender racionalmente as substâncias, nomeá-las, classificá-las, descrevê-las, explicá-las, em suma, fazer a ciência delas. A *figura aristotélica do homem*, ou seja, a maneira como o homem é pensado, permite, pois, compreender todos os seres e fazer deles o objeto de uma Física e de uma Metafísica.

É às Ciências Naturais que cabe definir o homem. Mas, reciprocamente, é certa figura do homem que funda a possibilidade das Ciências Naturais.

– 2 –

O HOMEM CLÁSSICO

A "substância pensante estreitamente unida a um corpo"

Sob muitos aspectos, a definição do homem como "animal racional" persistirá até a Idade Clássica, a despeito das mutações consideráveis da História das Ideias, ligadas em particular ao Cristianismo. Mas este fora capaz de acomodar-se com essa herança, reinterpretando a fórmula nos termos do dogma da encarnação: o homem é feito de racionalidade e de animalidade, como é espírito (alma imortal) numa carne (corpo mortal). Uma nova figura do homem, porém, impõe-se na Filosofia e na Ciência no século XVII. Não pretendemos refazer aqui a história das representações "do mundo fechado ao Universo infinito",[1] nem recontar o nascimento da Ciência moderna, de Bacon a Galileu, mas apenas sugerir que essa revolução científica depende de uma nova figura do homem, aquela que Descartes explicita com toda a clareza. Esse novo homem é, na verdade, exigido pela nova Ciência: uma Ciência que não mais se propõe formular as *definições* dos seres naturais para deduzir os seus atributos essenciais e situá-los em seu lugar num cosmos ordenado, mas *leis* gerais que ligam os acontecimentos ou fenômenos, graças à matematização da natureza – ou seja, a Ciência de Galileu e Descartes e

---

1 *Du monde clos à l'univers infini* é o título de um livro justamente célebre de Koyré.

depois a de Newton. Para nova Ciência, novo homem. O homem está na encruzilhada de duas exigências da Ciência Natural, as mesmas que em Aristóteles: uma exigência de método – mas o de Descartes não é mais a lógica de Aristóteles – e uma exigência de conteúdo conceitual – que, porém, não é mais a Zoologia ou a Cosmologia antigas, mas a Mecânica moderna.

UM NOVO MODO DE DETERMINAR A ESSÊNCIA DO HOMEM

Que é o homem, para Descartes? Uma alma estreitamente unida a um corpo. Dizer que o homem é composto de alma e de corpo é uma banalidade. É mais ou menos o que diz a maior parte dos pensadores, desde a Antiguidade. Por pouco, até confundiríamos essa fórmula com aquela atribuída a Aristóteles: "animal racional". Pois, afinal, o corpo não é o do animal e a razão não é o próprio da alma humana? Dir-se-á que a definição cartesiana insiste de preferência no fato de o homem ser *união* de uma alma e de um corpo. É verdade, mas também essa tese é bastante banal. Perguntar como uma alma pode unir-se a um corpo durante a vida terrestre para dele se separar depois da morte é a questão que preocupa praticamente todos os teólogos cristãos e que já boa parte dos filósofos neoplatônicos se colocava. Dir-se-á que a definição de Descartes insiste na "estreiteza" dessa união no homem. Segundo a célebre frase da sexta das suas *Meditações metafísicas*, a alma não está no corpo como um piloto em seu navio, pois sente com ele (sensações, apetites, paixões): ela o sente não como um corpo, mas como *seu* próprio corpo. Ou seja, a alma não possui um corpo que lhe seja exterior, ela forma com ele um todo. Mas também aí Descartes não é de modo algum original: esta é a doutrina dos estoicos, para quem a percepção de si resulta do fato de que o corpo e a alma estão estreitamente unidos e em constante interação um com o outro;[2] a tese deles da "mescla total" – segundo a qual, para retomar o exemplo famoso, uma gota de vinho tanto se mistura a todo o mar que cada gota de água do mar se torna vinosa – aplica-se também à relação entre a alma e o corpo: "A alma que tem a sua existência própria, assim como o corpo que a acolhe, penetra integralmente através do corpo, conservando a sua substância própria na mistura que a liga a ele (pois nenhuma parte da alma deixa de participar do corpo que possui a alma)".[3]

---

2 Ver Hiérocles, *Elementos de Ética* (apud Long e Sedley, *Les philosophes hellénistiques*, II, *Les Stoíciens*, 53 B5-9, p.337).

3 Alexandre de Afrodísia, *Da mistura* (SVF II, 473), citado ibid., 48 C10, p.289.

Nada, portanto, na definição cartesiana do homem ("estreita união de uma alma e de um corpo") é original – nem, aliás, realmente interessante. Nem mais nem menos, no fundo, do que a suposta definição aristotélica de homem ("animal racional"), que também é, talvez bastante, estoica. Mas como no caso de Aristóteles, o que é significativo, o que constitui a verdadeira *figura* cartesiana do homem é a maneira como é estabelecida tal definição, o que ela significa para o conjunto da doutrina e o que implica para as ciências que ajuda a fundar. Acontece que essa gênese, esse sentido e essa implicação têm de paradoxal o fato de parecerem justamente ir no sentido contrário da significação mais óbvia da definição mesma: é pela *distinção* real entre a alma e o corpo que Descartes chega à sua definição do homem como *união*. O sentido profundo dessa união supõe, com efeito, que a substância pensante seja realmente distinta da substância extensa; e esse dualismo ontológico possibilita o dualismo epistemológico, que por sua vez possibilita a revolução científica da Física matemática.

Ao longo de suas *Meditações metafísicas*, Descartes critica a definição dita "aristotélica" do homem, que considera vazia, e o método definicional, que considera vão. Lembremo-nos onde e como. As *Meditações metafísicas* têm por objetivo "estabelecer algo de firme e de constante nas ciências" (Primeira meditação). Nesse caminho, e uma vez eliminadas todas as opiniões em que se possa encontrar algum motivo de dúvida, Descartes descobre uma primeira certeza, a de sua própria existência. Ou seja: "Eu penso, eu sou". Mas uma vez admitida a existência desse "eu", permanece a questão de sua essência. "O que é que antes acreditei ser?", pergunta Descartes na Segunda meditação: "Sem dificuldade, pensei ser um homem. Mas o que é um homem? Direi que é um animal racional? Não, é claro: pois seria preciso depois procurar o que é racional e assim, de uma única questão, cairíamos imperceptivelmente numa infinidade de outras, mais difíceis e complexas." Ou seja, o método herdado da tradição aristotélica, aquele que era ensinado pela Escola e consistia, uma vez encontrada a espécie a que pertence o indivíduo ("homem"), em defini-la por seu "gênero" ("animal") e depois caracterizá-la pela sua "diferença específica" ("racional"), só leva, na melhor das hipóteses, a uma regressão ao infinito – isto é, no fundo, a nada: definir um termo só é possível por meio de outros termos, que também eles precisam ser definidos, e estes por sua vez etc. Deve haver um método de buscar a essência diferente daquele que consiste em situar os seres em classes e estas em outras classes.

Portanto Descartes vai também partir em busca da essência do homem, ou melhor, da essência daquilo que ele é – ele, sujeito pensante que busca fundar as ciências sobre chão firme. Seu itinerário metodológico leva-o desse "eu" ao homem em geral. O itinerário de Aristóteles, ao contrário, levava-o do animal em geral ao homem em particular. O homem é, para a meditação cartesiana, o fruto de uma generalização, ao passo que para a análise aristotélica era o efeito de uma especificação. Determinar a essência do homem, para Descartes, não se faz "de fora", na terceira pessoa, como para Aristóteles e toda a tradição escolástica, mas "de dentro", na primeira pessoa. Sob esse olhar introspectivo, encontraremos um "eu" antes de encontrarmos o homem para além de si mesmo, enquanto um olhar exterior verá primeiro um "vivente" ou um "animal" (*zoon*) antes de encontrar o homem aquém deles. Na primeira pessoa, seremos um ser pensante antes de podermos assumir possivelmente um corpo, porque "a alma é mais fácil de conhecer que o corpo"; na terceira pessoa, depararemos com corpos vivos e procuraremos em seguida o que os diferencia possivelmente uns dos outros, porque os corpos são mais fáceis de conhecer do que as almas. De fora, o homem aparece em primeiro lugar como um vivente entre outros ("*estes* animais humanos aqui"), ao passo que, de dentro, nele se apreende primeiro a sua "alma" ("*eu* penso"), como já o sabiam, aliás, os Antigos: eu sou a minha alma e eu tenho meu corpo; a minha alma sou eu mesmo, enquanto meu corpo é o que me pertence e me distingue, portanto, do que sou, como Sócrates já observava a Alcibíades.[4] O procedimento científico aristotélico exigia o esquecimento de nós mesmos na observação e na explicação científica das coisas, para nos vermos no espelho da natureza. Aristóteles lança ao homem o olhar objetivista que se lança a todo ser natural, *isto é, a todo objeto de conhecimento*, ao passo que Descartes volta o olhar para si mesmo como *sujeito do conhecimento*. Aristóteles depara-se com a questão "O que é um animal?"[5] (logicamente anterior à questão "O que é o homem?"), ao procurar determinar cientificamente a natureza de um ser natural, pois é preciso, segundo as regras da Analítica, determinar o gênero antes da diferença. Descartes depara-se com a questão "Quem sou eu?" (metodicamente anterior à questão "O que é o homem?", que só se colocará ulteriormente, segundo a ordem das razões, na Sexta meditação), ao procurar fundar a possibilidade de um conhecimento científico da natureza.

Para esclarecer a relação entre a nova definição metafísica do homem e os fundamentos da nova Ciência, convém tornar a partir do começo. A Ciência

---

4 "o homem é distinto de seu corpo e se identifica com sua alma, que pode servir-se do corpo e comandá-lo" (Platão, *Alcibíades*, 129d ss.).

5 Ou, mais geralmente: "Que é um vivente?", isto é: "Que é a alma?" Ver *Da alma* II, 1.

deve basear-se na certeza absoluta. "Eu penso, logo eu sou." A primeira coisa cuja existência é certa, sou eu mesmo. Mas a partir do momento em que sabemos que algo existe, cumpre determinar o que ele é:[6] "O que é essa coisa que existe indubitavelmente?". Não se trata de perguntar "O que é o homem?", e depois aplicar essa definição universal ao meu caso particular, mas perguntar o que eu sou, eu, em particular. Tal definição poderá valer também para todos os homens, pois todo homem pode tomar consciência de si mesmo da mesma maneira que eu. A resposta de Descartes é: "Eu sou uma coisa que pensa", e este homem, eu, é, *em primeiro lugar*, definido pelo pensamento: "Descubro aqui que o pensamento é um atributo que me pertence: só ele não pode ser separado de mim. [...] Não sou, falando com precisão, senão uma coisa que pensa, ou seja, um espírito, um entendimento ou uma razão, que são termos cujo significado antes desconhecia" ("Segunda meditação").

Meçamos o abismo que separa a "coisa que pensa" de Descartes do "animal racional" de Aristóteles – se é que tanto uma como a outra dessas frases sejam as "definições" do homem. Para Aristóteles, a racionalidade (*logos* – isto é, também a linguagem) é a realização própria ao homem de seu modo de vida, de seu modo de ser *vivo*, de sua animalidade. Ora, para Descartes, a racionalidade não é uma característica *que especifique* o animal ou o vivente que sou, pois o pensamento se opõe ponto a ponto à animalidade, ou seja, ao corpo. "O homem é um animal racional" significa para Aristóteles que a razão é a maneira que o homem tem de ser animal. "Eu sou pensante e racional" significa, para Descartes, que o pensamento ou a razão é a maneira que o homem tem de não ser animal. Sou pensante enquanto não sou animal, e os animais não são pensantes justamente enquanto são animais. Pois "o maior de todos os preconceitos que retivemos de nossa infância é o de crer que os animais pensam".[7] Eu sou (eu existo) e continuo sendo, para sempre (sejam quais forem as modificações de meu corpo vivo), uma "coisa pensante", e continuarei sendo mesmo supondo que não tenho corpo, o que será talvez o caso se eu deixar de estar *vivo* (se morrer). Os *animais*, ou os *viventes* diferentes do homem, não são pensantes, não pertencem ao mesmo

---

6 Procurar se algo existe, depois perguntar acerca dele o que ele é (ou seja, colocar a questão da existência e depois a da essência) está, aliás, de acordo com o método científico de investigação defendido por Aristóteles: "Quando tomamos conhecimento de que a coisa é, procuramos o que ela é, por exemplo: o que é um deus, o que é um homem?" (*Segundos analíticos* II, 1, 89b 34-35).

7 *Carta a Morus*, 5 de fevereiro de 1649.

gênero ontológico que o homem, não compartilham a mesma substância. O homem é pensamento; é consciência – este é o próprio do homem.

DA NATUREZA DO HOMEM À POSSIBILIDADE DE UMA CIÊNCIA DA NATUREZA

Como isso permite a Descartes fundar a Ciência da Natureza? Precisamente porque, se o homem é pensante, se a natureza *no homem* é pensar, pensar sem cessar, pensar desde que existe e existir desde que pensa, a natureza fora do homem não é pensar. Ou melhor, ela é justamente *não pensar*, não poder pensar de modo algum: há "consciência"[8] no homem, mas só nele. O homem pode conhecer todo o resto da natureza por não ter a mesma natureza que o resto da natureza. Ele pode pensar e conhecer, ela não é pensante, e é por isso que ela pode ser facilmente conhecida. Há duas substâncias: a substância pensante (*res cogitans*), à qual todo homem pode fundamentalmente identificar-se – é a sua alma (é o que nele é essencial, o que dele persiste durante toda a vida, o que talvez sobreviva dele depois da morte) – e a substância extensa, ou seja, o corpo (*res extensa*), de que é constituído tudo o que vemos e tocamos, em nós ou fora de nós. Obtêm-se essas duas substâncias por meio de redução, ou antes, de subtração: o pensamento é o que resta quando suprimo tudo o que é corporal, em mim e fora de mim; o corpo é o que resta quando suprimo tudo o que é pensamento, ou seja, consciência. A alma é uma substância completa (sem o corpo), eis o que é fundamental no plano metafísico. Mas o corpo é uma substância completa (sem a alma), eis o que é fundamental no plano da Física.[9] O pensamento é todo interioridade, sem exterioridade; o corpo é todo exterioridade, sem interioridade.

A natureza em si mesma, portanto, não é senão corpo. Tal é, pelo menos, o caso da natureza fora de mim. Essa mesma natureza está, aliás, sempre ao mesmo tempo "fora de si mesma", por assim dizer, no sentido de que todas as suas partes são exteriores umas às outras, *partes extra partes* – é o que chamamos espaço, ou antes, "extensão". Há uma única matéria, idêntica em toda parte e perfeitamente homogênea. O conhecimento dela

---

8 O termo "consciência", porém, não é cartesiano. Ver a seguir, p.300, nota 5.

9 A matéria é uma substância completa, ver *Carta a Regius*, junho de 1642; e a alma também, ver *Quartas Respostas*, AT IX, 172ss. (Com exceção da correspondência e dos textos facilmente acessíveis, citamos as obras de Descartes na edição Adam e Tannery, abreviadamente AT.)

NOSSA HUMANIDADE

pode ser claro e distinto, com a condição de reduzi-la às leis universais da transmissão e da conservação do movimento, que podem ser exprimidas matematicamente como relações entre grandezas: nada mais há na natureza do que esses corpos sem mistério, não há almas hierarquizadas, nada de qualidades ocultas, nada de finalidade, nada de obscuro ou confuso, isto é, nada que não seja racionalmente pensável. Não há viventes que tenham cada um sua essência, nem ordem dos viventes ou escala das faculdades, só uma corporeidade móvel, como uma imensa máquina regulada por mecanismos que transmitem em diversos sentidos, avançando pouco a pouco os movimentos que formam toda a variedade aparente das espécies ditas vivas. Pois não há nenhuma diferença essencial entre um corpo vivo e um corpo morto, e podemos dizer, para designar o meu próprio corpo, de "toda essa máquina composta de ossos e de carne, tal como aparece num cadáver".[10]

> Se considero que o corpo do homem é uma máquina de tal modo construída e composta de ossos, nervos, músculos, veias, sangue e pele que ainda nele não houvesse nenhum espírito, não deixaria de se mover – quando não guiado pela direção da sua vontade – do mesmíssimo modo como o faz agora. ("Sexta meditação")

A vida não é, para Descartes, a propriedade dos corpos dotados de alma, como o era para Aristóteles. É menos ainda uma propriedade comum aos homens mortais e aos deuses imortais, pois Deus não é vivente nem imortal, ele é infinito. O corpo vivo é uma máquina complexa, sem dúvida, mas uma máquina:

> Eu havia mostrado [no *Tratado do Homem*] qual deve ser a constituição dos nervos e dos músculos do corpo humano, para fazer que os espíritos animais que estão dentro tenham força para mover os membros, assim como vemos que as cabeças, logo depois de serem cortadas, ainda se remexem e mordem a terra, apesar de não estarem mais animadas; que mudanças devem acontecer no cérebro para causar a vigília e o sono e os sonhos [...]. O que não parecerá nem um pouco estranho aos que, sabendo quantos diversos autômatos ou máquinas moventes a indústria do homem pode fazer, empregando só muito poucas peças, em comparação com a grande multidão de ossos, músculos, nervos, artérias, veias e todas as outras partes que estão no corpo de cada animal,

---

10 "Toda essa máquina composta de ossos e de carne, tal como aparece num cadáver, a qual designava com o nome de corpo" (*Segunda meditação*).

considerarão esse corpo como uma máquina que, tendo sido feita pelas mãos de Deus, é incomparavelmente mais bem ordenada e tem em si movimentos mais admiráveis do que qualquer uma que possa ser inventada pelo homem. E eu me havia detido particularmente em mostrar que, se houvesse algumas de tais máquinas que tivessem os órgãos e a figura exterior de um macaco ou de qualquer animal sem razão, não teríamos nenhum meio de reconhecer que elas não seriam em tudo da mesma natureza que esses animais.[11]

Todo corpo vivo é como um carrilhão,[12] um relógio,[13] um jogo de órgãos, ou um autômato hidráulico;[14] a fisiologia não é senão uma mecânica, e a mecânica, por sua vez, não é senão matemática. "Toda a minha física nada mais é do que geometria."[15]

Nenhum outro ser natural pensa, a não ser o homem. Dizer que os animais não pensam não significa apenas que não têm acesso ao raciocínio; significa, mais radicalmente, que não têm nenhuma forma de consciência nem, portanto, de percepção ou de sensibilidade, e que nada os distingue fundamentalmente de uma máquina qualquer. É isso que torna todos os corpos, os dos animais, o do homem e, de um modo mais geral, todos os que compõem o mundo, tão facilmente cognoscíveis, teoricamente, pela Ciência Física e pelo pensamento matemático, quanto os autômatos são facilmente fabricáveis, na prática, pela Mecânica aplicada e pelo pensamento técnico.

DA SUBSTÂNCIA PENSANTE À UNIÃO DA ALMA E DO CORPO

Dir-se-á que o homem de Descartes, o homem concreto, não é a sua alma; não é puro pensamento, mas a "estreita união de uma alma e de um corpo",[16] de modo que essa "terceira natureza", constituída, por meio de "composição e montagem da substância que pensa com a substância corporal",[17] de duas naturezas incompatíveis entre si, parece ser a verdadeira definição do homem. É verdade. O homem tem modos próprios de pensar que não dependem nem da alma, nem do corpo propriamente dito,

---

11 *Discurso do método*, 5ª Parte; ver também *As paixões da alma*, I, art. 6.
12 *As paixões da alma* I, art. 6 e 16.
13 *O homem*, AT XI, 165-6.
14 Ibid., 130-1.
15 *Carta a Mersenne*, 27 de julho de 1638.
16 A "natureza do homem" faz que ele seja "composto de espírito e corpo" (*Sexta meditação*).
17 *Respostas às sextas objeções*, AT IX, 242.

mas da união entre eles: é o que Descartes chama de "sentimentos" (que chamamos de percepções sensíveis, o som, a luz, o odor, aos quais ele soma o que chamaríamos antes de "afecções", como a dor, a fome etc.) e, de um modo mais geral, o que ele chama de "paixões" da alma, pois esta padece das afeições do corpo. O pensamento, ou seja, a consciência, que é mesmo o próprio do homem, não é, portanto, essa pura racionalidade cognoscente, clara e distinta, a que todo homem pode ter acesso desde que se aplique com método, mas é também "sentimento" (isto é, percepção ou emoção) e, de um modo mais geral, "paixão", por causa dessa união com determinado corpo.

> A natureza também me ensina por esses sentimentos de dor, de fome, de sede etc., que não estou só alojado em meu corpo, como um piloto em seu navio, mas, além disso, que lhe estou vinculado muito estreitamente, e de tal modo confundido e misturado que componho como um só todo com ele. [...] Pois, com efeito, todos esses sentimentos de fome, de sede, de dor etc. não são senão certas maneiras confusas de pensar, que provêm e dependem da união e como da mistura do espírito com o corpo.[18]

Um ser puramente racional não seria um homem, seria um "anjo". E se tal ser estivesse unido ao corpo humano, "não teria sentimentos como nós, mas perceberia apenas os movimentos causados pelos objetos exteriores e, com isso, seria diferente de um verdadeiro homem".[19]

Não é possível, no âmbito deste capítulo, chegar a uma solução para o debate sobre a "união substancial" da alma e do corpo que dividiu os cartesianos e boa parte da crítica moderna. Como se observou muitas vezes, Descartes jamais chama o ser humano de "substância", ou seja, "uma coisa que pode existir por si mesma", embora afirme a Regius que o homem é "um verdadeiro ser por si e não por acidente, e que o espírito está real e substancialmente unido ao corpo",[20] e embora responda a Arnaud que é efetivamente por uma "união substancial" que se juntam a alma e o corpo; é a interação entre eles que é substancial, sendo o corpo causa eficiente dos "sentimentos",[21] que são uma espécie de pensamento e um dos modos da alma enquanto

---

18 *Sexta meditação*.
19 *Carta a Regius*, 24 de janeiro de 1642.
20 Ibid.
21 Ver *Respostas às quartas objeções*, AT IX, 177: embora o espírito e o corpo sejam substâncias completas, estas podem ser consideradas incompletas quando relacionadas com o homem que forma um todo.

unida a um corpo.[22] A questão de saber se a união da alma e do corpo que é o homem constitui ou não uma espécie de "terceira substância", fora da substância extensa e da substância pensante, recebe, a nosso ver, duas respostas, conforme o ponto de vista em que nos coloquemos. Do ponto de vista "prático" e "fenomenológico", isto é, limitando-nos às exigências da vida e à experiência subjetiva que é o seu efeito para o pensamento humano, a alma não está no corpo como um piloto em seu navio, e sou *eu* mesmo que sinto, imagino, caminho, respiro, ajo etc., não o meu corpo sozinho[23] – sem o que o homem não poderia agir e reagir com discernimento e em plena consciência. De um ponto de vista teórico e epistemológico, porém, convém, pelo contrário, livrar absolutamente a alma dos efeitos do corpo, portanto dos sentidos e da imaginação, que só geram ideias obscuras e confusas – sem o que o homem não poderia conhecer a natureza com plena certeza.[24]

O essencial, do ponto de vista da Física cartesiana e dos fundamentos metafísicos dessa Ciência, é a distinção real da alma e do corpo, ou seja, sua independência. Posso conceber-me sendo inteiramente apenas uma coisa pensante, o que prova que a alma pode existir sem o corpo.[25] Quando se trata apenas de conhecer, o que importa é a possibilidade de pensar separadamente a essência do espírito e a do corpo e, por conseguinte, conhecer pelo espírito sem o corpo e conhecer os corpos sem nada de espiritual neles.

---

22 "Devemos concluir também que determinado corpo está mais estreitamente unido à nossa alma do que todos os outros que estão no mundo, porque nos damos conta claramente de que a dor e vários outros sentimentos nos acontecem sem que os tenhamos previsto, e que a nossa alma, por um conhecimento que lhe é natural, julga que tais sentimentos não procedem só dela enquanto é uma coisa que pensa, mas enquanto está unida a uma coisa extensa que se move pela disposição de seus órgãos, que chamamos propriamente o corpo de um homem" (*Princípios da filosofia* II, 2).

23 Há "certas coisas que experimentamos em nós mesmos e não devem ser atribuídas só à alma, nem tampouco só ao corpo, mas à estreita união que há entre eles [...]; é o caso dos apetites de beber, de comer, e as emoções ou paixões da alma, que não dependem só do pensamento, como a emoção da cólera, da alegria, da tristeza, do amor etc.; é o caso de todos os sentimentos, como a luz, as cores, os sons, os odores, o gosto, o calor, a dureza e todas as outras qualidades que só pertencem ao sentido do tato" (*Princípios de filosofia* I, 48).

24 Já na *Oitava Regra para a direção do espírito*, Descartes notava: "E em primeiro lugar observaremos que em nós só a inteligência é capaz de conhecer, mas pode ser ou atrapalhada ou ajudada por três outras faculdades, a saber, a imaginação, os sentidos e a memória." Na verdade, "é preciso [...] passar aos objetos eles mesmos, e só considerá-los enquanto a nossa inteligência pode atingi-los" (ibid.).

25 "Não julgo ter provado demais ao mostrar que o espírito pode existir sem o corpo, nem tampouco ter provado pouco demais ao dizer que ele lhe está unido substancialmente, porque essa união substancial não impede que se possa ter um conceito claro e distinto do espírito enquanto coisa completa" (*Respostas às quartas objeções*, AT IX, 176). Ver também *Princípios da filosofia* I, 60.

Em outras palavras, convém pensar *separadamente* a essência do que permite ao homem conhecer, e a essência do que lhe é dado poder conhecer; é a substância pensante que lhe permite conhecer claramente, mas com a condição de ser pensada separadamente do espírito. A prova disso é simples: até mesmo a essência do corpo, a extensão, pode ser *concebida* sem os sentidos e a imaginação. É o caso do quilógono, figura complexa demais para que eu possa imaginar com exatidão os seus mil lados, mas de que concebo todas as propriedades pela razão com a mesma facilidade com que conceberia se ela só tivesse três lados ("Sexta meditação").

Nessas *Meditações metafísicas*, nas quais quer "estabelecer algo de firme e constante nas ciências", Descartes não pretende de modo algum sublinhar que seja da natureza da alma estar unida a um corpo que ela sofre e com o qual padece – como cada qual pode facilmente constatar –, mas, ao contrário, que ela pode ser *pensante por si mesma*. Convém, é claro, por outro lado, dar conta do fato de que sentimos a dor *em nós mesmos*, e não num corpo exterior, que não seria nada além do navio cujo naufrágio o capitão observa consternado. Pois é só "por acidente" que o navio pertence ao capitão que lhe está "unido". Em contrapartida, é mesmo substancialmente que o nosso corpo é nosso e estamos unidos a ele, pois, sem ele, não viveríamos. Vivendo, cada qual faz, portanto, constantemente a experiência de que a alma está substancialmente (e não acidentalmente) unida ao corpo. O mesmo acontece quando agimos. O fenômeno a explicar é então o inverso do anterior. Não é mais o corpo que, agindo sobre a alma, faz com que *eu* sofra (e não o meu corpo); é a alma que, agindo sobre o corpo, faz com que *eu* possa controlar as paixões, segundo as "inclinações da vontade". Em ambos os casos, os fatos testemunham em favor da união muito estreita. Mas, limitando-nos à Ciência, e, de um modo mais geral, ao *conhecimento*, o que importa é, ao contrário, o fato da distinção real da alma e do corpo. Quando se trata de saber o que é permitido ao homem conhecer, Descartes insiste no fato da distinção, tão inegável como o da união: não só o homem *pode* pensar sem o corpo, mas pensa melhor por não depender dele, como prova o raciocínio matemático.

Assim, a tensão cartesiana entre uma concepção dualista, segundo a qual há (somente) duas substâncias, e uma concepção segundo a qual a união delas, no homem, seria substancial, tem, senão uma "solução", ao menos uma expressão simples. Explicar o que o homem sente na vida e a maneira como pode conduzi-la livremente conforme a vontade, é evidenciar o que ele deve, na experiência e na prática, à *união* da alma com o corpo – como já explicavam, em termos semelhantes, os estoicos. Explicar o que o homem pode conhecer e a maneira como alcançar a certeza na Física, e até na Metafísica, é evidenciar o que deve, em seu conhecimento teórico, à *distinção real* entre a alma e o corpo. Esta é a verdadeira originalidade de Descartes com relação ao homem, e ela se deve à revolução científica que pretende promover. A alma humana pode pensar sem o corpo; ela pensa melhor sem o corpo – isto tampouco é novidade, é o que Platão, por exemplo, já mostrava. Mas a verdadeira novidade acerca do homem é mais profunda, e é epistemológica. *É sem o corpo que a alma pode pensar o corpo*, ou seja, conhecê-lo – fazer Física. Se, como explica Descartes a Elizabeth,[26] seu "principal objetivo [é] provar a distinção que existe entre a alma e o corpo", é porque a fonte principal dos erros acerca da Física reside no fato de se terem sempre confundido as forças físicas que agem entre os corpos mesmos (o calor, o peso etc.) com aquela pela qual a alma age no corpo, por exemplo, no movimento voluntário. Em compensação, se não nos deixarmos enganar pelo fato da união, torna-se evidente que não concebemos claramente os corpos como extensos e, portanto, como tendo figura e movimento, senão por meio da alma apenas. É assim que podemos fazer Física. É assim mesmo que *devemos* fazê-la: a Física nova exige.

Analisemos com maior precisão essa tensão entre a experiência humana da *união* entre a alma e o corpo e a possibilidade igualmente humana do conhecimento físico graças à *distinção* entre essas duas substâncias. Estas podem existir em sua natureza própria, uma sem a outra, "uma vez que, considerando apenas o corpo, nele nada vemos que exija ser unido à alma, e nada na alma que exija ser unida ao corpo".[27] Pensamento e corpo são absolutamente distintos, eis o que é claro. O que é obscuro, e parece até *incompreensível*, para nós, é como a alma pode estar unida ao corpo num homem e, mais particularmente, no "sentimento", pois a alma e o corpo são duas substâncias que só podemos conceber como distintas. Mas essa inconcebibilidade mesma traz em si, na realidade, a dupla condição de *toda concebibilidade*. Ela testemunha, por um lado, o fato de que Deus é incompreensível e, por outro, de que a natureza, por seu lado, é perfeitamente cognoscível.

Ela nos torna, em primeiro lugar, concebível não a onipotência divina, mas o fato de que Deus seja onipotente, pois ela nos permite conceber como "possível em si [essa união] que parece impossível ao nosso entendimento

---

26 *Carta a Elizabeth*, 21 de maio de 1643.
27 Ver *Carta a Regius*, meados de dezembro de 1641.

finito".[28] De fato, Deus, em sua infinidade, é concebível sem ser compreensível.[29] E ainda que o "sentimento" seja obscuro e confuso – o que não tem consequências graves, uma vez que podemos *distingui-lo claramente* das ideias claras e distintas do nosso entendimento –, ele é a manifestação mais clara do fato incompreensível dessa união que nós somos, nós enquanto homens, e ele nos torna de certo modo óbvia a incompreensibilidade de um Deus capaz de fazer o que não podemos sequer conceber.

Mas há algo ainda melhor – pelo menos para nós. Pois esse aspecto da doutrina de Descartes, que desconcertou seus contemporâneos e ainda hoje aparece como seu ponto fraco, é talvez seu ponto mais forte. É, em todo caso, o indício, do ponto de vista que nos interessa, da relação estreita entre um conceito do homem e um subjacente projeto epistemológico de conhecimento da natureza. Já se observou que toda vez que este ou aquele de seus interlocutores ou adversários lhe objeta que ele não consegue explicar essa união da alma e do corpo que permite ao homem sentir – graças aos movimentos que vão do corpo para a alma –, e querer – graças à ação da alma sobre o corpo –, Descartes responde que, com efeito, as duas substâncias são diferentes, e o mostra. Mas, dizem, não lhe foi pedido mostrar a separação entre elas, mas, ao contrário, sua união. Em suma, ele parece afastar a questão embaraçosa: Descartes não pode explicar o homem! Seu gênio, contudo, consiste justamente em não se preocupar com essa questão e insistir, ao contrário, na separação entre elas. É isso que lhe permite fundar uma Ciência certa da natureza: pois é a separação que torna a natureza inteiramente cognoscível *pelo homem*. Com efeito, a separabilidade da alma (a nossa, do homem) prova que ela pode pensar sem o corpo, como um anjo que concebe clara e distintamente os movimentos reais dos corpos exteriores sem precisar senti-los, e a mesma separabilidade do corpo prova que ele é inteiramente redutível a esses corpos exteriores inertes, extensos e mutáveis que existem fora de toda união. Suponhamos, por um instante, o inverso: em vez da separabilidade, pudéssemos conceber clara e distintamente a união da alma e do corpo. Isso provaria que Deus não é poderoso o bastante para poder uni-los e, portanto, que Ele nos é compreensível, que Ele não está tão infinitamente distante de nós quanto parece; ou que

---

28 Guéroult, *Descartes selon l'ordre des raisons* [Descartes segundo a ordem das razões], p.293.

29 Com efeito, ainda que a ideia de Deus seja "muito clara e muito distinta", eu não posso compreender o infinito e "se encontra em Deus uma infinidade de coisas que não posso compreender nem talvez alcançar de modo algum pelo pensamento: pois é da natureza do infinito que a minha natureza, finita e limitada, não possa compreender" (Descartes, *Terceira meditação*).

essas duas substâncias são, por assim dizer, facilmente unidas porque não são *absolutamente* distintas: que o corpo em si mesmo é de certa forma apto a pensar – por exemplo "em potência" – ou que o pensamento por si mesmo é de algum modo capaz – "em potência" – de se encarnar num corpo. Mas isso seria o fim do projeto de uma Ciência Física Matemática, capaz de conhecer perfeita e completamente a natureza exterior. Haveria sempre um *resíduo* dos corpos (de todos os corpos, naturais ou artificiais, vivos ou inertes, em nós e fora de nós) que nos permaneceria obscuro, irredutível à razão matemática porque irredutível ao pensamento da extensão e do movimento. Haveria também, simetricamente, um resíduo do pensamento que seria irredutível à ideia clara e distinta, sempre haveria algum obscuro "sentimento" que altera a razão. Ou seja, a separabilidade, em nós, da alma e do corpo garante, por um lado, que possamos pensar sem o corpo e, por outro, que nosso mesmo corpo possa ser pensado a partir do modelo mesmo de todos esses corpos fora de nós. A separabilidade da alma e do corpo garante dois lugares absolutamente distintos para o sujeito da Ciência por um lado (pura razão matemática), e para o objeto da Ciência por outro (pura extensão geométrica). No homem, coabitam o sujeito "puro" e o objeto "puro" do conhecimento. E se eles não fossem puros, isto é, realmente distintos, o conhecimento seria impossível ou pelo menos incerto.

Portanto, Descartes tem duplamente razão para responder "separação" quando o questionam sobre a "união". Confessa, assim, que o homem não pode verdadeiramente conhecer de modo científico o que faz do homem um homem. Mas o essencial, quando se define o homem por essa "união", não é antes que ele possa *viver* graças aos seus sentimentos (dor, percepções)? Não é também que ele possa saber como deve *agir* e dominar, *praticamente*, as suas paixões, ainda que não possa conceber distintamente como elas se formam? No entanto, ao conceder que o homem não pode compreender o homem, nem sequer conhecê-lo completamente, Descartes afirma ao mesmo tempo em alta voz que é pelas mesmas razões que Deus permanece para nós claramente incompreensível e a natureza se torna para nós plenamente cognoscível.

"Não sou, precisamente, senão uma coisa que pensa, isto é, um espírito, um entendimento ou uma razão, que são termos cujo significado antes me era desconhecido." Esta "definição" do homem unicamente pelo pensamento não é, portanto, a definição do homem enquanto homem. É a definição do sujeito da Ciência. Do anjo, se preferirem. Com a condição de definir o pensamento mesmo (é o caso nesse ponto da "Segunda meditação") como substância separável do corpo e, portanto, de caracterizá-lo, não por modos pelos quais ele depende do corpo (como a imaginação ou o sentimento),[30] mas por aquele (o entendimento ou a razão) que lhe permite conhecer sem o corpo. Vemos, portanto, como essa definição do homem, o sujeito da Ciência da Natureza, pelo pensamento, é correlativa de um projeto científico de conhecimento da natureza. A natureza pode ser um objeto cognoscível para o homem porque ela não é (enquanto cognoscível) senão corpos, os quais nada têm de misterioso: são simplesmente figuras geométricas sempre mensuráveis, animadas por movimentos sempre calculáveis. E o homem pode ser um sujeito cognoscente porque não é (enquanto cognoscente) senão alma, que, aliás, tampouco tem algo de misterioso – é puro pensamento, consciência – consciente de si mesma e do mundo. A definição do homem pelo pensamento permite libertar de uma só vez a natureza e o pensamento – e, contudo, fundar todo o pensamento da natureza, vale dizer, a Física moderna. Por um lado, se o homem *pode ser* um puro pensamento racional, separável do corpo, ele pode conhecer toda a natureza só pela Matemática, Ciência universal própria da razão humana; por outro lado, correlativamente, se a natureza é em si mesma um puro corpo espacial homogêneo, separável do pensamento, ela pode ser inteiramente conhecida como um simples objeto geometrizável. Este é o duplo efeito do novo conceito de homem.

Seria, é claro, abusivo inferir daí que essa Ciência, a Física Matemática ou até apenas a Mecânica clássica, tenha precisado de tal definição nova do homem. É provável que ela pudesse dispensá-la, como poderia ter dispensado toda Filosofia. É, porém, decisivo que o projeto cartesiano de fundar a Mecânica clássica sobre bases epistemológicas e metafísicas sólidas tenha precisado desses dois conceitos do homem.

Pois há dois conceitos do homem em Descartes – ainda que não sejam de modo algum incompatíveis. O homem que pode conhecer a natureza pode ser definido unicamente pelo pensamento separável do corpo. Mas a natureza do homem pode ser definida pela união muito estreita da alma e do corpo, de que dependem "noções primitivas" diferentes das que pertencem apenas à alma.[31] Na realidade, essa natureza mesma do homem, em si incognoscível, é cindida entre uma natureza que pode conhecer perfeitamente e uma natureza que pode ser conhecida perfeitamente. Por um lado, o sujeito da Ciência, o único sujeito possível de uma Ciência certa; por outro lado, o

---

30 Recordemos os modos do pensamento tais como aparecem na lista estabelecida por Descartes já na *Segunda meditação*: "Que é uma coisa que pensa? Ou seja, uma coisa que duvida, concebe, afirma, nega, quer, não quer, também imagina e sente."
31 Ver *Carta a Elizabeth*, 21 de maio de 1643.

seu objeto, o único objeto possível de uma Ciência certa da natureza. E se o hornem não pode conhecer o homem enquanto homem, união da alma e do corpo, pode conhecer perfeitamente a sua alma (pois o seu próprio pensamento lhe é perfeitamente acessível) e pode conhecer perfeitamente o seu corpo (como toda outra parte do mundo físico).

OS DOIS CONCEITOS DE HOMEM, CONDIÇÕES DA CIÊNCIA DA NATUREZA

Aproximam por vezes a definição cartesiana do homem, "união muito estreita da alma e do corpo", daquela fornecida pela tradição aristotélica, o "animal racional". Reúnem ambas hoje numa mesma censura, o "dualismo", no momento em que este último aparece como a mais inepta das doutrinas, em que o materialismo reducionista é de rigor, tanto no plano científico quanto no plano moral: "erro" teórico para alguns (neurocientistas, como António Damásio),[32] prova da arrogância antropocêntrica para outros (os animalistas).[33] Na realidade, cumpre primeiro recordar que nem Aristóteles nem Descartes apresentam seu suposto conceito como uma definição adequada do homem; o filósofo das definições, Aristóteles, jamais propõe essa fórmula como definição do homem, e aquele que rejeita as definições, Descartes, jamais tenta estabelecer definição nenhuma.

É bem verdade, porém, que, em certo sentido, tanto para Aristóteles como para Descartes, o homem goza de uma situação *média* no Universo. Para Aristóteles, ele não é nem imortal como os deuses nem irracional ou não cívico à maneira dos animais. Essa "mediocridade" do homem é demonstrada pela ideia de justiça, que o alça acima dos animais, dela incapazes, mas o coloca abaixo dos deuses, que dela não precisam.[34] Para Descartes, o homem não é nem puro pensamento, como Deus ou os anjos, nem pura extensão, como os corpos exteriores, em particular os dos animais; e embora o entendimento dele seja limitado, a sua vontade é tão ampla como a de Deus. Essa mediocridade é demonstrada justamente pela

---

32 Ver Damásio, *L'Erreur de Descartes: la raison des émotions* [Ed. bras.: *O erro de Descartes: emoção, razão e cérebro humano*].

33 Ver adiante, Capítulo 10, p.280-1.

34 "Entendemos que os deuses gozam da suma felicidade e da suma bem-aventurança. Mas que tipo de ações devemos atribuir-lhes? As ações justas? Mas não lhes daremos um aspecto ridículo fazendo-os contrair compromissos, restituir depósitos e outras operações análogas?" (Aristóteles, *Ética a Nicômaco* X, 8, 1178b 8-12).

sua natureza, união de duas naturezas heterogêneas. "Eu sou como um meio entre Deus e o nada."[35]

Mas não devemos limitar-nos a essa *situação* do homem. E se tivermos de comparar a essência do homem, tal como exprimida nas duas fórmulas, a de Aristóteles e a de Descartes, apesar de sua aparente semelhança formal, conviria antes contrapô-las do que aproximá-las. Pois o animal não se opõe ao racional em Aristóteles, como o corpo se opõe à alma em Descartes. Já foi dito: para Aristóteles, ser "racional" é a maneira humana de ser animal, isto é, de viver, isto é, de ser. Não há, por um lado, a animalidade do homem e, por outro, a sua racionalidade. Há uma maneira humana de *viver* – é o que o homem faz quando raciocina, quando contempla a natureza ou quando coexiste com outros em cidades. Para Descartes, ao contrário, o pensamento está tão longe de ser uma especificação do corpo e o corpo tão distante de ser uma condição do pensamento, que "jamais vi nem compreendi que os corpos humanos tivessem pensamentos, mas sim que são os homens que pensam e têm corpos".[36] O homem pensa (e pode pensar clara e distintamente) e tem um corpo (clara e distintamente cognoscível), mas, embora seja ao mesmo tempo corpo e pensamento, sempre permanece obscuro para nós.

Para cada um desses dois filósofos, porém, o conceito do homem é a condição do conhecimento da natureza. A figura do homem, que se apresenta em Aristóteles e em Descartes como determinada por meio de razões metafísicas ou morais, é na realidade estreitamente dependente de exigências epistemológicas. Cumpre fundar a Física. Não é a mesma figura do homem, porque não é a mesma Física. É, por um lado, o *zoon*, especificado como dotado de *logos* (ou de intelecto); é, por outro lado, a coisa pensante, estreitamente unida a uma substância extensa de que é realmente distinta. São, por um lado, as Ciências Naturais diversificadas (em especial a Biologia e a Astronomia); por outro lado, é a Ciência universal reunificada (a Física Matemática). Cada figura mantém, todavia, uma relação singular com a "sua" Ciência da Natureza.

---

35 "Se considero a faculdade de conceber que está em mim, vejo que ela é de pequeníssima extensão e grandemente limitada, e ao mesmo tempo eu me represento a ideia de outra faculdade muito mais ampla, e até infinita; e pelo simples fato de poder representar sua ideia, conheço sem dificuldade que ela pertence à natureza de Deus. Do mesmo modo, se examino a memória ou a imaginação ou alguma outra potência, não encontro nenhuma que não seja em mim pequeníssima e limitadíssima, e em Deus não seja imensa e infinita. Só a vontade, que experimento em mim como sendo tão grande que não concebo a ideia de nenhuma outra mais ampla e extensa: de sorte que é ela, principalmente, que me faz conhecer que trago a imagem e a semelhança de Deus" (*Quarta meditação*).

36 *Respostas às sextas objeções*, AT IX, 242.

Note-se, em primeiro lugar, certo paralelismo metodológico. Aristóteles, ainda que não estabeleça jamais, *ex professo*, a definição do homem, tem sempre o cuidado de invocar a fórmula definicional cristalizada, "animal bípede" como exemplo típico de princípio científico: a Matemática baseia-se nas definições iniciais das figuras, por exemplo, para deduzir suas propriedades essenciais; a Física geral empenha-se em formular definições dos constituintes da natureza (o tempo, o lugar, o movimento, o contínuo etc.); as Ciências Zoológicas servem-se das definições para pensar a diversidade dos viventes segundo a lógica dos gêneros e das espécies. Pois a explicação científica passa essencialmente pela explicitação da causa formal (às vezes confundida com a finalidade) exprimida na definição. A Ciência cartesiana, por seu lado, rejeita as definições em geral, e em particular a do homem. As definições são verbais, inúteis e enganosas. A Ciência não procura definir os seres naturais, definir sua essência ou "quididade", mas conhecer as leis que regem os fenômenos e descrevem um mundo em ordem: não uma ordem das classes ou do encaixe hierárquico das essências, mas a ordem do encadeamento mecânico dos movimentos. Daí outro método, a "ordem das razões", de que a interrogação "O que sou eu?" é um momento. Reencontramos, com efeito, nessa busca da essência do eu, as três primeiras regras do método científico formulado no *Discurso do método* (segunda parte): a regra da evidência ("Nada aceitar jamais como verdadeiro que não conheça evidentemente como tal"), cujo corolário é a dúvida metódica; a regra da análise ("dividir cada uma das dificuldades que examinar em tantas partes quantas puder"), cujo efeito direto é o *cogito*, resíduo da análise e ele mesmo inanalisável; e a regra da ordem ("conduzir pela ordem os meus pensamentos, começando pelos objetos mais simples e mais fáceis de conhecer, para elevar-me aos poucos, como por degraus, até o conhecimento dos mais compostos"), de que o *"eu sou"* é o primeiro elo e o "eu sou uma coisa que pensa", o segundo. E é só ao fim da cadeia de razões (na sexta e última meditação) que a minha natureza completa poderá ser formulada, embora não possa ser inteiramente compreendida: "Eu estou unido muito estreitamente [ao meu corpo] e de tal modo confundido e mesclado, que componho como um só todo com ele." O essencial não é a definição obtida (será essa uma definição?), mas a distinção real das duas substâncias e, portanto, a clara diferença entre as duas noções, que aparecem em dois momentos completamente diferentes da ordem das razões – como o mesmo Descartes observa na mesma meditação:

E embora [...] eu tenha um corpo a que estou estreitamente unido; no entanto, porque por um lado tenho uma ideia clara e distinta de mim mesmo, enquanto sou uma coisa que pensa e não extensa, e, por outro, tenho uma ideia distinta do corpo, enquanto é apenas uma coisa extensa e que não pensa, é certo que esse eu, *ou seja, a minha alma, pela qual sou o que sou*, é inteira e verdadeiramente distinta do meu corpo e que ela pode ser ou existir sem ele.[37]

Como Aristóteles, Descartes estabeleceu o que é o homem segundo as exigências metodológicas mais gerais da sua concepção científica.

Mas o essencial não está aí, como vimos. A definição do homem, em Aristóteles, está no fundamento da Ciência da Natureza, no sentido de que ele é o objeto por excelência da Ciência e o modelo do ser natural. A concepção do homem em Descartes está no fundamento da Ciência da Natureza, no sentido de que ele não é objeto de ciência, mas o sujeito da Ciência da Natureza, seu único sujeito possível. Fundamenta-se a Física antiga, para Aristóteles, no fato de que o homem é um ser cognoscível por ser um vivente. A Física moderna fundamenta-se, para Descartes, no fato de que o homem é um ser cognoscente apenas por seu pensamento.

Dir-se-á que, para Aristóteles, o homem não é só um vivente em geral (um *zoon*), mas um vivente de uma espécie particular, e que é assim mesmo que a Ciência natural acaba definindo-o: a sua especificidade é, por exemplo, o seu *logos*, o seu intelecto etc. Uma vez adicionada ao gênero a diferença específica, o essencial da essência do homem está *completo*. Como já observamos,[38] essa especificidade faz do homem o único ser natural que possa querer conhecer a natureza com o único fim de compreendê-la. A segunda determinação do homem (*logos*, intelecto), que completa a primeira ("vivente") explica que ele não seja só o objeto por excelência da Ciência da Natureza, mas possa ser seu único sujeito. No caso de Descartes, no entanto, a situação é inteiramente simétrica. Pois o homem não é só uma "substância pensante", determinação que explica como possa alcançar uma Ciência certa e conhecer uma natureza inteiramente racional. Ele é – e esta é a sua natureza *completa* – "uma alma estreitamente unida a um corpo". Mas esse corpo que ele *também* é não é o objeto mesmo dessa Ciência Física, se é verdade que todo corpo, quer humano, quer animal, quer vegetal, quer mineral, vivo ou inerte, obedece apenas às leis da Mecânica? Assim, a segunda determinação do homem (corpo), que completa a primeira (alma)

---

37 *Sexta meditação*. Grifos meus.
38 Ver p.41-4.

na união que o homem é por natureza explica que ele não é só sujeito da Ciência da Natureza, mas pode ser também, por seu corpo, objeto dessa mesma Ciência: é justamente o que mostram os trabalhos de Medicina e de Fisiologia de Descartes, desde o *Tratado do homem*.

Assim, a determinação primeira do homem faz dele o objeto por excelência da Física aristotélica e o único sujeito da Física cartesiana, enquanto, inversamente, a segunda determinação do homem, que completa a sua definição, explica, para Aristóteles, como ele pode ser o único sujeito da Ciência e, para Descartes, como pode ser também o objeto dela.

Evidentemente que não se trata de modo algum da mesma Física. Vimos por que a estrutura hilemórfica do objeto natural de Aristóteles o tornava rebelde a toda Física Matemática. A Ciência antiga, pelo menos em Aristóteles, é ou matemática, ou física, e não pode ser as duas ao mesmo tempo, nem sob a mesma relação. A Ciência Física é possível, para os Antigos e em especial para Aristóteles, porque nada é em vão na natureza, para tudo há uma função, uma *finalidade*, e a cada ser pode-se atribuir um único lugar. Toda definição científica é explicativa, diz *por quê* – isto é, para qual *fim* – cada ser natural é o que é, e por que cada uma das suas partes nele exerce a sua função. A situação do homem, racional como o deus e mortal como o animal, garante a unidade e a coerência de toda a natureza, porque ele está no centro da natureza. A Física é possível, para os Modernos e em especial para Descartes, porque tudo o que está fora de nós, homens, é um corpo sem qualidade, só mensurável e quantificável: porque "não é o peso, nem a dureza, nem a cor etc. que constituem a natureza do corpo, mas só a extensão"; e "tudo o que o faz dele [um corpo] [é] ter extensão em comprimento, largura e profundidade".[39]

> Não há, portanto, senão uma mesma matéria em todo o Universo, e nós a conhecemos apenas por ser extensa; porque todas as propriedades de que nos damos conta distintamente nela se relacionam com o fato de poder ela ser dividida e movida segundo suas partes e de poder receber todas as diversas disposições que observamos poderem acontecer pelos movimentos de suas partes.[40]

A unidade da natureza não está vinculada à hierarquia dos seres, mas à homogeneidade da matéria e à universalidade das leis – e, em primeiro

---

39 *Princípios da filosofia* II, 4.
40 Ibid., II, 23.

lugar, ao que chamamos de "princípio de inércia",[41] assim como às leis de conservação da velocidade e da direção do movimento. O objetivo da nova Ciência é a descoberta e a formulação em linguagem matemática das relações calculáveis entre os fenômenos naturais. Não há "causa final" na natureza, tudo nela é regulado unicamente pela causa motriz, a única cientificamente explicativa e que permite saber *por quê*, quando algo se produz, ele se produz necessariamente segundo uma lei formulável matematicamente,[42] a única que permite prevê-lo com certeza e, portanto, *produzi*-lo e reproduzi-lo à vontade.

À primeira vista, a definição cartesiana do homem é puramente metafísica: a alma é mais fácil de conhecer que o corpo, a substância pensante é realmente distinta da substância extensa etc. Não deixam de estar em jogo nessa definição aspectos teológicos: a incompreensível união mostra ao mesmo tempo a onipotência de Deus – que efetua o que nos parece impossível – e a sua bondade: a separabilidade das substâncias permite-nos conhecer a natureza com toda certeza, a união entre elas permite-nos viver com toda paz.

Mas, talvez mais profundamente, a figura cartesiana do homem responde a exigências epistemológicas. Com efeito, as duas condições metafísicas que fundam a Física moderna, a Mecânica, podem uma e outra ser deduzidas da figura cartesiana do homem. A primeira é *a parte subjecti*: é preciso que o conhecimento seja possível apenas pela razão, independentemente dos sentidos e da imaginação. É, portanto, necessário constituir o sujeito da Ciência como puro pensamento que raciocina, calcula e faz matemática. A alma humana será, portanto, "coisa pensante" e nada mais. A segunda condição é *a parte objecti*: cumpre retirar do objeto por conhecer toda finalidade e toda qualidade sensível, para reduzi-lo a uma pura extensão geométrica móvel. É, portanto, necessário conceber o corpo humano independentemente da alma (de toda finalidade, principalmente) e tudo o que depende de sua união com uma alma (as qualidades sensíveis). O homem é, ao mesmo tempo, *esta* alma e *este* corpo; a experiência constante comprova que ele é ambas as coisas estreitamente unidas. Mas, por outro lado, a Ciência moderna da natureza exige que sejam realmente distintas essas duas substâncias que o homem é, podendo uma conhecer a outra, com a condição de serem separadas uma da outra. O gênio de Descartes permitia pensar simultaneamente estas duas teses metafísicas, ou seja, dar conta da experiência humana do mundo ao mesmo tempo que fundava a física moderna.

---

41 Ibid., II 37 e 39.
42 Na linguagem da razão, que não é a analítica da subsunção das espécies nos gêneros, como para Aristóteles, mas antes a "matemática universal".

– 3 –

O HOMEM ESTRUTURAL

O "sujeito sujeitado"

O homem não está na natureza, está fora dela, para poder conhecê-la e dominá-la. O homem não é – nem pode ser – objeto de ciência: ele é o seu sujeito. Esse ponto de vista do homem sobre a natureza é o de toda a Física moderna. Contudo, e, em certo sentido, na sequência dessa revolução científica da Idade Clássica, o homem também vai tornar-se objeto de ciência. Como mostrou Michel Foucault em *As palavras e as coisas*, "antes do fim do século XVIII, o *homem* não existia",[1] no sentido de não haver adquirido o estatuto de entidade cognoscível cientificamente.[2] Mas, já na virada do século XVIII para o XIX, muda o estatuto científico do homem; ele deixa de ser o sujeito soberano do saber,[3] para alcançar essa "posição ambígua de objeto para um saber e de sujeito que conhece".[4] Diferentemente do homem cartesiano, cujo retrato acabamos de esboçar, diremos que ele não

---

1 Foucault, *Les mots et les choses*, op. cit., p.319.
2 "Não havia consciência epistemológica do homem enquanto tal" (ibid., p.320).
3 Aquele que ocupa "o lugar do rei" (ibid., p.318), ou seja, do sujeito que se contenta, no centro, em olhar o quadro, sem poder ser um objeto propriamente dito, como no quadro de Velázquez, *As meninas*, analisado por Michel Foucault no começo do livro.
4 Ibid., p.323.

é mais esse sujeito exterior à natureza cuja própria natureza torna apto a conhecer cientificamente a natureza, mas se torna um objeto entre outros do conhecimento científico.

Já no século XIX, com efeito, e ao longo de todo o século XX, desenvolveram-se novas ciências que tomam o homem como objeto e o concebem com novos olhos. Elas não são mais "ciências" no mesmo sentido, porque não podem ter sobre o homem a exterioridade do sujeito clássico em relação à natureza. Tampouco o homem é homem no mesmo sentido. Seria, porém, absurdo pretender apreender – ou pior, definir – o "homem das Ciências Humanas", como se se tratasse de uma mesma realidade em todas as disciplinas, todas as épocas, todas as correntes, todas as doutrinas e todos os métodos. O homem tal como concebido *pelas* Ciências Humanas é ora um intérprete de situações, sensível às significações, portador de intenções, livre em suas escolhas (certa psicologia da escolha racional), ou até mesmo um ser sistematicamente racional (o *Homo economicus*), ora, ao contrário, o vetor passivo de fatos sociais ou históricos, o produto de uma história individual (a psicanálise) ou social (a história), o membro intercambiável de uma comunidade que lhe atribui o lugar e lhe determina as crenças (certas sociologias). É ora a causa (de efeitos globais), ora o efeito (de causas globais), ora causa e efeito daqueles com quem interage – segundo diversas correntes metodológicas que dividem as Ciências Sociais; é ora o sujeito (de seus atos), ora um agente (da história), ora um ator (no cenário mundial); ora um indivíduo (as psicologias), ora uma coletividade (as sociologias), ora uma espécie (a paleoantropologia). Não há, portanto, nenhum sentido em pretender definir *o* homem das Ciências Humanas! Qual ciência? Qual método? Qual homem?

Quanto às diferentes correntes doutrinais, às concepções epistemológicas e metodológicas opostas que os atravessam, elas se dividem ao redor de uma mesma questão, o que chamamos *desafio fundamental* das Ciências Humanas: como é possível fazer do homem um objeto legítimo de ciência, preservando uma posição legítima, mas distinta, para o sujeito da Ciência? São possíveis muitas respostas. Esboçamos a do "homem estrutural" – que ultrapassa amplamente o "momento estruturalista".[5]

Não se trata, no que vem a seguir, de retratar o "homem das Ciências Humanas" – como se houvesse apenas um, como se houvesse apenas uma.

---

5 Acerca desta expressão e, de um modo mais amplo, da noção de momento na História da Filosofia francesa e, em especial, do "momento filosófico da década de 1960 na França", remetemos a Worms, *La philosophie en France au XXe siècle. Moments.*

Trata-se apenas de esboçar uma *figura do homem* pressuposta por uma corrente preeminente do pensamento francês da década de 1960 e 1970. Tal corrente jamais foi única, até mesmo na França, onde, porém, a elaboração teórica a que deu lugar e os efeitos epistemológicos e políticos de sua fecundidade foram determinantes. Quanto à "figura", ela não é representativa, nem sequer "significativa", do homem das Ciências Humanas em geral, necessariamente irrepresentável. Por que, então, ter escolhido desenhar *este* retrato? Há para isso várias razões.

Se as duas últimas figuras só podem ser compreendidas plenamente uma em relação à outra, isso tem uma razão objetiva mais fundamental, que aparecerá nitidamente quando caracterizarmos a figura seguinte. Houve um momento, no século passado, em que diferentes disciplinas, independentemente umas das outras e muitas vezes de maneira implícita, reconheceram uma mesma figura do homem e se reuniram por trás de um mesmo "paradigma"[6] científico. Este devia a sua fecundidade ao fato de parecer cumprir por certo tempo a promessa secular do conjunto das Ciências Humanas, serem *ao mesmo tempo* perfeitamente científicas (e não Ciências "moles") e totalmente independentes das Ciências Naturais. É o que parecia permitir o conceito transversal de "estrutura", isto é, a ideia de que os objetos (os termos, os indivíduos) não existem nem por si mesmos, nem para si mesmos, mas só pelas diferenças que os separam e nas relações que os ligam. Ao estudar as estruturas (nas línguas, nas regras de parentesco, nas relações sociais, no inconsciente etc.), as Ciências Humanas assumiam um objeto invariável, formal e estritamente determinado (como o é o objeto da Matemática), que nada devia às variações locais, aos pontos de vista individuais ou à consciência dos agentes. Ora, muitas vezes parecera antes – e parece muitas vezes desde então – que tinham de escolher entre os dois perigos seguintes: ou não são ciências, ou são redutíveis a outras. Ou não são completamente ciências, fadadas que estão à imprecisão conceitual, à posição subjetiva do observador, às incertezas metodológicas, às interpretações normativas, aos desvios ideológicos ou ainda a uma forma abastardada de explicação (a "compreensão"), quando não ao "círculo hermenêutico", segundo o qual não podemos "compreender" um fenômeno humano sem tê-lo já compreendido; ou então – segundo perigo – estão *todas* elas, na realidade, sob a dependência ontológica e metodológica das Ciências "duras", a Matemática (como é o caso, necessariamente, da Economia, da Demografia etc.) ou a Biologia (como é o caso, evidentemente, da Antropologia Física, da Paleoantropologia

---

6 Sobre esta noção de paradigma, ver a seguir, Capítulo 4, p.109ss.

etc.), o que teria como consequência que as Ciências Humanas como um todo (psicológicas, sociológicas, históricas etc.) deveriam poder *reduzir-se* a essas "verdadeiras Ciências". Isto, aliás, é o que provavelmente vem acontecendo. Mas, com o paradigma estruturalista, elas pareciam ter encontrado a sua terra prometida: pareciam, ao mesmo tempo, rigorosas como Ciências de verdade e independentes das Ciências de verdade.

Esta segunda razão leva-nos a outra. Ser ao mesmo tempo verdadeiras *Ciências* e verdadeiras Ciências *do homem* é resolver o que chamamos desafio fundamental: conseguir conservar para o homem (ou para algo *nele*) a posição de sujeito da Ciência, tendo sobre o seu objeto um ponto de vista exterior, e conservar para esse mesmo homem (ou antes, para um outro, em todo caso para algo *dele*) a posição de objeto do olhar científico – um objeto que não pode, portanto, alcançar o conhecimento de si mesmo, como tampouco o podia o objeto da Ciência Natural sob o olhar do sujeito cartesiano. Isso supõe, é claro, uma distância, no mesmo homem, entre o que pode alcançar a Ciência e o que lhe permite estar aberto à objetividade de um olhar científico. Podemos até supor *a priori* que quanto mais cresce essa distância interna, com o risco de romper-se, isto é, de fazer desaparecer dos dois lados o que lhes restava de humanidade, mais o desafio fundamental será aceito. O bom êxito do programa científico das Ciências Humanas tinha, portanto, como contrapartida esse estilhaçamento que dá ao "homem estrutural" seus traços quase caricaturais. O que se mostra, portanto, sobretudo retrospectivamente, como uma figura *grosseira* do homem – desde que o "homem estrutural" foi abandonado em favor de figuras dispersas, mais nebulosas e também mais razoáveis – não é senão a contrapartida do que pôde parecer, e com razão, como a maior conquista desse movimento e a realização mais completa de seu programa mais *refinado*.

É claro que não foi preciso esperar o "momento estruturalista" para traçar esse programa. Ele era, na realidade, a meta constitutiva das Ciências Humanas desde seu advento: *ser Ciência em si e por si*. Desde o nascimento delas, no século XIX, diversos cientistas, em sua maioria os edificadores de sua disciplina (Marx, Durkheim, Freud, Saussure etc.), haviam-no esboçado no terreno que desbravavam. Foi muitas vezes voltando-se para esses fundadores e retornando a seu projeto que o paradigma estruturalista pôde realizar o seu. Tudo se passa como se o ideal científico que diversas disciplinas haviam, desde sua origem, tentado alcançar, cada uma por si e de maneira dispersa – Marx na História, Durkheim na Sociologia, Freud na (Meta)Psicologia, Saussure na Linguística etc. – fosse realizado pelo paradigma estruturalista (no sentido amplo) em uníssono com as diversas Ciências

Humanas (psicológicas, históricas, linguísticas, sociais): é o que realizavam paralelamente Émile Benveniste, Claude Lévi-Strauss, Jacques Lacan, aos quais é preciso somar Roland Barthes, Algirdas Julien Greimas, Pierre Bourdieu, Jean-Pierre Vernant, alguns historiadores das *Annales* como Emmanuel Le Roy Ladurie ou Jacques Le Goff, sustentados por alguns filósofos, entre os quais Louis Althusser, Michel Foucault ou, mais remotamente, Gilles Gaston Granger e até Gilles Deleuze. Inversamente, não é de surpreender que, desde o "esgotamento" desse paradigma, tenham reaparecido os dois perigos que ameaçavam a existência em si e para si das Ciências Humanas. De cerca de trinta anos para cá, parece que elas estão de novo cercadas pelo dilema: ou reconhecem seus erros, pedem perdão por eles e abandonam toda pretensão à cientificidade, devolvendo a seu objeto uma plasticidade, uma indeterminação e uma liberdade que os tornam mais modestos, mais descritivos, mais narrativos, em suma, mais fenomenológicos; ou renunciam à autonomia que haviam conquistado por certo tempo e aceitam reinstalar-se nos subúrbios das Ciências Formais (ver os magníficos desenvolvimentos das "teorias da escolha racional" e dos modelos formalizados de "decisão") ou nas dependências da Biologia (ver, no capítulo seguinte, os métodos das Ciências Cognitivas e os numerosos programas de "naturalização" desta ou daquela "propriedade humana"). É como se o momento estrutural, ou seja, a época da autonomia e da união das Ciências Humanas, tivesse sido apenas um precário parêntese.

O "homem estrutural" tem três traços, que podemos caracterizar por oposição aos das duas figuras precedentes. Ao contrário do homem das duas primeiras figuras, ele não tem essência. Ao contrário do da primeira figura, não é um ser natural. Ao contrário do da segunda, não é senhor dos seus pensamentos.

O NÃO HOMEM DAS CIÊNCIAS HUMANAS

O primeiro traço não é próprio do "homem estrutural": ele o compartilha com o homem das Ciências Humanas em geral – que, justamente, não existe. Ele não tem identidade porque não tem unidade. As Ciências Humanas não estudam o homem em geral, mas (uma parte de) aquilo que nele há de humano: os fatos sociais (Sociologia), as culturas (Etnologia ou Antropologia Cultural), a evolução das sociedades (História), as funções conscientes (Psicologia), o inconsciente (Psicanálise), as línguas e a linguagem articulada (Linguística) etc. O que caracteriza, por assim dizer, esse homem das Ciências Humanas é que, talvez pela primeira vez *desde que existe um olhar antropológico* (ou seja, desde o nascimento da Filosofia ou, talvez, mais precisamente, desde Sócrates e dos sofistas), ele perde a identidade. Não se trata de um paradoxo, mas de uma verdade necessária. Para que o homem se torne objeto de ciência, é preciso que ele cesse de existir como tal. É, no fundo, uma lei geral da História das Ciências. Com exceção de raros períodos de esperança ou de sonho de reunificação, as Ciências só existem no plural, sejam elas formais, naturais ou humanas. Não há Ciência do todo (é contrário à ideia de ciência), nem "Ciência do homem" como um todo – ainda que haja Antropologias Filosóficas que o assumem como objeto. O homem é objeto de ciência *enquanto* ser histórico, ou *enquanto* ser social, *enquanto* ser falante, *enquanto* dotado de inconsciente etc. Em certo sentido, o mesmo acontece em todos os outros campos do conhecimento; nenhuma Ciência estuda tais quais os seres que lhe sejam empiricamente dados, e todas constroem seu objeto sobre "enquantos": os seres naturais, mas não todos e só "enquanto" vivos – este é o objeto da Biologia; os corpos, mas só "enquanto" analisáveis em elementos constituintes – este é o objeto da Química etc. Aparentemente, o "enquanto" só serve para *filtrar*, nas entidades que se dão à experiência humana (a "natureza" ou o "homem"), as propriedades pertinentes e próprias a esta ou àquela disciplina, excetuando as outras: o homem, mas não todo ele, apenas *enquanto* falante e não *enquanto* histórico; ou o homem *enquanto* às voltas com o seu inconsciente, e não *enquanto* vivente em sociedade etc.

Não se trata, porém, de mera filtragem. Pois se o "enquanto" tivesse por função apenas "filtrar" propriedades que pertencem a uma única realidade, a reunião dessas propriedades poderia formar uma ideia total: a natureza ou o homem. Ora, não é esse o caso, pois esse mesmo "enquanto", para produzir a inteligibilidade de seu objeto, ou seja, a objetividade necessária ao conhecimento, tem como efeito saturar o campo da experiência. Tudo o que aparece, sob o olhar do psicanalista, por exemplo, é – e é apenas – um ser "enquanto dotado de inconsciente", não é de modo algum uma parte ou um aspecto do "ser humano". E o mesmo se pode dizer da maneira como o historiador, o sociólogo ou o antropólogo veem seu objeto próprio: ele é uno e total. Esta é a prova de que nenhuma Ciência Humana toma o homem como seu objeto próprio, existente para ela, nem sequer como um ser existente em si, de que só estudaria um dos aspectos. Poderemos cruzar indefinidamente as perspectivas ou os métodos, assumir novas condições de objetivação científica (poderemos fazer Psicologia Social, Sociologia Histórica, Psicolinguística etc.), produzir novas articulações entre disciplinas e novas fronteiras entre objetos, não reencontraremos jamais, afinal, um objeto total, semelhante ao que se oferece à experiência sob o nome de homem (tampouco ao que se dá sob o nome de natureza).

Para as Ciências Humanas, o homem não é uno. Essa é a sua primeira característica. Se tivéssemos, portanto, de datar o nascimento das "Ciências Humanas" no século XIX, escolheríamos o dia em que uma pluralidade de Ciências de objetos fragmentários substituíram a única "Ciência do homem" que dominou o século XVIII (a História Natural de Lineu e Buffon) e a primeira metade do século XIX (a "Ciência do Homem" dos Ideólogos, Destutt de Tracy ou Cabanis, e da Sociedade dos Observadores do Homem, fundada em 1800). A Ciência *una* do homem retrai-se, no meio do século XIX, para dar nascimento a uma multiplicidade de Ciências que não se comunicam entre si. O "homem" deserta o discurso científico em que se havia instalado desde os primórdios da História Natural, para tornar a ser um objeto filosófico: a última síntese sobre o homem em geral, vinculada ao mesmo tempo à Filosofia especulativa e à Ciência objetiva, integrado numa doutrina geral do conhecimento, da História e da natureza, ocorre provavelmente, na França de Auguste Comte, e na Grã-Bretanha de John Stuart Mill. A partir daí, cumpre reconhecer que não é o homem que é cientificamente cognoscível, mas as línguas, os fatos sociais, os comportamentos, determinada história particular (e não a História universal), determinada cultura (e não a Antropologia geral). Nenhuma síntese jamais constituirá um saber único, pois cada um deles é total e autônomo; nenhuma adição de seus objetos jamais constituirá o homem, pois são todos heterogêneos. Será preciso, então, escolher: a Ciência do homem sem o homem, ou a Ciência do homem sem a Ciência. Como resumirá Durkheim contra as filosofias da História e todas as sínteses especulativas do século XIX: "Não se trata simplesmente de procurar entrever o movimento geral e único que arrasta a Humanidade em seu conjunto [...] mas cumpre considerar separadamente as diversas espécies sociais, buscar descobrir as leis múltiplas que presidem às suas interações de todo tipo, quer no espaço, quer no tempo; todas estas são questões que não podem ser excluídas por uma síntese mais ou menos sumária."[7] Do mesmo modo, no momento em que Wilhelm Wundt, na Alemanha, emancipava da Filosofia a Psicologia, Théodule Ribot reivindicava para a Psicologia (experimental) a independência em relação às outras disciplinas.

Poder-se-ia dizer de todas as Ciências Humanas o que Foucault dizia da Psicanálise e da Etnologia: "Não só elas podem dispensar o conceito

---

7 Durkheim, *Année sociologique*, XII, p.60-1.

de homem, como não podem passar por ele".[8] Dessa condição de possibilidade implícita e negativa das Ciências Humanas desde seu advento, o Estruturalismo fez um programa científico. Sabe-se que Lévi-Strauss dizia delas: "Elas dissolvem o homem"; ou Maurice Blanchot, numa frase outrora famosa: "O homem, o grande ausente das Ciências Humanas". Podemos, pois, virar do avesso a frase já citada de Foucault ("Antes do fim do século XVIII, o homem não existia"), afirmando, ao contrário, que desde o século XIX ele não existe mais, no sentido de que, tendo adquirido o estatuto de entidade cognoscível cientificamente, ele perdeu a essência e a unidade. No entanto, as Ciências Humanas, por sua vez, jamais afirmam a inexistência do homem (ou até sua "morte") que seu olhar implica como condição de cientificidade, pois justamente esse "homem" não pertence ao seu nível de discursividade. Só a Filosofia pôde tematizar esse desaparecimento do homem, porque seu próprio nível de discursividade, superior e sem objeto, a convidava a isso – o que era uma maneira paradoxal de pressupor-lhe ainda a existência ou de prolongar-lhe a sobrevivência, como é provavelmente o seu dever. Pois o homem parece não poder subsistir em sua essência e sua unidade, senão dentro do discurso filosófico. O das Ciências Humanas, porém, pretende-se triplamente "objetivo": positivo, ou seja, independente de toda resposta à questão da essência; atento à diversidade e à variabilidade da experiência de que recolhe dados universalmente verificáveis; livre de toda normatividade – isto é, explicativo, nunca moral ou deontológico. A Filosofia, livre dessas três exigências, ainda pode falar de humanidade.

Desde que o homem passa a ser cognoscível empiricamente, ele deixa de poder ser apreendido numa ideia, pois toda experiência, para ser inteligível, deve ser recortada em conceitos e determinada, pelo menos em parte, por um método. Na realidade, o objeto e o método são constituídos pelo mesmo gesto de inteligibilidade da experiência, como os dois polos, "objetivo" e "subjetivo", de uma única relação. Se assumirmos um método de pura observação exterior dos indivíduos, estudaremos o *comportamento* deles e buscaremos suas causas em outros comportamentos observáveis do exterior: seremos psicólogos behavioristas. Se adotarmos um método de introspecção ou de questionamento dos sujeitos, estudaremos motivos *conscientes* de ação individual e não mais buscaremos as causas, mas as razões: seremos psicólogos da consciência. Se adotarmos um método de observação experimental dos sentimentos e das emoções, neles veremos a manifestação consciente das

---

8 Foucault, *Les mots et les choses*, op. cit., p.391.

atividades da organização fisiológica, ou seja, dos fenômenos nervosos: faremos Psicologia à maneira de Théodule Ribot. Valendo-nos de um método de associação livre que inclua a narração dos sonhos, estudaremos desejos inconscientes que afloram à superfície do discurso consciente e buscaremos suas razões, igualmente inconscientes: faremos Metapsicologia Psicanalítica etc. Como explicar o comportamento ou os pensamentos? Pela constituição fisiológica, pelo comportamento anterior, pelas intenções conscientes, pelos desejos inconscientes? As respostas não são bem compatíveis, nem incompatíveis; são heterogêneas. Não podem somar-se umas às outras, pois não se ajustam entre si. O homem não é nem a consciência racional dos seus fins, nem o efeito de determinações inconscientes, e menos ainda a soma deles. A questão, portanto, não é, ou não é mais "O que é o homem?", mas "Qual plano de inteligibilidade se depreende deste ou daquele recorte da experiência das realidades humanas?" Esses diversos planos não formam uma ideia una, como, no cubismo, as diferentes superfícies em que se recortam as projeções de uma mesma figura não se ajustam entre si para constituir uma realidade física em suas três dimensões. Enquanto a Antropologia Filosófica pode fazer do homem um retrato que respeita as leis da perspectiva, adotando aquelas que lhe convêm desde que assuma um ponto de vista fixo, as Ciências Humanas são necessariamente cubistas.

Despojado de essência, o homem das Ciências Humanas tem, pois, propriedades heterogêneas. Se não as tivesse, seria um ser da natureza como os outros, e o discurso das Ciências Naturais bastaria, de direito, para exaurir a sua inteligibilidade (como veremos no próximo capítulo, com o novo paradigma). Mas é por serem heterogêneas que elas não se ajustam entre si numa figura única. A ausência de essência tem também outras consequências. Cada propriedade se fragmenta em diversas realidades empíricas incomensuráveis. Por exemplo, por não poder dizer que "o próprio do homem é ter uma história" (o que lhe seria atribuir uma essência universal), dirão antes que só há História *propriamente* humana. De imediato, porém, a História (universal) fragmenta-se numa multiplicidade de histórias – nacionais, regionais, locais etc. E o mesmo raciocínio vale para a linguagem, a sociedade, a cultura etc. A partir do momento em que foram declaradas cientificamente cognoscíveis e propriamente humanas, portanto da alçada da Linguística, da Sociologia, da Antropologia, cumpre apressar-se, com o mesmo gesto, em pô-las no plural e dizer que não há linguagem fora da diversidade *das* línguas, não há sociedade humana transcendente à variedade *das* sociedades reais, não há cultura para além da incomensurabilidade *das* culturas, em falar da diversidade das línguas, da multiplicidade das sociedades, da heterogeneidade das culturas... Em suma, a ideia de homem fragmenta-se em conceitos heterogêneos (linguagem, história, sociedade, cultura etc.), cada qual correspondente a uma "Ciência Humana" de fronteiras sempre móveis e revisáveis; mas, ao mesmo tempo, sob o olhar disciplinar assim constituído, cada conceito é, por sua vez, pluralizado em diversos objetos empíricos homogêneos: as línguas, as histórias, as formações sociais, as culturas etc. Cumpre, até, ir mais longe. O terceiro efeito do desaparecimento da essência é que cada uma dessas realidades objetivas deve, por sua vez, ser estudada por diversas disciplinas heterogêneas, por seus métodos e seus conceitos: Linguística Histórica, Linguística Formal, Linguística das Línguas Particulares etc.; História Política, História Social, História Econômica, História Cultural etc.; Sociologia das Organizações, Sociologia dos Movimentos Sociais, Sociologia da Família, Sociologia da Educação etc. É um "não homem". Ele não é, portanto, *figurável*. O mesmo não acontece com o "homem estrutural" que tem, por seu lado, traços característicos.

Por certo, como a fragmentação em diferentes planos de inteligibilidade é uma característica constitutiva do "não homem" das Ciências Humanas em geral, ela vale também para o "homem estrutural" em particular. No entanto, o paradigma estruturalista atenua essa dispersão, devolvendo ao conjunto dos saberes sobre o homem uma espécie de homogeneidade de perspectiva. Para tanto, porém, ou seja, para reencontrar uma identidade que o torne figurável, o "homem estrutural" deve adotar duas características que estavam ausentes ou apenas esboçadas no não homem. As imagens confusas, contraditórias e não figuráveis podem, assim, tornar-se uma "figura do homem" no sentido que damos ao conceito. Por estas duas novas propriedades, o "homem estrutural" opõe-se ponto a ponto às duas figuras anteriores. Contra o homem antigo, de Aristóteles, o homem não é um ser natural; ele se faz homem contra a natureza. Esse antinaturalismo do "homem estrutural" garante que as Ciências Humanas que o estudam sejam mesmo *humanas*. Contra o homem clássico, de Descartes, o homem não é sujeito, não está no centro de si mesmo, mas sempre ao lado de si mesmo. Esse anticartesianismo garante que as Ciências Humanas que estudam o "homem estrutural" sejam mesmo *Ciências*. Estes dois últimos traços bastam para explicar o anterior. O homem não é *um* ser, não é um "império dentro de um império",[9] como diria Spinoza – quer seja

---

9 Spinoza, *Ética*, 3ª parte, Prefácio.

este último a natureza, quer seja ele mesmo o seu senhor –, mas é sempre outro, de uma sociedade, de uma cultura, de um momento histórico, de uma classe, de uma configuração psíquica, de uma língua a outra: este é o próprio dos próprios do homem.

CONTRA DESCARTES: O NÃO SUJEITO

Para Descartes, o homem é sujeito, sendo-o, por assim dizer, três vezes: consciente do que é, senhor do que faz, autor da Ciência. Sujeito de seu próprio pensamento, sabe o que pensa, pode saber tudo o que é, é tudo o que pode pensar a respeito e não é nada mais que isso. A consciência é às vezes obscura ou confusa, mas sempre pode tornar-se clara para si mesma, alcançar a racionalidade e, por conseguinte, conhecer-se tal como é. Logo, ela não pode jamais ser completamente iludida, pois é a última instância de esclarecimento e o sujeito último de todo conhecimento possível. O homem é, além disso, senhor de suas ações, pois a vontade – a faculdade de afirmar ou de negar, o poder de escolher, de decidir livremente o que se faz – é nele infinita.[10] Sem dúvida, as paixões podem às vezes incitar e dispor "a alma a querer as coisas para as quais elas preparam [o] corpo",[11] mas o homem sempre pode, teoricamente, dominá-las.[12] O homem cartesiano é, portanto, transparente a si mesmo (ele é tal como se mostra a si mesmo, e se mostra a si mesmo tal como é) e o autor responsável dos seus atos (faz livremente o que quer – ainda que nem sempre faça o que deve, mas esta é outra história): nenhuma Ciência do homem é, portanto, possível, mas nenhuma é necessária.

Esse anticartesianismo, embora seja um traço constitutivo do "homem estrutural", já fora esboçado por todas as Ciências Humanas, desde seu surgimento, como uma de suas condições de possibilidade. Nenhuma Ciência Humana pode adotar o "homem" como objeto, mas dificilmente pode tê-lo como sujeito, consciente do que é e senhor do que faz. O grau de anticartesianismo varia conforme as Ciências, as posições epistemológicas e os

---

10 "Não posso tampouco queixar-me de Deus não me haver dado um livre-arbítrio ou uma vontade ampla e perfeita o bastante, pois, com efeito, eu a experimento tão ampla e tão extensa que não cabe em nenhum limite. E o que nisso me parece muito notável é que, de todas as outras coisas que estão em mim, nenhuma há tão perfeita e tão grande que eu não reconheça que ela pudesse ser ainda maior e mais perfeita" (Descartes, *Quarta meditação*). Ver também *As paixões da alma* I, art. 41.

11 Ver *As paixões da alma* I, art. 40.

12 Ver ibid. I, art. 44 e 45.

métodos, mas constitui seu fundo comum. É o que acontece, por exemplo, com a Psicologia, sejam quais forem os seus pressupostos conceituais ou teóricos: Ribot, Janet ou os behavioristas (Watson, Skinner) compartilham pelo menos com Freud a ideia geral de que devemos explicar os fenômenos mentais conscientes por meio de causas inacessíveis aos sujeitos. É o que acontece também com as diversas Ciências Sociais (Sociologia, História, Antropologia), mesmo quando levam em conta os motivos, as razões ou as interpretações dos "atores", individuais ou coletivos. A posição anti-cartesiana só é diretamente assumida quando elas explicam os fenômenos sociais por meio de *causas* inacessíveis aos sujeitos, como na escola sociológica francesa (durkheimiana). O anticartesianismo tornar-se-á *constitutivo* no paradigma estruturalista. Não deixa, porém, de ser verdade que nenhuma Ciência Social (mesmo a menos "explicativa", a mais "compreensiva") pode contentar-se em estabelecer as motivações dos atores para dar conta de um fenômeno social, quando mais não seja porque, como esse "ator" é coletivo, deve ser construído pelo sociólogo (este é, por exemplo, o papel do conceito de "tipo ideal" na Sociologia weberiana); quanto à "motivação", ela também deve ser constituída ou reconstituída a partir dos atos e dos discursos dos diferentes agentes envolvidos em tal processo ou em tal instituição social, e, portanto, não é nunca um dado imediato da consciência de nenhum deles.

Objetar-se-á que, em certo sentido, parece não haver nada de novo nisso. Não haviam os séculos clássicos também analisado os pensamentos, os sentimentos e os atos dos homens para neles descobrir o que eles mesmos ignoravam a respeito? Os séculos XVII e XVIII tinham, com efeito, conhecido diversos tipos de análises reflexivas do espírito por si mesmo, em que o mesmo homem era ao mesmo tempo sujeito observante (sem complacência) e objeto observado (sem maquiagem). Podemos distinguir várias delas.

Havia, em primeiro lugar, aqueles "ensaios", cujo protótipo são os de Montaigne, ou aquelas "confissões", cujo exemplo mais famoso são as de Rousseau, ou seja, aquelas investigações introspectivas pelas quais uma consciência singular buscava exprimir o mais exaustivamente possível, para si mesma e aos olhos de todos, tudo o que podia *saber* de si mesma e tudo o que podia *explicar* das minúcias de sua existência, de seus pensamentos e de seus sentimentos. "Sou eu mesmo a matéria de meu livro", escrevia Montaigne na nota preliminar aos *Ensaios*, que também podem ser lidos como uma ampla investigação sobre o homem e a sua humanidade. E Rousseau, no prólogo das *Confissões*: "Eis o único retrato de homem, pintado exatamente segundo a natureza e em toda a sua verdade, que existe e provavelmente jamais existirá. [...] Eu vos suplico [...] não destruais um livro único e útil, que pode servir de primeira peça de comparação para o estudo dos homens, que decerto ainda está por inaugurar-se [...]." Nesse tipo de retrato, um homem busca conhecer o homem por meio do que reconhece ele mesmo ser. O geral passa pelo particular, e o conhecimento pelo reconhecimento. Mas esse reconhecimento, que exige o trabalho da escrita de si, supõe que a consciência ultrapasse seus próprios dados imediatos, penetre nos territórios íntimos do despercebido ou do inconfessável e chegue, enfim, a dizer a si mesma tal como é, aquém das máscaras e para além do espelho que costuma colocar à sua frente.

Ao contrário desses autorretratos subjetivos, havia as investigações objetivas dos filósofos empiristas clássicos,[13] de Locke a Condillac: a exploração geográfica do entendimento humano, a busca da origem das ideias, a análise crítica das faculdades de conhecimento, de seus poderes, de seus limites. Afinal, o espírito revela-se sempre muito diferente de como mostrava-se a si mesmo, mais dependente da experiência ou do mundo do que acreditava. Por outro lado, os moralistas franceses, dos quais o mais agudo foi, provavelmente, La Rochefoucauld – ou outros, menos sentenciosos, mas igualmente contundentes, como Mandeville em sua *Fábula das abelhas* –, conseguiam reduzir as condutas humanas a seu princípio, o amor próprio ou uma das suas variantes egoístas: o interesse, a vontade de agradar ou o desejo de satisfazer os próprios apetites.

Em todos os casos – escrita de si, investigação sobre o entendimento ou exame dos costumes –, tratava-se de rebaixar as pretensões da razão humana a se crer senhora de si mesma. As verdades que se descobrem por trás das aparências ou das máscaras, quer as que confessamos a nós mesmos, quer as que descobrimos na origem das mais altas faculdades do homem, quer as que achamos no fundo das virtudes mais apreciadas, são em geral mais sombrias do que as que aparecem à primeira vista, a tal ponto que temos dificuldade para distinguir, em todas essas obras clássicas, o que depende da descrição e o que é da alçada da prescrição, a parte da constatação e a do conselho, as virtudes da análise e aquelas da avaliação. As Ciências Humanas, por sua

---

13 Ver, por exemplo, Locke: "Bastará ao meu atual projeto considerar as faculdades de discernimento do homem tais como são utilizadas com os objetos que pertencem ao seu tratamento. E julgarei não ter sido completamente inútil nas reflexões que farei a este respeito se for capaz de expor segundo esse método histórico e simples de que maneira o entendimento chega e estas noções que temos das coisas" (*Ensaio sobre o entendimento humano* I, 1, 2).

vez, assumirão uma posição de neutralidade em relação ao objeto, incapazes de fazer sobre ele um juízo de valor que seria contrário à cientificidade.

Mas a maior diferença entre essas novas Ciências e esses estudos clássicos sobre o homem não está aí. Pois a possibilidade que o indivíduo tem de decifrar a sua própria singularidade ou que o espírito humano em geral tem de determinar a sua verdadeira natureza ou seu vício oculto supunha a capacidade reflexiva da consciência, ou seja, a dupla propriedade que lhe era própria – por um lado, ter acesso ativo a si mesma pela observação e pela análise e, por outro lado, deixar-se passivamente desmascarar por elas. As verdades que elas revelavam só podiam ser alcançadas pela "concepção firme de um espírito puro e atento", como teria dito Descartes. Não era já esse duplo pressuposto que animava as suas *Paixões da alma*? Pois se o homem se engana, e em primeiro lugar sobre si mesmo, esse mesmo homem tem a possibilidade de remediar sua ignorância ou de retificar os seus erros – é o que provam todos esses estudos, quer sejam confissões, quer exames. Embora nem sempre seja transparente, a consciência é pelo menos inteiramente translúcida. Ora, é esse o postulado que as Ciências Humanas rejeitam. Conhecer o homem não é ir estudar *em sua origem* o que a consciência realmente faz, o que pensa, a maneira como age, como raciocina, como se exprime, como executa os seus atos – ou seja, não é estudá-la como *sujeito* (pensante, falante, agente), ainda menos como sujeito universal (o entendimento, a linguagem). Com efeito, o que elas descobrem, ou melhor, o que postulam como condição de sua própria cientificidade é que o homem não é o sujeito que crê ser – nem de seus pensamentos, nem de suas ações. O que é propriamente humano deve, portanto, poder dispensar o sujeito. Elas devem, assim, estudar produções ou produtos humanos concretos, determinados e variáveis, os sonhos, os lapsos, as neuroses, a memória episódica. As obsessões, o aprendizado, o suicídio, os ritos, as técnicas artesanais, o sistema fonético das línguas, a relação significante/significado, os sacrifícios, os dons, as regras de casamento, as lutas de classe, a circulação das mercadorias etc., todos eles produtos ou produções que supõem a existência de uma consciência, mas que elas afirmam justamente poderem explicar sem recorrer a essa consciência. Constroem-se as Ciências Humanas sobre esse postulado de objetividade: adotar objetos que não existem sem a consciência, mas recusar a esta a posição de sujeito a que pretende. Pois precisam ao mesmo tempo colocar fatos propriamente humanos, que, portanto, supõem um sujeito – sem o que, perderiam o estatuto de Ciência *Humana* – e considerá-los como coisas naturais, logo recusar-se a explicá-los pelos sujeitos a que estão vinculados ou que se creem seus autores – sem o que perderiam o estatuto de *Ciência*. Este é o caminho estreito que deve percorrer toda Ciência Humana: preservar ao mesmo tempo a humanidade do objeto e a objetividade do método.

Como é possível? As respostas a esta pergunta são múltiplas e permitem diferenciar as escolas e os métodos. Mas o que constituiu o sucesso do estruturalismo, o que lhe permitiu confederar numerosas disciplinas, é o que fazia desse caminho estreito uma estrada real e cumpria a promessa de uma Ciência Humana tão humana como científica, graças a uma figura do homem esboçada em pontilhado, aqui e ali, nas diferentes Ciências Humanas. Como escreveu Michel Foucault: "Descobrimos que o que torna possível o homem é, no fundo, um conjunto de estruturas, estruturas que podemos, sem dúvida, pensar e descrever, mas de que ele não é o sujeito ou a consciência soberana."[14] Doravante, com o estruturalismo, o que não passava de uma condição metodológica negativa das Ciências Humanas (só podemos conhecer o que escapa aos agentes) torna-se uma característica positiva do homem que elas estudam: é um não sujeito. Ele não é sujeito nem no sentido do sujeito cognoscente (o que ele é, cabe à Ciência dizer), nem no sentido de sujeito da ação (embora acredite nisso, ele não é senhor de suas próprias ações – como mostra a Ciência).[15] É um homem cuja consciência não é apenas o lugar de uma carência (a ignorância) ou de um defeito (o erro), mas tem por qualidade propriamente positiva, constitutiva até, ser *enganado*: é essa ilusão que permite as produções psíquicas, linguísticas, sociais, históricas, culturais, em suma, tudo o que é humano e objeto de ciência. Dizer que o homem não sabe o que é não significa somente que ele o ignore, o que seria trivial, pois o papel de *toda* Ciência, seja ela qual for, consiste justamente em sanar uma ignorância – por exemplo, a História, desde Heródoto, deve recordar-lhe um passado esquecido; a Gramática, desde Apolônio Díscolo, deve mostrar-lhe aspectos desconhecidos de sua própria língua. Dizer que o homem não sabe o que é ou o que faz já não significa que ele cometa erros – erros que o filósofo empirista ou o moralista clássico poderiam retificar, corrigir, denunciar, graças à sua própria lucidez e para maior proveito dos mesmos homens. No paradigma estruturalista, há mais:

---

14 Foucault, "La grammaire générale de Port-Royal". In: _____, *Dits et écrits*, I, p.608.

15 Repetimos que não consideramos *todos* os conceitos de homem capazes de fundar a possibilidade de uma Ciência do Homem, ou seja, todas as maneiras de responder ao desafio fundamental; em particular, eliminamos todos os conceitos menos "anticartesianos", por exemplo o que em geral se agrupa sob o nome, proposto por Schumpeter, de "individualismo metodológico" (ver adiante, p.90), desde, por exemplo, a Sociologia compreensiva de Max Weber ou as Sociologias vinculadas às teorias da escolha racional.

o homem não está só na *ignorância* de seu ser ou no erro de seu ser, ele está na *ilusão* – e essa ilusão não é um defeito a corrigir ou um vício a combater, mas a condição necessária do bom funcionamento do que é propriamente humano. Não só o homem não tem espontaneamente acesso a si mesmo, mas aquilo a que ele tem acesso espontaneamente é *necessariamente* enganoso. E se cabe à Ciência sanar as ignorâncias, o que desde sempre constituiu a sua glória, se lhe cabe também retificar os erros, que são humanos, necessariamente humanos, cabe-lhe também desvelar as ilusões de que a posição da consciência (de não ser o sujeito da Ciência, mas seu objeto) a torna inevitavelmente[16] vítima, para maior proveito de tudo o que é propriamente humano, a História, a sociedade, a troca, a Cultura, o eu, a Religião, a Arte, a linguagem, o raciocínio etc. – em suma, de tudo o que as Ciências Humanas podem estudar. Assim, a História deverá estudar como o homem se tornou o que imagina ser desde sempre, a Sociologia deverá mostrar que o seu verdadeiro ser não é como crê que seja, mas está vinculado ao parentesco, ao grupo social, à classe, às relações sociais etc.; a Psicanálise mostrará que são os seus desejos inconscientes ou seus representantes que estão no centro da vida psíquica etc.

Toda Ciência Humana visava no homem àquilo pelo qual ele não é sujeito. No paradigma estruturalista, ela visa a um homem que se crê sujeito. Porque esse conceito de ilusão é constitutivo do "homem estrutural", as disciplinas que o tomaram como objeto colocaram-no sob o patrocínio metodológico de Marx, Freud ou Durkheim: o Marx da teoria da ideologia, "reflexo" invertido das condições sociais e materiais de existência; o Durkheim das *Regras do método sociológico*, para o qual os fatos sociais devem ser estudados "como *coisas*" (e não como estados da consciência humana) e explicados pelas modificações do meio social interno, e não a partir dos estados da consciência individual. "Muito longe de serem um produto da nossa vontade, eles a determinam de fora";[17] consistem em "tipos de conduta ou de pensamento exteriores ao indivíduo" e que são "dotados de um poder imperativo e coercitivo em virtude do qual eles se impõem ao indivíduo, quer queira, quer não".[18] Também Freud fazia das ilusões da consciência o centro do homem e o objeto do saber sobre o homem, pois mostra a Psicanálise

---

16 Como escreve Foucault: "Dir-se-á que há ciência humana, não em toda parte onde se trata do homem, mas em toda parte onde se analisa, na dimensão própria do inconsciente, das normas, as regras, os conjuntos significantes que desvelam para a consciência as condições de suas formas e de seus conteúdos" (*Les mots et les choses*, op. cit., p.376).

17 Durkheim, *Les règles de la méthode sociologique*, p.29.

18 Ibid., p.4.

NOSSA HUMANIDADE 85

"ao *eu* que ele não é senhor sequer em sua própria casa, que é obrigado a se contentar com informações raras e fragmentárias sobre o que se passa, fora de sua consciência, em sua vida psíquica".[19]

Se Ferdinand de Saussure foi então considerado o fundador da Linguística, isso não aconteceu só porque a sua concepção da *língua* como totalidade de termos discretos dava corpo à ideia metodológica de "estrutura", mas sobretudo porque ele a transformava no objeto mesmo dessa Ciência, em detrimento da "linguagem", faculdade universal situada naturalmente no homem, e da "fala", ou seja, dos atos conscientes dos indivíduos que põem em ato essa faculdade, de modo mais ou menos livre. Essa realidade intermediária, a língua, não depende, portanto, nem do homem em geral, como a linguagem, nem dos homens em particular, como a fala: essas duas realidades poderiam, de duas maneiras simétricas, ser relacionadas a um *sujeito*. O mesmo não acontece com a língua, realidade cujo sistema e cuja evolução escapam à consciência e à vontade tanto dos indivíduos como das comunidades. É claro, com efeito, que "os sujeitos são, em ampla medida, inconscientes das leis da língua".[20] Outros linguistas, como Émile Benveniste, tiraram as consequências do "que acontece" com o homem por estar na língua. Embora se aventurem no terreno do "discurso" tal como é desenvolvido pelo indivíduo, insistirão ainda mais no fato de que o pensamento humano é, a despeito de si mesmo, modelado, pré-formado pelas estruturas linguísticas: pois "pensar é manejar os signos da língua".[21] Pode-se até chegar a dizer, com Benveniste, que "é na e pela linguagem que o homem se constitui como sujeito; porque só a linguagem funda na realidade, na sua realidade que é a do ser, o conceito de *ego*".[22] Ilusão: cada homem crê poder dizer o que pensa, mas na realidade acontece o inverso: ele só pode pensar o que pode dizer e porque determinada língua, independente dele, lho permite dizer. Inversão completa do cartesianismo: não é porque "eu penso" que posso dizê-lo, é porque posso dizer "eu" que posso dizer, e até crer, que sou uma substância pensante.[23] Do mesmo modo, para Jacques Lacan, o acesso do homenzinho ao "eu" não significa o acesso a uma consciência de

---

19 Freud, *Introduction à la psychanalyse*, p.266.
20 Saussure, "Immutabilité et la mutabilité du signe". In: _____, *Cours de linguistique générale*, p.106.
21 Benveniste, "Catégories de pensée et catégories de langue". In: _____, *Problèmes de linguistique générale* I, p.74.
22 Benveniste, "De la subjectivité dans le langage", ibid., p.259.
23 Benveniste: "A linguagem é a possibilidade da subjetividade, por sempre conter as formas linguísticas apropriadas à sua expressão, e o discurso provoca o surgimento da subjetividade, por consistir em instâncias discretas" (ibid., p.263).

si qualquer, mas ao ciclo de suas identificações imaginárias e à estrutura simbólica que constitui a linguagem. O sujeito está, na realidade, assujeitado ao inconsciente.

O mesmo acontece na História tal como é entendida por certa geração da escola dos *Annales*. Roger Chartier, um de seus principais atores, mostrou, por exemplo, que a História das ideias tal como a concebiam Lucien Febvre e Erwin Panofsky primeiro rompeu com "o postulado de uma relação consciente e transparente entre as intenções dos produtores intelectuais e seus produtos",[24] antes de dar a sua principal guinada, a partir da década de 1960, com a noção de "mentalidade", "que rege as representações e as opiniões dos indivíduos sociais sem que estes o saibam".[25] As ideias na História dispensam os sujeitos. Mas o mesmo pode ser dito daqueles que, ao contrário, colocam que não são as ideias que conduzem a História, ideias sem sujeitos, mas a luta de classes, um motor sem sujeito, como a História, "um processo sem sujeito".[26]

Lévi-Strauss resume a ambição das Ciências Humanas colocadas sob a bandeira do estruturalismo: "O que, depois de Rousseau, Marx, Durkheim, Saussure e Freud, o estruturalismo procura realizar é desvelar à consciência um *objeto outro*".[27] Elas não podem, pois, constituir-se como Ciências senão *contra* a consciência: "A consciência aparece como a inimiga secreta das ciências do homem, sob o duplo aspecto de uma consciência espontânea, imanente ao objeto de observação, e de uma consciência refletida – consciência da consciência no cientista."[28] Nem consciência transparente a si mesma, nem autor soberano de seus próprios atos, o "homem estrutural" é um não sujeito, ou melhor, porque é preciso que algo nele possa crer-se sujeito, um sujeito sujeitado.[29]

---

24 Chartier, "Histoire intellectuelle et histoire des mentalités. Trajectoires et questions". In: *Revue de synthèse*, n.111-2, julho-dezembro de 1983, p.282, reeditado em *Au bord de la falaise. L'histoire entre certitudes et inquiétudes*.

25 Ibid., p.287.

26 "Não se trata mais de 'fazer', isto é, não se trata mais da questão do sujeito da história" (Althusser, *Réponse à John Lewis*, p.28). Acerca da noção de "processo sem Sujeito nem Fim (ou Fins)", ver ibid., p.69.

27 Lévi-Strauss, *L'homme nu*, p.562-3. Ver também: "As leis da atividade inconsciente estão sempre fora da apreensão subjetiva (podemos tomar consciência delas, mas como objeto); e do outro, porém, são elas que determinam as modalidades dessa apreensão" ("Introduction à l'oeuvre de M. Mauss". In: Mauss, *Sociologie et anthropologie*, p.XXX).

28 Lévi-Strauss, "Critères scientifiques dans les disciplines sociales et humaines", reeditado em *Anthropologie structurale*, II, op. cit., p.344.

29 Este conceito de "sujeito sujeitado" foi teorizado por Michel Foucault, que queria "mostrar como são as relações de sujeição que fabricam sujeitos" (*Il faut défendre la société*, p.39). Sabe-se, no entanto, que essa tese é mais ou menos distinta da de Louis Althusser,

NOSSA HUMANIDADE

Essa parte necessária de subjetividade e de sujeição aparece também na definição dada por Pierre Bourdieu de seu "estruturalismo construtivista". O objeto da sociologia é a "junção do objetivo e do subjetivo"; mas essa junção e essa mesma subjetividade se constroem sobre as mesmas bases anticartesianas:

> Por estruturalismo, quero dizer que existem, no próprio mundo social, e não só nos sistemas simbólicos, linguagem, mito etc., estruturas objetivas independentes da consciência e da vontade dos agentes, que são capazes de orientar ou de impor suas práticas ou suas representações. Por construtivismo, quero dizer que há uma gênese social, por um lado, dos esquemas de percepção, de pensamento e de ação que são constitutivos do que chamo *habitus*, e, por outro lado, estruturas sociais e, em particular, do que chamo campos e grupos, em especial do que normalmente é chamado de classes sociais.[30]

A consciência é, assim, negada de dois modos diferentes, sob dois ângulos, qualificados por Bourdieu respectivamente como objetivo e subjetivo, mas este segundo, apesar do nome, nada deve a mais do que o outro à consciência ou à vontade própria dos sujeitos. Há, por um lado, uma estrutura "objetiva": por um movimento centrípeto que vai do exterior para o interior, as representações dos sujeitos são impostas por determinações sociais, tanto no plano das crenças, quanto no das práticas (como em Marx); há, por outro lado, uma construção "subjetiva", um movimento centrífugo que vai do interior para o exterior e constitui os grupos, ou os diversos "campos" autônomos da sociedade (econômico, artístico, político, cultural, esportivo etc.), a partir da ação dos agentes. Essa construção mesma, no entanto, é inteiramente social, e os diferentes *habiti* dos agentes ou dos atores sociais não dependem de modo nenhum da vontade dos sujeitos, mas de esquemas de percepção, de pensamento e de ação determinados pelo meio social. Assim, a consciência do agente é, na realidade, *duas vezes* o efeito de imposições sociais:[31] no que não depende dele – trata-se das

---

para o qual "toda ideologia interpela os indivíduos concretos como sujeitos concretos"; esta é uma das funções dos "aparelhos ideológicos de Estado" (ver, por exemplo, "De l'idéologie". In: _____, *Sur la reproduction*, p.225).

30 Pierre Bourdieu, "Espace social et pouvoir symbolique" [Espaço social e poder simbólico]. In: _____, *Choses dites*, p.147.

31 É o que Bourdieu reconhece: "O princípio da ação histórica, tanto a do artista, do cientista ou do governante como a do operário ou do funcionário de baixo escalão, não é um sujeito diante da sociedade como de um objeto constituído na exterioridade. Ele não reside nem na consciência, nem nas coisas, mas na relação entre dois estados do social,

estruturas que podem determiná-lo do exterior (é a parte da impotência constitutiva da consciência e da vontade) – e no que *crê* depender dele; essa ilusão de que isso depende dele é necessária, porque ele reconhece nela as *suas* próprias maneiras de perceber, de pensar e de agir, seus gostos, suas ideias, suas convicções, suas aspirações etc., mas é uma crença falsa, pois se trata na realidade de *habiti* socialmente determinados: é a parte da ilusão constitutiva da consciência e da vontade.[32]

Na figura do homem estrutural, a consciência humana deve portanto ser, em certo sentido, o objeto da Ciência Humana, sem poder sê-lo em outro sentido. O conceito de ilusão (explicitado ou não) resolve a dificuldade. A consciência não pode ser objeto de ciência porque esta correria o risco de nada mais ter a dizer (a revelar, a explicar, a compreender) além do que diz, pensa ou alega a consciência – em suma, o que ela já *sabe*; a Ciência limitar-se-ia a retranscrever o ponto de vista, as opiniões, as intenções, as interpretações dos atores. Para que, então, ser ciência? Ciência inútil, a consciência ocupa o seu lugar. A Ciência, porém, não pode dispensar a consciência, pois como reconheceria ela que está mesmo diante de fenômenos humanos (e não naturais), se não houvesse, por trás desses fenômenos, uma consciência para dizer-se e crer-se o seu sujeito? A consciência é, em certo sentido, objeto da Ciência Humana – é o que faz que ela seja humana; e não o é em outro sentido – é o que faz que ela seja Ciência. Nessa separação entre a consciência e ela mesma reside a ilusão – é o que constitui o "homem estrutural". O conceito de ilusão permitiu às Ciências Humanas reter ao mesmo tempo a humanidade do seu objeto e a objetividade do seu método.

Digamo-lo de outro modo. No modelo estrutural, o saber institui-se no espaço que separa da sua inconsciência a consciência de um sujeito.

---

ou seja, a história objetivada nas coisas, sob forma de instituições, e a história encarnada nos corpos, sob a forma desse sistema de disposições duradouras que chamo de *habitus*" (*Leçon sur la leçon*, p.37-8).

32 Ver Boltanski: para "as teorias críticas da dominação [...], há em toda parte dominados e dominantes, quer sejam estes últimos identificados como classe dominante, quer como gênero dominante, quer ainda, por exemplo, como etnia dominante. Aquilo de que se trata não é diretamente observável e escapa, ademais, no mais das vezes, à consciência dos atores. A dominação deve ser desvelada [...]. Tudo se passa como se os atores sofressem a dominação que se exerce sobre eles não só sem o saberem, mas às vezes até contribuindo para o exercício dela" (*De la critique*, p.17). É por isso que "o uso extensivo da noção de dominação" terá como consequência que "o que o sociólogo considerará, numa óptica crítica, uma relação de dominação não seja necessariamente apresentado, nem muito menos vivido, pelos atores nesse registro, e estes últimos podem até mostrar-se ofendidos com tal descrição" (ibid., p.42-3).

Esse modelo permite transformar a não consciência, traço negativo de todo objeto científico enquanto tal, em traço *positivo*. O "homem estrutural" é aquele cuja consciência tem a ilusão de *crer*-se (esta é a sua parte necessária de consciência) o sujeito de pensamentos ou de atos que, na realidade, não dependem dela (esta é a sua parte inevitável de inconsciência). Em certo sentido, a consciência é mesmo sujeito, não dos seus pensamentos ou dos seus atos, mas de certa crença. O objeto dos saberes é a relação entre aquilo de que a consciência é verdadeiramente sujeito (a sua crença) e aquilo de que não é sujeito (tais atos, tais pensamentos) e cuja causa, origem, razão, devemos procurar alhures. É nesse equilíbrio entre consciência e inconsciência que reside a estabilidade do "homem estrutural". Sem essa parte de consciência, o modelo corre o risco de um desvio fenomenológico.[33] O homem é estruturado por essa dupla relação: é o "sujeito sujeitado".

A ilusão é uma moeda de duas faces; cara de consciência, coroa de inconsciência. Ela permite marcar a diferença, no modelo estrutural, entre as Ciências Humanas e as Ciências Naturais. O saber das Ciências "duras" sana uma ignorância (calcular a verdadeira circunferência do Sol) ou retifica um erro (mostrar que o Sol não gira ao redor da Terra); mas, como os fenômenos naturais por elas estudado não podem, por hipótese, ser atribuídos a uma consciência ou estar vinculados a uma intenção – elas conquistaram sua cientificidade rejeitando a Providência –, não têm de justificar o fato de poderem ter acesso a um saber que escapa à consciência ou contraria as suas intenções. A ignorância da consciência ou o erro de julgamento não têm de ser explicados; este deve simplesmente ser retificado; aquela, ser sanada. O mesmo não acontece nas Ciências Humanas. O que é preciso explicar é não só *o que* a consciência ignora ou desconhece, mas também *o fato de poder* ignorá-lo ou desconhecê-lo. A originalidade da explicação oferecida pelo estruturalismo a esta questão resume-se a isto: o que escapa à consciência, dela escapa *necessariamente*. Ou seja, a ilusão não é acidental (como a ignorância ou o erro), ela pode, portanto, ser objeto de ciência, ela é constitutiva do "homem estrutural". Este é um dos meios mais eficazes de se responder ao desafio fundamental. Há duas posições legítimas e distintas, e elas são igualmente humanas, tanto uma como a outra: a de um objeto do saber, consciente de seus pensamentos e de seus atos, e a de um sujeito do saber, consciente das razões do anterior. No "homem estrutural", o sujeito cartesiano é dividido em dois sujeitos antagônicos.

---

33 Tomamos aqui este termo no sentido estrito de descrição racional das aparências, e não no sentido que tomou na Filosofia na esteira de Husserl.

Há, é claro, outras respostas possíveis, outros métodos e outras "ontologias" das Ciências Humanas e Sociais que levam em conta, com maior ou menor generosidade, o ponto de vista dos agentes e se acomodam com outras figuras do homem; há outras maneiras de responder ao desafio fundamental, quer concedendo mais ao sujeito (com o risco de conceder demais à consciência dos agentes e se limitar a fazer suas descrições fenomenológicas), quer concedendo-lhe menos (com o risco de abandonar a pretensão à autonomia das Ciências Humanas em relação às Ciências da Natureza). Mas essas outras respostas são necessariamente mais "fracas", o que não significa menos "verdadeiras", mas menos equilibradas entre as duas exigências. Assim, para nos limitarmos às Ciências Sociais, seria absurdo reduzi-las a seu breve momento estruturalista. As correntes da "Sociologia compreensiva" (Max Weber), minoritária na França (apesar de Raymond Aron), ou as que se fundamentaram no que chamam de "individualismo metodológico"[34] aparentemente concederam um lugar central ao sujeito, mas se tratava de um sujeito necessariamente conceitualizado e pouco individualizado. Por outro lado, muitas vezes se observou a importância adquirida, até na França, pelas chamadas sociologias "do ator", depois do declínio do modelo estrutural.[35] Mas o que emerge de todos esses debates metodologicamente marcados pela vontade, ou o desejo, de "levar em conta as singularidades individuais e construir sociologicamente o indivíduo"[36] é sempre a alternativa: quanto mais as Ciências Humanas pretendem aproximar-se do ponto de vista do indivíduo, do ator, do agente ou do sujeito – supondo cada um destes conceitos, é claro, outra interpretação da "consciência" –, mais elas rompem com a vocação científica e renunciam à sua própria posição de discurso. Inversamente, quanto mais afirmam sua posição, mais devem recusar o que pensam da posição delas aqueles que por elas são estudados. Às vezes, essa alternativa metodológica apresenta-se sob a forma de dilema moral: como respeitar ao mesmo tempo o discurso dos indivíduos estudados e as obrigações de sua própria discursividade? Como ser fiel à sua missão sem trair os "atores"? Pois não se pode levar a sério as razões que os sujeitos dão de seus atos se postularmos ao mesmo tempo que tais atos obedecem a

---

34 Método das Ciências Sociais que, em oposição ao holismo (dominante na França na tradição durkheimiana), postula que os seres sociais ou os fenômenos coletivos devem ser compreendidos a partir apenas da agregação das propriedades e das ações individuais.

35 Ver, por exemplo, a explicação epistemológica muito esclarecedora de Menger, *Le travail créateur. S'accomplir dans l'incertain*, Capítulo 1: "Agir em horizonte incerto. A análise causal e temporal da ação".

36 Lahire, *La culture des individus*, p.10.

NOSSA HUMANIDADE

causas que seus autores ignoram e, seja qual for o tipo de causalidade a que se recorra para dar conta das ações dos sujeitos, não se pode levar a sério suas próprias explicações, se elas se limitarem a repetir o que eles alegam. Ainda que se apele para "estratégias não conscientes" ou se substituam os "sujeitos" por "agentes" (como na Gramática se passa da voz ativa para a voz passiva), a tensão interna desses conceitos apenas revela a evidência da alternativa.

Significativa desse ponto de vista foi a posição de Pierre Bourdieu quando abandonou a figura do "homem estrutural construído", por exemplo em *A miséria do mundo*.[37] Esse belo livro pretendia dar conta das diversas "perspectivas" adotadas pelos "agentes" ante o mundo social, respeitando seus discursos e seus estados subjetivos ou, pelo menos, representando-os do modo mais fiel possível. Num espantoso capítulo final intitulado "Compreender" (e não, por exemplo, "Explicar" ou "Interpretar", ou até "Traduzir" ou "Esclarecer"), nota Bourdieu que se trata, para o sociólogo, de "compreender o ponto de vista" do "seu objeto" (a aliança dos termos merece ser notada: o sociólogo conserva o lugar do sujeito, mas seu "objeto" adquire um "ponto de vista" que o sujeito pode compreender), "isto é, [de] compreender que se estivesse, por assim dizer, no lugar dele, seria e pensaria provavelmente como ele".[38] O que dizer, mais precisamente, da posição do sociólogo? Ela só pode ser, em certo sentido, a de um "ponto de vista", pois se trata de "compreender" o dos outros: "O sociólogo não pode ignorar que o próprio do seu ponto de vista é ser um ponto de vista sobre um ponto de vista." Em outro sentido, porém, como seu papel é "constituir o ponto de vista do seu objeto ressituando-o no espaço social", ele ocupa "o ponto de vista muito especial (e, em certo sentido, privilegiado) em que se deve colocar para estar em condições de assumir (pelo pensamento) todos os pontos de vista possíveis".[39] Esse espantoso perspectivismo evita o relativismo ou a regressão ao infinito, pois existe mesmo, pelo menos teoricamente, um ponto de vista onde é possível considerar "*todos* os pontos de vista possíveis". Mas nem por isso esse ponto de vista deixa de ser um ponto de *vista*, e de modo nenhum uma posição de saber; ele é, em certo sentido, o de um sujeito como os outros (de um "*alter ego*");[40] mas estes últimos, por sua vez, não são, porém, verdadeiramente "sujeitos", pois continuam sendo

---

37 *La misère du monde*. Só tomamos o exemplo deste autor porque o consideramos um dos que definiram os traços do "homem estrutural" nas Ciências Sociais.
38 Ibid., p.925.
39 Ibid.
40 Ibid.

o "objeto" do sociólogo, e o ponto de vista deles é "constituído" pelo seu. Seja qual for a sutileza dessas relações de compreensão, de constituição e de totalização entre o ponto de vista do sociólogo e o dos agentes sociais, elas revelam o desequilíbrio em que nos achamos quando tentamos, tanto em Ciência Social como em outras Ciências Humanas, conservar para nosso próprio discurso uma posição superior em relação ao objeto, ainda que abandonando o conceito de ilusão, que permitia definir a relação do sujeito com seus pensamentos e seus atos (ou qualquer outro conceito capaz de dar conta dos vícios da consciência). Não se pode ao mesmo tempo levar a sério as razões dos atores e dar conta dessas razões, sob a pena de trair sua própria posição "científica" e tornar-se um agente social como os outros. Esse recuo mesmo teria como preço um desequilíbrio fatal – o do relativismo: o saber tornar-se-ia uma posição subjetiva, da mesma forma e do mesmo nível que aquela de que deveria dar conta.

A situação de toda Ciência Humana está, sem dúvida, sempre em equilíbrio instável entre a posição de "Ciência", sem a qual ela perde a pertinência, e a posição de Ciência "Humana", sem a qual perde a especificidade. É por isso que o anticartesianismo sempre corrói subterraneamente as Ciências Humanas. Só o "homem estrutural" o assumiu plenamente. Essa figura permitia definir distintamente as duas posições legítimas e antagônicas do ser humano depois da fissão do sujeito cartesiano: por um lado, o objeto do saber (o mesmo "homem estrutural"), consciente dos seus pensamentos e dos seus atos, mas ignorante de suas verdadeiras razões, e, por outro lado, o sujeito do saber, consciente da consciência do anterior e conhecedor das verdadeiras razões dele. Desde que esta figura do homem, embora estável, se viu desestabilizada pelos praticantes mesmos das Ciências Humanas e Sociais, que se empenham em abrandar seus traços como se conserta o navio em pleno mar e acalentam a ideia de que é a ideia mesma de Ciência que é uma ilusão, outro paradigma, que assume sem complexos a posição científica – o paradigma naturalista – substitui progressivamente o anterior e ameaça sepultá-lo definitivamente. Pois a estabilidade do "homem estrutural" se devia não só ao anticartesianismo – que lhe garantia a posição científica, cada vez mais ameaçada desde dentro pelas mesmas "Ciências Humanas e Sociais" –, mas também ao antinaturalismo – que lhe garantia a posição de Ciência *Humana*, cada vez mais ameaçada do exterior.

CONTRA ARISTÓTELES: A ANTINATUREZA

Assim como o homem das Ciências Humanas alcançou a sua mais alta forma de realização no "homem estrutural", que marca ao mesmo tempo o seu apogeu e o início do seu declínio, assim também a "Sociologia Crítica" de Pierre Bourdieu (aquelas dos anos 1960 ao fim da década de 1980) marca, talvez, o frágil ápice do paradigma estruturalista. Ela anuncia a sua inevitável decadência, a que assistimos desde a ascensão do naturalismo. Ela cumpre as promessas mais ambiciosas das Ciências Humanas, ao mesmo tempo que concentra as dificuldades mais evidentes do "homem estrutural".

A noção de *habitus* da Sociologia bourdieusiana não é, com efeito, apenas elaborada contra a ilusão cartesiana do poder do sujeito sobre as suas representações, é também construída contra a "ilusão naturalista", de origem remotamente aristotélica: a crença no poder da natureza sobre o social. O antinaturalismo é muito mais geral que a Sociologia Crítica. Como o anticartesianismo, é um traço *constitutivo* do "homem estrutural" – era até, a propósito, uma posição metodológica esboçada (pelo menos implícita e negativamente) pela maioria das correntes das Ciências Humanas, desde o surgimento delas.

O "antinaturalismo", no sentido em que o entendemos, possui duas formas principais: metodológica e objetiva. Uma diz respeito à Ciência; a outra, a seu objeto, o homem. O antinaturalismo metodológico opõe-se a toda forma de *reducionismo* (ontológico ou epistemológico) que reduz os fenômenos propriamente humanos (sejam eles psíquicos ou sociais) a fenômenos regidos pelas leis da natureza, e afirma que os métodos das Ciências Humanas, seu modo de explicação, o tipo de causalidade a que recorrem devem ser-lhes próprios e são radicalmente diferentes dos das Ciências da Natureza. O antinaturalismo que chamamos "objetivo"[41] afirma

---

41 "Objetivo" não significa "ontológico". Entenderíamos por "antinaturalismo ontológico" a doutrina segundo a qual o homem tem uma substância diferente da dos seres naturais e a ela irredutível (posição metafisicamente dualista; por exemplo, o pensamento é independente do corpo). Nem Freud, nem Durkheim, nem Lévi-Strauss são "antinaturalistas" nesse sentido. Julgam que o homem, embora ontologicamente tão "natural" como qualquer outro animal, detém uma especificidade ou uma propriedade "emergente" (respectivamente o inconsciente, o social, a cultura) que o torna um ser radical e objetivamente distinto dos seres naturais. Mas são, a nosso ver, "metodologicamente" antinaturalistas. "Embora seja legítimo e, em certo sentido, inevitável recorrer à interpretação naturalista para tentar compreender o surgimento do pensamento simbólico, uma vez dado este último, a explicação deve mudar tão radicalmente de natureza quanto o fenômeno recém-surgido difere dos que o antecederam e prepararam" (Lévi-Strauss, *Anthropologie structurale* I, p.62). Assim, e na espera dessa futura redenção naturalista, não

que o homem em si, no que tem de propriamente humano, se constrói (na realidade) e se define (na teoria) contra a natureza, tanto a que está fora dele (o mundo dado, o meio natural, o meio ambiente), quanto a que está nele (a natureza física, a constituição biológica, os dados genéticos). As duas formas de antinaturalismo são independentes, pelo menos em teoria. Pode-se afirmar que o homem é um ser essencialmente diferente de todos os outros seres naturais, mas que só há um tipo de Ciência, as Ciências da Natureza. Pode-se também sustentar que o homem é um ser natural, nem mais nem menos que os outros animais, mas seu estudo exige métodos específicos. A terceira figura do homem vincula indissoluvelmente as duas teses antinaturalistas (a tal ponto que passa muitas vezes de uma à outra, como se elas se confundissem), assim como a quarta figura mesclará as duas teses naturalistas (sendo o homem um animal como os outros, os métodos científicos que os estudam devem pautar-se pelos das outras Ciências da Natureza) – o que é uma inferência igualmente ilegítima.

O antinaturalismo objetivo é uma propriedade do "homem estrutural". Sob o olhar da maior parte das Ciências do homem, o homem não é um ser natural. No paradigma estruturalista, esse traço negativo torna-se uma característica positiva. O próprio do homem, ou melhor, o próprio dos seus próprios, por assim dizer, é ser *antinatureza*. Ele não é só um animal especificamente diferente dos outros, ele se define *contra* a animalidade, nele e fora dele. Tudo o que o caracteriza pode, assim, ser determinado por negação do que define essencialmente "a" natureza: o dado, o universal ou o constante. Assim, por oposição à natureza (espaço das *leis universais*), a cultura[42] é um universo de *regras variáveis* segundo os grupos humanos, de modo que não há nenhuma regra ou proibição universal – eis o que postula a

---

se deve fazer nenhuma "concessão ao naturalismo". Veremos a seguir como Lévi-Strauss é também "objetivamente" antinaturalista, no sentido que damos ao nome.

42 O emprego deste termo para designar o conjunto dos traços distintos do homem em sociedade data de Edward B. Tylor, em *A civilização primitiva* (1871), livro que, observa Philippe Descola, é "tradicionalmente saudado como uma espécie de certidão de nascimento do campo da antropologia moderna": "A Cultura ou a Civilização, entendida no sentido etnográfico mais amplo, é esse conjunto complexo que inclui os saberes, as crenças, a arte, os costumes, o direito, os usos, assim como toda outra disposição ou uso adquirido pelo homem enquanto vive em sociedade" (*Par-delà nature et culture*, p.111). Esse sentido deve ser distinguido, segundo ele, deste outro, "propriamente antropológico", que implica o uso do plural, segundo o qual "cada povo constitui uma configuração única e coerente de características materiais e intelectuais sancionadas pela tradição, típica de certo modo de vida, arraigada nas categorias singulares de uma língua e responsável pela especificidade dos comportamentos individuais e coletivos dos seus membros" (ibid.).

Antropologia Cultural, ao constituir seu objeto próprio.[43] O animal nutre-se do que encontra cru na natureza, o homem cozinha os seus alimentos e se submete a normas alimentares variáveis; o animal reproduz-se na maioria das vezes com parceiros sexuais erráticos, o homem submete-se a regras exogâmicas de casamento e a proibições variáveis de incesto[44] etc. Ao *instinto* natural dos animais opõe-se a *instituição* social: é isso que estuda a Sociologia, "Ciência das Instituições" (Durkheim). Em oposição à *evolução* espontânea das espécies naturais, o *devir* propriamente humano das sociedades é o que a História reconstitui, pois a natureza não tem história, mas está submetida a meros processos físicos, enquanto o homem é histórico de ponta a ponta: nada lhe é natural (nem sequer os sentimentos,[45] a loucura, o riso ou as lágrimas, tampouco os sentidos),[46] nem sequer os fenômenos biológicos (é por isso que há uma História das idades da vida,[47] das doenças ou da morte,[48] dos gostos alimentares[49] e, obviamente, da sexualidade[50] – eis o que mostram os historiadores dos *Annales* ou da "Nova História". Por oposição ao *sinal* natural, o da comunicação animal – em que todo sinal remete a uma única situação –, o *signo* humano é arbitrário, varia segundo as línguas e permite uma infinidade de mensagens – eis o que mostram os linguistas, em especial os estruturalistas.[51] Por oposição à *necessidade* animal, natural, biológica, como a fome, a sede ou o cio, que se concluem com a satisfação

---

43 "Em toda parte onde a regra se manifesta, sabemos com certeza estar no nível da cultura. Simetricamente, é fácil reconhecer no universal o critério da natureza" (Lévi-Strauss, *Les structures élementaires de la parenté*, p.10).

44 Acerca desta tese de Claude Lévi-Strauss, ver a seguir, Capítulo 6, p.187ss.

45 Lembramo-nos da frase famosa e (na época) profética de Lucien Febvre: "Não temos uma história do Amor... da Morte... da Piedade... da Crueldade... da Alegria. Graças às Semanas de Síntese de Henri Berr, tivemos um rápido esboço de uma história do Medo. Só ela já bastaria para mostrar que enorme interesse tais histórias poderiam ter" ("La sensibilité et l'Histoire". In: ———, *Annales d'histoire sociale*, t.III [1941], p.18). Acerca do medo, ver, é claro, Delumeau, *La peur en Occident, XIVᵉ-XVIIIᵉ siècle*.

46 Ver o que diz Alain Corbin do olfato e da "revolução olfativa" entre os séculos XVIII e XIX (em *Le miasme et la jonquille. L'odorat et l'imaginaire social, XVIIIᵉ – XIXᵉ siècle*), que ressalta a sensibilidade dos homens aos odores, "o que faz de nós seres intolerantes a tudo o que vem romper o silêncio olfativo de nosso ambiente".

47 Ver Ariès, *L'enfant et la vie familiale sous l'Ancien Régime*.

48 Ariès, *Essais sur l'histoire de la mort en Occident; L'Homme devant la mort*. Vovelle, *Mourir autrefois; La mort et l'Occident de 1300 à nos jours*.

49 Aron, *Essai sur la sensibilité alimentaire à Paris au XIXᵉ siècle*, a partir dos cardápios de restaurante, e *Le mangeur du XIXᵉ siècle*. Ver também Flandrin e Montanari (Orgs.), *Histoire de l'alimentation* [Ed. bras.: *História da alimentação*].

50 Ver, é claro, Foucault, *Histoire de la sexualité*; Flandrin, *Le sexe et l'Occident*; ou, recentemente, Corbin, *L'harmonie des plaisirs*.

51 Ver, por exemplo, Benveniste, "Communication animale et langage humain". In: ———, *Problèmes de linguistique générale*, I.

e se exaurem na posse do objeto, o *desejo* propriamente humano, indefinido, insatisfeito, reprimido, sublimado, que retorna, ele mesmo ou seus representantes, sob formas deslocadas, condensadas, simbólicas, é aquilo de que se ocupa a Psicanálise. O "homem estrutural" é um ser antinatural.

Pôde um conceito, por um momento, servir de ponto de ligação, um pouco opaco e necessariamente equívoco, no paradigma estruturalista que reunia as Ciências Humanas; é o conceito de *simbólico*: há uma "função simbólica" em Jean Piaget, correspondente à segunda etapa de desenvolvimento da criança, que se segue à etapa sensório-motora (compartilhada por muitas espécies animais), e se caracteriza pela imitação adiada, o desenho, o faz de conta etc. O "Simbólico" em Lacan[52] distingue-se tanto do Imaginário como do Real, e se caracteriza pela lógica do "significante" (diferentemente do jogo das identificações imaginárias), própria da linguagem humana. A "violência simbólica" em Pierre Bourdieu é uma característica própria do social: ela traduz a capacidade que têm os dominadores de fazer passar por legítima a sua dominação, em especial a cultural e "simbólica". Há, de um modo mais geral, a "função simbólica" no sentido de Lévi-Strauss, que seria o traço mais característico da humanidade,[53] pois todas as atividades humanas dela dependem – sistemas linguísticos, sistemas de parentesco, sistemas de troca, sistemas de narrativas mitológicas, sistemas de representação icônica etc.:[54] "Toda cultura pode ser considerada um conjunto de sistemas simbólicos, à frente dos quais se situam a linguagem, as regras matrimoniais, as relações econômicas, a Arte, a Ciência, a Religião. Todos esses sistemas visam a exprimir certos aspectos da realidade física e da realidade social e, mais ainda, as relações que esses dois tipos de realidade mantêm entre si e que os sistemas simbólicos, por sua vez, mantêm uns com os outros."[55] O "homem estrutural" não vive na natureza, mas habita um mundo simbólico.

Essa noção de "simbólico", de fronteiras incertas, não designava uma propriedade *precisa* do "homem estrutural". Era antes um meio, para as

---

52 Há, é claro, num sentido mais estreito e clássico, um simbólico em Freud – em especial no sonho e, de um modo mais geral, em todas as formações do inconsciente (ver *L'Interprétation des rêves*, Capítulos V e VI).

53 "O inconsciente cessa de ser o inefável refúgio das particularidades individuais, o depositário de uma história única, que torna cada um de nós um ser insubstituível. Ele se reduz a um termo pelo qual designamos essa função; a função simbólica, especificamente humana, provavelmente, mas que em todos os homens se exerce pelas mesmas leis, que se reduz, na realidade, ao conjunto dessas leis" (Lévi-Strauss, *Anthropologie structurale*, I, op. cit., p.224).

54 Acerca deste ponto de importância central do simbólico, ver Deleuze, "À quoi reconnaît-on le structuralisme?". In: Châtelet, *Histoire de la philosophie*, VIII, *Le XIXᵉ siècle*.

55 Lévi-Strauss, "Introduction à l'oeuvre de M. Mauss", op. cit., p.XIX.

diversas disciplinas, de reivindicar pertencerem em comum ao gênero das Ciências Humanas, em oposição às Ciências Naturais. "Nós nos interessamos por algo, pareciam dizer, 'o' simbólico, que as Ciências da Natureza não podem estudar e não pode aparecer sob o olhar delas." Essa noção permitia, pois, passar de um sentido do antinaturalismo (o objetivo: o simbólico é uma propriedade do homem) a outro (o metodológico: as Ciências Humanas caracterizam-se pela capacidade de perceber e explicar o simbólico). Era o recurso próprio do "homem estrutural". No entanto, desde seu surgimento, as Ciências Humanas sempre devem ostentar por princípio um antinaturalismo pelo menos metodológico. Para elas, ele é comum e vital, pois serve de fundamento à ideia mesma de Ciência Humana – ou seja, de resposta ao "desafio fundamental": permanecer não só Ciência (pelo anticartesianismo), mas Ciência *Humana*. Devem continuamente afirmar sua independência em relação ao "naturalismo" metodológico, que recorre a uma causalidade extrassocial para dar conta de fenômenos sociais e, de um modo mais geral, a conceitos que não são propriamente humanos para explicar, compreender ou interpretar fenômenos humanos: apelo à hereditariedade ou à genética (explicações biológicas), ao meio ambiente (explicação ecológica) ou às faculdades gerais do espírito humano (explicação cognitivista).[56] O antinaturalismo metodológico é, portanto, decisivo. Se aplicarmos às Ciências Humanas e Sociais o estilo de pensamento que certos sociólogos aplicam às especulações filosóficas, ou seja, a suspeita de que por trás de toda tomada de posição teórica explícita se dissimule um interesse prático, ou até uma defesa corporativista, diríamos das declarações antinaturalistas de certos teóricos das Ciências Humanas que elas não são senão o reverso necessário de sua própria reivindicação à existência.

Essa observação nos leva a uma terceira forma de antinaturalismo.[57] Acontece, de fato, que, de uma posição defensiva, o antinaturalismo metodológico passe a uma posição ofensiva; não uma mera hipótese que permita – pelo menos provisoriamente – defender o território do psicanalista, do historiador,

---

56 Há, obviamente, exceções. Em seu ensaio "Sobre a estrutura social", escrevia Alfred Radcliffe-Brown: "A antropologia social tal como a entendo é a ciência natural teórica da sociedade humana: estuda os fenômenos sociais por métodos essencialmente semelhantes aos usados nas ciências físicas ou biológicas. [...] Como vocês sabem, os etnólogos ou antropólogos afirmam que não é possível, ou pelo menos não é frutífero, aplicar aos fenômenos sociais os métodos teóricos das ciências naturais. Para eles, a antropologia social tal como a defini não existe nem jamais existirá. Para eles, evidentemente, minhas observações não têm nenhum sentido ou, pelo menos, não têm o sentido que lhes atribuo" (In: _____, *Structure et fonction dans la société primitive*, p.290).

57 Ou até a uma quarta, se contarmos o antinaturalismo ontológico (ver anteriormente, p.93, n.41).

do sociólogo etc. contra o imperialismo real ou suposto dos conceitos e dos métodos biológicos, mas uma interpretação *sociológica* dessas querelas de fronteira; elas se fundariam na crença – *ilusória* e talvez por isso *constitutiva* da vida social – de que as instituições humanas têm uma origem natural. É assim que alguns sociólogos da escola de Bourdieu[58] afirmaram que a vocação "natural" – por assim dizer – das Ciências Humanas e Sociais era demonstrar como são "fabricados" os fatos sociais que percebemos de bom grado como "naturais" e, portanto, desmontar, desconstruir o que chamavam de "ilusão naturalista".[59] Como observa o próprio Pierre Bourdieu acerca do sexismo, este "visa a imputar diferenças sociais historicamente instituídas a uma natureza biológica que funciona como uma essência de que se deduzem implacavelmente todos os atos da existência";[60] por oposição à noção de hereditariedade genética, a noção humana de "herança cultural" permite lutar contra os "preconceitos" naturalistas da inteligência, o dom inato, e até contra o que não hesita em chamar de "racismo da inteligência".[61] Vemos que, nessa denúncia do naturalismo por uma das correntes dominantes das Ciências Sociais no século XX, se misturam a argumentos científicos e metodológicos considerações ideológicas e políticas.[62] Isso é talvez inevitável, desde que se utilize o termo "natureza" – seja como porta-bandeira, ou como espantalho. Seja como for, esse antinaturalismo do terceiro tipo se sobrepõe aos dois primeiros: não sendo nem exclusivamente objetivo

---

58 Mas não só. Ver Bernstein, *Langage et classes sociales*, que também denuncia o "naturalismo" ou o "biologismo" e para o qual, assim como para Bourdieu, a Sociologia deve revelar os determinantes sociais que subjazem às diferenças ilegitimamente naturalizadas. É verdade que a escola de Bourdieu reconheceu em Bernstein o tipo de Sociologia por ela defendido e que foi ela que introduziu e editou esse livro na França.

59 Ver, por exemplo, Accardo, *Introduction à une sociologie critique. Lire Pierre Bourdieu*, Capítulo 1: "A 'ilusão naturalista' é a atitude que consiste em considerar os fatos sociais como fenômenos 'naturais' e, mais precisamente, em explicar as práticas e os comportamentos humanos invocando sistematicamente uma suposta 'natureza humana', que comporta propriedades (físicas, intelectuais, afetivas etc.) imutáveis e universais, presentes em graus diversos em todos os indivíduos da espécie humana e transmissíveis de geração em geração. Em nossos dias, provavelmente por causa do desenvolvimento considerável das ciências da vida, o naturalismo tende no mais das vezes a assumir a forma de um biologismo que, sob aparências científicas, teoriza de maneira explícita a milenar crença na natureza inata das propriedades essenciais dos indivíduos, seja qual for o terreno em que elas se manifestam, e na inscrição *a priori* dessas propriedades no organismo humano, antes de toda experiência social."

60 Bourdieu, *La domination masculine*.

61 Título de uma conferência de Pierre Bourdieu ministrada no MRAP em 1978, reeditada em *Questions de sociologie*.

62 Com efeito, sabe-se que para Bourdieu "a sociologia é ao mesmo tempo [...] o instrumento de descrição da dominação e o instrumento da emancipação em relação à dominação" (ibid., p.41).

(que o homem seja um ser "cultural" é um postulado do estruturalismo), nem somente metodológico (que as Ciências Humanas sejam diferentes das Ciências Naturais é seu postulado fundador); é um antinaturalismo que podemos chamar de "prático", que floresce nas correntes mais militantes das Ciências Sociais e em certas formas de "construtivismo". Ele não é de modo nenhum indispensável à figura do homem estrutural, que se caracteriza apenas pelo antinaturalismo objetivo, apoiado no antinaturalismo metodológico. No entanto, vale a pena caracterizar o "antinaturalismo prático", porque muitas vezes é confundido com os dois outros e porque tem algo a nos ensinar sobre o modo como se definem, uma em relação à outra, as duas últimas figuras do homem.

Observemos, em primeiro lugar, que é impossível fundamentar o antinaturalismo metodológico sem petição de princípio. Pois o fato de este ou aquele fenômeno ser da alçada (ou dever ser da alçada) da explicação sociológica depende do fato de já ter sido qualificado de social. E o que prova que a transmissão educativa, a prática religiosa, as relações matrimoniais, a produção de imagens artísticas, por exemplo, sejam fenômenos *sociais*? O fato de estarem presentes no conjunto das *sociedades* não bastaria para torná-los propriamente sociais: se, por exemplo, se pudesse mostrar que estão presentes em *todas* as sociedades, poderiam também estar vinculados à "natureza" humana ou à natureza da "mente" ou qualquer outra coisa tida como natural. (Há no naturalismo contemporâneo uma petição de princípio análoga: um fenômeno é qualificado como "natural" sob o pretexto de ser "explicável" por meio de conceitos oriundos das Ciências Naturais.) Daí o círculo: os fenômenos são sociais porque a Sociologia pode explicá-los (dar conta deles ou, mais modestamente, estudá-los), e só a Sociologia deve explicá-los porque são sociais. Vemos que tal círculo será considerado virtuoso ou vicioso dependendo do ponto de vista metodológico que se tiver decidido *a priori* aceitar: sociologista ou naturalista. Poderíamos igualmente considerar que as explicações sociais dos fenômenos humanos são o efeito de uma "ilusão sociológica" que consista em crer no caráter irredutivelmente social dos fenômenos que *se apresentam* aparentemente como sociais (mitos, tabus, crenças, sucesso escolar, desigualdade de desenvolvimento das sociedades etc.).[63]

---

63 Ver, nesse sentido, o "jogo" sugerido por Dan Sperber, chamado "explicação causal naturalista". "Sua palavra de ordem é: tudo o que tem poder causal o tem em virtude de suas propriedades materiais." O jogo tem como primeira regra: "Não reconhecer um fenômeno enquanto a compreensão que se tem de sua existência material for insuficiente para lhe atribuir poderes causais." A segunda regra é: "Não afirmar a existência de uma relação

Enquanto tal, essa petição de princípio não é de modo algum censurável. É o procedimento de *toda* constituição de objeto científico: a realidade não pode ser constituída como objeto sem certos conceitos que só devem sua legitimidade à sua adequação a essa realidade mesma. Assim, o fato de os fenômenos sociais serem "*realmente* distintos" – do natural, do mental ou do que quer que seja –, para falar a linguagem cartesiana, vem do fato de pertencerem à esfera de uma explicação especificamente sociológica, cuja legitimidade supõe, por sua vez, essa distinção real. O mesmo acontece com a legitimação da Mecânica para Descartes. A prova de que o corpo deva ser estudado por uma Física Mecânica, ou seja, independentemente de toda causa "final", por exemplo (a que estão vinculados o pensamento e a alma), é que podemos *pensá-lo* separadamente da alma: é por termos duas *ideias* distintas da alma e do corpo que podemos concluir que a alma não precisa do corpo para existir, nem o corpo da alma, ou seja, que a substância espiritual e a substância corporal são *realmente* distintas – o que justifica um pensamento do corpo que o reduz ao que nele há de claro e distinto, a extensão e o movimento: assim é a Mecânica. A prova da *realidade* de um corpo que não seja senão extensão e movimento reside inteiramente no fato de poder ser assim pensado e conhecido. Mas tal procedimento probatório não vem de Descartes, ele remonta a Platão: a prova de que as Ideias são reais é que elas são o que há de mais certo, de mais alta e estavelmente cognoscível. Do mesmo modo, a prova da realidade do social, um social que seja apenas social (isto é, completamente distinto do natural ou do mental) é que ele pode ser pensado e conhecido pela Sociologia.

É verdade que, no caso de Descartes, é necessário um princípio *normativo* para sair do círculo constitutivo e torná-lo virtuoso. É necessária a veracidade divina, isto é, a prova da existência de um Deus onipotente e bom, logo veraz, para garantir a correspondência entre a distinção das ideias e a das coisas. No caso de Platão, é necessário algo de equivalente: é preciso a ideia do Bem, ou seja, a afirmação de que o mundo é bem ordenado, fundamentalmente racional, logo cognoscível. Em ambos os casos, há uma realidade, anterior e cognoscível por outros meios do que os científicos, que permite sair do círculo constitutivo da objetividade dos conhecimentos. No caso da

---

de causa a efeito enquanto não for possível baseá-la na descrição de um mecanismo, descrição que deve ser suficientemente fina para que seja razoável pedir às ciências naturais vizinhas que preencham as partes faltantes" ("Algumas ferramentas conceituais para uma ciência natural da sociedade e da cultura". In: _____, *L'enquête ontologique. Du mode d'existence des objets sociaux*, sob a direção de Pierre Livet e de Ruwen Ogien, *Raisons pratiques*, 11).

Sociologia, porém, não há evidentemente ideia do Bem, nem de Deus não enganador, que viriam *garantir* a correspondência entre a epistemologia do sociólogo e a sua ontologia (a existência separada do seu objeto), ou seja, que permitam *justificar* ou fundamentar o antinaturalismo metodológico. O que pode, então, garanti-lo e permitir-lhe sair do círculo, ou melhor, torná-lo virtuoso?

A Sociologia Crítica tem a resposta. De um modo mais geral, o antinaturalismo prático vem *justificar* o antinaturalismo metodológico, que não tem nenhuma necessidade de ser justificado, porquanto é constitutivo das Ciências Humanas em geral. Ou seja: o antinaturalismo prático é um outro tipo de ideia do Bem. Uma Sociologia "Crítica", vale dizer, não só observadora, mas agente do "movimento social", pode denunciar o fato de "naturalizar ilegitimamente" certas instituições sociais e conferir-lhes com isso a força da necessidade. O sociólogo crítico afirma que as diversas formas de dominação devem, para se mostrarem legítimas, aparecer como "naturais", de modo que até os dominados deem sua adesão à ordem dominante, embora desconhecendo os seus mecanismos e o seu caráter não natural, arbitrário, logo histórico e transformável (pelo movimento social). A posição antinaturalista não tem mais apenas um objetivo teórico (*garantir* o antinaturalismo metodológico), mas também crítico: denunciar na explicação biológica uma justificação da ordem social, para contrapor-lhe a explicação sociológica como instrumento de crítica e de transformação dessa ordem. O "não é natural porque é social" e o "é social porque é explicável sociologicamente" (círculo teórico fundador do método das Ciências Sociais)[64] são completados pelo "não é natural, logo é social, porque não é necessário" e pelo "é social, logo não é natural. Porque é transformável" (círculo prático fundador da Sociologia Crítica). Podemos, assim, sair do primeiro círculo baseando-nos no segundo: a prova da autonomia do social (em relação ao natural) e, portanto, da *verdade* da explicação propriamente "sociologista" (e não só da legitimidade do método) é não só a capacidade que a Sociologia tem de pensar a autonomia da ordem social, mas também a possibilidade que o movimento social tem de transformá-lo ("com vista ao bem"): ela oferece uma espécie de garantia externa da verdade sociológica, a garantia da adequação do discurso científico a um objeto realmente existente. A possibilidade da transformação social desempenha, portanto,

---

64 Eis aqui um exemplo, entre mil: "A ordem social não faz parte da natureza das coisas e não pode ser derivada das leis da natureza. A ordem social existe apenas enquanto produto da atividade humana" (Berger e Luckmann, *La construction sociale de la réalité*, p.76).

um lugar comparável ao do Deus veraz em Descartes ou da ideia de Bem em Platão, com a única diferença – considerável – de que o fundamento da *realidade* social e de seu *valor* não é metafísico, mas prático.

Convém, porém, observar que o preço a pagar por isso é uma tensão, para não dizer uma contradição, entre o anticartesianismo e o antinaturalismo prático. Segundo este último, a ordem social é apresentada como natural pelo discurso "dominante", ou pelo discurso dos dominadores, para parecer necessário. É uma ilusão, uma mistificação destinada a legitimar teoricamente essa ordem e a sustentá-la, defendê-la e protegê-la na prática. Convém, pois, ao contrário, mostrar que ela é social para denunciar teoricamente sua arbitrariedade e torná-la praticamente transformável por um movimento social para o qual essa denúncia mesma terá, assim, contribuído. Como já se observou algumas vezes, essa segunda denúncia se baseia nas inferências implícitas: o social deve parecer "natural" para poder aparecer como necessário; inversamente, se mostrar que é social, aparecerá como o que ele é, arbitrário, contingente e, portanto, transformável.[65] Ora, todo o esforço "anticartesiano" da Sociologia Estruturalista consiste em mostrar que a ordem social, longe de ser arbitrária ou contingente, é, ao contrário, *necessária*, justamente enquanto social, ou seja, inscrita nas estruturas objetivas, independentes da vontade dos agentes, e enquanto os agentes creem *necessariamente* (segundo uma ilusão constitutiva) que ela *nada tem de necessário* porque depende da vontade deles. É o social que é tido como necessário no primeiro caso (para denunciar a ilusão da consciência e da vontade individual), é o natural que é considerado necessário no segundo

---

65 É o raciocínio denunciado por Nathalie Heinich: "Muita gente, nas ciências sociais, pensa que tudo o que é socialmente construído, é arbitrário. Como se só o que é natural tenha necessidade. Subsiste sempre que se algo é construído, é contestável. Vemos muito isso nos *gender studies*, em que as feministas se empenham em demonstrar que a diferença dos sexos não é natural, mas socialmente construída, com a ideia subjacente de que, já que é socialmente construída, é arbitrária, produto de uma malvada conspiração machista para oprimir as mulheres – e que podemos livrar-nos dela... Quando a fórmula certa consistiria em dizer que ela é, sem dúvida, socialmente construída (em parte), como toda a nossa realidade, e é justamente por sê-lo que ela tem uma necessidade! É também por ser uma construção humana que ela se impõe a nós e não apesar disso!" Acrescenta ela: "O pior é ver pesquisadores na área de ciências sociais, que deveriam ser os primeiros convictos das necessidades da vida social e do fato de que não é por acaso que se fabricaram regras, – lançando o descrédito sobre tudo o que é tido como socialmente construído, como se não tivesse nenhuma importância, nenhum valor! O que gera não só muitas aporias, problemas mal construídos por pesquisadores, mas também a utilização de uma argumentação pseudocientífica a serviço de combates políticos sem dúvida legítimos, mas que estariam muito mais solidamente baseados em argumentos políticos e morais!" (em *L'homme*, n.175-6, 2005, "Vérités de la fiction", Conversação com Paul Veyne, François Flahault, Nathalie Heinich e Jean-Marie Schaeffer, p.233-50).

caso (para denunciar a ilusão de que o social não possa ser transformado). Na frente de combate anticartesiana, onde o inimigo do social é a ilusão individualista da consciência livre, há um necessitarismo social; na frente de combate antinaturalista, em que o inimigo do social é a ilusão biológica, o necessitarismo está do lado da natureza e o social, do lado do arbitrário, logo da liberdade do movimento (social).

É verdade que a passagem do ponto de vista metodológico para o ponto de vista prático, que é a tentação permanente, menos das Ciências Humanas em geral do que das Ciências Sociais, se alimenta necessariamente de uma confusão, ela mesma quase "natural", associada à palavra "natureza". Um dos aspectos do "sofisma naturalista"[66] consiste em crer (ou em pretender) que, ao chamarmos algo de "natural", não só o tornamos necessário (é assim mesmo, não *poderia* ser diferente), mas *justificamo-lo* (é assim mesmo, é *preciso* que continue assim). Baseando-se implicitamente nas mesmas premissas, certa contestação "construtivista" da ordem social supõe que, para poder mudar algo, considerado moralmente inaceitável ou politicamente injusto (é assim mesmo, é *preciso* mudar), convém mostrar que ele é transformável (é assim mesmo, e *pode* mudar) porque é socialmente construído[67] (é assim mesmo, e *teria podido* ser diferente). É, de fato, notável que os procedimentos de justificação moral de certas práticas, de certas normas ou de certas proibições, por exemplo, a sexualidade monogâmica heterossexual, a opressão das mulheres, a desigualdade social etc., recorram muitas vezes ao argumento de que essa práticas sejam "naturais" e sua transgressão ou contestação, "anormal", desviante, logo inadmissível. Daí a tentação simétrica de mostrar que essas instituições nada devem

---

66 Voltaremos mais adiante (ver p.209 e p.219-20) à inferência, que às vezes não é "sofística", de "é natural" (no sentido de "é assim que as coisas são na natureza ou por natureza") a "é natural" (no sentido de "é assim que as coisas devem ser").

67 Esta é a posição da forma de "construtivismo" mais ativa nas margens militantes das Ciências Sociais do que em seu núcleo "duro" científico. Ela está muito viva, em especial nos *gender studies*, nos *cultural studies* (bem como nos *post-colonial studies*), na Sociologia das Ciências (o "programa forte" de David Bloor). Em matéria de *gender studies*, o construtivismo apoia-se na ideia de que o "gênero", por oposição ao "sexo", é um conceito puramente social, um "artifício", um papel, e que a "polícia do gênero" impõe uma orientação sexual, uma norma heterossexual e um modelo de família. É o seguinte o raciocínio implícito dos construtivistas: para poder questionar as desigualdades sociais, culturais ou econômicas entre homens e mulheres, é preciso, de um modo mais geral, questionar todo papel, todo atributo, todo modo de pensamento tradicionalmente considerado feminino ou masculino e, para tanto, cumpre mostrar que eles não são nem essenciais (não há essência masculina ou feminina) nem naturais (subentendendo-se: necessários *e* legítimos), que eles são sociais, *logo* convencionais, *logo* arbitrários. Acerca do construtivismo na Sociologia do conhecimento social, leia-se o livro esclarecedor de Hacking, *Entre science et réalité. La construction sociale de quoi?*

à "natureza" e, de um modo mais geral, que nenhuma instituição ou norma social é natural. Mas ainda que essa posição seja o inverso ideológico da anterior, ela se baseia na mesma discutível inferência: crer que o que é *natural*, num sentido qualquer do termo (eles são numerosos e de modo algum sinônimos: natural significa ora genético, ora universal, ora inato, ora espontâneo, ora selvagem, ora não escolhido etc.), é por isso mesmo legítimo, isto é, confundir o descritivo com o normativo, o ser e o dever ser. Podemos defender, moral ou politicamente, qualquer norma ou instituição por ser natural ou justamente por *não sê-lo*. Não é porque o "egoísmo" seja "natural", num sentido qualquer da palavra, que ele não deve ser combatido pela educação; não é porque o infanticídio é natural (no sentido de ser frequente entre os machos dominantes ou até, às vezes, entre as fêmeas da maioria das espécies de primatas, como os chimpanzés e os gorilas) que ele é legítimo. Mas, inversamente, não é porque a homossexualidade seja "natural" (em que sentido: comum no reino animal? Universalmente espalhada por todo tipo de sociedade? Inata? Genética?), nem, aliás, por não o ser, que é preciso combater a homofobia, mas por razões puramente morais e políticas, por exemplo, o direito à orientação sexual, a luta contra as diferentes formas de opressão, contra todas as discriminações etc.

Diga-se o que se disser dessa ancoragem crítica – e prática – de certas correntes das Ciências Sociais, é claro que o antinaturalismo sobre o qual, em geral, repousam as Ciências Humanas não precisa dessa justificação, pois ele é constitutivo de sua base epistemológica. As Ciências Humanas foram, já no século XIX e sobretudo ao longo de todo o século XX, tacitamente antinaturalistas, como foram anticartesianas, mesmo que tenha sido preciso aguardar o paradigma estruturalista para que elas inscrevessem no objeto mesmo – o homem – esses dois postulados fundadores. Enquanto, para as Ciências Humanas, o anticartesianismo não era senão um traço negativo e metodológico, ele tornou-se uma propriedade intrínseca do "homem estrutural", necessariamente mistificado. Do mesmo modo, o antinaturalismo, de posição metodológica mais ou menos explícita, passou a ser uma propriedade do homem: é *ele* que é um ser de sociedade, de cultura, de linguagem etc. O "homem estrutural" era, portanto, mais do que uma figura de passagem das Ciências Humanas. Era, para elas, o homem ideal. Por um lado, o modo de *pensar* desse homem conferia-lhes o estatuto de Ciências, com a condição de inserirem-se no espaço entre consciência e inconsciência – espaço mais ou menos amplo, conforme o caso – para explicarem o que ele é realmente e o que faz sem o saber. Por outro lado, o modo de *ser* desse homem lhes conferia o modo de existência como Ciências e lhes permitia diferenciar-se das Ciências da Natureza.

Eis aí, portanto, uma terceira figura do homem. O homem é um "sujeito sujeitado", consciente do que é ou do que faz, necessariamente iludido sobre o que é ou sobre o que faz e cuja natureza própria consiste em negar a natureza nele ou fora dele. Como as duas anteriores, a de Aristóteles e a de Descartes, essa figura permitiu fundar um projeto científico, no caso um dos mais ambiciosos programas de conhecimento do homem, preservando a sua irredutibilidade. No entanto, enquanto as definições filosóficas do homem antigo e do homem moderno se revelavam, na verdade, dependentes do plano de fundar uma Ciência Natural nova, são inversamente as necessidades epistemológicas e metodológicas das Ciências do Homem que parecem ter progressivamente definido os contornos de uma nova figura, cujos traços só foram distintamente desenhados no paradigma estruturalista. Vimos, todavia, que esse homem era com maior frequência suposto do que deduzido. Um homem sem essência, pois ao contrário dos homens das duas primeiras figuras, seus diferentes planos de inteligibilidade não podem ajustar-se; mas não um homem sem qualidades. Um homem caracterizado não pelo modo de sua vida animal (primeira figura), não pela consciência que tem de si mesmo e do mundo (segunda figura), mas pela negação da vida animal e pelas ilusões constitutivas da consciência (quer individual, quer coletiva, quer social, quer histórica etc.). Um homem caracterizado não pelo lugar na ordem da natureza (primeira figura), não pela posição que lhe permite conhecê-la (segunda figura), mas pelas diferentes ordens humanas de que depende, heterogêneas e incomensuráveis.

É possível, porém, que, assim como o paradigma cartesiano venceu o paradigma aristotélico na Idade Clássica, nas Ciências da Natureza um novo paradigma esteja em vias de vencer o paradigma estruturalista nos saberes sobre o homem, tendo como corolário uma nova figura do homem (natural) que vem substituir a figura (antinatural) das Ciências Humanas.

– 4 –

O HOMEM NEURONAL

O "animal como os outros"

Vimos como, para Foucault, um novo objeto científico se constituiu a partir do fim do século XVIII: o homem. Na época em que escrevia *As palavras e as coisas*, no começo da década de 1960, as Ciências Humanas (em especial a Etnologia, a Linguística e a Psicanálise) estavam, de fato, no auge, porque o objeto delas (a especificidade do homem) parecia epistemologicamente incontestável e elas pareciam responder-se, completar-se, articular-se umas às outras e, assim, justificar sua base epistemológica comum. Foi, para muitos, a "idade de ouro das Ciências Humanas", nascida dos desenvolvimentos da Linguística Estrutural.

Recordemos, porém, com quais páginas, que causaram na época um pequeno escândalo midiático, se encerravam *As palavras e as coisas*:

> Uma coisa é certa: o homem não é o mais velho problema, nem o mais constante, que se tenha colocado para o saber humano. [...] Entre todas as mutações que atingiram o saber das coisas e de sua ordem [...], uma só, a que começou há um século e meio e talvez esteja em vias de se encerrar, deixou aparecer a figura do homem [...]. O homem é uma invenção cuja data recente a arqueologia do nosso pensamento mostra com facilidade. E talvez seu fim próximo.[1]

---

1 Foucault, *Les mots et les choses*, op. cit., p.398.

É possível que Foucault tenha tido razão: essa morte do homem por ele prevista é provavelmente aquilo a que estamos assistindo desde a virada do século.

Um pouco mais acima, Foucault lança a hipótese[2] de que esse fim do homem como objeto do saber, ou seja, o fim das Ciências Humanas, estaria ligado à onipotência cada vez maior do objeto linguagem.[3] O que justifica essa predição é que a linguagem parecia, sobretudo no contexto estruturalista francês da década de 1960, o catalisador e o unificador das Ciências Humanas.

Sobre esse último ponto, Foucault sem dúvida se enganava. Pois o paradigma que hoje se impõe ante as Ciências Humanas triunfantes do século XX, essa nova figura do homem que vem tornando obsoleto o homem estrutural e, com ele, a onipotência do simbólico, do inconsciente representativo, da oposição da cultura à natureza ou da humanidade à animalidade, essa figura não nasce de dentro das Ciências Humanas, de uma Ciência do Homem (a Linguística) que acabaria por fagocitar as outras, mas de fora,[4] de um grupo inédito de Ciências que tende a absorvê-las; ela se deve ao prodigioso desenvolvimento das Ciências do vivente e de suas diversas dependências: Neurociências (apoiadas na formação de imagens do cérebro e nas novas técnicas de Biologia Molecular, que permitem ver o cérebro em ação), Biologia da Evolução, Primatologia, Etologia, Paleoantropologia etc. Esse desenvolvimento determinou, por um lado, um novo paradigma naturalista, o paradigma cognitivista, para as Ciências Humanas – Psicologia, Linguística, Sociologia, Antropologia etc. – e, por outro lado, o aparecimento de novas Ciências Humanas dessa "virada naturalista" – a Psicologia Evolucionista, a Teleossemântica ou outras mais "polêmicas", como a Sociobiologia. O que caracteriza todas essas pesquisas interdisciplinares agrupadas em círculos concêntricos ao redor do núcleo central cognitivista é o fato de comparti-

---

2 Trata-se, com efeito, de uma simples hipótese: "Não conhecemos ainda, por enquanto, nem a forma nem a promessa" do "evento de que no máximo podemos pressentir a possibilidade" que veria o fim das Ciências Humanas (ibid.).

3 "Se essa mesma linguagem surge agora com cada vez maior insistência numa unidade que devemos, mas não podemos ainda pensar, será que isso não é sinal de que toda configuração vá agora abalar-se e de que o homem esteja em vias de perecer, à medida que brilha mais forte em nosso horizonte o ser da linguagem?" (ibid., p.397).

4 Podemos também observar que a retração do paradigma estruturalista das Ciências Humanas (ou, mais particularmente, o fim da hegemonia durkheimiana nas Ciências Sociais) caminhou lado a lado, *no interior* dessas Ciências, com um avanço tímido, na França, das tradições "compreensivas", por exemplo as da "Hermenêutica do Cotidiano", da "Sociologia Fenomenológica", em suma, de todas as abordagens humanas e sociais recentradas num sujeito ativo, mais do que sujeitado.

NOSSA HUMANIDADE

lharem uma mesma posição metodológica (a explicação naturalista), um mesmo pressuposto metafísico (o monismo materialista) e – o que nos ocupará por mais tempo – uma mesma figura do homem, a de um ser vivo como os outros, fruto da evolução e adaptado ao seu meio.

DOIS PARADIGMAS: COGNITIVISMO X ESTRUTURALISMO

Não se havia, é claro, aguardado esses desenvolvimentos científicos recentes para considerar o homem como um mero vivente. Era a grande contribuição das teorias evolucionistas do século XIX, em especial a de Darwin. Essa posição epistemológica, porém, própria da Biologia, jamais havia, antes do século XIX, traçado um programa de pesquisas para as Ciências do Homem como um todo. A novidade é que a proposição: "O homem é um vivente como os outros" se constitui paulatinamente como "definição" do homem – definição paradoxal, pois implica que o homem não tem contornos distintos. Essa verdade não tinha muito sentido científico (ou seja, fecundidade) fora do território dos biólogos ou dos paleontólogos. A "revolução cognitivista" mudou as coisas: foi sem dúvida ela que permitiu promover esse princípio constitutivo das Ciências da Vida como nova figura do homem. É conhecido o postulado metodológico das Ciências Cognitivas: considerar a "cognição" (o processo do conhecimento: percepção, memória, aprendizagem, imaginação, linguagem, raciocínio, planificação da ação etc.), e, de um modo mais geral, a mente, isto é, os fenômenos "mentais" (pensamento, consciência, emoções etc.) como fenômenos naturais. No estudo do homem, o paradigma cognitivista foi aos poucos tomando o lugar do paradigma estruturalista do século passado. Esses paradigmas têm três pontos em comum.

São, em primeiro lugar, "paradigmas científicos", num dos sentidos precisos dados por Thomas Kuhn à palavra:[5] o "sucesso exemplar" de uma teoria científica que serve em seguida de modelo para todas as outras. No caso estruturalista, trata-se da teoria dos "traços pertinentes[6] (Troubetzkoy)

---

5 É à *Estrutura das revoluções científicas* de Kuhn que devemos o sucesso, seguido do uso inflacionado, dessa noção de "paradigma". Entre os numerosíssimos sentidos do termo no livro mesmo de Kuhn, pautamo-nos aqui pelo primeiro: "Alguns exemplos reconhecidos de trabalho científico real – exemplos que englobam leis, teorias, aplicações e dispositivos experimentais – fornecem modelos que dão origem a tradições particulares e coerentes de pesquisa científica" (Capítulo 1, p.30).

6 Chama-se "traço pertinente" a um traço distintivo que, na organização de uma determinada língua, serve efetivamente para distinguir dois fonemas – sendo o fonema a menor

na origem da Fonologia[7] – teoria segundo a qual o sistema fonético de cada língua pode ser descrito por meio de algumas dezenas de fonemas, por sua vez definíveis mediante uma série de traços discretos e oponíveis entre si, por oposição à continuidade do fenômeno sonoro natural. Pensar é falar, e falar é, em primeiro lugar, articular fonemas. Essa teoria foi a referência para toda a Linguística (Jakobson, Benveniste), em especial para a Semântica, em seguida para a Antropologia Cultural (Lévi-Strauss) e depois, aos poucos, para todas as Ciências Humanas, mesmo as mais distantes do núcleo inicial – tudo isso não sem algumas evoluções e revisões metodológicas ou conceituais. Desse "sucesso exemplar", os estruturalistas tiraram seu principal postulado metodológico: a ideia de que os fenômenos humanos obedecem a estruturas de dependências internas inconscientes e independentes dos indivíduos; as Ciências Humanas são, portanto, para eles, verdadeiras Ciências, descrevem bem as propriedades dos fenômenos humanos, embora permanecendo objetivas (via a ideia de inconsciente) e formalizáveis (via a noção de estrutura ou de sistema), como as Ciências "duras", ainda que, por hipótese, seu modo de formalização científica lhes seja próprio e permaneça distinto do das Ciências da Natureza, matematizáveis.[8]

No caso das Ciências Cognitivas, o "sucesso exemplar" fundador é sem dúvida a aplicação da teoria da calculabilidade (a chamada tese de Church-Turing, um dos fundamentos teóricos do computador) ao funcionamento da mente: todo pensamento que trate de informações (ou manipule representações) pode ser descrito como um cálculo que, por sua vez, pode ser considerado uma sequência de operações lógicas efetuadas sobre símbolos abstratos. O encontro dessa teoria "computacional" com as Neurociências, que se empenham, por seu lado, em cartografar o cérebro, está na origem

---

     unidade sonora discreta que um ouvinte-locutor possa identificar, isto é, distinguir dos outros, numa sequência sonora do fluxo falado.

7 Acerca desta filiação, ver Lévi-Strauss, "Linguagem e parentesco". In: _____, *Anthropologie structurale*, I, op. cit. Lévi-Strauss refere-se ao artigo de Troubetzkoy, "A fonologia atual". In: _____, *Psychologie du langage* [Psicologia da linguagem]: "A fonologia não pode deixar de desempenhar ante as ciências sociais o mesmo papel renovador que a física nuclear, por exemplo, desempenhou para as ciências exatas como um todo." Essa revolução consiste em quatro processos: passar do estudo dos fenômenos linguísticos conscientes para sua infraestrutura inconsciente; recusar-se a tratar os termos como entidades independentes, mas tomar como base de estudo as relações entre os termos; evidenciar o sistema concreto de que eles dependem; descobrir as leis próprias desse sistema.

8 Note-se, porém, que aconteceu de alguns matemáticos participarem de certos trabalhos estruturalistas; é o caso, por exemplo, de André Weil, que formalizou algebricamente certos sistemas de parentesco em Lévi-Strauss, *As estruturas elementares de parentesco*, op. cit., Capítulo XIV.

NOSSA HUMANIDADE

da generalização e da expansão do novo paradigma: a teoria, que de início se aplicava apenas a certas operações intelectuais, passou em seguida a servir de modelo para a descrição de todas as outras operações mentais (Psicologia Cognitiva), depois se estendeu, aos poucos, a todas as Ciências do Homem, até as mais distantes do núcleo computacional inicial – a Economia, a Antropologia, a Sociologia da Religião etc. Desse "sucesso exemplar", as "Ciências Cognitivas" tomaram seu próprio postulado metodológico: os fenômenos mentais são uma espécie particular de fenômenos naturais. O modelo computacional permite-lhes responder a dois desafios. O primeiro é aquele tradicionalmente lançado a todo pretendente à cientificidade: a formalização; o segundo é o tradicionalmente proposto às Ciências da Mente pela alternativa behaviorista: ou penetrar na "caixa preta" e abandonar, assim, a posição objetiva necessária à observação científica; ou fazer abstração da mente e se restringir aos comportamentos observáveis dos agentes. As Ciências Cognitivas aspiram, assim, a resolver esta aparente quadratura do círculo: estudar a subjetividade da mente sem renunciar à objetividade da Ciência. Mas, ao contrário do paradigma estruturalista, que pretendia construir um modelo alternativo de cientificidade, elas se pretendem científicas *por serem* Ciências Naturais: como a mente deve ser abordada com os métodos das Ciências da Natureza, trata-se para os filósofos (da mente) de compreender e explicar como os processos físicos podem dar lugar a fenômenos mentais (em especial os "intencionais").

O segundo ponto comum entre os dois paradigmas teóricos é a interdisciplinaridade – consequência de todo "sucesso exemplar" de uma teoria. No caso do estruturalismo, é por um movimento científico de expansão (que vê territórios disciplinares inteiros adotarem conceitos ou princípios metodológicos oriundos das Ciências pioneiras) que se cria, a partir de certo grau de desenvolvimento, uma confederação de disciplinas que abarca o conjunto das Ciências Humanas – o que não significa, é claro, que todas as correntes ou todas as escolas se tenham aliado a esse paradigma, mas antes, inversamente, que este conseguiu determinar programas de pesquisa científica em todas as disciplinas. Com uma só exceção: a Economia. É notável que não tenha havido uma Economia Estrutural. Sem dúvida, o modelo dominante na Economia, o *Homo economicus*, que sempre age racionalmente para maximizar o lucro pessoal, era absolutamente incompatível com o *Homo structuralis* tal como o esboçamos no capítulo anterior – que nunca sabe o que quer, iludido sobre os seus desejos, enganado em suas crenças, determinado por forças inconscientes, abusado pela violência simbólica e sempre agindo em contradição com seus próprios interesses.

No caso das Ciências Cognitivas, a interdisciplinaridade também é determinante, mas não se desenvolveu do mesmo modo. É que o "programa cognitivista", a partir do momento em que deixou o solo natal da Informática e da formação de imagens do cérebro para arrastar em sua esteira a maioria das "Ciências do Homem", se definiu logo de saída como um projeto interdisciplinar entre Neurociências e Psicologia, Lógica Formal, Linguística etc. A interdisciplinaridade estava no princípio do modelo, não em sua consequência. E, como o paradigma é naturalista, a interdisciplinaridade é, nesse caso, muito mais ampla do que a do estruturalismo, que jamais mobilizou para além das Ciências Humanas: dessa vez, trata-se de uma parte da Linguística, da Psicologia, da Antropologia, mas também da Economia, bem como de Ciências mais formais, como a Lógica Matemática, a Informática, a Teoria dos Jogos, as Teorias da Decisão e também, é claro, ramos inteiros das Ciências Naturais: Neurociências, Paleontologia, Biologia da Evolução, Etologia etc. O paradigma cognitivista recruta menos que o estruturalista do lado das disciplinas "literárias" (Narratologia, Poética, Retórica, Teoria da Literatura etc.), mas mais do lado das disciplinas ditas "científicas".

Há, no entanto, do lado das Ciências Humanas, uma exceção, uma Ciência "resistente" que, *mutatis mutandis*, desempenha o mesmo papel que a Economia no paradigma estruturalista, o da disciplina rebelde ao modelo: a Psicanálise. As razões são simétricas: as duas figuras do homem ou, mais precisamente, do pensamento humano são incompatíveis, sendo o aparelho psíquico tal como concebido pela Psicanálise irredutível à mente (*mind*) tal como a concebem as Ciências Cognitivas. Uma é determinada por desejos, a outra é constituída por informações; subjazem ao aparelho psíquico representantes inconscientes das pulsões, a mente é constituída por estados mentais que representam "intencionalmente" estados do mundo; por um lado, temos um sujeito dividido, sempre em conflito consigo mesmo e, por outro, uma mente-cérebro que é uma só e a mesma em todas as suas operações; por um lado, a instância determinante é insignificante e irracional, é a do inconsciente, por outro, a instância determinante é natural ou racional. Mas, afora a Psicanálise, disciplina que se recusa a entrar, sob pena de morte, no paradigma cognitivista, partes inteiras de todas as outras disciplinas humanas e sociais adotam este objeto único e idêntico: o "pensamento" considerado "em si mesmo", seja qual for o seu "suporte", seja ele, portanto, humano, animal ou artificial. E, por essa coalizão, elas se revelam capazes de trocar entre si modelos ou conceitos que circulam de uma disciplina à outra ("representação", "ganho adaptativo",

NOSSA HUMANIDADE

"calculabilidade", conexão etc.) ou de determinar programas científicos de pesquisa transversais: os da Psicologia Evolucionista, da Biossemântica, da Neuroética etc.

O terceiro ponto comum entre os dois paradigmas é que esse desenvolvimento científico interdisciplinar é acompanhado (alguns diriam "é permitido") por certa corrente filosófica. Ao paradigma das Ciências Humanas correspondeu o que podemos chamar, de maneira neutra, mas tão inadequada como qualquer outra, o "momento filosófico francês da década de 1960",[9] o de Foucault (*As palavras e as coisas*, *A arqueologia do saber*), de Althusser (o "corte epistemológico", os "aparelhos ideológicos de Estado"), em certo sentido Granger[10] e também, mais remotamente, de Deleuze (pelo menos o de "Como se reconhece o estruturalismo?"),[11] ou até de Derrida (o de *Da gramatologia* e de *A escritura e a diferença*). Entre todos esses pensadores originais, nenhum programa comum, no máximo certo "ar de família", que supõe influências recíprocas, implica diferenças e inclui conflitos. Um tema, talvez, atravessava esse momento da Filosofia quando ela se pretendia rainha das Ciências Humanas, o de sua própria morte, ora iminente, ora já acontecida: morte gloriosa, evidentemente, ao lado do Sujeito, do Uno, da Origem e da Metafísica em geral, morte anunciada, proclamada e decretada.[12] Ao paradigma cognitivista correspondem menos um momento filosófico e menos ainda *autores* originais do que um programa, um conjunto de "pesquisas" agrupadas ao redor da denominação "Filosofia da Mente" e inteiramente articuladas à questão metafísica outrora chamada de relação da alma e do corpo, isto é, às diversas interpretações possíveis, no mais das vezes em termos monistas, da dualidade aparente da mente e do cérebro. Enquanto os filósofos do momento estruturalista anunciavam a boa nova do fim da metafísica sob o império das Ciências Humanas, os filósofos da mente garantem modestamente a perenidade de seu ofício graças à insolubilidade do problema metafísico que adotaram e à modicidade previsível do número de soluções possíveis para ele. Mas – e o paradoxo é só aparente – ao passo que os primeiros festejavam a vitória próxima das Ciências num estilo literário que nada

---

9 A expressão é de Worms, *La philosophie en France au XXe siècle. Moments*, op. cit., p.467.

10 Como observa mui judiciosamente Benoist, "Do bom uso da estrutura: descritivismo x normativismo". In: *Revue de métaphysique et de morale*, 2005/1, n.45.

11 Châtelet, *Histoire de la philosophie*, VIII, op. cit.

12 Deleuze é exceção: "Jamais fui tocado pela superação da metafísica ou pela morte da filosofia, e nunca fiz um drama da renúncia ao Todo, ao Uno, ao sujeito" (*Pourparlers*, p.122).

devia a elas, os segundos reivindicam a autonomia de seu próprio território filosófico, imitando a maneira das Ciências Exatas. De modo mais amplo, boa parte da Filosofia Analítica converteu-se à Filosofia da Mente, a partir do momento em que a Filosofia da Linguagem, outrora em posição central nessa tradição, se tornou uma mera província da Filosofia da Mente. Em ambos os casos, momento estruturalista dos Grandes Autores franceses ou modestas controvérsias em *philosophy of mind*, a Filosofia desempenha transversalmente seu papel aglutinador, quando não se esforça para transformar soluções científicas em problemas conceituais.

O ponto mais importante para nós não está aí, mas na nova figura subjacente do homem, a qual, convém observar, ultrapassa amplamente o paradigma cognitivo. Acontece o mesmo, mais uma vez, que na visão estruturalista: nem Marx, nem Freud, nem Durkheim, nem Bourdieu são "estruturalistas". Mas o paradigma estruturalista conseguiu recrutá-los ou aliá-los porque se desenhava nas teorias deles uma *figura do homem* que era a sua. O homem assumido pelo paradigma cognitivista é mais amplamente compartilhado. É o de muitos naturalistas, biólogos, etólogos, antropólogos, paleontólogos etc., mesmo quando seus métodos ou conceitos nada devem à "cognição" propriamente dita. Na realidade, é o contrário: não são as Ciências Naturais que adotam a visão do homem própria do paradigma cognitivista, mas sim esse homem, dotado de sua mente-cérebro, que é filho do homem "renaturalizado", ele mesmo avatar desse "momento do vivente" que vivemos. Mas é essa nova figura do homem como vivente, simples vivente e vivente como os outros, que está no *princípio* do problema cognitivista. É por isso que não analisaremos tanto o homem cognitivista, mas, de um modo mais amplo, a figura do homem subjacente ao movimento geral de "biologização" de todas as disciplinas em que tal programa mesmo se insere. Segundo esse novo conceito, o homem é um ser de natureza, como todos os outros; é um animal, nem mais nem menos. Não só o homem não tem essência (e, desse ponto de vista, as Ciências Cognitivas são tão anticartesianas e antiaristotélicas quanto as "Ciências Humanas") e convém, portanto, abolir todas as barreiras que o encerravam antigamente numa essência, mas não tem sequer um *próprio* – e é esta a originalidade dessa nova figura. Pela primeira vez, ciências estudam o homem mesmo, postulando que nenhuma de suas propriedades o distingue fundamentalmente de outros seres naturais ou até de certos seres artificiais.

TRANSPOR FRONTEIRAS

O que caracteriza em primeiro lugar esta nova figura do homem, animal como os outros, é que ela é vaga, objetivamente vaga. Ser vaga é seu traço mais nítido. O homem não tem limites definidos. É indeterminável.

Nesse sentido, esse "novo naturalismo" contemporâneo nada tem de um retorno a uma posição naturalista de tipo aristotélico. É verdade que, para Aristóteles, o homem é mesmo um *zoon*, é essencialmente um animal ou um vivente, mesmo se essa não é a sua definição completa, que supõe que ele seja *distinguido* dos outros animais, ou mesmo oposto[13] a eles. A "animalidade" do homem é parte da sua essência. Mas, ao contrário do naturalismo aristotélico, o naturalismo contemporâneo é antiessencialista.[14] Dizer que o homem é um "animal" ou um "vivente" era, para Aristóteles, dizer o que é o homem, sempre, em toda parte e necessariamente. Dizer hoje que o homem é um "animal" ou um "vivente" é, ao contrário, afirmar que não podemos realmente dizer o que é o homem, a não ser que ele é animal ou vivente, pois, para além do vago dessa denominação, nada há no homem de fixo, de constante ou de determinável. Com efeito, o essencialismo de Aristóteles está ligado ao seu fixismo. É um biólogo que postula que todas as espécies, definidas como um conjunto de indivíduos morfologicamente semelhantes (pela forma, *eidos*) e capazes de se reproduzir entre si (segundo a espécie ou a forma, *eidos*), são determinadas de uma vez por todas, sem poderem evoluir, adaptar-se a um meio mutável, transformar-se umas nas outras, aparecer, extinguir-se etc. É por ser fixista que ele pode dar uma *definição* das espécies e, em especial, do homem, por meio da combinação de conceitos universais (por exemplo, "animal", "ovíparo", "racional", "políti-

---

13 São estas as duas interpretações possíveis da "diferença específica". Ela pode ser considerada o traço, no interior de um dado gênero, que distingue uma espécie das outras ou que permite opô-la a todas as outras. A tradição espiritualista, em especial a cristã, tendia a dar ênfase ao fato de que, por sua "racionalidade", o homem não era só "distinto" dos outros animais, ele se opunha globalmente ao resto dos animais e até, de um modo geral, da animalidade, nele ou fora dele.

14 Entendemos por *essencialismo* a tese de que todos os homens, em toda parte, sempre, em todas as circunstâncias, possuem uma mesma "essência", ou seja, traços comuns permanentes e invariáveis que permitem diferenciá-los clara e absolutamente dos outros seres e em relação aos quais os traços que os distinguem uns dos outros, sendo acidentais e secundários, em nada alteram essa essência. Não opomos o essencialismo ao existencialismo (a tese de Sartre de que cada homem deve definir-se a si mesmo pelos atos que constituem a sua existência concreta), mas a toda forma de *antiessencialismo*, para a qual nenhum critério absoluto permite diferenciar claramente os homens dos outros seres e para a qual os traços que distinguem os homens entre si predominam sobre os que têm em comum.

co" etc.). O fixismo biológico funda-se no essencialismo metafísico, mas isso porque, inversamente, o essencialismo mesmo se modela num pressuposto biológico fixista. O homem tem forçosamente uma essência, e esta é, por hipótese, única, eterna e necessária. O naturalismo contemporâneo, neo-darwinista, é, por seu lado, evolucionista. Falar da "espécie humana" hoje é duvidar de que ela possa ser encerrada num conceito. Além disso, essa noção de *espécie* humana é um abuso de linguagem. Trata-se antes de uma *população*, no sentido da "genética das populações" de Mendel,[15] isto é, um conjunto de indivíduos com unidade de reprodução. A população é caracterizada por um genoma coletivo, soma de genótipos individuais, em evolução permanente a cada geração; e essa transmissão genética é responsável tanto pelas variações indefinidas entre os indivíduos no interior da espécie, quanto pelo processo pelo qual aparecem novas espécies (especiação): uma "espécie" não é, portanto, jamais senão o estado momentâneo da linhagem em questão (variável tanto no espaço como no tempo), linhagem que se gera a si mesma por autorreplicação. Não há nem permanência nem identidade da espécie, mas algo como uma semelhança global inseparável de diferenças indefinidas e graduais entre todos os indivíduos, quer no conjunto por eles formado num instante dado, quer entre duas gerações.

Mas o evolucionismo contemporâneo dá um passo a mais, que permite à figura do homem ultrapassar a sua primeira fronteira, por passagem do singular ao plural. Há (houve) diversas espécies, todas igualmente "humanas" – se tal qualificativo tivesse um sentido claro, mas, justamente, não mais o tem –, tanto umas como outras. Desde Darwin, sabia-se que o homem tinha uma ascendência fora do homem e que a data de nascimento do *Homo sapiens*, o momento em que seu ramo se separou do dos outros hominídeos, era, por hipótese, impreciso. Mas as atuais teorias paleoantropológicas vão mais longe: sabe-se cada vez menos o que se deve entender por "homem". Perguntavam ainda há pouco qual seria o antepassado comum do "homem" (considerado em geral) e do macaco, mas a questão parece perder progressivamente a pertinência: as publicações paleoantropológicas não cessam de fazer recuar no tempo o bipedalismo, outrora critério de humanidade, e encaram seriamente a tese de que o suposto antepassado comum dos hominídeos e dos macacos já era bípede, e que a quadrumania dos macacos atuais, que se deslocam com a ajuda dos quatro membros e tão hábeis em seus posteriores como nos anteriores, seria na realidade uma especialização ou uma mutação do bipedalismo – o que pôde fazer com que alguns

---

15 Este é um ponto ressaltado com razão por Shaeffer, *La fin de l'exception humaine*, Capítulo 3.

dissessem, por um abuso de linguagem, que, longe de descender do macaco, é antes o macaco (atual) que descende do homem (isto é, de um hominídeo bípede). Do mesmo modo, embora os paleontólogos ainda concordassem, há pouco, em considerar a humanidade como fruto de um longo processo de "hominização", pelo menos se podia imaginar que esse processo, necessariamente gradual e sem limites claros, fosse mais ou menos linear, e que esse "homem moderno", uma vez separado de seu pedestal, fosse uno, o fruto único e último dessa evolução. Afirmam agora que não é nada disso. Se o gênero *Homo* apareceu há dois milhões de anos, o *Homo sapiens* moderno só apareceu há algumas dezenas de milhares de anos; e sabemos sobretudo que ele coabitou durante muitos milhares de anos com outras espécies de homens, talvez o *Homo floriensis*, desaparecido há apenas dezoito mil anos, e certamente com o *Homo neanderthalensis*,[16] que ainda vivia há vinte e oito mil anos e com quem pode ter-se miscigenado aqui ou ali. Houve até quem sustentasse que os neandertalenses tivessem sido exterminados pelos *sapiens*, embora fossem, na época do desaparecimento, tão "humanos" como eles: eles se mantinham de pé num bipedalismo perfeito, tinham também grande capacidade craniana e um rosto achatado, levavam uma vida cultural e social, valiam-se de um instrumental de pedra talhada aperfeiçoado e diversificado (bifaces, raspadeiras etc.) bem como do domínio do fogo, e tinham provavelmente preocupações metafísicas, pois praticavam ritos funerários. Se há *algumas* espécies que possuem as características atribuídas à nossa humanidade, sem poderem, porém, ser consideradas uma mesma espécie, a espécie humana, onde traçar a fronteira, não mais temporal, mas por assim dizer espacial entre homem e não homem? É difícil dizer. Que se passa com as Antropologias Filosóficas? Podem elas adaptar-se às "humanidades", no plural? Era o neandertalense um "animal racional" ou "político", no sentido aristotélico; podia ser considerado uma "substância pensante" cartesiana; tinha vontade livre; possuía um "inconsciente" freudiano? Era um *Dasein*, no sentido heideggeriano? "*Ex-sistia*", propriamente dizendo, se só o homem "ek-siste", enquanto todos os outros seres "são"? E, para esse "ente", "estava em jogo em seu ser esse ser", como pretende Heidegger do homem? Sua consciência era um ser para o qual "era em seu ser questão de seu ser enquanto esse ser implica um ser outro do que ele", como exige Sartre? Tais questões talvez não tenham sentido. Parecem

---

16 Parece, em todo caso, confirmado hoje que o *Homo neanderthalensis* e o *Homo sapiens* pertenciam a linhagens diferentes e independentes há quinhentos mil anos. A possibilidade de cruzamentos parciais entre os neandertalenses e os antepassados do homem moderno que lhe eram contemporâneos, excluída durante muito tempo, parece ser de novo considerada.

quase sacrílegas. Esta é a aporia a que leva a questão do homem quando a confiamos aos paleontólogos, logo às Ciências Naturais. Este é o preço a pagar por atravessar a fronteira.

Torna-se, então, visível uma segunda fronteira. Não mais a que separava o homem dos antepassados, mais ou menos semelhantes, mas a que separa o homem do seu outro: o animal. Ao passo que o homem podia definir-se quer por diferença, quer por oposição em relação a todos os "outros animais", agora, sob o império do "vivente", essa barreira parece cada vez mais frágil, e assim é que se dissolvem tanto o conceito de homem como o de animal. Esta última noção hesitava tradicionalmente entre dois sentidos incompatíveis. Designava um gênero de viventes (aqueles capazes de se deslocar e de sentir) distinto tanto dos humanos (capazes, além disso, de pensar, falar, raciocinar etc.) como dos vegetais (só capazes de se reproduzir), que abrangia um grande gênero que incluía a espécie humana; ou seja, ora só os animais opostos ao homem, ora todos os animais, entre os quais o homem. Infeliz equívoco do conceito, que contribui para o sucesso do uso do termo.[17] É, em todo caso, a ambiguidade mesma de sua extensão que está na origem de todas essas questões de maior ou menor clareza: o homem é um animal, não passa de um animal, é só um animal, ou é um animal como os outros? Hoje, nem um nem outro dos sentidos da palavra "animal" parece pertinente. O primeiro porque o gênero *Homo* compreende espécies fósseis, por exemplo, o *Homo erectus*; o segundo porque o animal (hoje preferem falar de metazoários) não é sem dúvida mais, segundo as classificações filogenéticas aceitas, o *táxon* mais significativo para compreender o lugar do homem entre os viventes, todos eles frutos da evolução, todos adaptados a seu nicho ecológico e às modificações de seu meio. Assim, o homem não é senão o "terceiro chimpanzé",[18] segundo a expressão de Jared Diamond. Perguntar o que é o homem é menos perguntar *qual* espécie de animal ele é (como se ele pudesse ser definido por determinada diferença precisa em relação aos outros) do que considerá-lo simplesmente *como* um animal (pois não pode ser definido com maior precisão); é também perguntar o que significa, do ponto de vista da evolução, a posse de tal órgão ou tal capacidade, que ele pode, eventualmente, compartilhar com determinada outra espécie "animal". O mesmo se pode dizer da reprodução sexuada, da consciência, da vida social, da memória, do pequeno número de filhos por ninhada, do grande volume cerebral, do bipedalismo, da vida de casal, da alimentação

---

17 Sobre este ponto, ver a seguir, Capítulo 10, p.278-9.
18 Ver Diamond, *O terceiro chimpanzé. A evolução e o futuro do ser humano*.

parental depois do desmame, da prática cinegética, da copulação em privado (rara entre os animais sociais), do altruísmo etc. Em vez de interrogar-se sobre uma diferença humana, conviria a cada vez colocar a questão geral: que ganho adaptativo representa essa capacidade para a espécie vivente, seja ela qual for, que a possui? Ou às vezes, mais precisamente: que vantagens dá esse comportamento pela disseminação dos genes responsáveis por seu aparecimento? Ou ainda, inversamente: por que tal comportamento parece inadaptado às condições ambientais?[19] E estas perguntas não são colocadas só pelo biólogos, pelos zoólogos ou pelos paleoantropólogos, mas também pelos neurocientistas e psicólogos cognitivistas ou evolucionistas.[20] O fato de as Ciências do Homem serem províncias das Ciências Biológicas as faz atravessar a segunda fronteira, aquela que separava há pouco o homem do animal.

A terceira fronteira que deve ser transposta quando se admite que o homem é "um vivente como os outros" deduz-se da anterior: é a que separa o homem de si mesmo, mais exatamente, o homem individual do homem social. Tradicionalmente – na realidade, sobretudo na tradição a que pertence o paradigma estruturalista –, distinguiam-se as Ciências do Homem centradas no indivíduo (as disciplinas "psi") das Ciências centradas nas comunidades humanas (as Ciências Sociais e Históricas)[21] – ainda que sempre tenha havido francos-atiradores de ambos os lados da fronteira. Além disso, admitia-se que o estudo do homem, considerado não individual ou socialmente, mas enquanto espécie, não pertencesse às Ciências Humanas propriamente ditas, porque não tratava do que há de propriamente humano (os fatos do espírito ou da cultura), mas do que está vinculado à sua natureza "animal" (anatomia, fisiologia, patologia, evolução etc.): era o que fazia a Antropologia Física. Ora, a nova figura do homem abala esse equilíbrio epistemológico aceito. É precisamente porque

---

19 É o caso do prazer de comer açúcar e gordura, comportamento que pode ter consequências deletérias (antiadaptativas) no atual meio ambiente (obesidade, diabetes). A "psicologia evolucionista" explica que essa queda foi "selecionada" numa época da pré-história em que esses recursos energéticos eram raros. De um modo mais geral, ela ressalta o fato de que a maior parte da evolução humana se desenvolveu em condições que hoje não mais existem, sobretudo durante o pleistoceno (época em que apareceu o tipo de cérebro que é nosso hoje, como fruto da seleção natural), e que os comportamentos e estados internos que hoje nos caracterizam foram, na realidade, selecionados para serem adaptados a um mundo que desapareceu.

20 Ver a coletânea de ensaios pioneiros reunidos por Barkow, Cosmides e Tooby, *The Adapted Mind. Evolutionary Psychology and the Generation of Culture.*

21 Lembramos que a economia é exceção, sendo uma Ciência Social fundada geralmente no individualismo metodológico.

o consideramos como ser natural (como a antiga Antropologia Física), até no que tem de humano (a mente, a cultura), que podemos reunificar as duas partes do estudo do homem: o mental e o social. Podemos, assim, como Pascal Boyer, transformar o estudo das religiões num ramo da Ciência da Mente, no que ele tem ao mesmo tempo de natural (a mente cérebro) e de universal. O paradoxo (e, portanto, a proeza científica) consiste, nesse caso, em considerar os fenômenos religiosos no que têm de propriamente social (crenças comumente compartilhadas em espíritos sobrenaturais, demônios ou deuses, que fundamentam regras morais, rituais coletivos etc.) – como exigem os sociólogos – e de infinitamente diversificado segundo as culturas – como exigem os etnólogos. Todas as crenças religiosas, cuja variedade e relatividade as Ciências Humanas haviam legitimamente tentado mostrar, podem ser, para esse antropólogo, consideradas frutos *naturais* e levemente avariados do funcionamento adaptado da mente humana à vida social, criando espontaneamente representações de espíritos sobrenaturais e oniscientes que se interessam pelas ações dos homens. Se a mente é una, evidentemente, os processos cognitivos em ação nas crenças e nos ritos religiosos são, por seu lado, extremamente diversos e, desse ponto de vista, a religião não é um fenômeno com a mínima unidade. Inversamente, se os fenômenos religiosos são tão diversos, enquanto a mente humana é una, isso há de dever-se às condições variáveis da difusão dos fenômenos mentais que constituem as diferentes culturas. E tais condições são comparáveis às da transmissão genética. Este é, pelo menos, o modelo biológico adotado por Pascal Boyer,[22] como também por outros antropólogos, para explicar a difusão coletiva das crenças, das ideias, das emoções: o do "meme" – segundo o neologismo forjado por Richard Dawkins a partir do modelo do gene. Os "memes" seriam programas autorreplicantes como os genes, com a diferença de não serem unidades naturais transmissíveis hereditariamente, mas unidades culturais (esta ou aquela ideia nascida na cabeça de um indivíduo) transmissíveis de mente em mente, submetidas à adaptação ao meio (informativo) ambiente e, portanto, também a uma seleção – que não ousamos dizer nem natural nem cultural. Outros antropólogos, como Dan Sperber, preferem modelos menos mecânicos e mais próprios à especificidade do "mental" para explicar o "contágio das ideias" segundo uma perspectiva ao mesmo tempo epidemiológica e cognitiva. "No processo de transmissão, as representações transformam-se [...] não de maneira aleatória, mas na direção de conteúdos que exigem um esforço

---

22 Ver Boyer, *Et l'homme créa les dieux. Comment expliquer la religion.*

NOSSA HUMANIDADE

mental menor e acarretam efeitos cognitivos maiores"[23] – ou seja, elas são selecionadas em função do que esse autor chama de "pertinência".[24]

Assim, se se obscurece a passagem que separa a mente individual da crença social, não é porque as crenças, de sociais que seriam inicialmente (nas ideologias, religiões, instituições etc.), passem a ser individuais ao serem compartilhadas e difundidas no corpo social, como postula implicitamente o paradigma clássico das Ciências Sociais (em particular, o estruturalista); isso seria conceder um poder causal a entidades (ideologia, instituição etc.) cuja existência é problemática para uma Ontologia estritamente monista. Um programa naturalista do estudo dos fenômenos humanos deve proceder no sentido inverso: a representação mental é que, por ter uma base física (o cérebro), deve ser colocada como realmente existente e dotada de poder causal. De mental, ela pode tornar-se social por meio de contágio. Assim é que o programa naturalista em Ciências Humanas transpõe a terceira fronteira que separa o "mental" do "social". Ele reconcilia as duas faces do homem, negando que elas sejam do homem enquanto homem.

Há uma quarta fronteira, e sua transposição pode parecer ainda mais espantosa. O programa naturalista permite não só baralhar, no interior da natureza, os limites que separam o homem dos antepassados, dos animais ou de si mesmo, mas também abolir a barreira que separa a natureza do artifício e a mente humana de sua simulação mecânica. Resulta daí um curioso paradoxo: é porque o homem não passa de um ser natural que ele pode ser pensado como ser artificial. O paradoxo é só aparente. Em todo caso, ele é historicamente recorrente. As máquinas são concebidas para executarem ou simularem ações duras ou pouco eficientes, quer do corpo (mover-se, deslocar, empurrar, furar, cortar, tecer etc.), quer da mente (calcular); mas a partir do momento em que são inventadas, elas servem de modelo para pensar o que é o corpo (organismo-máquina de Descartes) ou a mente ("raciocinar é calcular", segundo Hobbes[25] ou Leibniz[26]).

---

23 Sperber, *Le contagion des idées*, p.75.
24 Ver Sperber e Wilson. *La pertinence. Communication et cognition*.
25 "A razão não passa de um cálculo (isto é, a adição e a subtração) das consequências das denominações gerais sobre as quais nos acordamos para anotar e significar os nossos pensamentos; para anotá-los, quando os calculamos sozinhos; e para significá-los, quando demonstramos, provamos aos outros os nossos cálculos" (Hobbes, *Leviatã*, Capítulo V, "Da razão e da ciência").
26 Ver a definição de Leibniz de sua característica universal, onde se poderia calcular em vez de discutir, e que seria "de uma utilidade maravilhosa tanto para nos servirmos do que temos, quanto para ver o que nos falta e para inventar meios de consegui-lo, mas sobretudo para examinarmos as controvérsias nas matérias que dependem do raciocínio.

"Pau para toda obra" para o homem, elas servem também para pensar o homem e o seu pensamento. A cada tipo de máquina, historicamente realizada ou apenas concebida, pode, portanto, corresponder um modelo teórico. Assim, uma máquina que se move aparentemente sozinha permite pensar como se autorregula um organismo ou um órgão como o cérebro. Uma máquina que adiciona permite pensar como a mente calcula. Uma máquina que resolve problemas algébricos possibilita pensar o que é raciocinar. Contudo, a verdadeira dificuldade não está aí. Ela consiste em compreender, não como a mente raciocina, pois o seu procedimento pode ser cego, mas como pode representar(-se) o mundo, ou até ela mesma – é o problema da "intencionalidade": como é possível que pensamentos, crenças, desejos, intenções estejam "na" mente e remetam a algo "fora" dela? Como são possíveis estados representacionais da mente? Pensar é pensar *em* alguma coisa – ou ainda pensar, crer, desejar etc., *que* "algo seja o caso" (o que Russell chamava de "atitudes proposicionais"); é, em todo caso, pensar uma coisa ou em estado de coisas que está fora da consciência e que ela "representa", a que ela "visa", à qual ela "remete", para a qual ela está "orientada" – todas essas metáforas são tão disponíveis como inadequadas. A "intencionalidade" tomada nesse sentido é que permitiu, pelo menos desde Brentano,[27] definir a especificidade da mente e dos estados mentais, em oposição a toda entidade corporal e os seus estados físicos. A intencionalidade é, portanto, para um programa de naturalização da mente, um Himalaia a conquistar. Ora, a História pretende que tenha sido uma nova máquina[28] que serviu de via real a todos os alpinistas das Neurociências e das Ciências Cognitivas para abordarem o enigma da representação intencional. Trata-se em primeiro lugar da máquina puramente teórica concebida por Turing[29] – aquela que, segundo dizem, serve de modelo

---

Pois então raciocinar e calcular será a mesma coisa" (em Couturat, *Opuscules et fragments inédits de Leibniz*, p.28).

27 "Todo fenômeno psíquico é caracterizado pelo que os escolásticos da Idade Média chamavam de 'inexistência intencional' (ou ainda 'mental') de um objeto e o que também poderíamos chamar, embora com expressões um pouco equívocas, a relação com um conteúdo, a orientação para um objeto (sem ser preciso entender por isso uma realidade) ou a objetividade imanente. Todo fenômeno psíquico contém em si mesmo algo como seu objeto, embora cada um o contenha à sua maneira" (Brentano, *Psicologia do ponto de vista empírico*, p.101-2).

28 Ver Andler, *Introduction aux sciences cognitives*, Introdução, "Um novo conceito de máquina", p.22ss.

29 "Chamamos máquina de Turing a um sistema formal automático, ou seja, um sistema que manipula automaticamente os elementos de um sistema formal seguindo as regras desse sistema" (Pacherie, *Naturaliser l'intentionnalité*, p.113).

que prefigura o computador. Foi ela que serviu para pensar, pelo menos nos primeiros tempos das Ciências Cognitivas, a possibilidade de que um corpo físico possa representar alguma coisa, e que serviu de modelo para a chamada solução "funcionalista" do problema da intencionalidade.[30] Com efeito, os estados físicos de uma máquina de Turing são simbólicos, portanto *relacionais*, como os estado mentais. Além disso, suas características funcionais são independentes das propriedades físicas dos dispositivos que podem produzir os mesmos efeitos – é o caso dos estados mentais: uma mesma "representação" pode ter diferentes suportes cerebrais ou ser realizada da mesma maneira em diferentes estados da matéria – orgânica ou não, natural ou artificial. Hilary Putnam pôde, assim, sustentar, "por um lado, que a mente humana tomada como um todo era uma máquina de Turing e, por outro lado, que os estados psicológicos de um ser humano eram idênticos aos estados psicológicos de Turing".[31] De um modo mais geral, sabemos que as Ciências Cognitivas estavam originalmente em estreita dependência do que chamamos justamente de "cognitivismo" e que, em seguida, foi batizado de "computacionalismo" (ou abordagem cômputo-representacional da mente, defendida em especial por Jerry Fodor), segundo o qual a "intencionalidade" é de tipo simbólico: a mente é vista como um sistema cognitivo que processa a informação de maneira sequencial, como uma série de operações de manipulação de símbolos por meio de regras sintáticas, conformes ao formalismo lógico. Mais simplesmente: o funcionamento do computador constitui um bom modelo para compreender o funcionamento do pensamento. Depois da "crise" desse modelo, outro modelo, chamado "conexionista", tendeu a substituir o anterior, nas Ciências Cognitivas, na Psicologia e na Filosofia da Mente. Segundo o conexionismo, os fenômenos mentais podem ser descritos por meio de redes de unidades simples interconectadas, assim como, segundo as Neurociências, o cérebro mesmo funciona fisicamente. Podemos, assim, modelizar operações cognitivas por intermédio de redes de neurônios artificiais inspirados nos neurônios "de verdade", de um animal, por exemplo. Ao contrário do modelo computacional, que tomava a máquina como modelo da mente, dessa vez é o cérebro que serve de modelo a uma máquina, a qual pode servir de modelo para a mente. O círculo é fechado: para pensar a mente humana, devemos pensá-la a partir do modelo da máquina, que pode, por sua vez, ser pensada a partir do modelo do cérebro.

---

30 Ver Andler, *Introduction aux sciences cognitives*, op. cit., 2ª parte, "Funcionalismos".
31 Ibid., p.114.

Feito isso, todas as fronteiras são transpostas – e em ambos os sentidos: na ida, da mente ao cérebro (naturalização da intencionalidade), do homem ao animal (via mente-cérebro), da natureza ao artificial (via o modelo computacional) e, na volta, do artificial à natureza (via o modelo conexionista), depois do animal ao homem (via teorias evolucionistas), do cérebro à mente (via localizações cerebrais), do mental ao social (via teorias epidemiológicas da transmissão das ideias) etc. Não há mais fronteiras.

O FIM DOS PRÓPRIOS DO HOMEM

Com a extinção das fronteiras no estudo do homem, parece desaparecer toda a sua especificidade, pela qual ele se distinguia outrora de seu Outro – ou melhor, dos seus Outros. Na Antiguidade, em particular em Aristóteles, os homens eram definíveis por diferença em relação às duas "faunas" que os cercavam, os animais e os deuses: o que tinham em comum com uns opunha-os aos outros, e o que os distinguia de uns ligava--os aos outros. Na Idade Clássica, em Descartes em particular, o homem podia definir-se por uma dupla oposição: com Deus, por um lado, cujo entendimento, ao contrário do seu, é infinito, mas com o qual compartilha a potência infinita da vontade; com o animal, por outro lado, de que se distingue pelo pensamento, mas com o qual compartilha um corpo mecânico, vivo e mortal. A partir do que chamamos, na esteira de Max Weber, o "desencantamento do mundo", pelo qual Deus foi aos poucos ausentando--se da explicação dos fenômenos naturais, o homem não tinha mais do que um Outro para se definir: o animal. Não tinha Deus para medir a sua finitude existencial, epistemológica e moral – nem, secundariamente, para contemplar a sua grandeza de criatura à imagem do Criador. Só tinha o animal. Por ele, podia medir a sua própria grandeza existencial e epistemológica, sua própria baixeza: não é verdade que o animal está sempre de acordo com a sua natureza e, portanto, nunca é "perverso"? Não lhe falta a consciência dos males que causa e é, portanto, necessariamente inocente? De qualquer modo, a especificidade era determinada em sentido único em relação ao único gênero de ser que não era ele mesmo, um ser evidentemente inventado para esse fim e tão imaginário como o Deus dos filósofos e dos cientistas: o "animal". Essa especificidade não era mais aquela que as tradições essencialistas lhe atribuíam, quer a "razão" (o *logos*) antiga – hoje disputada entre homens e máquinas –, quer o "pensamento" cartesiano, ou seja, a consciência – hoje atribuída, de uma forma ou de outra, a um

NOSSA HUMANIDADE

grande número de animais; essa especificidade é que havia permitido definir o objeto das Ciências do Homem: a História, a vida social e política, a linguagem, as instituições, as condutas morais[32] etc.

A partir daí multiplicam-se as publicações de uma e de outra parte da antiga barreira homem/animal para mostrar que tal traço, considerado havia pouco um "próprio do homem", ou "já" está presente no animal (é a missão que assumem, por dever profissional, muitos primatólogos, etólogos ou psicólogos do animal), ou, de modo simétrico, totalmente carente, no homem, das características "espirituais" que as Ciências Humanas lhe atribuíam. Haveria apenas, na melhor das hipóteses, uma diferença de grau entre esses pretensos próprios do homem e sua protomanifestação no animal.[33] Mesmo a linguagem, essa faculdade que parece propriamente humana, deve ser comparada aos meios naturais de comunicação animal, cuja complexidade e riqueza se descobre a cada dia. Encarada ela mesma como uma capacidade natural do animal humano (não só universal e inata, mas fruto da evolução biológica), ela faz surgir questões novas e problemáticas inéditas. Por exemplo: por que era mais vantajoso (do ponto de vista adaptativo e funcional) fixar no genoma uma faculdade de aquisição de idiomas, e não a língua mesma? Sugeriram que a quantidade de informação linguística e, em particular, léxica que pode ser armazenada no ambiente social é muito maior do que a que pode ser armazenada no genoma.[34] É porque as línguas humanas, em sua diversidade, são objeto de uma aprendizagem, portanto de "cultura", a partir de uma faculdade linguística natural e única, que elas podem ser de uma riqueza que permanece sem equivalente nos sistemas de comunicação animal, cujos sinais estão codificados de uma vez por todas no genoma. Ou seja, como para Aristóteles, para o qual a arte apenas completa

---

32 Ver anteriormente, Capítulo 3, p.95-6.

33 Vemos, assim, neurologistas empenharem-se em revelar "aptidões estéticas animais" ou mostrarem que "existe um senso da beleza, em estado de esboço, em nossos primos animais" (Chapouthier, "La vie et l'art: deux réponses à la mort cosmique" [A vida e a arte: duas respostas à morte cósmica]. In: _____, L'esprit du temps, Études sur la mort, 2003/2, n.124. Id., ver *Kant et le chimpanzé. Essai sur l'être humain, la morale et l'art*). Alguns etólogos tentam provar que a própria "democracia" (não a "política", o que seria banal), como procedimento de voto em escrutínio majoritário (*sic*) "já" é conhecida e praticada pelos primatas. Ver Sueur, "La démocratie participative chez les singes. Étude comparative de l'influence des relations sur l'organisation des déplacements collectifs chez deux espèces de macaques" [A democracia participativa entre os símios. Estudo comparativo da influência das relações sobre a organização dos deslocamentos coletivos em duas espécies de macacos], *Le Monde*, 15 de outubro de 2009.

34 Ver Sperber e Origgi, "Pourquoi parler, comment comprendre?". In: Hombert (Org.), *Aux origines des langues et du langage*, p.236-53.

e preenche as carências da natureza,[35] a "cultura" humana nada mais faz do que substituir *naturalmente* a natureza para completar a sua obra. Ela não é mais a sua negação, mas seu braço armado.

Com efeito, muitas vezes bastava uma propriedade para resumir o que constituía toda a especificidade humana aos olhos das "Ciências do Homem",[36] em especial em sua versão estrutural: era a *cultura*, oposta à natureza. Esse par de conceitos, que podia aparecer sob outras formas (hereditariedade/herança, inato/adquirido, genes/meio ambiente etc.), servia a diversos fins morais e políticos, mas também permitia fixar o limite epistemológico entre Ciências Humanas e Ciências Naturais. Agora, o homem parece ter perdido até o monopólio da cultura. É o que pretendem mostrar alguns trabalhos de primatólogos e etólogos.[37]

Alguns adotam um prudente gradualismo. Assim, falam das "origens animais da cultura"[38] e se baseiam nos trabalhos dos primatólogos para afirmarem que a transmissão não biológica de conhecimentos e práticas da espécie já se encontra estabelecida em certos primatas. A "cultura", tomada nesse sentido, não pode mais ser oposta à natureza:[39] o exemplo recorrente em que se esteia essa tese é a maneira como os macacos do Japão se teriam mostrado capazes de transmitir, de uma geração a outra, a técnica de lavagem das batatas-doces, "descoberta" pela fêmea Imo em 1950. É verdade que a interpretação dessa suposta faculdade dos grandes símios é extremamente discutida.[40] Certos etólogos atribuem aos grandes símios uma aptidão geral

---

35 "De um modo geral, a Arte, em certos casos, completa o que a natureza não tem poder de realizar; em outros casos, ela imita a natureza" (Aristóteles, *Física* II, 8, 199a 15-7).

36 Jean-Marie Schaeffer (*La fin de la spécificité humaine*, op. cit., Capítulo V) distingue a especificidade humana, que ele nega, das "propriedades" que podem ser atribuídas ao homem, como a qualquer outra espécie: toda espécie se distingue das outras por propriedades específicas. Conhecem-se, assim, muitas espécies ditas "eussociais", ou seja, organizadas em castas, com uma rainha, única reprodutora fêmea, um harém de reprodutores machos, soldados e operários, tais que só a rainha e os reprodutores machos são férteis, sendo estéril a imensa maioria do grupo. Mas "os ratos-toupeiras pelados do chifre da África se singularizam dos outros membros da classe dos mamíferos pelo modo de vida eussocial, e das outras espécies eussociais pelo estatuto de mamíferos (todas as outras espécies eussociais, por exemplo, as formigas ou os cupins, pertencem à classe dos insetos)". Todavia, não é porque uma espécie tem características específicas que ela é menos natural do que as outras, e não há razão para pensar que essas características que foram consideradas próprias do homem, que ora o são, ora não o são, se definem por oposição às suas características naturais.

37 Ver Cyrulnik (Org.), *Si les lions pouvaient parler. Essai sur la condition animale*; Coppens e Picq (Orgs.), *Aux origines de l'humanité*, t.2: *Le propre de l'homme*; Lestel, *Les origines animales de la culture*; Despret, *Bêtes et hommes*, Catálogo da exposição do parque de La Villette.

38 Lestel, *Les origines animales de la culture*, op. cit.

39 Ver Schaeffer, *La fin de la spécificité humaine*, op. cit., Capítulo V.

40 Ver Proust, *Les animaux pensent-ils?*, p.127ss.

NOSSA HUMANIDADE

à imitação que poderia derivar, neles, da atenção dada ao outro, ao passo que os psicólogos experimentalistas opõem "os chimpanzés, [que] se contentam em pautar seu comportamento uns nos outros por ajustes sucessivos ao longo de ocorrências repetidas que provocam a emulação", às "crianças, que aprendem a usar uma ferramenta tendo uma representação do fim buscado pelo instrutor".[41] A diferença entre as culturas animal e humana seria, em todo caso, mais uma questão de grau do que de natureza. Reconhece-se que a cultura humana tem por certo um caráter mais acumulador do que as culturas animais; e se, às vezes, em certas condições geográficas, ecológicas ou históricas, ela se torna "autocatalisadora", ou seja, produtora permanente das condições que permitem a sua própria reprodução indefinida, portanto o seu crescimento exponencial, essa diferença mesma pode também explicar-se pelas leis da evolução biológica. Tornar-se-ia, em todo caso, possível comparar as vantagens adaptativas dos três sistemas de aquisição e transmissão usados pelas espécies vivas:[42] o sistema de transmissão genética (ou seja, a hereditariedade) é econômico e fiel, mas pouco flexível ante a variabilidade ambiental; a aprendizagem individual (cada um aprende sozinho por explorações, tentativas e erros) leva em conta as contingências ambientais de curto prazo, mas é suscetível de muitos erros; enfim, a transmissão propriamente cultural, ou seja, a aprendizagem social (transmissão geracional com acumulação) mostra-se o sistema de maior rendimento em circunstâncias de flutuação ambiental bastante rápida, e pode, assim, dar origem a uma dinâmica cumulativa, como foi o caso do *Homo sapiens* no período do pleistoceno. Em suma, a cultura é o desenvolvimento natural da natureza, já presente em menor ou maior grau em todo o reino animal. Com as "culturas animais", o homem parece ter perdido o seu último território.

Vão dizer que essa negação da especificidade, ou até dos *próprios*, do homem é simplesmente o postulado epistemológico inverso daquele sobre o qual se fundamentavam as Ciências Humanas e que chamamos de "antinaturalismo". Este tinha duas faces: era preciso negar que os métodos das Ciências da Natureza pudessem captar a especificidade humana (antinaturalismo metodológico, comum às Ciências Humanas) e, portanto, afirmar que o homem se define (se constrói, se constitui) por oposição à animalidade (antinaturalismo que chamamos de "objetivo", próprio do

---

41 Ver Descola, *Par-delà nature et culture,* op. cit., p.255.
42 Ver Laland, Richardson e Boyd, "Developing a theory of animal learning". In: Heyes e Galef Jr., *Social learning in animals. The roots of culture,*' apud Schaeffer, *La fin de la spécificité humaine,* op. cit., p.327.

paradigma estruturalista).[43] O novo programa naturalista tem de negar toda especificidade humana graças a razões simétricas às anteriores. Trata-se de justificar métodos e conceitos eles mesmos naturalizados no estudo dos seres naturais, de que fazem parte tanto os homens quanto o resto dos viventes. Cumpre, pois, colocar que há nada de próprio ao homem. Ao mudar de paradigma, mudou-se, assim, necessariamente de objeto: trocou-se o homem enquanto homem pelo animal enquanto animal.

Teriam também, na mesma ocasião, substituído um determinismo por outro. Sujeito há pouco ao determinismo das estruturas, da História, do inconsciente e do social, o homem estaria agora, segundo essa nova figura, sujeito ao determinismo dos genes, da hereditariedade, do cérebro e da natureza. Um vinculado à cultura, outro à natureza. Em suma, esses dois determinismos opostos seriam as duas formas, simétricas, mas complementares, da oposição ao sujeito "cartesiano", o autor de seus pensamentos e o senhor de seus atos. Assim é que alguns não hesitam em traçar um paralelo entre o inconsciente freudiano e a nova concepção da mente-cérebro das Neurociências.[44] A figura do homem estrutural e a do homem neuronal seriam, no fundo, duas maneiras análogas de responder ao que chamamos de "desafio fundamental" das Ciências do Homem: como fazer do homem um objeto legítimo de ciência? Ao contrário das análises introspectivas da Idade Clássica, em que a consciência é ao mesmo tempo observador e observado, a posição objetivista da Ciência exige que seu objeto não seja jamais a consciência mesma. O cérebro e a natureza desempenhariam, então, no novo paradigma, um papel análogo ao do inconsciente e da cultura nas Ciências Humanas.

Possivelmente, tudo isso é em grande parte verdade. Mas essa não pode ser toda a verdade sobre a nova figura do homem. Apresentam-se, com efeito, três objeções a essa interpretação demasiado simples.

A primeira é que dificilmente se pode dizer que a natureza (e os seus efeitos) desempenhe o mesmo papel na constituição do objeto do paradigma cognitivista que o inconsciente (e os seus avatares) na constituição do objeto do paradigma estrutural. Este tinha como efeito estabelecer uma divisão entre o sujeito humano e ele mesmo (por meio do conceito de ilusão) e opor aquilo que a consciência deve saber daquilo que ela deve ignorar. A consciência devia ao mesmo tempo crer-se sujeito e se ignorar sujeitada "para que *isso* funcione". Isso não é de jeito nenhum o que acontece no paradigma

---

43 Ver anteriormente, p.93ss.
44 Ver Naccache, *Le nouvel inconscient. Freud, Christophe Colomb des neurosciences.*

cognitivista. Sem dúvida, a consciência não é senão a parte emersa do *iceberg* "mente". Mas não se trata de modo nenhum de compreender essa distinção consciência/inconsciência como "oposição" ou como conflito, nem supor que a consciência esteja necessariamente na ilusão: ela está somente na *ignorância* e até, por assim dizer, na ignorância "feliz" de suas raízes cerebrais. Se tivesse consciência dela, supondo-se que isso tenha algum sentido, perderia toda funcionalidade. Acrescentemos o ponto essencial: a mente (o pensamento, as funções mentais) está tão longe de se opor ao cérebro (físico, corporal, biológico) "para que *isso* funcione", que todo esforço das Neurociências e de suas dependências consiste em mostrar que eles são, na melhor das hipóteses, a mesma coisa, e na pior, em continuidade ontológica e epistemológica, recíprocos. Não são duas instâncias em oposição, é uma única coisa sob duas faces: mente/cérebro. O mesmo acontece com todas as teorias científicas que contestam a divisão natureza/cultura ou que afirmam a identidade fundamental entre elas. Em suma, esses programas científicos de naturalização nunca têm por objetivo, ou por efeito, mostrar que o sujeito humano está *de fato* dividido (ao contrário das aparências), mas que ele é uno (ao contrário das aparências). Não se trata de modo algum de dividir cientificamente um homem ilusoriamente convicto de sua unidade, mas de reconciliá-lo com ele mesmo contra a ilusão que poderia ter de sua clivagem.

A segunda objeção é que o paradigma cognitivista e, de modo mais amplo, os programas de naturalização que mencionamos não têm realmente por objeto (a despeito de certas especulações apressadas) um homem de certo modo *carente* de toda propriedade humana, ou seja, um animal como os outros. Em certo sentido, é até o contrário. As Ciências Cognitivas, por exemplo, não têm por objeto a animalidade do homem sob a sua forma mais "baixa" (suas funções fisiológicas, por exemplo), mas, ao contrário, o que parece constituir sua humanidade: a *mente*. Sua hipótese diretriz é a ideia "de que os fenômenos mentais constituem uma classe particular dos fenômenos naturais"; elas "*consideram* a mente *como* um objeto de estudo suscetível de ser abordado com os métodos das Ciências da Natureza, e sua ambição é compreender e explicar como processos físicos podem dar lugar a fenômenos mentais. Visam, assim, a se constituir como Ciências Naturais da mente e recusam a ideia de uma dualidade irredutível entre o físico e o mental".[45] Elas têm, portanto, como objeto de estudo propriedades propriamente (ou pelo menos eminentemente) humanas, as funções mais "altas"

---

45 Pacherie, "Naturaliser l'intentionnalité et la conscience". In: Pacherie e Proust (Orgs.), *La philosophie cognitive*, p.17.

do homem – e até mesmo aquelas que seriam consideradas como tais pela "tradição dualista" mais exigente, cartesiana, por exemplo: o pensamento, o raciocínio, o conhecimento etc. O objeto delas é o homem *enquanto* homem, mas *considerado como* vivente. Trata-se de estudar aquilo que o caracteriza como se não o caracterizasse. Por conseguinte, cumpre retificar pelo menos uma das duas inferências que fazíamos há pouco: no caso das Ciências Cognitivas, o naturalismo é mais metodológico que objetivo. O homem é um animal singular *que é explicado* como os outros.

Enfim, essa nova figura do homem não poderia ser tida só como o corolário dos programas de naturalização. Ela não é adotada só pelos cognitivistas, nem sequer só pelos defensores de uma abordagem naturalizada dos fenômenos humanos, mas por algumas correntes das Ciências Humanas completamente estranhas a tais métodos. Assim, se certos antropólogos (foram citados alguns deles, como Dan Sperber e Pascal Boyer) concebem a difusão da cultura como uma propagação natural, outros, que estudam o homem com métodos estritamente conformes à tradição das Ciências Humanas, recusam a divisão natureza/cultura e, de um modo mais geral, toda forma de descontinuidade homem/animal, por motivos opostos. Esses antropólogos, vindos de um horizonte epistemológico oposto aos "cognitivistas", compartilham, porém, com eles essa mesma nova figura do homem. É este o mistério que convém esclarecer.[46]

Filipe Descola, cujo pensamento seria temerário pretender resumir por ser um dos mais elaborados da Antropologia Contemporânea, contesta a universalidade da oposição natureza/cultura. Ela não é reconhecida por todas as culturas e não poderia constituir uma chave conceitual que permita analisá-las: ela se limitaria a traduzir os pressupostos dualistas ocidentais, pelos quais nós (entenda-se ao mesmo tempo: a "nossa" cultura e a Antropologia que nela tem origem) teorizamos as categorizações do mundo operadas pelos diferentes povos. Em sua obra principal, *Par-delà nature et culture* [Para além da natureza e da cultura], mostra ele que há quatro categorias possíveis, ou seja, quatro sistemas de agrupamento dos existentes, "quer sejam humanos,ou não humanos". No trecho central que introduz o seu quadro de entrada dupla, escreve Descola:

---

46 Em "Les animaux de la discorde" (*Ethnologie française*, 2009/1), Vanessa Manceron e Marie Roué citam também, acerca desta mesma posição, MacCormack e Strathern (Orgs.), *Nature, culture and gender*; Descola e Palsson (orgs.), *Nature and society: Anthropological perspectives*; Brunois, Gaunet e Lestel, "Étho-ethnologie e ethno-éthologie", in: *Social Science Information*, p.155-77.

Perante um outro qualquer, humano ou não humano, posso supor que ele possua elementos de fisicalidade e de interioridade idênticos aos meus; que a sua interioridade e a sua fisicalidade sejam distintas das minhas; que tenhamos interioridades semelhantes e fisicalidades diferentes; ou, por fim, que as nossas interioridades sejam diferentes e as nossas fisicalidades, análogas.[47]

Essas duas oposições proporcionam um sistema de quatro Ontologias possíveis, respectivamente denominadas "totemismo", "analogismo", "animismo" e "naturalismo"[48] – sendo que esta última, na realidade, é a nossa "ontologia moderna", a nossa forma "ocidental" de dualismo, que postula uma continuidade material entre humanos e não humanos (todos igualmente "naturais") e uma descontinuidade cultural (ou intelectual) entre uns e outros. Descola empenha-se, em seguida, em mostrar que seria saudável abandonar essa Ontologia. Convém romper com essa distinção humanos/ não humanos e com "esse privilégio concedido à humanidade"; cumpre tornar a "questionar a fronteira sempre instável por meio da qual tentamos distinguir-nos dos animais",[49] buscar "teorias que possam solapar os fundamentos da Ontologia naturalista moderna"[50] ou abrir "brechas" "no modo de identificação naturalista", que permitam reconhecer "enfim" aos animais "a qualidade de sujeito de igual maneira que os humanos".[51]

Supõe Descola, portanto, que a distinção entre mente e corpo não seja mais universal que a distinção entre natureza e cultura, mas que a distinção entre a "interioridade" e a "fisicalidade" seja, por seu lado, universal.[52] A experiência da interioridade seria a de certa individualidade, certa permanência e certa autonomia do ser, dotado ademais de certa intencionalidade.

---

47 *Par-delà nature et culture*, op. cit., p.176.
48 É lamentável, para a clareza da nossa exposição, que o nosso uso do termo "naturalismo" seja sensivelmente diferente da de Descola. Ele o usa para qualificar "a crença de que a natureza existe, ou seja, que certas entidades devem sua existência e seu desenvolvimento a um princípio estranho aos efeitos da vontade humana". Assim, a oposição natureza/ cultura seria tipicamente uma atitude "naturalista"; seria o próprio das nossas sociedades "ocidentais". Nós damos a "naturalismo" um sentido muito mais restrito e quase oposto: o "naturalismo" na definição do homem consiste em considerar que ele é um ser natural semelhante aos outros (naturalismo "objetivo"). Opor a cultura propriamente humana à natureza é, portanto, para nós, uma atitude tipicamente antinaturalista. Essa atitude é ou não acompanhada de um naturalismo "metodológico", segundo o qual convém estudar cientificamente o homem com os métodos das Ciências Naturais. Sobre estes dois sentidos, ver anteriormente, p.93ss.
49 Descola, *Par-delà nature et culture*, op. cit., p.244.
50 Ibid., p.267.
51 Ibid., p.272.
52 Ibid., p.168.

Em contrapartida, a fisicalidade designaria não só a materialidade dos seres ou das entidades, inclusive a do ser humano, mas também "o conjunto das expressões visíveis e tangíveis assumidas pelas disposições próprias a uma entidade qualquer quando se considera que estas resultam das características morfológicas e fisiológicas intrínsecas a essa entidade".[53]

É possível (embora evidentemente discutível) que essa distinção interioridade/fisicalidade seja universal, no sentido de que todos os homens de todas as sociedades a reconheçam e de que ela seja, portanto, comum às quatro Ontologias ("totemismo", "analogismo", "animismo", "naturalismo"). Mas, mesmo nessa hipótese, outra questão é saber se o estabelecimento do quadro das quatro Ontologias não necessita, além disso, de outros conceitos universais, não no sentido de serem *comuns* a todas as categorizações existentes (efetuadas "espontaneamente" pelas diferentes culturas), mas no sentido de serem condições *a priori* da classificação mesma dessas categorizações – a classificação "científica", efetuada pelo próprio antropólogo das diversas Ontologias. É o caso pelo menos da distinção humanos/não humanos (logo, homem/natureza), anterior à categorização da experiência e necessária à definição das duas categorias do "animismo" e do "naturalismo", bem como à oposição entre elas. Podemos até suspeitar que sejam necessários outros conceitos *a priori* e que a distinção entre, por exemplo, causalidades físicas ("naturais") e causalidades "intencionais" (ou até "mágicas") seja necessária para toda "representação" científica do mundo, que não poderia ser confundida com as representações espontâneas que a Ciência estuda, sob pena de autorrefutação ou, pelo menos, de paradoxo lógico próprio a todo relativismo. Podemos também perguntar se a categorização subjacente ao que Descola chama de "naturalismo" (e não se confunde com o que chamamos naturalismo)[54] não é uma condição de possibilidade da atividade científica (positiva, objetiva) mesma – da dele, portanto, seja qual for o nome que lhe convenha dar. É por certo possível fazer, em nome da Ciência (Antropológica), uma crítica das nossas Ontologias espontâneas. Mas parece mais difícil fazer, em nome dessa mesma Ciência, uma crítica da Ontologia, ou antes de todas as "categorias" *a priori* que possam revelar-se necessárias para criticar as nossas Ontologias espontâneas. Como puderam dizer,[55] "ao colocar em pé de igualdade e ao submeter às mesmas chaves de análise animismo, totemismo, naturalismo e analogismo, ao sugerir que as

---

53 Ibid., p.169.
54 Ver anteriormente, p.131, nota 48.
55 Digard, "Canards sauvages ou enfants du bon Dieu? Représentations du réel et réalité des représentations". In: *L'Homme*, p.413-28.

representações indígenas valem tanto quanto o conhecimento positivo que delas se tem, e muitas vezes até mais", Descola assume o risco de solapar os fundamentos conceituais do discurso antropológico que se empenha em relativizar uns pelos outros e, portanto, de sua própria crítica.

Seja como for, o essencial, para nós, é a convergência de duas correntes opostas das Ciências Humanas numa mesma figura do homem, "animal como os outros". Tal convergência é a prova, para nós, de que a figura naturalizada do homem *não é só* consequência ou efeito de uma mudança de paradigma científico, mas, como nos três casos precedentes (aristotélico, cartesiano, estrutural), é realmente uma nova figura do homem que funda programas científicos diversos.

De fato, o questionamento da distinção natureza/cultura e, de modo mais amplo, da descontinuidade homem/animal, não é próprio só de um programa de *naturalização* das Ciências Humanas, mas é compartilhado, como acabamos de ver, por um "programa forte" da própria Antropologia no que ela tem de mais clássico e de mais "antinaturalista" (no sentido em que o compreendemos), ao limitar-se à análise dos comportamentos e das representações – sem pretender procurar-lhes uma explicação ou uma origem natural, ou até biológica. A Antropologia de que Descola é o melhor representante é uma espécie de "Antropologia Crítica", no sentido de que a sociologia de Bourdieu é uma "Sociologia Crítica". Assim como a Sociologia Crítica atribui à Sociologia a finalidade de questionar o discurso dos dominantes, inclusive, aliás, o poder simbólico do discurso "científico", e até mesmo (paradoxalmente) o do sociólogo, em nome do discurso dos dominados analisado pela Sociologia, a "Antropologia Crítica" de Descola atribui à Antropologia a finalidade de criticar o antropocentrismo no centro dos conceitos antropológicos e criticar o etnocentrismo dentro dos conceitos etnológicos, em nome do discurso (ou das visões de mundo) dos povos analisados (e por isso mesmo dominados). Que haja, em todo empreendimento que assume ao mesmo tempo uma finalidade de conhecimento objetivo e uma finalidade prática crítica, pontos em que os dois entrem em tensão é, provavelmente, inevitável. Isso, evidentemente, não invalida nenhum dos dois processos, mas, no máximo, a sua difícil coabitação discursiva.

Que concluir da convergência entre esses dois métodos opostos de conhecimento (naturalista e antinaturalista) numa mesma figura do homem: um animal que é preciso considerar como os outros para que apareça a sua singularidade? No caso das Ciências Cognitivas, dizíamos que o "naturalismo" é "metodológico" mais do que de objeto, pois é a mente (humana) que elas se propõem estudar *como se ela não fosse humana*. Diremos, pois, inversamente, nos programas antinaturalistas de conhecimento do homem, como o da "Antropologia Crítica", o naturalismo é mais de objeto do que de método: *o homem é um animal como os outros* (que nada, cientificamente, permite distinguir dos outros), *mas que se explica por si mesmo* – ou seja, por exemplo, por métodos que nada devem às Ciências Naturais, mas só à análise comparada de suas atitudes espontâneas e de suas representações não críticas.

De um modo mais geral, que concluir dessa insistência sistemática, em nossa (pós-)modernidade, no fato de o homem não gozar de nenhuma especificidade, não possuir sequer nenhum próprio, de ganhar em ser tomado *cientificamente*, no que tem de humano, por um animal como os outros? Além de algumas vantagens morais, às quais voltaremos, podemos sugerir, a título de hipótese, os dois seguintes pontos.

O que há de comum entre essas visões metodologicamente opostas (o cognitivismo e a "Antropologia Crítica"), mas objetivamente convergentes, é, por fim, o desaparecimento do homem como *objeto* próprio da Ciência – ou antes, como nos empenhamos em mostrar ao longo deste capítulo, a derrota dos *próprios* do homem como objetos específicos de estudo. Ou seja, é o fim de tudo o que havia constituído a esperança, do século XIX até a época estruturalista, das Ciências Humanas. Isso é evidente para as Ciências Cognitivas e para a corrente a que pertencem, como tentamos mostrar. Mas não é igualmente evidente para essa "Antropologia Crítica" que adota como objeto próprio (e paradoxal) ser uma "Antropologia Monista", uma "Antropologia da Natureza"?[56] Mas as Ciências Humanas não se haviam edificado com base no projeto de estudar, por métodos específicos, o que o homem tem de específico, pelo qual ele se opõe à natureza; elas também se haviam edificado com base na crítica do sujeito, lugar de todas as ilusões. Ora, da parte das Ciências Cognitivas, notamos uma vontade de reconciliar o sujeito com ele mesmo (uma só mente/cérebro) e de unificar a humanidade do homem e sua animalidade por meio de uma nova Ontologia Monista. Estamos longe das ilusões necessárias e constitutivas da consciência. O mesmo acontece com a nova confiança que a "Antropo-

---

56 Descola, *Par-delà nature et culture*, op. cit., p.15. A "antropologia da natureza" é o título geral sob o qual ele colocou o seu ensino no Collège de France, cujo programa pode ser assim resumido: "A antropologia, portanto, vê-se diante de um enorme desafio: ou desaparecer como uma forma exaurida de humanismo, ou metamorfosear-se, repensando o seu campo e as suas ferramentas, para incluir em seu objeto muito mais do que o *anthropos*, toda essa coletividade de existentes ligada a ele e relegada, hoje, a uma função secundária. Ou, em termos mais convencionais, a antropologia da cultura deve duplicar-se de uma antropologia da natureza, aberta a essa parte deles mesmos e do mundo que os humanos atualizam e por meio da qual se objetivam" (ibid.).

NOSSA HUMANIDADE

logia (Monista) da Natureza" parece conceder aos discursos espontâneos dos atores: o animismo, o totemismo ou o analogismo não parecem mais pensáveis como ilusões, criticáveis por princípio porque sejam representações, mas como visões do mundo tão "aceitáveis" quanto o "naturalismo ocidental", e todas elas *igualmente* válidas por princípio enquanto existem *como representações*. Estamos, em ambos os casos, nos antípodas, senão do projeto fundador das Ciências Humanas, pelo menos de sua efetivação estruturalista. O homem novo ("animal como os outros") não é mais destruído como *sujeito* (de pensamento, de ação, de conhecimento), é destruído como *objeto* de Ciência.

Mas isso não será uma maneira de demonstrar a onipotência do discurso da Ciência – e, portanto, se quiserem, de uma Ciência que, para estudar o homem no que ele mesmo é (mente, pensamento, linguagem cognição – ou ainda categorizações do mundo, Ontologias de todas as culturas), consegue dispensá-lo? Notamos que, desde que Deus foi aos poucos ausentando-se da natureza, o homem só tem mais um Outro em relação ao qual possa definir-se: o animal. Hoje, mesmo o animal não é mais um limite. O homem e ele fundiram-se. É a forma derradeira de desencantamento do mundo, ou melhor, da natureza: uma natureza viva de que Deus se ausentou e onde, inversamente, o homem hoje se afogou. Que o homem não sirva mais para ser pensado segundo os que se empenham em explicá-lo, que ele desapareça definitivamente não só das Ciências, mas das Ciências do Homem, eis o que parece marcar a sua derrota. Talvez isso prove principalmente o triunfo dessas Ciências. Que uma Ciência Natural geral possa (ou pretenda poder) dar conta de tudo o que aparentemente constitui o próprio do homem sem mesmo ter de adotá-lo como objeto em particular, eis aí a manifestação de sua onipotência. Que uma Antropologia geral da Natureza queira dar conta de tudo o que é humano sem sequer ter de supor que o homem exista como um ser distinto dos seres da natureza, eis o sinal de sua ambição, ou até de sua exorbitância. Ao reduzir o homem que se pretende explicar a ser apenas um animal entre outros, exalta-se em contrapartida a potência do discurso capaz de assim explicá-lo. Como previa Foucault, o objeto "homem" está realmente em vias de desaparecer do horizonte das Ciências – mas para ressurgir, mais poderosos do que nunca, como "sujeito" não nomeado dessas mesmas Ciências. Ao afirmar que o homem em nada se distingue do animal, sonham, de fato, com uma Ciência da Natureza que se volte sobre ela como o olhar do Deus que se ausentou.

SEGUNDA PARTE
CONFIGURAÇÕES

INTRODUÇÃO

Das figuras à configuração

O "vivente dotado de linguagem" da Antiguidade; a "substância pensante unida a um corpo" da Idade Clássica; o "sujeito sujeitado" dos tempos modernos; o "vivente como os outros" de nossa época: trata-se de quatro definições, explícitas ou implícitas, do homem. Milhares de outras são atestadas, e outras mais permanecem possíveis. Mas essas quatro possibilitaram rupturas na ordem do saber; modificaram os limites entre o que se furtava ao olhar do conhecimento e o que a ele se oferecia.

Como prova de que essas quatro definições do homem se destacam da infinidade de conceitos possíveis, só queremos, em primeiro lugar, estabelecer o seguinte: no Céu puro das Ideias, elas dialogam entre si como se vissem umas nas outras os únicos interlocutores à altura de si mesmas. Descartes responde a Aristóteles, Bourdieu e as Ciências Sociais recusam o naturalismo aristotélico, Changeux e os neurobiólogos pretendem romper com o dualismo cartesiano etc. Ou seja, esses quatro conceitos pertencem a uma mesma História.

Assim, o segundo conceito do homem foi construído contra o primeiro. Este supunha o olhar extrovertido do naturalista: "Eis os homens, eles vivem e morrem como todos os outros 'animais'." O problema, para Aristóteles, começava em seguida: consistia em saber o que distingue especificamente o ser humano. Descartes inverte o processo. Sua concepção do homem supunha o olhar introvertido do sujeito meditante, que busca "estabelecer algo de firme e constante nas Ciências": "Eis-me aqui pensado como pensante." Seu problema começava em seguida: consistia primeiro em dotar-se de um corpo, que só podia ser uma substância distinta. O homem estrutural voltou-se contra ambos os conceitos precedentes. Contra o naturalismo remotamente aristotélico (o da "história natural" de Lineu e de Buffon),[1] o homem cientificamente cognoscível constrói a sua humanidade contra a animalidade. Ele não se define por pertencer à espécie humana, mas pela dependência em relação a uma cultura, a uma sociedade, a uma língua, a uma história, a um destino familiar. E, ao contrário da "substância pensante", o homem estrutural é inconsciente do que é e do que faz. A esse homem, por sua vez, as Neurociências contrapõem o seu. Contra o essencialismo fixista da tradição antiga, que situara o homem no centro do mundo, elas afirmam que o homem é (apenas) um animal como os outros, sujeito à evolução natural. Contra a separação dualista do pensamento e do corpo da tradição cartesiana, elas afirmam que o homem é uno, é apenas corpo, por mais complexo que seja. Pois o homem é o seu cérebro. As suas particularidades estão inscritas em seus genes e se explicam pelo vivente que

---

1 Ver, de Lineu, o prefácio à sua *Fauna suecica*, esse texto que evoca, evidentemente, algumas teses e uma definição aristotélica: "Até hoje, não consegui, como naturalista e em conformidade com as regras, descobrir uma característica que distinga o homem do macaco, pois há entre estes alguns que têm menos pelos do que o homem, assumem uma postura vertical, caminham sobre dois pés e lembram a espécie humana pelos pés e pelas mãos, a tal ponto que os viajantes menos esclarecidos os tomam por uma espécie de homem. [...] Mas há no homem algo que não se vê, de onde resulta o conhecimento de nós mesmos e que é a razão. A providência deu a cada animal um meio de ataque e de defesa; ao homem nu, carente de toda proteção e tendo só dois pés para se sustentar, ela doou uma única propriedade: a razão" (apud Gusdorf, *Introduction aux sciences humaines. Essai critique sur leurs origines et leur développement*, p.143). Não nos esqueçamos de que devemos a Lineu a denominação *Homo sapiens*, por oposição ao *Homo sylvestris* que reúne os diversos "antropoides". Quanto a Buffon, "A primeira verdade que vem à luz nesse exame sério da Natureza é uma verdade talvez humilhante para o homem: ele mesmo deve incluir-se na classe dos animais, aos quais se assemelha por tudo o que tem de material, e talvez até o instinto deles pareça mais seguro do que a sua razão, e a indústria deles mais admiráveis do que as artes do homem" (*Histoire naturelle*, Premier discours, p.12). Buffon adota, aliás, o princípio leibniziano de continuidade de todas as formas de vida, que – como vimos – foi formulado na *História dos animais*, de Aristóteles. O que não impede que se trace uma descontinuidade essencial entre a natureza do homem e a dos "animais": "Assim, esse macaco que os filósofos, com o vulgo, consideraram um ser difícil de definir, cuja natureza era pelo menos equívoca e mediana entre a do homem e a dos animais, na verdade não passa de um puro animal, trazendo no exterior uma máscara de figura humana, mas carente no interior de pensamento e de tudo o que constitui o homem" (ibid., t.XIV, p.41).

NOSSA HUMANIDADE

ele é, ou melhor, que se tornou. E, contra a oposição da cultura à natureza que definia o homem estrutural, elas afirmam que o homem é um ser de natureza e a transmissão cultural não é senão o jeito natural que esse vivente tem de se adaptar ao seu meio.

Estes quatro conceitos puderam, portanto, ser definidos historicamente, por oposição aos que os precediam. Mas, em vez de mostrar o laço histórico que une cada um deles aos seus antecessores, proponhamos agora a hipótese de que eles sejam realmente *figuras* que dependem de uma mesma configuração. Há duas maneiras de concebê-la: como um *sistema* (Capítulo 5), ou seja, como uma totalidade sincrônica regida por relações formais entre os conceitos mesmos, ou como *narrativa* (Capítulo 6), ou seja, como uma sequência diacrônica verossímil de eventos.

No sistema, cada uma das quatro figuras do homem se define pela relação estrutural que a vincula ao *conjunto*, a configuração, isto é, pelas relações formais de identidade ou de oposição que a vinculam às três outras. Veremos que elas podem ser deduzidas a partir de duas variáveis: tem o homem uma essência?; é um ser simples ou duplo?

Restará articular a sucessão histórica dos conceitos e o sistema das figuras. A conjunção de um sistema e de uma sucessão opera-se numa *narrativa*. Não mais se tratará da sequência – como a que recordamos acima –, em que cada figura se define conceitualmente em relação às anteriores, mas da História das quatro revoluções científicas que elas possibilitaram. Sugerimos uma narrativa verossímil para ela.

– 5 –

SISTEMA

Das quatro maneiras de ser homem

Coloquemos, pois, que as nossas figuras pertencem a uma mesma configuração, simplesmente definida pela combinação das duas respostas possíveis à questão da essência do homem e à de sua unidade. Nessa configuração geral, são reservados quatro lugares *a priori* ao homem para que seja possível uma Ciência, quer da natureza, quer do homem. Admitamos, além disso, que esse sistema esgote o conjunto das possíveis figuras epistemológicas do homem.

ESSENCIALISMO OU ANTIESSENCIALISMO?

O primeiro traço comum às duas primeiras figuras é metafísico. Elas são *essencialistas*. Atribuem ao homem uma essência única, necessária, universal e constante. Ele é, portanto, definível – por exemplo, "animal racional" ou "alma estreitamente unida a um corpo". Do essencialismo tal como o definimos anteriormente[1] podem ser tiradas duas consequências: a invaria-

---

1 Ver Capítulo 4, p.115, n.14.

bilidade da humanidade e sua determinidade. A invariabilidade da essência supõe que ela seja ontologicamente anterior aos indivíduos e implica que os homens foram e sempre serão o que são agora. Um indivíduo que deixe de ter a essência que tem deixaria de ser o homem que é, e consequentemente deixaria de existir. A "determinidade" da essência implica que são claros os seus limites epistêmicos. Deve sempre ser possível decidir se um dado indivíduo é ou não um homem, pois, sendo a essência necessária, ela não se divide, mas é sempre inteiramente determinada.

Para Aristóteles, a essência do homem é dada pela "forma", o que significa também sua "espécie" (é a mesma palavra: *eidos*), que às vezes ele chama de "conceito" (*logos*). Se tivermos em mente de preferência o sentido de *forma*, diremos que a essência do homem é o que faz que ele se conserve em sua identidade e em sua individualidade, a despeito das variações constantes de sua carne ao longo da vida. É isto, na realidade, que caracteriza todo ser vivo: cada qual permanece o mesmo graças à função nutritiva pela qual assimila matérias externas e as transforma em sua própria matéria. Se tivermos em mente o sentido de *espécie*, diremos que a essência do homem é o que faz com que todos os homens sejam semelhantes e que a humanidade se conserve em sua identidade, apesar e por meio das variações locais ou temporais das existências individuais, das vidas e das mortes das diferentes gerações humanas. É também isso que caracteriza todo vivente: as espécies permanecem as mesmas graças à função reprodutiva, pela qual a forma se transmite através das gerações.[2] O essencialismo metafísico está ligado ao fixismo biológico. Se dermos maior ênfase ao sentido "lógico" da forma (o conceito, a "substância lógica", diz Aristóteles), diremos que ela determina a essência como o que pode ser objeto de conhecimento. É, assim, possível conhecer o cavalo, mas não Bucéfalo. É possível saber cientificamente o que é o homem (é o papel do naturalista), mas não há ciência de um indivíduo particular,[3] pois os atributos são infinitos e variáveis ao longo do tempo. (A Ética poderia aqui vir em auxílio à Ciência: o "amigo" pode conhecer *praticamente* o seu amigo, prever como vai agir ou reagir, mas não poderá conhecê-lo teoricamente, isto é, enunciar a lista completa de seus atributos essenciais:[4] esta é impossível de se estabelecer.) O essencialismo metafísico

---

2 As duas funções (*erga*), nutritiva e reprodutiva, são ambas efeito da alma vegetativa, que pertence a todos os "viventes": *Da alma* II, 4, 415a 23-26.

3 Ver, por exemplo, *Metafísica* Z, 15, 1039b 20-1040b 4.

4 Sendo o amigo "outro eu mesmo", ele serve de espelho para me conhecer, pois cada qual se vê vivendo e pensando no olhar do amigo (ver *Ética a Nicômaco* IX, 9, 1169b 6 e 1170b 6, e *A grande moral* II, 15, 1213a 20-26).

de Aristóteles e seu fixismo biológico estão ambos ligados às exigências epistemológicas do conhecimento da natureza.

O mesmo acontece, *mutatis mutandis*, com o essencialismo de Descartes. A essência do homem é, em primeiro lugar, dada pela resposta à questão de saber quem *eu* sou, não o que *o homem* é. A essência do homem é, porém, universal e necessária, e todos os homens têm a mesma: todos sabem, ou podem saber (se é que a razão é, como afirma Descartes, não sem ironia, "a coisa do mundo mais bem partilhada"),[5] que são uma substância pensante à qual tem acesso imediatamente (cada qual pode pensar que pensa), estritamente unida a um corpo de que fazem a experiência permanente na percepção, por exemplo. Essa dualidade de experiências remete a uma distinção real de duas substâncias, a qual, por sua vez, remete às duas condições da Ciência da Natureza: a essência do que permite ao homem conhecer (com a condição de que esse pensamento se exerça separadamente do corpo) e a essência do que se oferece ao homem para conhecer (o corpo, com a condição de que dele se tire toda espiritualidade). O essencialismo de Descartes está ligado às exigências epistemológicas da nova Ciência da Natureza.

As duas figuras seguintes são antiessencialistas, mas em sentidos diferentes.

A terceira figura é antiessencialista, em primeiro lugar, por princípio. A ideia de essência, impregnada de pressupostos metafísicos, parece contrária à ideia geral de Ciência na época do "desencantamento do mundo". A ideia de homem é, por seu lado, contrária à ideia de Ciências Humanas, necessariamente plurais. Uma proposição como: "O homem é um animal social", seria na melhor das hipóteses uma tese "metafísica" sem interesse científico (pois o que convém estudar é a extrema variedade das formações ou das condições sociais) e, na pior, uma posição ideológica enganosa (pois essa afirmação de uma pretensa unidade do homem só pode ser fruto de uma vontade uniformizadora ou normativa). Do homem em geral, nada há que conhecer. O que seria comum a todos os homens não seria *propriamente* humano: seria um simples dado natural. As Ciências Humanas são relativistas por necessidade e nominalistas por dever, porque são antimetafísicas por princípio. Desconfiam, por conseguinte, da oposição entre o normal e o patológico, ou até da distinção entre o correto e o destoante. As línguas são todas igualmente linguagem; a Gramática não é norma, mas uso; as sociedades (da tribo aos impérios) são todas igualmente sociais; as sexualidades são todas "naturais" sem que nenhuma o seja (todas são culturais,

---

5 *Discurso do método*, I.

sociais e históricas); a própria criança é um "perverso polimorfo", e todas as culturas são equivalentes, sob o olhar do etnólogo ou do antropólogo, por serem todas igualmente culturas, opostas à natureza. Etc.

A quarta figura compartilha com a anterior um antiessencialismo de princípio: o estudo científico do homem recusa todo pressuposto metafísico. No entanto, é menos a primeira consequência da essência que ela recusa – a constância, a invariabilidade – do que a segunda – a determinidade. Não há essência do homem porque jamais podemos diferenciar claramente o que é homem e o que não o é; onde começa o homem e onde acaba o animal; onde começam a cultura, a sociedade, a linguagem e onde acaba a natureza; o que é hominídeo, *homininae*, *Homo*, *Homo sapiens*, *Homo sapiens sapiens* etc. Ninguém pode traçar uma fronteira nítida entre humanos e não humanos. O homem não é nem uma essência (definível em intensão, por meio de caracteres absolutos distintivos), nem sequer uma classe lógica (definível em extensão, por um conjunto determinado de indivíduos), é uma "população", no sentido genérico do termo, e os seus limites são objetivamente vagos.[6]

O essencialismo das duas primeiras figuras e o antiessencialismo das duas seguintes estão ligados à função epistemológica que nelas desempenha o conceito de homem. Na posição de sujeito da Ciência da Natureza, o homem não pode nem variar, nem mudar. Ele é necessariamente dotado de traços universais e necessários intrínsecos que garantem a verdade e a constância do discurso científico. Que seria uma Ciência que variasse segundo os homens ou os climas? Para Aristóteles, essa essência fixa de sujeito da Ciência se encontra em sua "aptidão à vida teórica", pela qual o homem pode elevar-se à mais alta forma de vida, uma vida divina[7] em que realiza a sua própria essência, estudando e compreendendo a natureza, sem modificá-la nem utilizá-la. Para Descartes, trata-se da "luz natural" do homem: essa "faculdade de conhecer [que Deus] nos deu [...] que, naquilo por ela reconhecido, ou seja, naquilo que ela pode conhecer de maneira

---

6 Cumpre, porém, assinalar que, para algumas correntes da "psicologia evolucionista" (Steven Pinker, David Buss etc.), o homem tem ("de novo", por assim dizer) uma "essência", ainda que ela seja paradoxal, pois se constituiu progressivamente. Sobre a crítica dessa concepção neoessencialista e, de um modo mais geral, dos pressupostos filosóficos da Psicologia Evolucionista, ver Butler, *Adapting Minds. Evolutionary Psychology and the Persistent Quest for Human Nature*, Capítulo 8, "Human Nature", p.419ss.

7 Ver *Ética a Nicômaco* X, 7, em particular as últimas palavras do capítulo: "O que é próprio de cada coisa é por natureza o que há de mais excelente e de mais agradável para essa coisa. E para o homem, portanto, será a vida segundo o intelecto (em grego: *nous*), se é verdade que o intelecto é no mais alto grau o homem mesmo. Tal vida é também, pois, a mais feliz" (1178a 5-8).

clara e distinta, nunca reconhece um objeto que não seja verdadeiro".[8] É por ela que o homem pode alcançar "algo de firme e *constante* nas Ciências" da Natureza.

Colocados, ao contrário, na posição de objetos específicos do conhecimento científico, os seres humanos devem ser carentes de toda essência fixa e determinada. Não há um homem das Ciências Humanas propriamente dito, porque, sob o olhar objetivante, a essência humana se fragmenta em propriedades (o inconsciente, a historicidade, a transmissão cultural ou educativa, as práticas rituais etc.) que não podem unificar-se nem ajustar-se. É a partir do momento em que não mais se procura encerrar o homem numa definição, que os homens podem ser objetivamente estudados, em toda sua a diversidade e segundo diferentes planos de inteligibilidade. Cada disciplina determina, portanto, segundo seus próprios métodos, as propriedades humanas que considera *essenciais*: um traço individual, essencial aos olhos do sociólogo (a origem social), será considerado inessencial pelo psicólogo; outro traço, essencial aos olhos do etnólogo (o casamento entre primos cruzados), é só acidental para o psicanalista. Mas é com razões epistemológicas inversas que o naturalismo contemporâneo recusa a essência: para ele, não há humanidades demais, não há humanidade bastante. A essência do homem não peca por excesso de atributos que não podem concordar entre si, mas sim pela falta de propriedades capazes de caracterizá-la. As Ciências Humanas devem, portanto, fundir-se com as Ciências mais extensas, as Ciências do vivente.

É por serem essencialistas que as duas primeiras figuras podem ser enunciadas em fórmulas definicionais explícitas. Para os filósofos-cientistas que as enunciam, elas se integram em seu próprio programa filosófico de fundação de uma Ciência da Natureza. Acontece o inverso nos dois casos seguintes. As Ciências do Homem, em dois momentos de sua História, baseiam-se em conceitos tácitos do homem. Estes últimos não são, estritamente falando, definições, as quais pressupõem uma essência fixa e determinável. Eles só podem, pois, ser enunciados em termos negativos. Um diz: o homem como tal não existe; os homens não são seres naturais (daí a pluralidade das culturas), não são conscientes do que são (daí a variabilidade das formas de ilusão). O outro diz: o homem como tal não existe; não há limites fixos para a humanidade, nem no tempo (com seus

---

8 Descartes, *Princípios da filosofia* I, 30. Ver também idem, *Discurso do método* III, "Como Deus nos deu a cada um de nós alguma luz para discernir o verdadeiro do falso".

antepassados hominídeos), nem por um lado (com as máquinas), nem por outro (com os "outros animais").

Portanto, as duas figuras essencialistas permitem, fundar uma Ciência da Natureza, mas excluem a possibilidade das Ciências do Homem. Para Aristóteles, o homem é cientificamente estudado pela "Zoologia", da qual chega a ser o modelo. Para Descartes, não há Ciência do Homem porque ninguém pode ter uma ideia clara e distinta dessa "união estreita de uma alma e de um corpo" – dos quais uma é o sujeito da Ciência e o outro, seu objeto. E, para ambos os filósofos, a apreensão particular que o homem pode ter de si mesmo não depende de modo nenhum de alguma disciplina científica, mas é da alçada da Ética. Pois, para Aristóteles, saber o que é o bem humano supõe conhecer o próprio do homem;[9] inversamente, o bem, para o homem, seu bem particular, mas verdadeiro, aquele a que deve visar em suas ações, é o bem do homem tal como poderia defini-lo o "homem de bem", o prudente, e se confunde com o ser do homem:[10] o bem para o homem, *assim como para qualquer outro vivente*, nada mais é do que ser conforme à sua essência. A "Filosofia das coisas humanas" não engloba "Ciências Teóricas", mas "Ciências Práticas",[11] a Moral e a Política. Essas disciplinas só são "descritivas" na medida em que são "normativas". A Política diz como os homens devem viver em comunidade: faz as vezes de Ciência Social. A Moral faz as vezes de Ciência Psicológica, pois é na relação moral de amizade – que supõe que nos comportemos com nossos amigos como eles merecem – que podemos realmente conhecer os indivíduos.[12] Do mesmo modo, para Descartes, a Moral, "a mais alta e mais perfeita Moral",[13] pressupõe o mais adequado conhecimento do que somos como união de uma alma com um corpo particular, como mostram *As paixões da Alma*. Ela exige, portanto, que saibamos distinguir os pensamentos que, em cada um de nós, vêm da alma (as ações) e os que vêm do corpo (suas paixões, as percepções);[14] diferenciar também o que, em nossas paixões, depende só do corpo ou de sua união com a alma e o que, em nossas ações,

---

9 Lembremo-nos (ver anteriormente, Capítulo 1, p.31) do procedimento do Capítulo I, 6 da *Ética a Nicômaco*: cumpre determinar o "bem humano" a partir da função (*ergon*) do homem, ou seja, do que ele tem de próprio.
10 Ver a definição de virtude moral: "uma disposição a agir de maneira deliberada, que consiste numa mediedade relativa a nós, a qual é racionalmente determinada e como a determinaria o prudente [*phronimos*]" (*Ética a Nicômaco* II, 6, 1106b 36-1107a 2).
11 Ver anteriormente, p.45.
12 Ver anteriormente, p.145.
13 Carta dedicatória aos *Princípios da filosofia*.
14 *As paixões da alma*, art. 17.

vem só da alma (as nossas vontades) e o que depende de sua união com o corpo (os apetites).[15] Sabendo o que é o homem que somos, estaremos em condições de nos libertar das determinações corporais que pesam sobre nosso espírito e de alcançar a mais alta virtude, a generosidade, que supõe a "livre disposição das nossas vontades".[16]

Nas figuras essencialistas do homem, o lugar de uma "Ciência Humana" é, portanto, ocupado por uma Moral, estreitamente ligada à essência do homem e à capacidade que ele tem de se conformar a ela. É uma espécie de Ética "higiênica": "ser bom" é ser perfeitamente adequado à própria essência e libertar-se de tudo o que lhe é estranho. Em Aristóteles, a felicidade consiste em traduzir em atos as mais altas virtudes humanas, que estão para a alma como a saúde para o corpo.[17] Para Descartes, a condição da nossa beatitude é o domínio das paixões, se é verdade que "só delas que depende todo o bem e todo o mal desta vida".[18] Convém, portanto, curarmo-nos delas, pelo menos de seus excessos, pois "todas elas são boas por natureza e [...] nada temos que evitar senão o seu mau uso ou seus excessos, contra os quais os remédios que expliquei poderiam bastar se cada qual tivesse bastante cuidado em praticá-los":[19] eliminar as causas das nossas emoções, libertar-nos dos obstáculos que o corpo opõe à nossa vontade.

A essência permite, portanto, ao homem ser sujeito de uma Ciência da Natureza, mas impede que ele seja objeto de uma Ciência Humana: pois se pudéssemos *deduzir* os pensamentos e as condutas a partir dessa essência, todos os homens teriam os mesmos. Em compensação, é essa essência que lhes fornece uma *regra* universal para conduzir seus pensamentos e guiar suas condutas. O essencialismo exclui as Ciências do Homem, mas implica a possibilidade de uma Moral.

O LUGAR DO HOMEM NO MUNDO

Outro traço comum às duas primeiras figuras – e ausente das duas últimas – está, sem dúvida, ligado ao essencialismo. O homem pode não só ser definido intrinsecamente por sua essência singular, mas também extrinsecamente por sua situação única no mundo. Ele tem um lugar fixo,

---

15 Ibid., art. 21.
16 Ibid., art. 153.
17 Ver a seguir, Capítulo 7, p.207-8.
18 *As paixões da alma*, art. 212.
19 Ibid., art. 211.

determinado, incontestável, porque duas outras essências, de uma parte e de outra da sua, lhe garantem.

Para Aristóteles, como notamos,[20] o homem está a meio caminho entre os deuses e os animais. Vinculada ao mesmo tempo aos dois extremos, a essência do homem é instável. Não pode alçar-se completa ou constantemente até a divindade a que aspira e que entrevê, sempre correndo o risco de cair na bestialidade[21] onde poderia levá-lo a precariedade da sua razão, o homem tem uma essência fixa, mas a sua realização permanece frágil em cada um dos homens. No entanto, uma vez que nem os deuses, nem os animais jamais poderiam transgredir sua própria essência, nem, portanto, variar em comportamento ou atividade, a essência humana, cercada por duas essências estáveis, dificilmente pode perder-se no indeterminado. A situação cósmica do homem na hierarquia vertical dos viventes é, no fundo, mais bem garantida do que a sua essência natural na classificação horizontal das espécies.

Parece que, para Descartes, seja difícil falar de hierarquia, pois o abismo que separa o homem dos outros tipos de substância parece insuperável. Não há medida comum entre elas. Acima de nós, há talvez anjos, substâncias pensantes incorporais, mas Deus, em todo caso, sendo infinito, é incomensurável ao nosso entendimento. Esse Deus nada tem a ver com os deuses vivos e bonachões do mundo antigo. "Pelo nome de Deus entendo uma substância infinita, eterna, imutável, independente, que tudo conhece, todo-poderosa[...]".[22] Abaixo de nós, não há, como em Aristóteles, toda uma tranquilizadora hierarquia de seres vivos, mas apenas corpos, pois mesmo as "bestas brutas" são tão mecânicas como "todos os outros corpos que nos circundam".[23] Um imenso fosso ontológico separa-nos, pois, da substância infinita de Deus (pois somos finitos) e da substância extensa dos corpos (pois somos pensantes). Todavia, como a essência do homem é feita de duas substâncias heterogêneas, ela é também ambivalente: situa-se, senão "entre dois infinitos", como diria Pascal, pelo menos a meio caminho entre a infinitude de Deus e a finitude extensiva dos corpos. O homem deve parte de sua natureza à mecânica dos corpos finitos, mas também recebe sua parte

---

20 Ver anteriormente, p.33-8 (Aristóteles) e p.62-3 (Descartes).
21 Ver nosso "O animal e o deus: dois modelos para o homem", op. cit.
22 *Terceira meditação*.
23 "Não há, portanto, senão uma matéria em todo o universo, e nós a conhecemos só por ser extensiva; pois todas as propriedades que percebemos distintamente nela estão relacionadas a poder ela ser dividida e movida segundo as partes e poder receber todas as diversas disposições a que notamos poder chegar pelo movimento das partes" (*Princípios da filosofia* II, art. 23).

NOSSA HUMANIDADE

da infinitude divina. Somos finitos, mas possuímos a ideia de infinito, que é em nós como a marca do Criador sobre a criatura,[24] e compartilhamos com Ele o poder sem limites de "fazer ou não fazer algo"... "sem que nenhuma força exterior nos obrigue".[25] Por maior que seja, portanto, a dificuldade que tenhamos para apreender essa essência do homem, feita da união substancial de duas substâncias heterogêneas, não temos, em compensação, nenhuma dificuldade para apreender, graças a ela, a nossa situação mediana no Universo. Como em Aristóteles, esta é até mais clara e determinada do que a nossa essência, que permanece sempre marcada pela ambiguidade. Enquanto levava Pascal à angústia, deixando-o perdido e desorientado, ela é para Descartes o melhor sinal do nosso poder de conhecer, contanto que saibamos servir-nos com método dos dois instrumentos que Deus pôs à nossa disposição: o nosso entendimento finito, que d'Ele nos distingue, e a nossa vontade infinita, pela qual nos assemelhamos a Ele. Pelo uso de um e de outro, podemos atingir uma Ciência certa da natureza e um conduta razoável de nossa vida.

Nas duas primeiras figuras, o homem está, portanto, em seu lugar no mundo, encerrado entre dois "Outros", por cima e por baixo. Este último traço não está, talvez, diretamente ligado ao essencialismo. Em compensação, é possível supor que o antiessencialismo das Ciências do Homem esteja vinculado à perda de um desses dois Outros. A busca das condições de possibilidade do conhecimento objetivo do homem, no século XVIII, será acompanhada da retração progressiva do ponto de referência divino. Daí a importância crescente que assumirá, nas figuras 3 e 4, o conceito frágil e ambíguo de Animal,[26] o último ponto de referência que permite diferenciar – ou, justamente, não diferenciar – o que resta do homem: este não poderá mais ser correlacionado com uma transcendência (o infinito, o absoluto, uma sobrenatureza, Deus etc.); como tampouco, por sua essência, poderá ser definido pelo lugar no centro do mundo; poderá apenas ser situado em algum lugar "na natureza", quer para ser distinguido dos outros seres naturais (figura 3), quer para ser assimilado a eles (figura 4).

Será, então, que é por tornar-se objeto de ciência que ele deixará de poder ser definido por um lugar fixo no mundo? Ele seria explicado, então, recorrendo-se à ideia de medida: tornando-se objetivamente cognoscível, o homem deixou de ser a medida de todas as coisas conhecidas, ele mesmo

---

24 *Terceira meditação.*
25 Ver anteriormente, p.63, n.35. Ver também *As paixões da alma* III, 152: este "livre arbítrio [...] nos torna de certo modo semelhantes a Deus, fazendo-nos senhores de nós mesmos".
26 Ver a seguir, Capítulo 10, p.279ss.

se torna medido ou mensurável, deixa, com isso, de estar situado entre os seus dois "Outros". Inversamente, será que é porque toda referência a uma transcendência deixa de ser necessária à definição do homem que este pode tornar-se objeto de ciência? Propor-se-ia, então, a ideia de que a alteridade, que até o século XVII se achava fora do homem (em sua relação com a transcendência divina, como na figura 2), agora se insinua no íntimo mesmo do homem.[27] Deixando de depender de um Deus, ou de dever obedecer a Ele, nem por isso, porém, o homem se liberta de toda sujeição. Ao contrário: ele não mais se pertence, não é mais senhor dentro de si (figura 3). A distância infinita que o separava de Deus não impedia que ele fosse senhor de si mesmo e das coisas: ela lhe deixava esses dois terrenos livres, a consciência de si e o domínio da natureza. Com as Ciências Humanas, instalou-se a distância entre ele e si mesmo, entre o que ele é realmente, segundo as Ciências, e o que ele se representa de si mesmo, segundo a consciência: essa distância é máxima no homem estrutural. E, na era das Neurociências, o novo "homem" não passa de um rebento dessa natureza de que se crê senhor. Invertem-se as posições da Idade Clássica.

As duas interpretações anteriores são possíveis. Uma terceira enxergaria nos dois "eventos" (a perda da relação com Deus e o nascimento das Ciências do Homem) sintomas do fenômeno mais amplo da "modernidade" que foi chamado de "desencantamento do mundo". Dir-se-ia, então, algo assim: com a Ciência de Descartes e Galileu retraiu-se a crença na ação de Deus no mundo, os acontecimentos não eram mais considerados senão o puro produto de forças físicas cegas. E depois foi a vez do homem: ele também se tornou cientificamente cognoscível. Depois do "desencantamento da natureza", veio o do homem, para completar o do mundo. O espírito desertara a natureza, restava-lhe desertar o homem. O que se deu em duas etapas: deixaram-lhe primeiro uma especificidade, como um resto de espírito: uma cultura, uma linguagem, uma história, que o opunham à natureza. E depois, até mesmo estes últimos traços de espiritualidade retornaram à ordem da natureza...

---

27 Ver Gauchet: "O outro, sempre, no centro das necessidades constituintes. Não mais a submissão do outro diferente do homem, mas a descoberta do homem como outro ao mesmo tempo para ele mesmo e para o que não é ele. Redução da alteridade, não é eliminação da dimensão do outro em proveito de um reino qualquer da presença pura, é a transferência do outro para a imanência" (*Le désenchantement du monde*, p.238).

AS DUAS VARIANTES OPOSTAS DO NATURALISMO

Uma das duas variáveis que definem as nossas quatro figuras do homem é, portanto, o essencialismo das duas primeiras, oposto ao antiessencialismo das duas seguintes. A segunda variável é a oposição do monismo das figuras "extremas" (1 e 4) ao dualismo das figuras "médias" (2 e 3).

O homem antigo e o homem contemporâneo são monistas – e o são em dois sentidos: o homem é uno, a natureza é una. O homem é ontologicamente uno e deve, portanto, ser estudado metodologicamente por uma Ciência una. Em ambos os casos, tal monismo é ademais naturalista. O homem é um ser natural como os outros; deve, portanto, ser estudado pelas Ciências Naturais. Mas o naturalismo é diferente nas duas figuras, precisamente porque uma é essencialista enquanto a outra é antiessencialista.

Não é, evidentemente, no mesmo sentido que o homem de Aristóteles e o homem neuronal são "naturais", pois não pertencem à mesma "natureza". O homem da primeira figura é uma espécie *fixa*, ao passo que, na quarta, ele é produto da *evolução* natural. A primeira figura não impede uma descontinuidade radical entre o homem e os demais "viventes": ele é *essencialmente* diferente dos outros (por exemplo, pelo *logos* ou pela *polis*), enquanto, na quarta figura, pertence antes de tudo ao mesmo gênero. Tais oposições se explicam facilmente pela variável anterior. Sendo uma essência, o homem de Aristóteles é uma forma especificamente distinta de todas as outras. Sendo um vivente como os outros, produto contingente da evolução e da adaptação ao meio, o "homem neuronal" não é senão uma população dispersa de genes: não é uma essência.

Dessa mesma oposição entre um naturalismo essencialista e um naturalismo antiessencialista deduzem-se duas outras diferenças entre o homem de Aristóteles e o homem neuronal de hoje. Este é *naturalizado* justamente por não ser "natural". Naturalizá-lo é "colocá-lo de novo em seu lugar", em todos os sentidos da expressão; é retirar-lhe toda pretensão a ocupar uma situação privilegiada, quer central, quer apenas particular. Mas tal gesto só é possível porque o homem não tem essência fixa. O homem antigo, ao contrário, não é naturalizado: é uma substância natural logo de saída, cuja *naturalidade, confundindo-se com a essência,* o diferencia suficientemente dos outros *zoa*: chamá-lo de "natural" não significa recusar-lhe uma situação privilegiada no mundo ou uma especificidade que o oponha aos outros seres naturais, mas, ao contrário, nele reconhecer tal situação.

Daí se deduz uma última diferença. O homem da figura 1 é considerado cientificamente um vivente porque é o modelo para explicar todos os outros.

Ao contrário, se o homem da figura 4 é tido como um vivente, não é para explicar os outros, mas para que os outros viventes possam explicá-lo. As duas figuras do homem, ambas naturais, são na realidade inversas. O homem antigo era o modelo (por ser alma e corpo) que permitia compreender, *abaixo* dele, os animais, as plantas e todas as substâncias naturais, e até artificiais. Toda a natureza era compreendida *a partir do homem*. Mas isso porque era a natureza que se buscava explicar. O homem (neuronal) contemporâneo é o inverso: é a natureza (em particular vivente, e em particular animal) que constitui o modelo para se compreender o que há de aparentemente humano no homem. Todos os seres naturais eram, portanto, para Aristóteles, homens "menos desenvolvidos", por assim dizer, e só o homem realizava, em ato, todas as possibilidades de um ser natural, ou as realizava no mais alto grau. Ao contrário, para as Ciências Naturais contemporâneas, as faculdades do homem ou as suas expressões pretensamente mais elevadas (consciência, intencionalidade, linguagem, sociedade, moralidade, religião etc.) são *redutíveis* a propriedades do vivente. Enquanto a Ciência Antiga humanizava a natureza (o homem é modelo, a natureza é objeto), a Ciência Contemporânea naturaliza o homem (a natureza é modelo, o homem é objeto). E, para justificar sua obra de retrocessão, ou até de "rebaixamento" do homem, a figura 4 tem dois bons motivos históricos, que são justamente as duas figuras anteriores: por um lado, a sua oposição à figura 2, a todas essas concepções do homem em que ele se julgava sujeito, senhor de si ou da natureza (de Descartes a Husserl ou a Sartre); por outro lado, a sua oposição à figura 3, a todas aquelas Ciências que faziam do homem um objeto singular (de Durkheim e de Freud a Benveniste ou Bourdieu).

No entanto, sejam quais forem as diferenças entre os dois naturalismos (um essencialista, outro antiessencialista), o ganho epistemológico do monismo é em ambos os casos o mesmo: funda-se uma Ciência única e total da natureza, explicando os comportamentos humanos como um simples caso particular das leis ou das regularidades naturais. Isso não passa de um sonho, porém, e o naturalismo, embora autorize acariciá-lo, não permite jamais realizá-lo: pois o monismo naturalista não parece de modo nenhum impedir a diversidade irredutível dos níveis de explicação científica.

Para Aristóteles, o homem tal como o estuda a Ciência é um *zoon* que obedece ao modelo hilemórfico.[28] A matéria e a forma, porém, não são duas substâncias distintas e separáveis (Aristóteles, justamente, não é dualista), só dois aspectos da mesma substância, conforme é considerada

---

28 Ver anteriormente, p.124.

"em potência" na matéria, ou "em ato" na forma: assim, o corpo de tal ser natural é somente *capaz* de estar vivo, ao passo que a alma do mesmo ser lhe permite *exercer* esta ou aquela função (mexer-se, comer etc.).[29] A vantagem epistemológica desse tipo de monismo é tornar *possível* conhecer o homem pelas Ciências Físicas (Zoologia, Psicologia). Há, no entanto, outro gênero de Ciências (as Matemáticas) que não estuda as substâncias assim compostas de matéria e de forma, pelo menos não as estuda *enquanto tais*, e que recorre a um modelo muito diferente de explicação. As Ciências Físicas devem recorrer ao mesmo tempo a uma explicação pela causa final (por exemplo: para que serve determinado órgão?) e pela causa motriz (por exemplo: como determinado órgão preenche a sua função?), enquanto as Ciências Matemáticas só recorrem à causa formal (por exemplo: por que a soma dos ângulos de um triângulo é igual a dois ângulos retos? A resposta deve poder ser deduzida da essência mesma do triângulo, de sua definição). Isso não significa que haja dois tipos de substâncias ontologicamente distintas, as dos físicos (compostas de matéria e de forma) e as dos matemáticos (as "puras" quantidades). Significa apenas que as Ciências que estudam as substâncias naturais, concretas e mutáveis não podem ter sobre elas uma certeza matemática, nem demonstrar as suas propriedades necessárias. Não podem enunciar "leis da natureza", mas só regularidades que comportam margens de indeterminação e exceções: pode-se dizer, por exemplo, que os filhos "na maioria das vezes" se parecem com os pais, mas nem sempre nem necessariamente; alguns nem sequer têm forma humana, existem monstros.[30] Por outro lado, as Ciências Matemáticas não estudam tais quais as substâncias concretas, móveis, compostas de matéria e de forma, mas apenas essas *mesmas* substâncias corporais consideradas abstratamente e reduzidas ao que têm de quantificável: assim, a Geometria considera os corpos "enquanto" mensuráveis e os reduz a quantidades contínuas, divisíveis ao infinito, enquanto a Aritmética as considera "enquanto" contáveis e as reduz a quantidades indivisíveis, cada substância valendo "um".[31] Na reali-

---

29 Ver Aristóteles, *Da alma* II, 1, 412a 22-b 9.
30 Ver *Geração dos animais* IV, 2, 767b 3-5.
31 Acerca da relação entre Matemática e Física, ver *Física* II, 2, 193b 31 - 194a 7. Acerca dos objetos estudados pelas Matemáticas, que são os mesmos que os estudados pelas Ciências Físicas, mas considerados, não *enquanto* mutáveis ou sensíveis, mas *enquanto* contáveis, por exemplo (isto é, indivisíveis), ver *Metafísica* M, 3, 1077b 17ss. Aristóteles toma até o exemplo do homem, que pode também ser *considerado como* "objeto" da Aritmética ou da Geometria: "O homem é, com efeito, uno e indivisível enquanto homem: e o aritmético o colocou como uma coisa indivisível e procurou em seguida se algum atributo pertence ao homem enquanto indivisível. O geômetra, por seu lado, não o considera nem enquanto

dade, há um só tipo de substâncias, mas os físicos as estudam em toda sua realidade de substâncias naturais em movimento, enquanto os matemáticos as estudam "fazendo abstração" do que elas têm de móvel e de material, e considerando-as apenas como quantidades (medidas ou números). O naturalismo possibilita ter uma única vasta Ciência da Natureza, que vai dos elementos (água, ar, fogo, terra) até os viventes mais elevados, mas não exclui que haja dois tipos de Ciências, as Físicas e as Matemáticas: dualidade de objetos, de método, de grau de acribia. *Ora, acontece que uma parte do próprio mundo natural é estudada pelas Ciências Matemáticas*; ela pode, portanto, ser descrita com o mesmo rigor dedutivo que a Aritmética ou a Geometria e explicada com a mesma necessidade que aquela que vincula os números entre eles ou as etapas sucessivas de uma demonstração geométrica: trata-se do céu (ou seja, do "mundo supralunar"), que é habitado por seres naturais (os astros) regulados por movimentos simples, circulares, regulares, determinados, previsíveis, e não por esses movimentos e comportamentos em parte erráticos dos seres naturais do mundo "sublunar". A Astronomia é, portanto, um ramo das Matemáticas, e não da Física.[32] Assim, Aristóteles não pode integrar o homem no estudo geral da natureza, senão com a condição de dividir em duas a natureza mesma e de opor a parte que obedece à necessidade e a parte que obedece apenas a regularidades.

O mesmo se pode dizer, *mutatis mutandis*, do "homem neuronal", com a diferença apenas do "nível" do tipo de Ciência. A integração contemporânea do homem no estudo científico da natureza tampouco pode efetuar-se *sem uma cisão interna nas Ciências Naturais*. Para a Ciência Antiga, o homem estudado pela Ciência Natural é um *zoon*, todo *zoon* é uma substância viva e, de um modo mais geral, toda substância tem uma composição hilemórfica. Do mesmo modo, para as Neurociências, as Ciências Cognitivas ou as diferentes Ciências Humanas evolucionistas,[33] o homem é um animal, todo animal é um vivente, e, de um modo mais geral, todo vivente tem certas propriedades essenciais: é capaz de metabolizar certos materiais naturais, de se reproduzir,

---

homem, nem enquanto indivisível, mas enquanto sólido matemático" (ibid., 1078a 23-30).

32 Mas, consciente do que ela tem de específico, Aristóteles a classifica, com a Harmônica e a Óptica, nas "partes mais físicas das matemáticas" (*Física* II, 2, 194a 7). O que ele explicita a respeito da Óptica vale também para a Astronomia: "a geometria, com efeito, examina a linha física, mas não enquanto física, ao passo que a óptica estuda a linha matemática, mas não enquanto matemática, mas enquanto física" (ibid., 194a 9-12).

33 Por exemplo, a Psicologia Evolucionista (ver anteriormente), mas também a Economia Evolucionista, a Antropologia Biológica, certas correntes da Linguística Histórica (de inspiração "darwinista") etc.

de se adaptar ao meio – e, portanto, de estar sujeito à "evolução" das espécies por seleção natural. O mesmo tipo de explicação vai valer quando se tratar de *explicar* (de achar o nível certo de causalidade) dos fenômenos que são, ou parecem, propriamente humanos: a consciência de si, o raciocínio,[34] a transmissão cultural, a linguagem articulada, as técnicas, as crenças e os ritos religiosos, a "moralidade" ou, mais refinadamente, o "reconhecimento dos rostos", o "medo do escuro", os "ciúmes amorosos" ou a "detecção dos trapaceiros", todos eles comportamentos humanos que, segundo a Psicologia Evolucionista, são outros tantos mecanismos psicológicos, especializados nas áreas particulares ("módulos") e que respondem a problemas adaptativos encontrados por nossa espécie ao longo da evolução. Deve-se, pois, considerar o homem como um vivente, nada mais, nada menos. *Mas a regressão para por aí*: no vivente, isto é, nas Ciências que chamamos de biológicas. A figura 4 detém-se, assim, numa etapa antes da figura 1, que chegava a reconhecer em toda substância natural um composto hilemórfico do mesmo tipo que os homens e os animais. Seja como for, hoje ninguém pode dizer "Consideremos o homem tal como é, um (mero) composto de elétrons e *quarks*." Ainda que seja verdade que o homem seja composto de *quarks*, ainda que os cientistas monistas, "materialistas" ou fisicalistas, sejam eles neurocientistas ou físicos, creiam nisso (ou saibam disso), tal proposição não tem nenhum valor explicativo e nada diz acerca do homem. Em compensação, a proposição "O homem é um vivente" diz não só a que gênero pertence o homem (como na figura 1), mas afirma, ademais, que todas as características supostamente "humanas" podem ser explicadas pelo fato de que o ser humano é capaz de metabolizar certos materiais naturais, de se reproduzir, de se adaptar ao meio ambiente etc. A descontinuidade epistemológica que possibilita dar conta do homem na figura 4, do que ele é enquanto homem, detém-se na Biologia e não retorna à Física, como na figura 1 – ainda que se possa também aqui continuar "ontologicamente" monista, ainda que se possa postular, pelo menos de direito, que todos os fenômenos e todas as propriedades biológicas dos seres vivos sejam determinados por fenômenos e propriedades de nível físico, ainda que, como se diz hoje, haja "superveniência" do "vivente" sobre o "material". Em nenhum dos dois monismos a

---

34 Ver, por exemplo, Van der Henst e Mercier, "Psychologie évolutionniste et raisonnement", in: Rossi e Van der Henst (Orgs.), *Psychologies du raisonnement*. A respeito do raciocínio, o psicólogo evolucionista levantará as seguintes questões: "Como contribuem as nossas diversas faculdades de raciocínio para o aumento do nosso sucesso reprodutivo? Será possível que essas faculdades tenham surgido sem resolver problemas adaptativos? Podem elas ser vistas como o subproduto de outras atividades cognitivas?" (p.247).

naturalização do homem pode impedir uma descontinuidade radical entre as Ciências Naturais: dualidade de objetos ou de método, ou até de acribia. Dessa vez, porém, na atual situação, o corte no interior das Ciências Naturais não passa entre o céu e a terra, mas entre o vivente e o inerte, entre a Biologia e a Física. Ainda que o monismo implique uma unificação aparente das Ciências, ele não pode, na realidade, senão deslocar o corte e reintroduzi-lo ora um pouco mais longe, ora um pouco menos longe.

As duas figuras monistas do homem não o são inteiramente no mesmo sentido, ainda que visem no naturalismo à mesma vantagem epistemológica. O mesmo acontece com as duas figuras intermediárias do homem, a figura cartesiana e a figura estrutural, uma e outra dualistas.

AS DUAS VARIANTES OPOSTAS DO DUALISMO ANTINATURALISTA

O homem é duplo. Há o que ele tem de específico, por um lado (o pensamento – ou a cultura, a História etc.), e, por outro lado, o que nele pertence à esfera da natureza (o corpo – a vida).

Na realidade, esses dois dualismos são eles mesmos duplos. O dualismo que divide o homem implica uma dicotomia entre dois modos de acesso às suas duas faces. O homem cartesiano está ontologicamente dividido entre uma substância pensante e uma substância extensiva; conhecemos imediatamente o pensamento pela consciência reflexiva e conhecemos a lei da extensão pela Ciência demonstrativa, recorrendo à intuição e à dedução. Em termos epistemológicos, o dualismo entre dois tipos de essência, pensamento e corpo, traduz a oposição do sujeito e do objeto da "Ciência universal". O homem estrutural está dividido entre atributos naturais e atributos culturais (ou históricos, simbólicos); conhecemos as leis *da* natureza (de direito, sempre "una") pelas Ciências Físicas e Biológicas, e alcançamos a especificidade dos fenômenos humanos por métodos próprios das diversas Ciências Humanas. Esse dualismo antiessencialista traduz a oposição entre dois tipos de *objetos* de ciência: objetos sempre redutíveis à unidade de uma natureza, e objetos humanos para sempre irredutíveis à unidade do homem. Como o "homem" não tem essência, ele continua sendo um objeto não totalizável, compartilhado por diversas Ciências (História, Sociologia, Etnologia, Linguística etc.). O dualismo cartesiano divide o homem em duas essências; o dualismo estrutural divide-o entre o que, nele, pertence à essência da natureza e o que, propriamente humano, não pertence a nenhuma essência.

NOSSA HUMANIDADE

Mas, a despeito das diferenças entre esses dois dualismos (um essencialista, outro antiessencialista), a vantagem epistemológica do dualismo continua a mesma: a *distância epistemológica* que permite a objetividade científica. O homem cartesiano está *diante da* natureza como do objeto que ele pode conhecer e sobre o qual pode agir. Ele é sujeito, a natureza é objeto – e essa divisão entre um e outro a ele mesmo divide. A Física Clássica é possível porque há dois seres ontologicamente distintos frente a frente: um ser cuja essência é poder pensar e conhecer, e um ser cuja essência é poder ser pensado e conhecido.

A essa divisão entre um pensamento cognoscente e uma natureza cognoscível, o homem estrutural sobrepõe outra, pois ele mesmo está dividido em dois tipos de objeto de ciência. O que permite essa divisão entre natureza e cultura não é só que a natureza seja "inconsciente" ao passo que o homem exprime a "consciência" do que ele é ou do que faz em sua cultura, sua História, sua sociedade, sua língua, seus desejos etc. – todas elas manifestações que, com efeito, não são possíveis sem consciência. Pois, quanto a isso, os objetos cientificamente cognoscíveis, no homem, não se distinguiriam do que, nele, permite conhecê-los: haveria, por um lado, a consciência humana por conhecer e, por outro, a mesma consciência humana, talvez um pouco mais lúcida, penetrante e, portanto, capaz de se conhecer a si mesma – como no tempo da introspecção dos moralistas ou da reflexão filosófica sobre o entendimento humano; não haveria nenhuma *distância epistemológica*, necessária à objetividade científica. É preciso, pois, que a mesma divisão oponha, *no* homem das Ciências Humanas, isto é, em sua parte "cultural" ou "consciente", o que ele é (e que só as Ciências podem revelar, ou seja, levar à *consciência*) e o que ele crê *conscientemente* ser. É preciso poder opor a consciência das Ciências mesmas (sua consciência de "sujeito", por assim dizer) e a consciência dos homens (sua consciência de objetos, por assim dizer). É preciso que o homem seja separado dele mesmo: há, por um lado, o que ele é sem saber, o que faz sem querer, o que deseja inconscientemente – que as Ciências descobrem e de que *elas* são a consciência –, e, por outro lado, o que ele é ou faz enquanto sujeito consciente, ou seja, o que ele crê, o que imagina ser ou fazer. O objeto das Ciências Humanas não é a inconsciência mesma (isso não o distinguiria do sujeito da Ciência, seja ele qual for). O objeto das Ciências Humanas não é nem as formas "subjetivas" da consciência humana, nem as realidades "objetivas" de que são a manifestação; é essa impossível adequação de umas às outras, essa separação inevitável entre as representações e as realidades, essa distância necessária, embora sempre infinitamente variável, entre os homens e eles mesmos que nenhuma Antropologia geral e positiva pode jamais dizer – uma divisão interna que é por excelência a do homem estrutural. De certa maneira, as Ciências Humanas reproduzem, no interior de seu objeto próprio, as formas da humanidade, a condição da objetividade científica que tornou possível, na Idade Clássica, a Física Matemática, a saber, a distância epistemológica entre o sujeito e o objeto. Todas essas maneiras de o homem dividir-se entre o que é como sujeito e o que pode ser como objeto é que são os objetos sempre disponíveis para o sujeito das Ciências do Homem.

Temos, portanto, os seguintes esquemas.

Para que seja possível a Ciência Natural, é preciso, para Descartes, uma dicotomia interna ao homem:

Homem	
sujeito da Ciência Natural	objeto da Ciência Natural
alma	corpo

Na época moderna, temos uma dupla dicotomia, de que o homem estrutural é a mais perfeita realização:

Homem			
sujeito da Ciência	objeto da Ciência		
consciência	natureza	cultura	
	(Ciências Naturais)	(Ciências Humanas)	
		sujeito	*sujeitado*
		consciência	inconsciência

A vantagem é a mesma em ambos os casos: a distância epistemológica que garante a objetividade do olhar científico. O pensamento é, em Descartes, distinto da extensão, para que a Ciência possa objetivar uma natureza cega. A Psicanálise, a Sociologia durkheimiana, a Linguística estrutural etc. estão ante o homem (ou melhor, ante o desejo, os fatos sociais, a língua etc.) como o sujeito cognoscente está ante o objeto cognoscível, objeto cego *que não pode jamais conhecer-se a si mesmo* porque é consciente do que deseja (ou do que faz, ou do que diz) e inconsciente das *causas* reais (sejam elas individuais, sociais, linguísticas) pelas quais ele o deseja ou o faz ou o diz, e porque, além disso, ele atribui a si mesmo razões de agir (uma intenção, uma vontade, um querer dizer) que não são as causas reais do agir, aquelas que a Psicanálise, a Sociologia ou a Linguística podem revelar. A Ciência Humana reencontra, para com o homem (da figura 3), a relação que o sujeito clássico (da figura 2) tinha para com a natureza. O *sujeito* da Ciência encontra-se numa posição de completa exterioridade e de distância máxima. Toda Ciência Humana tenta assentar a sua cientificidade retomando a posição subjetiva clássica da Ciência, que coloca o homem numa distância objetiva; com o paradigma estruturalista, essa posição era claramente assumida. Isso, porém, não faz do homem um *objeto* de ciência, no sentido em que a natureza (ou o corpo) o era para o homem cartesiano. É que o corpo é sem consciência, evidentemente, para poder ser conhecido. No entanto, ele não é *privado* de consciência. É de sua essência não pensar; ele é essencialmente não consciente – "negação" e não "privação", para nos valermos dos termos clássicos. O homem estrutural *crê-se* sujeito, como o sujeito da Ciência, o homem cartesiano, senhor de si e transparente a si mesmo. E é essa crença *ilusória* que o constitui como objeto de ciência: não sendo senão sujeitado, ele se dispersa em objetos fragmentados nas múltiplas Ciências possíveis. Enquanto o homem é *privado* da consciência que crê ter, ele é ao mesmo tempo consciente de suas próprias razões (que se tornam "suas" por intermédio dessa consciência enganada) e não consciente de suas causas reais (que só são "suas" aos olhos do sujeito da Ciência).

Eis-nos, pois, com duas variáveis combináveis num quadro de dupla entrada, ou seja, uma configuração geral de quatro lugares. O homem pode ser definido quer de maneira essencialista e monista – é o que nos oferece a primeira figura: o homem é *essencialmente* um vivente (*natural*) dotado de *logos* –, quer de maneira essencialista e dualista – é a segunda figura: o homem é essencialmente uma substância pensante (não natural) estreitamente unida a um corpo (natural) –, quer de maneira antiessencialista e dualista – é a terceira figura: o homem estrutural é o objeto de ciências divididas, e por isso mesmo um sujeito dividido, sujeitado às formas infinitamente variáveis de sua própria constituição –, quer ainda de maneira antiessencialista e monista – é a última figura: o homem neuronal é um animal (natural) como os outros, rebento variável da evolução natural e adaptado à diversidade dos meios em que se encontra.

Vemos também, no quadro recapitulativo a seguir, as vantagens epistemológicas de cada figura. Elas decorrem do cruzamento dos ganhos respectivos de cada uma das variáveis. O ganho do essencialismo é que, colocando o homem como uma essência fixa e eterna, ele lhe garante uma posição de sujeito de uma Ciência Natural, fundadora de exterioridade. Inversamente, o antiessencialismo é a posição necessária à fundação de uma Ciência que adota o homem como objeto. O monismo goza de todas as vantagens evidentes do reducionismo epistemológico: um mesmo tipo de causalidade natural permite explicar o homem e a natureza. O dualismo tem todas as vantagens epistemológicas inversas – as da distância epistemológica em relação ao objeto. O sujeito é tanto mais cognoscente por não compartilhar nenhuma das características do objeto e por se definir pela pura função de conhecimento – isto é, no fundo, de *consciência;* o objeto é tanto mais bem conhecido por não compartilhar nenhum dos traços do sujeito e por se definir pela pura função de desconhecimento – a *inconsciência,* a impossibilidade de pensar. As Ciências Humanas repetem, assim, o gesto epistemológico dos cartesianos ao fundarem a Ciência Física moderna: gesto de distinção, de separação, de afastamento entre a função do "sujeito" e a condição do objeto. Uns e outros colocam toda a consciência do lado do *sujeito da Ciência,* que é colocado como pura consciência do que escapa por hipótese a seu objeto (o corpo, o sujeito sujeitado); inversamente, eles colocam toda a inconsciência do lado do *objeto da Ciência* (quer da natureza, quer do homem), que, mais uma vez, é definido pela incapacidade de pensar o que ele mesmo é: o corpo mecânico e cego para Descartes, o sujeito *sujeitado* para as Ciências Humanas estruturalistas.

É o seguinte, pois, o quadro de nossas quatro figuras epistemológicas do homem:

Homem definido em termos:	essencialistas	não essencialistas	Ganho epistemológico
monistas	"vivente" racional (dotado de *logos*)	animal como os outros	*reducionismo*
dualistas	substância pensante (unida a um corpo)	sujeito sujeitado	*distância epistemológica sujeito/objeto*
Ganho epistemológico	*fundar uma Ciência da natureza*	*fundar Ciências do Homem*	

– 6 –

NARRATIVA

Quatro revoluções científicas

Cada uma das quatro figuras do homem está ligada a uma "revolução científica", da qual é contemporânea. Na Antiguidade, foi o próprio nascimento da Ciência, e a primeira figura do homem funda a possibilidade de uma Física. A revolução dos tempos modernos corresponde ao que às vezes é chamado "o segundo nascimento das Ciências", e a segunda figura funda a possibilidade de uma Física Matemática. A revolução científica do século XIX está ligada ao nascimento das Ciências Humanas, e a terceira figura é a do homem que elas estudam: funda a possibilidade de Ciências distintas das Ciências Naturais e implica um novo modelo de cientificidade que não seja mais "nomológico" – vale dizer, que não formule *leis*. A revolução das Neurociências e das Ciências Cognitivas, enfim, corresponde a um novo paradigma biologista no estudo do homem: a quarta figura funda a possibilidade de explicar a mente humana, a "mente" em geral ou a espécie humana pelo que nelas é natural sem ser propriamente humano.

Esboçamos um esquema segundo o qual os quatro conceitos do homem se constroem uns contra os outros e assim se ordenam numa série;[1] acaba-

---

1 Ver anteriormente, p.139-41.

mos de sugerir (Capítulo 5) que sua configuração forma um sistema em que cada figura pode ser definida pela relação com as outras. Queremos agora sugerir que uma sequência, também ela sistemática, ordena as quatro rupturas científicas por elas implicadas: elas se encadeiam como os diferentes momentos de uma mesma história. Trata-se apenas de forjar uma "narrativa verossímil", para falar como Platão, sem nenhuma ambição "explicativa", mas, no máximo, uma eficácia "compreensiva" – que dê conta da maneira como esses grandes acontecimentos se sucedem. Poderíamos tirar dessa narração as vantagens que às vezes a representação tem sobre a realidade: acontece de uma narrativa coerente e verossímil permitir evidenciar o que a História, mais verdadeira, mas mais profusa, não deixa entrever.

A REVOLUÇÃO DA PRIMEIRA FIGURA: A POSSIBILIDADE DE UMA CIÊNCIA NATURAL

O "animal racional" está no centro da concepção aristotélica das Ciências Naturais. Invertamos o problema: a partir da revolução científica operada por Aristóteles, pode-se deduzir a figura do homem por ela implicada?

Aristóteles não inventou a ideia de ciência no sentido que damos ainda hoje ao termo. O conceito de tal modo de conhecimento – racional, transmissível, verificável, universalizável e distinto de todas as formas de saber ou de crença individuais, aproximativas, tradicionais, irrefletidas, intuitivas, inverificáveis, herdadas, empíricas ou religiosas – constituiu-se progressivamente no pensamento grego. Com Platão, ele alcança por fim a sua formulação rigorosa e quase definitiva. O problema é saber como Aristóteles inventa a possibilidade de uma Ciência *física* a partir da ideia platônica de *ciência*, que parece excluí-la.

Para Platão, uma ciência é *um conjunto unificado de conhecimentos verdadeiros e racionalmente justificados.*[2] É essa definição de ciência que é exemplificada na mesma época pelas Matemáticas, que aplicam a objetos abstratos (figuras planas, por exemplo) o procedimento rigoroso da demonstração: a partir de certas proposições aceitas ou já demonstradas, deduzem-se logicamente novas proposições, sem recorrer a nenhuma outra fonte de saber, em particular as evidências sensíveis. Desde Hipócrates de Quios, autor do primeiro tratado intitulado *Elementos*, escrito mais de um século antes de

---

2 Como indicam (entre outros) uma das definições do *Teeteto* (201b ss.) e o conjunto dos princípios em que se baseiam as teses da *República* (V-VII).

Euclides, os matemáticos contemporâneos conseguem aos poucos vincular entre elas essas demonstrações num edifício cada vez mais ordenado e unificado. Para Platão, esse modelo de saber puramente racional dificilmente pode ser superado.[3] Uma ciência digna do nome deve estudar objetos que "são sempre e somente o que são", e deve ser capaz de tais demonstrações. Romperá, assim, com o testemunho dos sentidos, que só nos oferecem fenômenos instáveis: os seres naturais, com efeito, não são verdadeiramente *seres*, estão "em devir",[4] aparecem, desaparecem, transformam-se (a água torna-se gelo ou evapora), nascem e morrem (tanto as flores como os homens). Platão tirava daí a conclusão de que havia cinco verdadeiras disciplinas científicas, as que chamaríamos de Matemáticas, e só elas. Contudo, mesmo essas disciplinas só poderiam pretender ser "ciências" com a condição de se limitarem a conhecimentos teóricos, independente, por conseguinte, de toda função utilitária, de purificarem seus objetos de todo caráter sensível e de ajustarem seus métodos para torná-los estritamente racionais. Poderiam, assim, alcançar o título de ciências: a Aritmética, que deve romper com o cálculo dos comerciantes para se tornar uma teoria dos números;[5] a Geometria, que deve igualmente romper com as práticas de Agrimensura para se tornar uma Ciência das grandezas e das relações entre elas; talvez a Estereometria (ou Geometria no Espaço),[6] que deve reduzir os corpos sensíveis por ela estudados à sua forma espacial tridimensional; por fim, a Astronomia e a Harmonia. Estas duas últimas são aparentemente disciplinas empíricas, baseadas na observação visual dos fenômenos celestes[7] ou na observação auditiva dos fenômenos de consonância e dissonância;[8] mas Platão sugere que é preciso reformá-las para que se tornem Ciências racionais, convidando-as a construir modelos teóricos capazes de "salvar os fenômenos", isto, dar razão[9] das aparências sensíveis mutáveis. Na nova Astronomia platônica, serão supostas, portanto, *realidades* imutáveis, outras vezes chamadas de "formas", no caso, figuras geométricas ou espaciais simples – círculos, esferas em rotação –, e se colocará que os movimentos

---

3 Na realidade, ao longo de toda a sua carreira filosófica, Platão procurou justamente superar esse modelo matemático e fundar outro tipo de saber completamente racional, corrigindo em especial o que julgava serem os resíduos de empiricidade que subsistem no modelo. Ele chama esse outro saber "dialética", e expõe sucessivamente diversas concepções dele em suas obras.

4 Ver, por exemplo, *A República* VII, 521d (*passim*).

5 Ibid., VII, 522c-526c.

6 Ibid., VII, 528b-d.

7 Ibid. VII, 529c-d.

8 Ibid. VII, 531a-b.

9 Sobre esse método, ver ibid. VII, 530b-c (astronomia) e 531b-c (harmonia).

aparentemente irregulares e imprevisíveis dos planetas obedecem a uma sobreposição de movimentos regulares dessas figuras simples. Do mesmo modo, na nova harmonia reformada, se supõem outras realidades imutáveis, no caso, números inteiros ou relações numéricas elementares, e se afirmará que todas as consonâncias sonoras aparentemente aproximativas podem ser exprimidas por meio de relações simples (1/2, 3/2, 4/3 etc.) entre os comprimentos da corda da lira. Toda Ciência propriamente dita é de essência racional, *portanto* matemática, e não pode haver outra Ciência senão uma dessas cinco.[10] Eis como Platão define a Ciência e funda, ao mesmo tempo, as Ciências Matemáticas.

Questiona-se, então, se pode também haver explicações racionais do que não é matematizável, ou se, em relação aos fenômenos naturais, devemos contentar-nos com o testemunho precário dos nossos sentidos. Para os platônicos, em todo caso, não é possível nenhuma Ciência da Natureza propriamente dita, porque as manifestações desta última são realidades fugidias, que se movem sem ordem fixa e se transformam de maneira em parte imprevisível[11] e de modo nenhum demonstrável: as pedras que rolam, o vento que sopra, a água que gela, a madeira que queima, as plantas que crescem e murcham, os animais que respiram, se alimentam e se reproduzem, os homens que falam ou raciocinam etc. Pode-se, é claro, procurar causas de todas essas manifestações sensíveis, mas não poderiam elas jamais ser rigorosamente verificadas nem demonstradas, pois é impossível reduzir esses fenômenos naturais a modelos racionais. As explicações que podemos dar não poderiam, portanto, ultrapassar o nível conjectural. É à exposição dessas melhores explicações disponíveis que Platão se dedica no *Timeu*, a partir das pesquisas que conduz na Academia: esse trabalho, que qualifica apenas de "narrativa verossímil",[12] sintetizou por muitos séculos os conhecimentos sobre a natureza que todo platônico julga mais plausíveis, acerca do tempo, do "espaço" ou da "matéria",[13] acerca da ordem do Universo, da composição dos corpos, dos mecanismos da vida e acerca das funções dos seres vivos;[14] trata-se, em suma, de uma enciclopédia de conjecturas razoáveis nas áreas cosmológica, física, botânica, biológica, anatômica, fisiológica

---

10 Poderíamos, por certo, somar a elas a "dialética" (ibid. VII, 532b-535a), mas seu estatuto é à parte.
11 Ver Platão, *Timeu* 49b-50b (e 60b ss.).
12 Ver ibid. 29b-d, 59c-d, 68d.
13 Ele pensa estas duas ideias sob um mesmo conceito, o de *khôra*, (ver ibid. 50b-51b).
14 Ibid. 44d-47 e 61c-92c.

etc. Mas todas essas hipóteses teóricas não formam um sistema racional. Para Platão, não há Ciência da Natureza.

Aristóteles é, em primeiro lugar, um discípulo de Platão. Ele lhe concede a sua definição da Ciência: é um estudo teórico – ou melhor, "teorético", quer dizer, que só busca saber para compreender, e não para fazer ou agir;[15] é um estudo racional (não empírico) das verdadeiras realidades; busca não só coletar os fatos, mas explicá-los pelas causas[16] e ligar essas causas entre elas de forma sistemática. Concede também a Platão que não pode haver, *strictu sensu*, ciência senão de "formas" imutáveis. Concede-lhe, pois, o rigor da demonstração nas Matemáticas – ele mesmo compõe sua teoria geral nos *Primeiros analíticos* – e o valor do edifício "axiomático": desse modelo de apresentação sistemática que Platão esboçara e que os geômetras se empenharão a partir daí em construir, ele mesmo faz a teoria na primeira parte dos *Segundos analíticos*. Reconhece que as Matemáticas devem submeter-se a esses métodos. Mas quer, por seu lado, fundar a possibilidade de "Ciências Teoréticas da Natureza"; ou seja, quer uma Física racional e explicativa ali onde Platão se contentara com conjecturas e "narrativas verossímeis". Aristóteles não inventou a ideia de Ciência, não fundou a possibilidade das Ciências Matemáticas, mas inventou e fundou a possibilidade de uma Física científica.

Esta é a primeira revolução na ideia mesma de Ciência. São possíveis Ciências da Natureza, que seriam tão "científicas" como "físicas": tomariam como objeto de estudo esses corpos em movimento ao nosso redor (as pedras que caem ou a água que gela) e principalmente todos esses seres vivos, entre os quais o homem. Como explica Aristóteles num capítulo fundamental da *Metafísica*,[17] haveria assim (pelo menos)[18] dois grandes tipos de Ciências Teoréticas: as Matemáticas, fundadas por Platão, e as Físicas, que ele pretende

---

15 Sobre a diferença entre disciplinas teóricas (ou melhor, teoréticas), cujos conhecimentos visam a compreender, as disciplinas poiéticas, que visam a fazer uma obra, e as disciplinas práticas, que visam à ação, ver Aristóteles, *Metafísica* E, 1.

16 Ver *Segundos analíticos* I, 2, 71b 10.

17 Ver *Metafísica* E, 1. Esse capítulo foi muitas vezes mal compreendido pelos comentadores contemporâneos, cuja atenção se concentrou nas observações finais, um pouco obscuras, mas, no fundo, bastante triviais, acerca da hipótese de uma Ciência que estudasse realidades ao mesmo tempo imutáveis e concretas. Na realidade, nesse capítulo, Aristóteles diferencia três tipos *possíveis* de Ciência, ali onde Platão só via um. Seu objetivo primeiro é distinguir as Matemáticas e as Físicas. Acrescenta que, se há seres tão imutáveis como os matemáticos e tão concretos como os seres naturais, esses seres divinos pertencem a um tipo de Ciência superior aos dois outros, e não ao mesmo tipo de Ciência (Matemática) que aí viam os platônicos.

18 Cumpre, com efeito, reservar a possibilidade de uma Ciência Metafísica ou de uma Teologia (ver nota anterior).

fundar. As Matemáticas estudam seres que são, sem dúvida, imutáveis, mas não concretos: com efeito, não existem naturalmente círculos ou retas, mas corpos mais ou menos circulares ou retilíneos. Os números não existem concretamente, só as coisas numeradas – esta é a inferioridade ontológica dos seres matemáticos em relação aos seres naturais que os físicos vão estudar. Pois esses seres, por serem mutáveis[19] – esta é sua inferioridade, que torna suas propriedades indemonstráveis –, são concretos – e é essa sua superioridade ontológica em relação aos objetos matemáticos, que não existem por si mesmos, mas em virtude de uma operação mental que chamaríamos de *abstração*. Aristóteles quer, portanto, fazer que as realidades naturais alcancem o estatuto de Ciência. Como as Matemáticas, as Ciências Físicas são, sim, teoréticas: não estudam seres naturais para se servirem deles ou para agirem sobre eles; ou seja, suas especulações não têm objetivo técnico.[20] Aristóteles admite que, para se tornarem Ciências como as Matemáticas, elas também devem estudar *formas* imutáveis; o problema é que as "formas" dos seres naturais são, na realidade, inseparáveis de sua matéria mutável, com a qual forma esses compostos concretos, essas "substâncias" que nos rodeiam. Assim, por exemplo, (mas este não é um mero exemplo), a *forma* (ou espécie) "homem" não existe fora de sua encarnação individual em Sócrates ou Xantipa: essa forma é eterna, universal e necessária. É, portanto, somente dessas formas que pode haver conhecimento científico, e não dos seres naturais completos, mas precários, variáveis e imprevisíveis como Sócrates ou Xantipa. É aí que entra o modelo "hilemórfico".[21] Toda "substância" natural (e até os componentes elementares: ar, terra, água e fogo) é como uma "forma" (cognoscível) que organiza uma matéria (indeterminada). O que existe verdadeiramente de maneira independente é o que é *vivo* – são mesmo os *indivíduos* vivos, Totó ou Sócrates; mas o que deve ser estudado pela Ciência Natural não é a vida dos viventes, mas sua "forma" (espécie). Se as "formas" são os únicos objetos possíveis da Ciência Natural, não é só por serem a parte – ou melhor, o aspecto – inteligível dos seres, em especial dos seres vivos, é porque elas permitem definir cada ser e explicar toda sua diversidade. E definir e explicar são os dois objetivos de toda Ciência. Dessas exigências extraem-se os dois princípios do método do naturalista: explicar as formas (espécies) pelas diferenças; e dividir cada forma em suas partes, para poder compará-las de uma espécie a outra.

---

19 A Física estuda realidades "que possuem em si mesmas o princípio de movimento e de repouso" (*Física* II, 1, 192b 14).
20 Ver *Metafísica* E, 1, 1026a 4ss.
21 Ver anteriormente, p.40.

NOSSA HUMANIDADE

A *História dos animais* adota, portanto, como objeto, as "formas" ou "espécies" dos animais: a lontra, o crocodilo, o mergulhão, a hidra, a anêmona, a esponja, a abelha, a andorinha, o bonito, a grua, o homem etc. As espécies são o objeto último do estudo; e seu meio é o estudo das diferenças. Não se trata, com efeito, de fazer apenas o levantamento ou a descrição das espécies, é preciso compreender seus modos de vida em toda sua diversidade. Aristóteles encara, pois, as "formas" como o produto das *diferenças* nos "gêneros",[22] quer o dos animais sanguíneos – peixes, aves, répteis, quadrúpedes –, quer o dos animais não sanguíneos – insetos, moluscos, crustáceos, testáceos. Ou seja, não se pode apreender e explicar a *forma* de um indivíduo (isto é, a sua espécie) senão a partir de um conjunto mais geral a que ela pertence (peixe, inseto etc.) e de que ela não é senão uma das diferenças possíveis, entre muitas outras. Mas a esse primeiro modo de apreensão por diferenciação (que não é senão a aplicação da teoria da definição por gênero e diferença específica) se sobrepõe um segundo. Pois não se pode diferenciar *diretamente* as espécies entre elas: seria uma tarefa indefinida proceder de espécie em espécie[23] e pretender fazer empiricamente o levantamento de todas as particularidades *essenciais* que definem cada forma vivente. Cumpre, portanto, proceder a uma segunda diferenciação, que não é mais vertical – do gênero às espécies –, mas transversal – "segundo os modos de vida, os atos, as características, as partes".[24]

No interior de um mesmo gênero, os animais têm "partes", em especial órgãos (rosto, boca, mão, pé, pulmão, estômago etc.), que são semelhantes de uma espécie a outra – têm até *forma* –, mas se diferenciam quantitativamente: os ossos são mais ou menos longos, as escamas são mais ou menos grossas, o número de pés varia etc.[25] Em compensação, entre dois gêneros, os órgãos dos animais diferenciam-se *qualitativamente*, mas deve ser possível encontrar analogias entre eles,[26] na medida em que desempenham a mesma função: "O que a pluma é na ave, a escama é no peixe";[27] o que a pinça é para o caranguejo, a mão é para o homem (ambas são órgãos de preensão); os pés, as asas e as nadadeiras servem igualmente para a locomoção; etc. Pois

---

22 *História dos animais* I, 1, 486a 23ss.
23 Não seria um procedimento racional; em todo caso, seria uma tarefa extremamente repetitiva, como nota Aristóteles no começo de *Partes dos animais* (I, 639a 15-29).
24 *História dos animais* I, 1, 487a 10. Essa divisão quadripartite será mais tarde simplificada, pois "os modos de vida variam segundo as características dos animais e sua alimentação" (ibid. VIII, 1, 588a 18).
25 Ver ibid. I, 1, 486b ss.
26 Ibid. 486b 17-21.
27 Ibid.

os órgãos dos animais que diferem pela forma (*eidos*) diferem também eles pela forma (*eidos*), segundo o princípio: "O que o todo é para o todo, como cada uma das partes é para cada outra parte."[28] É, portanto, a análise dos animais em suas partes, em especial seus órgãos – divisão que é como uma espécie de dissecção teórica –, que vai permitir determinar suas diferenças: não entregando-se a uma simples descrição comparada, mas relacionando cada órgão à sua função, isto é, a seu papel singular na conservação da vida do ser vivo *individual*, por meio de suas diferentes "atividades", por exemplo "nascimento, crescimento, acasalamento, vigília, sono, marcha etc.".[29] Tendo as funções gerais do vivente (vegetativa, sensitiva, motriz, intelectiva) sido analisadas no tratado *Da alma*, o tratado sobre as *Partes dos animais* assume como objeto determinar a causa (especialmente a final) de cada órgão do organismo. "É preciso definir a característica do vivente [*zoon*], descrever o que ele é, dizer a sua natureza, as suas propriedades e examinar cada uma das suas partes tomadas à parte."[30] Ou seja, é preciso compreender cada parte segundo a sua função própria e defini-la em relação ao todo.

Assim é, pois, o método geral do díptico *História dos animais – Partes dos animais*. Ele implica um processo em três tempos. Os dois primeiros se aparentam[31] a uma morfologia e a uma sintaxe. Em primeiro lugar, uma *morfologia* zoológica: o naturalista isola unidades orgânicas (as "partes") ou comportamentais (os modos de vida, os caracteres, as atividades) e estuda suas variações de uma espécie a outra. Em seguida, uma *sintaxe* zoológica, que consiste no "recenseamento e estudo das *correlações* possíveis entre essas unidades" (Pierre Pellegrin), por exemplo: todos os animais que têm bexiga têm ventre;[32] todos os sanguíneos têm fígado;[33] todas as aves têm bico; os vivíparos (pedestres) têm pelos[34] etc.[35] A essa Morfologia e a essa Sintaxe podemos somar uma Semântica que se empenha em relacionar cada uma

---

28 Ibid. 486a 20.

29 *Partes dos animais* I, 645b 33-35.

30 Ibid. I, 641a 15-17.

31 Como mostrou Pellegrin, "Les fonctions explicatives de l'*Histoire des animaux* d'Aristote" [As funções explicativas da *História dos animais* de Aristóteles], in: *Phronesis*, p.156.

32 *História dos animais* I, 2, 498a 3.

33 Ibid. I, 15, 506a 12.

34 Ibid. I, 6, 490b 20, 26; III, 10, 517b 4.

35 Pierre Pellegrin distingue mais particularmente dois pontos de vista segundo os quais podemos considerar essas *correlações* entre partes: segundo a natureza dos termos correlacionados – as partes entre si, ou a relação de uma parte a uma classe; segundo o tipo de predicação exprimido pela correlação – predicação do gênero, predicação própria ou predicação definitória: por exemplo, "todos os sanguíneos têm coração, e este é um traço que pertence à sua essência" (ver *Partes dos animais* III, 4, 665b 9ss.).

dessas correlações a uma função da alma e explicar, assim, como cada ser realiza a sua natureza de vivente, nutrindo-se, reproduzindo-se, sentindo ou movendo-se, como cada um se mantém, assim, em seu ser, nos dois sentidos do termo: na existência e em sua própria essência.

As Ciências da Natureza são, portanto, *certas* e, ao contrário do que pensava Platão, são verdadeiras Ciências Teoréticas, não só porque seus objetos são *seres* de verdade, substâncias concretas (Xantipa, Bucéfalo), mas porque há um meio de conhecê-los racionalmente por suas formas imutáveis, mesmo sendo esses seres mutáveis e imprevisíveis. Essas Ciências não são só descritivas, mas também *explicativas* – e é este o critério essencial para Aristóteles. Explicar é descobrir a "causa" pela qual as coisas são o que são e como são. E, justamente, mais do que às abstrações matemáticas, é a este gênero de realidades naturais, e em particular aos viventes (logo, ao homem, o vivente que conhecemos melhor), que se aplicam os quatro tipos possíveis de explicação causal por ele descobertos: "material", "formal", "motriz" e "final". É para esses seres naturais que convém recorrer ao mesmo tempo à explicação pelas causas eficientes (o encadeamento de movimentos e de mudanças que provocou o fenômeno estudado) e à explicação pelas causas finais – isto é, pelo que chamaríamos a "meta" no caso do comportamento humano, ou a "função", no caso dos órgãos dos seres vivos. As Ciências Físicas não recorrem à demonstração propriamente dita (raciocínio necessário e *a priori*), mas a explicações causais – prova clara de que podem ser científicas. É verdade que, não sendo demonstrativas, elas são menos *exatas*[36] que as Ciências Matemáticas: estas estudam os objetos materiais, mas fazem abstração de sua *mobilidade* (logo, de sua relativa precariedade). No entanto, menos exatas, essas Ciências Físicas são mais *verdadeiras* por seus objetos serem naturais e individuados: são *substâncias* no sentido da palavra, isto é, realidades que existem concretamente por si mesmas. As "substâncias" por excelência não são os círculos, os números ou as Ideias, mas estes corpos manifestamente individuados e *móveis* que são os organismos vivos, e o vivente por excelência é o homem, este ser que se move a si mesmo de todas as maneiras possíveis e segundo todas as causalidades existentes. Se as Ciências Naturais são menos exatas, é simplesmente porque a natureza, pelo menos em sua parte terrestre (sublunar) e não celeste,[37] só obedece a

---

36 "Não devemos exigir exatidão matemática em todas as coisas, mas só nas que não têm matéria. É por isso que esta maneira de fazer não é física, pois toda natureza, sem dúvida, comporta matéria" (*Metafísica* α, 3, 995a 14).

37 Lembremo-nos de que, tanto para Aristóteles como para Platão, a Astronomia é uma Ciência Matemática, e não Física (ver anteriormente, p.50 e 156).

regularidades sempre sujeitas a exceções; nem o tempo que fará amanhã, nem a normalidade do futuro embrião são absolutamente previsíveis: há períodos de frio mesmo no verão, e alguns nascimentos monstruosos. A natureza não é de modo nenhum regida por uma necessidade matemática que a torne previsível e, portanto, demonstrável a partir de definições e axiomas. E, no entanto, é possível uma Ciência *explicativa* da natureza que dê conta do que acontece "no mais das vezes",[38] quer em Meteorologia, quer em Zoologia, quer em Psicologia: a forma (numa matéria) é a sua condição, e o homem é o seu modelo.

Esta é a verdadeira contribuição de Aristóteles em relação a seus predecessores platônicos. Estes só podiam reconhecer como entidades cientificamente cognoscíveis realidades imutáveis, porque, para eles, a razão humana só pode conhecer realidades incorpóreas quando ela mesma se destaca do corpo e dos sentidos. Para Aristóteles, o homem pode ter também um conhecimento científico de outro gênero e alcançar outros tipos de Ciência, as Ciências Físicas (da Cosmologia à Zoologia, passando pela Meteorologia, pela Biologia e pela Psicologia), menos exatas, porém mais verdadeiras, porque seu objeto é mais real. Aristóteles inventa a "Física". Graças ao seu conceito de "forma" cientificamente cognoscível, mas fisicamente inseparável da matéria por ela unificada e organizada, ele funda as Ciências da Natureza a partir do modelo do ser hilemórfico de nossa primeira figura: o "animal racional", substância por excelência.

A REVOLUÇÃO DA SEGUNDA FIGURA: A POSSIBILIDADE DE UMA FÍSICA MATEMÁTICA

A primeira revolução consistira em fundar as Ciências da Natureza, distinguindo-as das Ciências Matemáticas. A segunda revolução vai consistir, inversamente, em fundar uma Ciência única que reunifique Matemáticas e Física.

Retomemos a nossa "narrativa verossímil". Suponhamos que queremos agora não só que uma Ciência *verdadeira* da Natureza seja possível, mas que ela seja tão *exata* quanto a Ciência Matemática. Seria preciso, então, reunificar as Ciências que a Antiguidade, sob a influência de Aristóteles, havia fundado e separado.

---

38 Expressão de Aristóteles (*hôs epi toi polu*) para designar as regularidades naturais do mundo sublunar, opostas às necessidades do mundo supralunar.

NOSSA HUMANIDADE

Seria preciso, em primeiro lugar, reunificar as próprias Ciências Matemáticas. Os Antigos distinguiam duas Ciências da quantidade, que tratavam respectivamente das quantidades "indivisíveis", ou seja, os números, e das quantidades "divisíveis" ao infinito, ou seja, as grandezas espaciais. A Geometria era independente da Aritmética[39] desde que, em consequência da descoberta da irracionalidade de $\sqrt{2}$ pelos pitagóricos, se soube que é impossível exprimir uma relação qualquer entre comprimentos, mesmo simples, por meio de uma relação numérica. Ora, a Álgebra ou, mais precisamente, o "cálculo literal" permitia reunificar as Ciências Matemáticas: é o que vemos, já no século XVI, em François Viète, que reúne o cálculo dos números e o cálculo das grandezas geométricas. A partir daí, poderia só haver *a* Matemática.

Admitamos que se possa também reunificar o conjunto das Ciências Físicas. Para os Antigos, e em especial para Aristóteles, as Ciências Físicas dividiam-se de duas maneiras: por um lado, pela região do mundo que tomassem como objeto, por outro lado, pelo tipo de explicação causal a que devessem recorrer segundo as substâncias que estudassem. Há a Física do mundo celeste, dito "supralunar" (na realidade, um ramo das Matemáticas[40]), e a Física do mundo terrestre, dito "sublunar": esta região não conhece movimentos perfeitos e eternos, só movimentos retilíneos que logo se exaurem (a maçã que cai, o dardo que é lançado) e só obedece a regularidades em grande parte imprevisíveis. Admitamos, pois, que uma só Física se aplique tanto ao céu como à terra e que todas as regiões do mundo pertençam a um só espaço, infinito talvez, em todo caso isotrópico e comparável sob todos os aspectos ao espaço dos geômetras.[41] Não caberia mais distinguir regularidades terrestres e necessidades celestes, poder-se-iam procurar leis universais que se aplicassem uniformemente a toda a natureza. Vamos mais além. Os Antigos, e em particular Aristóteles, distinguiam, nas Ciências Físicas, diferentes tipos de explicação (material, formal, motriz, final) e, correlativamente, diferentes tipos de mudança natural: o movimento, ou mudança de lugar – a pedra que cai; a alteração, ou mudança qualitativa – o vinho que se torna vinagre; o aumento e a diminuição,

---

39 Os Antigos, no entanto, reconheciam também uma espécie de Matemática geral, por exemplo a Ciência geral das proporções, inventada por Eudoxo e reconhecida por Aristóteles (ver *Metafísica* M, 3), cujos teoremas se aplicavam tanto aos números como às grandezas.

40 Ver anteriormente, Capítulo 5, p.156.

41 Sobre essas reviravoltas na percepção do mundo que levam à Idade Clássica, só podemos remeter ao livro clássico de Koyré, *Do mundo fechado ao universo infinito*.

ou mudanças quantitativas – a planta que cresce; a geração e a corrupção, ou mudança substancial – o animal que nasce e morre. Admitamos, pois, que, de acordo com uma hipótese mecanicista sustentada no século XVII nos círculos do padre Marin Mersenne, fosse possível reunificar todos os tipos aristotélicos de mudança num só, o movimento local, pelo qual se pudesse dar conta de todos os outros. Afirmemos, igualmente, que fosse possível reduzir os quatro tipos aristotélicos de explicação a um só, a causa eficiente (ou motriz): tudo o que acontece ao nosso redor, apesar das aparências, são, em última análise, apenas choques, arremessos, trações etc. Assim, toda a natureza (inclusive a viva) poderia explicar-se inteiramente através de colisões entre partículas materiais e ser submetida às *leis* imutáveis do movimento local. O próprio corpo humano seria uma espécie de máquina, sua vida poderia ser explicada pela dinâmica autônoma dos órgãos, como mostra a descrição da circulação sanguínea de Harvey, em 1628.[42] Passaria, então, a haver uma só Física.

Vamos ainda mais adiante. Suponhamos que, para além da reunificação, por um lado, das Ciências Matemáticas na Geometria Algébrica única e, por outro, das Ciências Físicas na Mecânica única (ciência geral dos corpos em movimento), possamos reunificar esses dois grandes gêneros de Ciências, distinguidos por Aristóteles, numa única, uma *Física Matemática*, tal como a vemos exemplificada na obra de Galileu. Não se trataria só de uma reunificação *a minima*, como a de Platão, que, no *Timeu*, imaginava uma geometrização dos elementos atômicos do cosmos[43] – mas sem reconhecer nessa hipótese um caráter propriamente "científico". Dessa vez se trataria de uma verdadeira reunificação, que em nada abdicaria das exigências de *exatidão* do conhecimento matemático, nem das exigências de *realidade* dos seres físicos estudados. Afirmar-se-ia, então, que a própria Ciência adotada pela razão, quando calcula e quantifica, se aplica aos seres da natureza; que a Ciência, por estar vinculada à única razão e à única razão *humana*, é sempre uma só: "Todas as Ciências, com efeito, nada mais são do que a sabedoria humana, que permanece sempre una e idêntica a si mesma, por mais diferentes que sejam os objetos a que se aplique, e que não recebe deles mais diversidade do que a luz do Sol recebe da variedade das coisas que ilumina."[44] A Ciência

---

42 Considera-se que o seu livro *Exercitatio anatomica de motu cordis et sanguinis in animalibus* assinalou o nascimento de uma Fisiologia Científica. Ele é citado por Descartes, *Paixões da alma* I, 7.

43 Ver as figuras geométricas simples de que se compõem todos os corpos segundo o *Timeu* 53c-61c.

44 Descartes, *Regra primeira para a direção do espírito*.

não se define mais pelo objeto, cujo modelo central era, para Aristóteles, o homem; ela se define pelo sujeito, a razão, de que o *homem* é o depositário. Reduzamos, pois, a *realidade* mesma dos seres naturais tais como aparecem ao que eles têm de cognoscível, logo àquilo que, neles, é matematizável: a figura e o movimento. A Física assim redefinida não será só uma Ciência que ofereça explicações ou exprima regularidades, ela será capaz de formular leis universais totalmente válidas de um espaço ao mesmo tempo natural e geométrico. Será uma Ciência universal (*mathesis universalis*), fundamentada na racionalidade de seu sujeito.[45] Seu objeto, seja ele qual for, matemático ou físico, natural ou artificial, vivo ou inerte, será deduzido dela: será apenas o seu correlato necessário. Assim é a Ciência única fundada por Descartes sobre os princípios de sua Filosofia:

> Descobri que todas as Ciências que têm por fim a busca da ordem e da medida, estão relacionadas à Matemática, que pouco importa que busquemos essa medida nos números, nas figuras, nos astros, nos sons ou em qualquer outro objeto, e que, assim, deve haver uma Ciência geral que explica tudo o que podemos descobrir sobre a ordem e a medida, independentemente de toda aplicação a uma matéria especial e, enfim, que essa Ciência é conhecida por um nome próprio, há muito consagrado pelo uso, a saber, as Matemáticas, pois contém aquilo pelo qual se diz que as outras Ciências fazem parte das Matemáticas.[46]

Essa reunificação de todas as Ciências vai permitir, na verdade, um conhecimento da natureza tão certo quanto o dos seres matemáticos.

Que dizer desse homem, então? Esse homem capaz dessa "Ciência universal", que pode pensar-se a si mesmo como pensamento puro capaz de pensar o mundo, seria arrancado da natureza onde o havia deixado a Física Antiga, essa Ciência *incerta*, incapaz de formular a menor *lei*. O "homem" é esse ser que, só pela razão (aquela pela qual ele faz deduções matemáticas), é capaz de conhecer toda a natureza; uma vez que pode conhecer o mundo, por mais distante que dele esteja, de um modo tão certo quanto pode conceber em seu espírito que dois mais dois são quatro, uma vez que pode reduzir a natureza ao seu redor a leis formuláveis na língua da razão humana, isto é, a língua do pensamento puro, independente dos

---

45 Além disso, Descartes afirma *a priori* a racionalidade da natureza disposta "por Deus como número, peso e medida" (*O Mundo* XI, 47), ou seja, escrita em língua matemática.

46 Descartes, *Regra quarta para a direção do espírito*.

sentidos, ele é esse pensamento, ou pelo menos pode pensar-se como tal. E uma vez que todos os corpos ao seu redor, por mais brilhantes, variados e diversos que pareçam aos nossos sentidos, são cognoscíveis de maneira certa por essa Física Matemática que os reduz a suas figuras e a seus movimentos, o mesmo se pode dizer do corpo humano. O homem é, portanto, esse pensamento capaz dessa Física, e ele *tem* tal corpo passível dessa mesma Física. Pois o fato de reunificar as Ciências Matemáticas e Físicas e de inventar essa nova figura do homem, como consciência de si e do mundo, não impediria de modo algum pensar que esse mesmo homem tivesse um corpo com o qual o seu pensamento estivesse unido substancialmente. Ao contrário, isso permitiria ao pensamento *humano* conhecer o corpo *humano* com toda certeza, como qualquer outro corpo natural e como qualquer outro objeto de ciência, e ter em vista uma Medicina tão eficaz sobre o corpo humano quanto podiam sê-lo as ações mecânicas exercidas sobre qualquer outro corpo. Assim se passa da primeira figura do homem à segunda.

A REVOLUÇÃO DA TERCEIRA FIGURA: A POSSIBILIDADE DAS CIÊNCIAS DO HOMEM

A "Ciência universal" de Descartes não é, na realidade, absolutamente universal, pois exclui o homem. O homem é sujeito da Ciência pelo pensamento, objeto pelo corpo, e a união de ambos, que é o homem, não é objeto de conhecimento científico, mas só de preocupação moral.[47] Ora, a revolução da primeira figura fundara a existência das Ciências Físicas, distintas das Matemáticas, o que permitia nelas incluir o homem; a segunda fundara a existência de uma Ciência Física Matemática de que o homem seria excluído. A terceira vai consistir em fundar a existência das Ciências do Homem, distintas das Ciências Físicas.

Voltemos à nossa "história verossímil", dois séculos mais tarde, e tentemos compreender a "passagem" de uma Ciência da Natureza,[48] de que o homem é o sujeito, a uma multiplicidade de Ciências de que o homem é objeto (figura 3) e, em seguida, a uma reunificação naturalista dessas

---

47 Ver anteriormente, capítulo 5, p.148-9.
48 Essa Ciência única culmina em Newton, capaz de unificar toda a Mecânica e explicar por uma única lei os movimentos retilíneos uniformemente acelerados da queda dos corpos, as oscilações pendulares teorizadas por Galileu, bem como os movimentos elípticos dos astros, teorizados por Kepler.

Ciências Humanas (figura 4). Essa história deveria ser composta de duas narrativas sucessivas. Uma diria como foi possível passar do homem *sujeito* de ciência ao homem *objeto* de ciência, ou seja, das duas primeiras figuras às duas seguintes. E a outra contaria como, a exemplo da intriga que leva de uma multiplicidade de Ciências Naturais a uma unidade (provisória) da Física – ou seja, da figura 1 à figura 2 –, se passa de uma multiplicidade de Ciências Humanas a uma reunificação naturalista (aparente e provavelmente provisória) dos estudos sobre o homem, sob a direção da Biologia – isto é, a passagem da figura 3 à figura 4.

Todavia, como tampouco o fazem as nossas narrativas anteriores, esta que nos leva da figura 3 (o "homem estrutural") à figura 4 (o "homem neuronal") não tem a ambição de *explicar* historicamente (se é que essa aliança de palavras tem algum sentido) o "nascimento das Ciências Humanas", nem sequer de extrair o "sentido histórico" de sua constituição; ambiciona apenas sugerir as analogias formais entre essas diferentes revoluções científicas.

Suponhamos, pois, que se queira estender ao resto do mundo essa nova concepção da cientificidade nascida no século XVII, que reduz todo seu objeto (a natureza) ao ordenado e ao mensurável. Mas qual é esse "resto do mundo", se, no mundo tal como estudado pela Ciência, tudo, dessa vez, é homogêneo e natural? Só resta conquistar a cidadela humana, essa posição em que o sujeito observa e explica toda a natureza. Trata-se, segundo se pensa, de "fazer triunfar no mundo humano o modo de inteligibilidade que triunfou no conhecimento da natureza. O que [deve tornar] possíveis as Ciências Humanas é a extensão da Ciência Físico-Matemática à natureza humana."[49]

Convém, portanto, naturalizar o homem – ou mesmo "renaturalizá-lo"? De modo algum, pelo menos não por enquanto. Com efeito, por ser sujeito da Ciência da Natureza e por esta obedecer a leis naturais e necessárias, ele, à primeira vista, não parece ser naturalizável. Encontramo-nos, então, numa posição epistemológica análoga àquela em que se achava Aristóteles, depois de Platão, no momento da constituição das Ciências Físicas. O primeiro queria estender ao conhecimento da natureza a cientificidade que o segundo reservava ao conhecimento dos objetos matemáticos eternos e necessários, embora concedendo ao mestre que toda Ciência é *explicativa* e só as "formas" imutáveis podem ser conhecidas cientificamente. Aristóteles conseguia, então, conhecer as formas (os *eidè*) *na* natureza, ou seja, as "espécies" naturais, a água, a terra, o ar, o fogo, mas também a esponja,

---

49 Le Blanc, *L'esprit des sciences humaines*, p.12, resumindo as posições de Georges Gusdorf.

o crocodilo, o carneiro, o homem, que são "formas" e até formas naturais fixas, pois "o homem gera o homem" do mesmo modo como todo crocodilo nasce de outro crocodilo, preservando a identidade de uma *forma*, a da *espécie* crocodilo. O preço a pagar por essa extensão era, pois, uma dualidade das Ciências. Há só um tipo de substância, as substâncias naturais, mas há dois tipos irredutíveis de Ciências: as Matemáticas, que são demonstrativas, e as Ciências da Natureza, que recorrem a outros modos de explicação, em especial à finalidade, e enunciam regularidades onde a contingência tem a sua parte.

A constituição da figura do homem estrutural e, de um modo mais geral, a passagem das Ciências da Natureza às Ciências do Homem efetua-se da mesma maneira, com os mesmos motivos e as mesmas consequências, que a passagem das Ciências Matemáticas para as Ciências Físicas na constituição da figura 1 em Aristóteles. O modelo hilemórfico permitia fundar, a partir da ideia inicial de Ciência, a existência de Ciências Naturais que fossem tão "ciências" quanto "naturais"; o modelo estrutural vai permitir fundar, a partir da nova ideia clássica de Ciência, Ciências Humanas que sejam tão "ciências" quanto "humanas". Trata-se de estender o terreno da cientificidade dos seres naturais para os seres humanos. O problema é análogo: os fenômenos naturais estão, desde Galileu e Descartes, sujeitos a leis necessárias (leis do movimento elíptico dos planetas, lei da gravitação universal, lei dos gases perfeitos etc.); em compensação, os fenômenos propriamente humanos (históricos, sociais, psíquicos) parecem marcados pela contingência, pela imprevisibilidade, às vezes até pela singularidade (os acontecimentos da História individual ou coletiva, por exemplo). E assim como, para Aristóteles, os fenômenos naturais, considerados *como tais* (a água, a árvore, o carneiro), não parecem redutíveis a objetos quantificáveis, logo matematizáveis, assim também os fenômenos humanos, considerados *como tais* (os pensamentos, os atos, as decisões, os sentimentos), tampouco parecem redutíveis a fenômenos *naturais e portanto* (desde Newton) *mensuráveis*, nem, portanto, estudáveis segundo a racionalidade matemática. Isso significa que não haveria Ciência deles? Poderia haver, mas com a condição de superar a ideia de que só há Ciência da matéria redutível ao *mensurável*[50] pela ideia de que pode haver uma Ciência do *formalizável*. É preciso, portanto, abandonar a mensurabilidade, que era ainda para Kant, no limiar do século

---

50 Como observa Gilles Gaston Granger, o mensurável já era, na Ciência clássica, uma extensão da noção antiga de quantificável: "Medir, no sentido amplo em que o entendemos, é fazer corresponder às operações de cálculo efetuadas sobre um corpo de números, operações empíricas bem definidas para o fenômeno considerado" (em "Modèles qualitatifs, modèles quantitatifs dans la connaissance scientifique", in: *Sociologie et sociétés*, p.8).

XIX, o único critério de cientificidade e a razão principal pela qual não poderia haver Ciência propriamente dita do homem.[51] Essa superação vai dar-se, mais uma vez, graças a uma modificação das exigências de explicação causal e ao recurso, no objeto, a algo como a *forma*, no sentido aristotélico do termo. Com efeito, os *fatos* humanos (sociais, psíquicos, linguísticos, históricos) aparecem sempre encarnados em indivíduos contingentes, variáveis, livres, e são qualitativamente diversos e até de brilho infinitamente cambiante: não tem cada homem a liberdade de fazer o que quiser? Como fazer Ciência com tudo isso? Convém, em primeiro lugar, apreender a *forma* específica imutável por trás da multiplicidade dos indivíduos variáveis (seres humanos livres), dos acontecimentos (históricos) singulares, das singularidades (linguísticas, sociais e culturais) contingentes – ainda que essas formas (isto é, os fatos) jamais existam separadamente em si mesmas, mas sejam sempre "encarnadas" em indivíduos, acontecimentos, singularidades. A *forma* é a parte fixa e cognoscível do que só existe de maneira variável e contingente, mas jamais tem existência independente. Em seguida, convém tratar o qualitativo sem reduzi-lo ao quantificável: é aí que entra, pela segunda vez, a forma específica – o que se transformará na "estrutura" do apogeu das Ciências Humanas: essa forma é a ordem não quantificável da qualidade.[52]

Foi essa a passagem que permitiu fazer do homem um objeto múltiplo e difratado de Ciências diversas. Era preciso deixar de procurar em que os fenômenos são *mensuráveis*, como o são desde a Ciência moderna todos os fenômenos naturais, deixar, portanto, de lhes aplicar o princípio que tão bem-sucedido fora nas Ciências da Natureza no século XVII – do mesmo modo como, *mutatis mutandis*, Platão tentava reduzir o natural ao quantificável para dele fazer a Ciência: Geometria, Estereometria, Astronomia ou Harmonia. Era preciso aplicar a esses fenômenos humanos um *princípio de explicação próprio*, um tipo de causalidade não necessária, e buscar extrair deles "formas" constantes, apesar da precariedade do humano, formas múltiplas, mas claramente delimitadas, estudáveis objetivamente por si mesmas, isto é, independentemente da matéria (humana) em que, aliás, estão necessariamente inseridas e individualizadas – do mesmo modo como, *mutatis mutandis*, Aristóteles conseguiu fundar as Ciências Físicas

---

51 Kant: "Em toda teoria particular da natureza, só há ciência propriamente dita na medida da matemática que nela há." Ora, os fenômenos do sentido interno escapam a qualquer interpretação desse tipo, porque estão sujeitos apenas à lei de continuidade (Ver *Primeiros princípios metafísicos da ciência da natureza* [1786]. In: *Oeuvres philosophiques* II, p.367-8).
52 Ver Gaston Granger, "Modelos qualitativos, modelos quantitativos no conhecimento científico", artigo citado.

sobre a constância das formas ou espécies, consideradas independentemente de sua matéria individual, precária e contingente. Esta será a obra da segunda metade do século XIX, e essa obra culminará no século XX, no "paradigma estruturalista".

Não se deve crer, com efeito, que as "Ciências Humanas" datem do momento em que se começou a considerar o homem com os olhos objetivos e distantes do cientista e do naturalista. O século XVIII e todo o começo do século XIX estavam justamente imbuídos dessa objetividade, herdada da Revolução Científica do século XVII – e é por isso, aliás, que eles não puderam fundar novas Ciências do Homem. Quanto mais procuravam fazê-lo, menos podiam. Pois sempre se procura fazer o novo tomando como modelo o antigo que deu certo. Mas teria sido preciso voltar, para além de Newton, Galileu e Descartes, a algo ainda mais antigo, ao que tornara possível a Física aristotélica contra a sua impossibilidade platônica. O que então obstava as "Ciências Humanas" é que as pessoas "davam uma de cientistas", por assim dizer, e permaneciam, portanto, preocupadas com a quantificação e a medição: assim, Wolf inventava a "Psicometria"[53] e formulava teoremas, por exemplo, aquele que afirma a proporcionalidade entre impressões e juízos – teoremas que "nos dão um conhecimento matemático do espírito humano, ainda por criar".[54] Do mesmo modo, Maupertuis, antes do utilitarismo de Bentham, propunha em seu *Essai de philosophie morale* [Ensaio de filosofia moral] (1756) um cálculo dos prazeres e das dores, e até da felicidade e da infelicidade (pela adição dos momentos felizes e dos momentos infelizes, marcados por um coeficiente variável de intensidade). Em outra ordem, a dos fenômenos coletivos, a medida *estática* já era conhecida e praticada – sem que mais uma vez houvesse nisso nada que se constituísse em paradigma para as Ciências Humanas. Já Leibniz e depois Hume haviam usado o cálculo de probabilidades (o chamado "cálculo das chances") no terreno das "Ciências morais" e históricas: para Hume, ele se aplicava até ao estudo das associações de ideias; Condorcet se serviu dele para determinar a melhor decisão, em especial quando devia ser tomada coletivamente por meio de voto. Quanto à estatística propriamente dita, ela era definida pela *Enciclopédia* de Diderot

---

53 "Quero mostrar que existe um conhecimento matemático do espírito humano e que essa psicometria é possível; quero mostrar que também a alma, nos processos que comportam a aplicação da quantidade, segue leis matemáticas, dado que verdades matemáticas (isto é, aritméticas e geométricas) se veem implicadas na inteligência humana, não menos que no mundo material." (Wolf, *Psychologia empirica*, 1732, §522, apud Gusdorf, *Introduction aux sciences humaines*, op. cit., p.183).

54 Christian Wolf, apud ibid.

NOSSA HUMANIDADE

e d'Alembert como "Aritmética Política", ou seja, o estudo quantitativo dos fatos sociais que permite "pesquisas úteis [...] tais como as do número de homens que habitam um país, da quantidade de alimento que eles devem consumir, do trabalho que eles podem fazer, do tempo que têm para viver, da fertilidade das terras, da frequência de naufrágios etc."

Na realidade, era preciso superar a *medida* platônica, para passar à *ordem* aristotélica – passar da redução ao quantitativo à formalização do qualitativo –, pelo menos nesse caminho que foi dominante na França e que levaria à figura 3 em meados do século XX, que levaria primeiro a Durkheim, depois a Lévi-Strauss e a Bourdieu, aquele que, de Freud ou de Saussure, levava a Lacan ou a Benveniste. Era preciso passar da busca de uma *Ciência da Medida* à constituição de diversas *Ciências da Ordem*. Só podemos esboçar aqui o que foram essas diversas *formas* que permitiram a definição das Ciências Humanas no fim do século XIX e o aparecimento da terceira figura do homem, o sujeito sujeitado. Como dissemos, foi preciso primeiro, como Aristóteles, livrar-se do indivíduo, que não pode ser diretamente objeto de *ciência*, mas só de ação.[55] Mas não era isso o essencial: a verdadeira passagem à cientificidade supunha uma nova maneira de encarar a qualidade,[56] que já não devia ser considerada uma *vivência* absoluta e irredutível e, portanto, inconceitualizável, mas, ao contrário, uma "forma", isto é, como a "invariante de um sistema de transformações".[57] É assim, por exemplo, o *sistema* fonológico de uma língua, independentemente das produções sonoras infinitamente variáveis dos indivíduos falantes e de suas consciências. É assim, também, um "fato social" durkheimiano, independentemente dos membros de uma sociedade e de suas consciências. Se, por exemplo, o número de mortes por suicídio pouco varia em dada sociedade de um ano para o outro, não é o *número* que constitui o fato social, mas a *regularidade* do fenômeno: esta deve depender de determinações sociais independentes dos indivíduos, pois cada um deles tem suas próprias razões para "cometer o irreparável" e, além disso, as gerações mudam. Tratar, como exige Durkheim, os fatos sociais,

---

55 O indivíduo não é definível e, portanto, não é objeto de Ciência (Aristóteles, *Metafísica* Z, 15, 1039b 20ss), mas toda prática incide sobre o individual (ver, por exemplo, *Metafísica* A, 1, 981a 17, *Ética a Nicômaco* III, 1, 1110b 6, VI, 8, 1141b 16 etc.). Para Aristóteles, a ação é moral; para a modernidade, a ação que se faz sobre o particular, por oposição ao conhecimento que se tem do geral, é, por exemplo, a ação clínica.

56 Gaston Granger: "A qualidade é a *diaphora tès ousias* (a diferença da essência) aristotélica do livro Λ [da *Metafísica*], mas a diferença só tem sentido num sistema de oposições e de correlações que nos faça passar do ser aí imediato e aparentemente isolado, a uma estrutura" (*Pensamento formal e ciências do homem*, capítulo V).

57 Gaston Granger, "Modelos qualitativos, modelos quantitativos no conhecimento científico", art. citado, p.10.

que, porém, sempre se apresentam como individualizados e contingentes, como *coisas*, é tratá-los como "formas" no sentido aristotélico, ou seja, como entidades que existem objetivamente, imutavelmente (embora não existam naturalmente como tais) e considerá-las independentes dos indivíduos em que se realizaram.[58]

Evidentemente, tudo isso implica, como em Aristóteles, o recurso a um novo tipo de explicação "causal". De Platão a Aristóteles, passava-se da explicação única (a demonstração matemática, que só se interessa pela causa formal) à pluralidade das explicações naturais (o sistema das quatro causas); das Ciências da Natureza às Ciências do Homem, passa-se, analogamente, do modo de explicação nomológica (as "leis da natureza"), adaptado à Física Matemática nascida no século XVII, a uma pluralidade de causas especificamente humanas e próprias a cada plano de realidade, cortada pela nova partilha epistemológica: há, assim, uma "causalidade propriamente psíquica", distinta, por um lado, da causalidade fisiológica ou biológica, mas também, por outro lado, da causalidade sociológica; há uma causalidade propriamente sociológica, distinta da causalidade psíquica ou da causalidade histórica etc. O ponto comum a todas essas "causalidades", pelo menos nessa corrente dominante na França que criará a figura 3 do homem, é que terão todas elas uma intenção "explicativa", por oposição ao que se costuma chamar de métodos "compreensivos", dominantes, por exemplo, na Alemanha (Weber, Simmel etc.). Se tivéssemos de achar um ponto em comum às Ciências Humanas "explicativas", seria aquele que já assinalamos. Pois, por um lado, elas exigem uma verdadeira "causalidade" (ainda que esta nada tenha de necessário, logo de nomológico, como a "causalidade" das Ciências Físicas), por oposição à atitude "compreensiva" e, por outro, elas não podem recorrer a uma causalidade "redutora", que

---

58 Seria talvez possível mostrar como a apreensão das realidades singulares, na outra grande corrente das Ciências Sociais nascentes, em Max Weber, sempre supõe também algo como a apreensão de uma forma. É o que acontece com o "tipo ideal" weberiano: "Obtém-se um tipo ideal acentuando-se unilateralmente um ou mais pontos de vista e encadeando uma multidão de fenômenos dados isoladamente, difusos e discretos, que se encontram ora em grande número, ora em pequeno número e, por vezes, não se encontram de modo nenhum, que se *ordenam* [grifo nosso] segundo os pontos de vista precedentes, para formarem um quadro de pensamentos homogêneos. [...] O tipo ideal é, em particular, uma tentativa de apreender as individualidades históricas ou seus diferentes elementos em conceitos genéticos" ("A objetividade do conhecimento nas ciências e na política sociais". In: _____, *Essais sur la théorie de la science*). Note-se que o tipo ideal permite, como a forma em Aristóteles, conciliar a exigência de descontinuidade conceitual (da razão) com a continuidade natural (ou histórica) da realidade. Ver o que diz Weber, nesse mesmo texto, da distinção Igreja/seita.

pertença a um nível "ontológico" inferior (por exemplo, explicar o social pelo psíquico ou o psíquico pelo fisiológico) e introduza uma heterogeneidade entre causas e efeitos; todas elas devem negar toda função explicativa aos *motivos* (móveis, intenções, razões, motivações) propostos consciente ou explicitamente pelos agentes, individuais ou coletivos. Para as Ciências Humanas – versão "estrutural" –, explicar os pensamentos, os atos, os comportamentos dos agentes será negar toda pertinência ao que dizem ou creem os agentes em questão. Ou melhor, será poder também (e, às vezes, *em primeiro lugar*) explicar esses próprios discursos e crenças. A explicação dos discursos iludidos ou das crenças mistificadas constituirá parte importante, e às vezes até essencial, de sua tarefa.

O preço que Aristóteles tinha de pagar pelas "formas" materializadas (em detrimento da medida platônica) e pela pluralidade das explicações causais (em detrimento da demonstração matemática) era, como dissemos, uma dualidade irredutível de Ciências (as Ciências Físicas, irredutíveis às Ciências Matemáticas). Do mesmo modo, o preço que as Ciências Humanas tiveram de pagar foi um dualismo epistemológico (as Ciências Humanas, Ciências da Ordem Humana, irredutíveis às Ciências da Natureza, Ciências do que é mensurável de direito). O preço será até mais alto, em certo sentido: pois, assim como só podia haver, para Aristóteles, Ciência da Natureza com a condição de distinguir dois *lugares* do mundo (o Céu e a Terra), cada um com sua Física, só existe Ciência do Homem, como vimos, porque as "formas" ou "estruturas" humanas são autônomas umas em relação às outras e os tipos de causalidade, ou até de determinismo, são irredutíveis uns aos outros – a Psicologia é independente da Sociologia, que, assim como a Linguística, nada deve às explicações psicológicas ou históricas etc.

A constituição das Ciências Humanas no século XIX obedeceu, portanto, à mesma lógica que a constituição das Ciências da Natureza na Antiguidade. Para que fosse possível o conhecimento científico da natureza, era preciso dobrar-se a quatro condições. A primeira era aceitar as exigências do conhecimento científico previamente definidas por Platão (conhecimento objetivo, racional e explicativo de formas estáveis), embora propondo que as formas que são seu objeto estão *na* natureza (encarnadas nas substâncias naturais), e não fora dela (as Ideias de Platão). A segunda condição era abandonar a exigência da medida em favor da de ordem. A terceira consistia em optar por uma dicotomia epistemológica: por um lado, as demonstrações das Ciências Matemáticas, sempre rigorosamente exatas, por outro lado, as generalizações das Ciências Naturais, sempre refutáveis.

A quarta condição consistia em substituir um único modo de explicação (a demonstração) pela pluralidade das "causalidades". Estas mesmas quatro condições é que possibilitaram as Ciências Humanas. Primeiro: convém afirmar que não só os fenômenos naturais podem ser objetos de conhecimento científico, objetivo e explicativo; os fatos *propriamente* humanos também o são. Segundo: esses fatos não (ou não só) pertencem às Ciências da Medida, mas às Ciências da Ordem; estas devem substituir a unicidade da razão humana ou o diverso cambiante da experiência pela unidade racional da diversidade das *formas*. Para tanto, elas devem, em terceiro lugar, optar por uma dicotomia epistemológica (por um lado, as Ciências Naturais ditas exatas; por outro, as Ciências Humanas, que enunciam regularidades sempre precárias). Por fim, elas devem substituir um modo de explicação único (a *lei*, exprimível matematicamente) por uma diversidade de níveis de causalidade (psíquica, social, histórica, linguística etc.). É a todas essas necessidades que obedecerá, enfim, em meados do século XX, esse objeto ideal que é o "homem estrutural": ser antinatural, sujeito disperso entre diversas sujeições incompatíveis, consciente de seu saber ou senhor da natureza, mas jamais senhor do que é nem consciente do que faz e muito menos consciente ou senhor das razões pelas quais o faz.

FORMAS ARISTOTÉLICAS E ESTRUTURAS LÉVI-STRAUSSIANAS

Podemos, com efeito, afirmar que a "estrutura" marca, no apogeu das Ciências Humanas do século XX, o triunfo da formalização da qualidade sobre a quantificação do empírico. Queremos agora dar um passo além e sugerir que o estruturalismo significou, na realidade, um retorno epistemológico às formas aristotélicas. Parece-nos que há uma forte analogia metodológica entre a obra que é, talvez, a mais alta realização da "forma" na ordem das Ciências Naturais antigas, o díptico *História dos animais* e *Partes dos animais* de Aristóteles,[59] e a primeira realização, talvez a mais alta, da "estrutura" na ordem das Ciências Humanas do século XX, *As estruturas elementares do parentesco*, de Claude Lévi-Strauss.

---

59 Esses dois tratados zoológicos são uma obra-prima de equilíbrio entre a observação empírica e a conceitualização científica. Seu bom êxito, na Antiguidade, é comparável, na ordem das Ciências Naturais, ao monumento de Euclides, os *Elementos*, na ordem das Ciências Matemáticas.

NOSSA HUMANIDADE

Como dissemos,[60] Aristóteles quer dar conta de todas as formas vivas; quer, ao mesmo tempo, compreender como cada uma vive e por que são diversas. Para recensear a diversidade dos seres vivos, mas principalmente para compreender essa diversidade e explicar a vida dos viventes a partir dela, Aristóteles parece observar as seguintes seis regras.[61]

Só se pode compreender um vivente particular pelos caracteres essenciais da *forma* (*eidos*) que ele compartilha com todos os de sua "espécie" (*eidos*).

Só se pode compreender uma forma-espécie pela diferença com todas as outras formas dentro de um gênero.

Para diferenciar as formas entre elas, devem-se diferenciar seus "caracteres" (modos de vida, atividades) e suas partes (em especial, os órgãos).

Para diferenciar os gêneros entre eles, assim como para diferenciar as espécies entre elas, cumpre analisar cada ser em seus órgãos, de que nenhum tem existência por si mesmo, mas todos só existem por e para o todo.

Essas unidades mínimas podem ser compreendidas pela função (causa final) que cada uma desempenha na manutenção da vida do vivente.

Tais unidades estão diversamente correlacionadas entre si para formarem as essências das diferentes "formas" do vivente.

A essas regras, que permitem orientar a pesquisa empírica, cumpre acrescentar outra, mais espantosa, que parece coroá-las como um princípio *a priori*. Todas essas *formas* vivas *diferentes* (e também, portanto, as diferenças entre os modos de vida e os órgãos) não são só diversas realizações *materiais* das mesmas funções; elas parecem também ordenar-se num quadro *a priori* de todas as formas *possíveis*.[62] Na *Política*, Aristóteles sugere o seguinte procedimento para enumerar e recensear as diferenças entre os regimes políticos:

> É como se decidíssemos considerar as diferentes formas [*eidé*] do animal: determinaremos primeiro o que é necessário que todo animal tenha (a saber, certos órgãos sensoriais, a parte que digere e recebe o alimento, [...] e, além disso, os órgãos de locomoção), e se é verdade que o número dessas partes necessárias é mesmo apenas este, e que elas têm entre si diferenças (por exemplo, que haja vários tipos de boca ou de ventre e também de órgãos sensoriais e locomotores), a quantidade de suas combinações indicará uma pluralidade de famílias de animais (pois o mesmo animal não pode ter muitas variedades de boca

---

60 Ver anteriormente, p.25-7.
61 Ver anteriormente, p.169-71.
62 É o que mostraram Crubellier e Pellegrin, *Aristote. Le philosophe et les savoirs*, p.288.

ou de orelhas); de modo que, quando tivermos tomado todas as combinações possíveis, isso dará as formas [*eidé*] do animal, tanto quanto as conjugações das partes necessárias. O mesmo acontece com os regimes de que falamos. Pois as cidades não são compostas de uma só parte, mas de muitas.[63]

"Parece, comenta Pierre Pellegrin, que temos uma natureza que explora todas as combinações possíveis, mas sob o controle da finalidade, que está presente em especial sob a forma de princípio de economia."[64]

A "forma" pode, portanto, ser estudada de três pontos de vista: é a identidade de essência dos indivíduos; é a diferença num todo (o gênero) de que ela é apenas uma das variações possíveis; é uma totalidade de unidades pertinentes (os órgãos) que se combinam de todas as maneiras possíveis. Podemos, então, perguntar se, uma vez concluído o trabalho que consiste em "ascender", nesses dois tratados (*História dos animais* e *Partes dos animais*), da extrema variedade das formas de vida, meticulosamente observadas e descritas, até os princípios que permitem compreender essas diferenças, o naturalista não pode ir mais adiante e, num trabalho sintético sugerido aqui ou ali por Aristóteles,[65] tentar "descer" *a priori* dos princípios racionais até as consequências empíricas. Assim, desde que admitamos o princípio *a priori* de que "É preciso haver vida", poderíamos deduzir dele todas as funções que permitem garantir e manter essa vida, e depois deduzir dessas funções todos os órgãos capazes de assumi-las nos diferentes meios (o ar, a água, a terra), e depois deduzir da combinação desses órgãos todas as formas (*eidé*) possíveis do vivente e, por conseguinte, também da multiplicidade dos indivíduos vivos – pois uma "forma" de vida só pode manter-se por meio da diversidade de indivíduos mortais. Poderia ser este o fim (a meta, o limite) do trabalho científico a que deve dedicar-se o naturalista, segundo Aristóteles.

Para Lévi-Strauss, o problema já não é "Como descrever e explicar a diversidade das formas vivas?", e sim "Como descrever, enumerar e explicar a diversidade das sociedades humanas?" Pode-se definir uma sociedade pelos laços que unem os homens, de geração em geração, para além de toda consanguinidade ou filiação familiar, ou seja, pelas regras do casamento

---

63 Aristóteles, *Política* IV, 4, 1290b 25-37.
64 Crubellier e Pellegrin, *Aristote*, op. cit., p.289.
65 Com base numa combinatória de possibilidades, Crubellier e Pellegrin citam também um texto tirado de um pequeno tratado de História Natural, *Da respiração* 19, 477 a 25.

NOSSA HUMANIDADE

187

(ou de aliança), sem as quais "os homens não poderiam elevar-se acima da organização biológica para alcançar uma organização social".[66]

À primeira vista, *As estruturas elementares do parentesco* apresentam-se como a busca da razão da universalidade da proibição do incesto – regra paradoxal, pois parece ao mesmo tempo estar vinculada à universalidade dos fenômenos naturais e à normatividade dos fenômenos culturais.[67] Essa proibição, porém, só se esclarece com a condição de ser invertida; convém considerar não o que ela proíbe, mas o que por isso mesmo ela prescreve: a exogamia. "A exogamia fornece o único meio de manter o grupo como grupo, de evitar a fragmentação e o enclausuramento indefinidos que a prática dos casamentos consanguíneos produziria", que tenderia a fazer "estilhaçar-se o grupo social numa multidão de famílias, que formariam outros tantos sistemas fechados, de mônadas sem portas nem janelas", o que constituiria um "perigo mortal para o grupo".[68] Na realidade, Lévi-Strauss entrega-se, num mesmo gesto teórico, a *duas* inversões, pois a proibição do incesto é o reverso de uma dupla prescrição: aquela que obriga a buscar aliança fora do círculo de parentes (a exogamia) e a que "obriga a dar mãe, irmã ou filha a outrem" (o dom).[69] Essas duas regras positivas estão no princípio de toda sociedade.

Com efeito, as diferentes regras particulares de casamento (proibir tal aliança com tal parente, obrigar a escolher o cônjuge em tal grupo particular) só podem ser compreendidas em suas diferenças e por suas relações mútuas dentro de um sistema: proibir-se de desposar a irmã é também obrigar-se a oferecê-la a outro homem; proibir-se de desposar a prima paralela (filha da irmã da mãe ou do irmão do pai) e considerá-la como meia-irmã pode significar, dentro de tal "estrutura elementar de parentesco", ter as primas cruzadas (filhas do irmão da mãe ou da irmã do pai) como esposas possíveis ou até "preferenciais". Ou seja, não só se revela que uma regra aparentemente negativa implica, na realidade, uma regra positiva, mas, além disso, essa prescrição deve ser considerada a manifestação particular de uma lógica mais geral, a lógica do dom, a qual, por sua vez, obedece, como se deve compreender de modo ainda mais geral, a uma lógica da troca: dar uma irmã para poder receber em troca uma esposa – e, com isso, ter dois cunhados – e

---

66 Lévi-Strauss, *Les structures élémentaires de la parenté*, op. cit., p.565.
67 Ibid., p.12.
68 Ibid., p.549.
69 Ibid., p.552.

assim criar uma sociedade.[70] A troca é a regra das regras e o fundamento de toda sociedade. "Na sociedade humana, um homem só pode obter uma mulher de outro homem que lha ceda sob a forma de filha ou irmã."[71]

Mas o gesto teórico de inversão da proibição em obrigação não é só o que leva à solução geral do problema da sociedade, ele é também o primeiro passo que vai levar ao conceito de *estrutura*.

Para poder compreender a diversidade das sociedades por meio das regras de casamento, é preciso antes passar do indivíduo (X, Y), colocado diante de interdições e de prescrições da sociedade, às *relações* em que ele é tomado: pai, mãe, irmã, irmão, primo paralelo, primo cruzado. Mas estas qualificações não devem ser entendidas como meras relações biológicas. Para compreender sua dimensão social, é preciso encará-las como

> [...] relações entre esses indivíduos e todos os outros: a maternidade é uma relação, não só da mulher com os filhos, mas dessa mulher com todos os outros membros do grupo, para os quais ela não é mãe, mas irmã, esposa, prima ou simplesmente uma estranha quanto ao parentesco. O mesmo se pode dizer de todas as relações familiares, que se definem, ao mesmo tempo, pelos indivíduos que elas englobam e por todos os outros também que elas excluem.[72]

Passa-se da relação com um outro para a relação com todos os outros, o que implica que uma relação entre indivíduos só pode ser compreendida na totalidade social que ela contribui para constituir e, por diferença, em relação a todas as outras dentro dessa totalidade.

Esse sistema de relações determina diversas atitudes possíveis da parte dos indivíduos, por exemplo, aquelas que devemos ao parente ou ao aliado. Há, em particular, uma oposição entre dois tipos de mulheres, ou melhor, de relações em que se pode estar com uma mulher: ou "mulher cedida", ou "mulher adquirida", ou "mulher parente" (proibida) ou "mulher aliada"

---

70 Ver a anedota dos informadores Arapesh de Margaret Mead, que, às perguntas insistentes e até importunas da antropóloga sobre as razões pelas quais "um homem se proíbe dormir com a irmã", acabam respondendo: "Mas como! Você queria casar com sua irmã? Mas o que há com você? Não quer ter cunhado? Você não entende que se casar com a irmã de outro homem e outro homem casar com a sua irmã, você terá pelo menos dois cunhados e se você casar com a sua própria irmã, não terá nenhum? E com quem vai caçar? Com quem vai cuidar das plantações? Quem você vai visitar?" Acrescenta Lévi-Strauss: "A exclamação incrédula arrancada do informante: *Você não quer ter cunhado?*, fornece a regra do estado de sociedade" (ibid., p.555-6).

71 Ver "L'analyse structurale en linguistique et en anthropologie". In: _____, *Anthropologie structurale* I, op. cit., p.56.

72 *Les structures élémentaires de la parenté*, op. cit., p.552.

NOSSA HUMANIDADE

(desejável). E o sistema das atitudes permite, por sua vez, passar do sistema de relações para o sistema de correlações. Por exemplo, "a relação entre tio materno e sobrinho está para a relação entre irmão e irmã, como a relação entre pai e filho está para a relação entre marido e mulher. De modo que, sendo conhecido um par de relações, sempre seria possível deduzir o outro". É esse o caso "na instituição do avunculato",[73] em que o irmão da mãe é considerado pai e se considera como tal. Por fim, o conjunto das correlações sempre forma um sistema de troca: nas estruturas elementares ("isto é, os sistemas que prescrevem o casamento com certo tipo de parente"),[74] trata-se ora de uma troca restrita e direta (quando um grupo A dá ao grupo B, que dá ao grupo C, que dá ao grupo A); nas estruturas complexas ("sistemas que se limitam a definir o círculo dos parentes e entregam a outros mecanismos, econômicos ou psicológicos, o trabalho de proceder à determinação do cônjuge"), a exogamia só é prescrita implicitamente por meio de proibições. Não se pode, pois, compreender determinado conjunto de regras sociais do casamento senão como as de um sistema de troca e por diferença com todos os outros sistemas. Tais são as diferentes estruturas de parentesco, elementares ou complexas, derivadas das primeiras: são todas as variantes possíveis a partir de uma mesma necessidade de troca e de "circulação de mulheres". Pois, "seja de forma direta ou indireta, global ou especial, imediata ou postergada, explícita ou implícita, fechada ou aberta, concreta ou simbólica, é a troca, sempre a troca, que aparece como a base fundamental e comum de todas as modalidades da instituição matrimonial".[75]

Vemos delinearem-se analogias evidentes entre o método aristotélico em Ciências Naturais e o método lévi-straussiano em *As estruturas elementares de parentesco*.

Trata-se, por um lado, de explicar a vida a partir da diversidade das *formas* de vida e, por outro lado, de explicar a sociedade a partir da diversidade das regras matrimoniais. Para tanto, Aristóteles se esforça, em primeiro lugar, para *diferenciar* as formas (*eidos*) umas das outras a partir de seu gênero comum; do mesmo modo, Lévi-Strauss, ao evidenciar o fato de que todas as sociedades têm aparentemente em comum uma única regra (a proibição do incesto), consegue diferenciá-las umas das outras em função do sentido positivo que esta recobre, a saber, as diferentes maneiras de obrigar à exogamia. Mas o essencial está no segundo processo. Aristóteles

---

73 Ver "L'analyse structurale en linguistique et en anthropologie", op. cit., p.51.
74 *Les structures élémentaires de la parenté*, op. cit., p.IX.
75 Ibid., p.548-9.

diferencia as formas vivas por suas partes constituintes (os órgãos), essas unidades elementares que não existem por si mesmas, mas só pelas relações que têm entre si e pelas que elas têm com esse *todo* (o ser vivo) que, com isso, elas constituem; Lévi-Strauss diferencia as regras matrimoniais por meio de relações elementares (mãe, irmã, filha, prima cruzada, prima paralela) que só ganham sentido a partir do momento em que elas põem em relação o indivíduo com *todos os outros indivíduos* da sociedade, que assim é constituída. Essas unidades mínimas (órgãos) são compreendidas pela função (causa final) que exercem no conjunto do organismo – e, apesar de suas diferenças "materiais" de uma forma para outra (em especial quando pertencem a gêneros diferentes), pode-se considerar que elas sempre exercem funções análogas na preservação da vida do vivente, porque essas funções são idênticas através de todas as formas de vida (nutrição, geração, locomoção etc.); do mesmo modo, essas relações (mãe, irmã, filha etc.) implicam diferenças de atitude ("respeito ou familiaridade, direito ou dever, afeição ou hostilidade")[76] que se compreendem, em última instância, segundo a função que delas resulta no interior da sociedade para que essa sociedade seja preservada, porque essas funções são idênticas através de todas as sociedades e se reduzem sempre a estas duas funções constituintes: "ser aliado" ou "ser parente".

Mas isso não é tudo. Pois o que se constatou – com surpresa no caso de Aristóteles, que é tido como um empirista em matéria biológica –, é que todas as formas de vida existentes aparecem como o conjunto de todas as combinações possíveis dos diferentes órgãos necessários ao vivente. Ora – isto surpreenderá menos para um "estruturalista" – o mesmo se pode dizer das regras do parentesco e do casamento: estas, escreve Lévi-Strauss:

> [...] esgotam, como se revelou, na diversidade de suas modalidades históricas e geográficas, todos os métodos possíveis para garantir a integração das famílias biológicas dentro do grupo social. Constatamos, assim, que regras, aparentemente complicadas e arbitrárias, podiam ser reduzidas a um pequeno número: só há três estruturas elementares de parentesco possíveis; essas três estruturas são construídas por meio de duas formas de troca; e essas duas formas de troca dependem, por sua vez, de um único caráter diferencial, a saber, o caráter harmônico ou desarmônico do sistema considerado. Todo aparelho que impõe prescrições e proibições poderia ser, no limite, reconstruído *a priori*

---

76 "Langage et parenté", capítulo de *Anthropologie structurale*, I, op. cit., p.45.

NOSSA HUMANIDADE

em função de uma só questão: qual é, na sociedade em discussão, a relação entre a regra de residência e a regra de filiação?[77]

Imaginava-se que Aristóteles, depois de ter subido a estrada íngreme que levava da descrição empírica de todas as formas de vida animal até as suas funções mais gerais, tivesse a intenção de tornar a descer sinteticamente, a partir do princípio *a priori* "É preciso haver vida" até todas as funções que permitem garanti-la e mantê-la e, por conseguinte, até os órgãos, para terminar em todas as formas (*eidé*) do vivente. Mas é precisamente isso que faz Lévi-Strauss: depois de ter escalado durante várias centenas de páginas o caminho tortuoso que o levou, através da América, da Austrália, da Índia e da China, a descrever e analisar todas as estruturas elementares ou complexas de parentesco, ele vê a estrada real que lhe permite tornar a descer sinteticamente do princípio racional até todas as suas manifestações empíricas mais variadas: "As muitas regras que proíbem ou prescrevem certos tipos de cônjuges, e a proibição do incesto que resume a todas elas, esclarecem-se a partir do momento em que se coloca que é preciso haver a sociedade."[78] Com efeito, a partir daí, pode-se deduzir que, sendo a regra de exogamia o único meio de evitar o "perigo mortal" do desaparecimento do grupo, a organização dualista é o meio mais simples de evitar o "risco de ver uma família biológica alçar-se à condição de sistema fechado"; porém, ela corre o risco "de ver duas linhagens isolarem-se do *continuum* social, sob a forma de um sistema bipolar", o que obriga, pois, a recorrer a "formas mais complexas de exogamia, como o princípio de troca generalizada".[79] Assim, aos poucos, Lévi-Strauss deduz, a partir de seu princípio da necessidade *a priori* da vida do grupo, todas as formas de sociedade e preenche todas as casas do seu tabuleiro, como Aristóteles poderia ter feito postulando a necessidade *a priori* da vida do animal. "É preciso haver vida!" Esta é, tanto para um como para outro, a própria definição de vida – do vivente ou da sociedade.

Poderia parecer inconveniente reduzir o "estruturalismo" a um "finalismo da forma" de tipo aristotélico, ou até a um "funcionalismo" – apesar do grande respeito que o autor das *Estruturas elementares do parentesco* tem por Alfred R. Radcliffe-Brown. Deve-se, porém, notar que a finalidade (cega, como o é, aliás, igualmente em Aristóteles) nunca está muito distante em Lévi-Strauss, quando se trata de explicar o fato social pela exogamia e pela

---

77 *Les structures élémentaires de la parenté*, op. cit., p.565.
78 Ibid., p.561.
79 Ibid., p.549.

troca; pois a exogamia tem um "valor funcional" inicialmente negativo – evitar a morte do grupo –, mas também positivo: é o "esforço permanente para uma maior coesão, uma solidariedade mais eficaz e uma articulação mais flexível".[80] De um modo mais geral, a troca "não vale apenas o que valem as coisas trocadas", pois "tem por si mesma um valor social: fornece o meio de ligar os homens entre eles e de sobrepor aos laços naturais de parentesco, os laços já artificiais [...] da aliança regida pela regra".[81] O estruturalismo, quando se torna "explicativo", não rejeita de modo nenhum a causa final, pelo menos em sua versão puramente aristotélica – antiprovidencialista –, aquela que a reduz à "função" ou ao "valor".

Reciprocamente, não se trata, é claro, de dizer que Aristóteles era "estruturalista". Seja qual for o método a que recorre em Ciência Natural, para ele as substâncias existem "mais" do que seus atributos, que existem "mais" que suas relações. Ele não poderia, portanto, admitir a redução da qualidade (em especial quando é um atributo essencial) à diferença, nem a prioridade da relação sobre os indivíduos; para Aristóteles, as diferenças não existem por si mesmas, mas estão só "entre" indivíduos que, por sua vez, existem independentemente uns dos outros; ou seja, os relativos supõem necessariamente termos não relativos, substâncias.

No entanto, o essencial não está aí. Não se tratava de mostrar o aristotelismo de Lévi-Strauss ou o estruturalismo das *Partes dos animais*, mas mostrar o caminho paralelo tomado por um e outro como *caminho alternativo ao reducionismo*, quando a Ciência quer conquistar um novo continente da objetividade. Para constituir as Ciências da Natureza, era preciso, segundo Aristóteles, evitar a redução ao matemático. Era preciso, para as Ciências do Homem, evitar a redução ao biológico; a "estrutura" foi sua mais alta invenção conceitual e, talvez, sua última oportunidade de "ocupar" o continente humano, em especial o social, que haviam conquistado (pelo menos) desde Durkheim. Não podendo fazer-se Ciência pela medida e não querendo ser reduzidas a outra (matemática ou biológica), a Física antiga e a Ciência Social moderna tiveram de se tornar Ciências da *Ordem* e demonstrar que o real (natureza ou sociedade), sob a extrema diversidade de suas manifestações, pode ser deduzido de uma combinatória a partir do simples princípio: é preciso que exista *o que está continuamente ameaçado de não existir*.

Mas isso era só metade do conhecimento do homem.

---

80 Ibid., p.550.
81 Ibid.

A REVOLUÇÃO DA QUARTA FIGURA: O HOMEM RENATURALIZADO

Seguindo a nossa narrativa, a revolução neonaturalista contemporânea torna-se um acontecimento histórico esperado. Assim como a revolução da época clássica conseguiu reunir às outras Ciências (a Física Matemática) aquelas que a revolução antiga conseguira inventar (as Ciências Naturais), não sem ter tido de distingui-las das outras (as Ciências Matemáticas), também a revolução do fim do século XX procurou reunir às outras Ciências (as Neurociências) aquelas que a revolução moderna conseguira inventar (as Ciências Humanas), não sem ter tido de separá-las das outras (as Ciências Naturais). Ou seja, estava em conformidade com a história de que a pluralidade das Ciências Humanas fosse seguida por uma tentativa de reunificação do conhecimento do homem.

Com efeito, é possível prolongar o paralelo entre as duas "segundas revoluções" (a segunda e a quarta), que poderíamos considerar também como duas "contrarrevoluções". A revolução da nova Ciência da Natureza, no século XVII, era marcada por quatro rupturas. A primeira ruptura consistia na reunificação de seu objeto, a natureza: não há mais, por um lado, o Céu, com seus movimentos circulares e eternos, e por outro a Terra, com seus movimentos retilíneos e finitos, que tendem ao repouso; há uma só natureza, com um só tipo de movimento, sujeito ao princípio único da inércia. A segunda ruptura era a reunificação dos dois grandes tipos de Ciências (Matemáticas e Físicas): podemos aplicar ao objeto das segundas (os corpos materiais do mundo que nos rodeia) o rigor dos métodos das primeiras (a demonstração matemática). Terceira ruptura: para a nova Ciência, o objeto da ciência é *uno* (o corpo sem qualidade), apesar da variedade exuberante do sensível (cores, sons, odores etc.). Por fim, a natureza obedece a um só tipo de explicação (a causalidade eficiente), a despeito da diversidade das causas a que se costumava recorrer, de acordo com a tradição aristotélica: por exemplo, o apelo à suposta *finalidade* a que respondiam os órgãos dos seres vivos, por oposição às relações puramente mecânicas entre as partes dos corpos inertes.

Assistimos, *mutatis mutandis*, a quatro rupturas análogas em relação às Ciências Humanas na revolução das Neurociências ou, mais precisamente, na passagem do paradigma estruturalista para o paradigma naturalista das ciências cognitivas. A primeira ruptura consiste na reunificação de seu objeto, o ser humano: doravante, Psicologia, Sociologia, Linguística etc. devem poder fundir-se e convergir para esse ponto focal do conhecimento do homem, seu cérebro – pois este é o centro único de onde, segundo se supõe, emana obrigatoriamente tudo o que é humano. A segunda ruptura é a consequência da primeira: a divisão passada entre os dois grandes tipos de Ciências (Exatas e Humanas, "duras" e "moles", Ciências da Natureza e Ciências do Espírito), herdada do século XIX, já não tem sentido: toda Ciência é natural, e o próprio espírito é naturalizável. Devemos, pois, poder aplicar aos fenômenos, comportamentos, ações, reações dos seres humanos o rigor dos conceitos e dos métodos que são aplicados aos outros fenômenos naturais, pois o homem é um ser natural como os outros. Com uma só diferença, fundamental: a "natureza" de que se trata não é (mais) feita de matéria ou de elementos materiais, é exclusivamente constituída por corpos vivos. Ou seja, a Ciência unificadora, aquela que tem a tarefa, por assim dizer, de fagocitar todas as que se pretendem "acima dela" na ordem de complexidade ontológica, não é mais a Física, é hoje a Biologia. Para o novo paradigma – esta é a terceira ruptura com as Ciências Humanas –, o objeto dessas diversas Ciências é *uno* (o vivente), apesar da variedade exuberante de suas manifestações (das plantas aos mamíferos, dos unicelulares ao homem). Por fim, quarta ruptura: como todo vivente está sujeito apenas às leis biológicas da adaptação evolutiva, e como todo homem é um vivente como os outros, os comportamentos humanos, e mesmo os em aparência mais propriamente humanos (raciocínio, linguagem, intercâmbios sociais, transmissão cultural etc.), estão vinculados a um só tipo de causalidade; todos procedem de eventos neurofisiológicos, mais particularmente, de estados cerebrais, os únicos dotados de verdadeiro poder causal ("natural"): a aparente variedade dos níveis de explicação herdados das Ciências Humanas e Sociais (psicológico, sociológico, histórico) deve então ser reduzida teoricamente à unicidade de uma explicação naturalizada. Já não se trata de "explicar o social pelo social", para retomar a célebre frase de Durkheim, mas o social pelo cognitivo e este, por sua vez (quando possível), pelo neurológico e, por conseguinte, pelo biológico. Este é o "homem neuronal". Essas quatro rupturas que marcam a passagem, no conhecimento do homem, das Ciências Humanas para as Ciências Cognitivas, são as que haviam permitido a passagem da antiga Ciência da Natureza (Aristóteles) para a nova (Descartes-Galileu-Newton).

Nessas condições, não é de admirar que a esperança que esse novo programa científico gera, seja análoga à que ocupava as imaginações nos séculos XVII e XVIII, depois da reunificação das Ciências e dos extraordinários sucessos da nova Física Matemática. Podia-se sonhar seriamente: não era a Mecânica Clássica o acabamento da Ciência? Do mesmo modo, hoje, os sucessos da Biologia Molecular e da Teoria da Evolução, que vão aos poucos conquistando os territórios das antigas Ciências Humanas graças às Neurociências e aos programas cognitivistas de naturalização da mente, não permitem entrever para amanhã a reunificação de todas as Ciências que tratem, em algum nível, de seres *vivos*? Obviamente, ninguém pode prever o que acontecerá. Convém, porém, observar o seguinte: no fim do século XVIII, grandes mentes podiam julgar que a Física Newtoniana consumava o conhecimento que se podia ter da natureza; ao mesmo tempo, excluíam que tal Ciência Natural, por mais abrangente que fosse, pudesse um dia incluir o conhecimento dos fatos humanos. Ora, hoje a situação praticamente se inverteu: se alguns bons espíritos não hesitam em postular que as "Ciências do Vivente" estão em vias de abranger todas as Ciências Humanas em seu programa naturalista, a ruptura epistemológica parece agora se abrir no interior das Ciências da Natureza, entre as Ciências Biológicas e as Ciências Físicas: nenhum espírito científico se aventura a predizer que um dia o programa "reducionista" e naturalista das Ciências da Mente possa chegar a *explicar* a paixão amorosa, o papel da escola na reprodução das desigualdades sociais, a aprendizagem das línguas, as relações internacionais, uma fuga de Bach, o êxodo rural, os ritos sacrificiais, a poesia árabe etc. a partir das propriedades das partículas materiais tais como a massa, a carga, a função de onda, ainda que ninguém (nenhum cientista) duvide do fato de que as relações internacionais ou o êxodo rural, por exemplo, sejam, "em última instância", próprios do homem, de que todos estes possuem um cérebro e um patrimônio genético e de que o cérebro ou os genes são constituídos de certa matéria definida, "em última instância" (mas será mesmo a última?), por partículas definíveis pela massa, pela carga etc. Ou seja, enquanto, na Idade Clássica, se podia esperar que o vivente fosse redutível ao mecânico, embora excluindo que a Ciência da Natureza pudesse um dia explicar os fenômenos humanos, hoje acontece o inverso: não para de crescer (aparentemente) o fosso entre as Ciências Biológicas e aquelas a que estão "ontologicamente" subordinadas, as Ciências Físicas, enquanto não para de diminuir o fosso que as separa das que lhe são subordinadas, as Ciências do Homem. Mas, com isso, continua havendo um fosso a separar a Ciência de sua própria sonhada unidade.

Com Newton, a Mecânica parecia concluída e representava para os melhores espíritos o único tipo de Ciência Física possível. Hoje sabemos que isso era falso. Houve em seguida outras "Físicas" e outros tipos de "leis": as da Termodinâmica, do Eletromagnetismo, da Física Quântica etc., para não falar dessa outra Mecânica que é a Mecânica Relativista. Mas, paralelamente, aconteceu também o nascimento das "Ciências Humanas", que frustraram de outra maneira as previsões: eram consideradas impossíveis, contrárias à própria natureza da Ciência e do homem. Hoje, as "leis do vivente" parecem sob todos os aspectos irredutíveis às quatro interações elementares da Física, ainda que pareçam poder determinar os comportamentos humanos. Não há grande risco em apostar que a História, mais uma vez, venha a frustrar, sem dúvida de maneira imprevista, esses dois tipos de pressentimento. Apesar dos progressos da formação de imagens cerebrais e dos sucessos presentes e por vir dos programas de "naturalização da mente", podemos desconfiar que estes jamais poderão bastar para explicar ou compreender todas as manifestações propriamente humanas. Não que o homem seja "um império dentro do império" e não seja um ser natural de ponta a ponta. (É, aliás, igualmente incontestável que o homem é inteiramente feito de partículas definíveis pela massa, carga etc. Significa isso que estas podem "explicar", em algum sentido da palavra, a poesia árabe ou as regras do jogo de xadrez?) Nenhum obstáculo metafísico absoluto, nenhuma objeção ética irrefragável devem ser opostos *a priori* a esses programas – que nada têm de sacrílegos. Acontece simplesmente que, embora seja útil, fecundo e cientificamente necessário desenvolver hoje programas de "naturalização da mente", pois é verdade que "o homem é um vivente como os outros", não é menos verdade que ele é também um "sujeito sujeitado", uma "coisa que pensa" ou um "animal racional". Isso nos leva a duvidar de que uma naturalização do espírito humano possa algum dia ser concluída.

Podemos, com um último olhar retrospectivo para essas quatro revoluções escandidas por outros tantos conceitos do homem, comparar numa palavra os quatro sonhos das Ciências universais que elas encerram. Aristóteles sonha que o modelo de Ciência inventado por Platão seja aplicado *universalmente* a todos os seres. Seu universalismo consiste em estender aos seres naturais – cujo modelo é o homem – a ideia de Ciência. Para tanto, ele é obrigado a distinguir dois tipos de Ciências: as matemáticas e as físicas. Descartes sonha em reunificar Matemática e Física numa "Ciência universal". Seu universalismo consiste em reformular o objeto da Ciência a partir da unidade do seu sujeito – a razão do homem. Para tanto, é obrigado a excluir o homem dessa *mathesis universalis*. As Ciências Humanas sonham em integrar à objetividade científica a diversidade dos fenômenos que pertencem à consciência humana. Seu universalismo busca uma nova ideia de Ciência que, para poder estender-se aos fenômenos propriamente humanos, contorne a consciência. Para tanto, também elas são obrigadas a distinguir dois tipos de Ciência: as Exatas e as Humanas. As Neurociências sonham fazer as Ciências Humanas entrarem na esfera das Ciências Naturais. Seu universalismo é um biologismo. Isso não as impede de alargar cada vez mais o abismo que as separa das Ciências Físicas: quanto mais o homem se naturaliza como vivente, mais o vivente se desnaturaliza como ser material.

TERCEIRA PARTE
O REVERSO DAS QUATRO FIGURAS

INTRODUÇÃO

Da frente ao verso do homem

A figura do homem tem duas faces. Do lado do conhecimento, ela serve a interesses epistemológicos diversos e contribui para fundar as condições da objetividade científica, de acordo com o seguinte esquema: *já que o homem é isto* (um vivente racional, um pensamento unido a um corpo, um sujeito sujeitado, um ser natural como os outros), *então eis aqui o que é possível conhecer* – a natureza a partir do modelo do homem (figura 1), o corpo distinto do pensamento (figura 2), o homem como ser de cultura (figura 3), o homem como ser de natureza (figura 4). Do lado das práticas, a figura do homem está sempre disponível para justificar valores ou fundar normas, de acordo com este outro esquema: *já que o homem é isto, então eis aqui o que se pode fazer e o que se deve pensar.* Ora para melhor, ora para pior.

* *

É verdade que a própria palavra "humanidade" é equívoca. Designa o conjunto dos homens ou a qualidade moral vinculada ao fato de ser homem. É a diferença entre "ser um humano" e "ser humano". O equívoco é curioso, pois não consta que o mero fato de pertencer à humanidade confira alguma virtude de humanidade – de bondade, generosidade, compaixão, altruísmo. Não consta tampouco que essa "espécie" (pois se trata de uma espécie) seja particularmente prezada pela doçura. Chegaram a dizer que a espécie humana era a única que se esforçava por se autodestruir. Isso não faz muito sentido, pois não é a espécie humana que certos homens querem massacrar ou exterminar, mas sempre outros homens – e em geral em nome de certo ideal propriamente humano. Até o "crime contra a humanidade" é cometido em nome de certa ideia do que deva ser a humanidade. É verdade que toda uma tradição de filósofos políticos postulou que o homem não fosse um homem para o homem, mas um lobo – o qual, aliás, não se mostra "lobo" diante dos outros lobos. Dividiram-se os moralistas: ele é bom? ele é mau? Pascal defende ao mesmo tempo a grandeza e a miséria do homem, e conclui: "Acuso igualmente os que preferem elogiar o homem e os que preferem acusá-lo[...]."[1] Nesse nível de generalidade, a questão não pode ser resolvida – as posições *a priori* topam com objeções empíricas igualmente fortes nos dois sentidos – e, na realidade, não tem muito interesse.

Se é curioso o equívoco que a palavra "humanidade" contém, ele não é, porém, incômodo. Pois, seja qual for a resposta que se der à pergunta – vazia – sobre se a humanidade é mais humana que desumana em seus comportamentos, há de se convir que ela poderia definir-se pelo fato de que as condutas dos homens – quer se julguem "humanos" ou "desumanos" – se regem por normas e (pelo menos em parte) se determinam por valores. Ou seja, a humanidade é realmente a única "espécie" (se fizermos questão do termo) "moral".

Entre as ideias mais eficazes para justificar essas normas e esses valores está justamente a ideia de humanidade. É em nome do que é o homem ou do que ele deve ser, que muitas vezes se decreta o que se deve e não se deve fazer. E entre esses conceitos normativos do homem há alguns particularmente eficazes: são, ora os que se mostraram poderosos o bastante para legitimar igualmente um saber científico sobre a natureza ou sobre o homem, ora os que, inversamente, pretendem ser deduzidos de tal saber. A confusão de uns com os outros não prejudica de jeito nenhum sua eficácia. Ainda que, como vimos, muitas vezes seja certa ideia do homem que serve para justificar ou até fundamentar tal método, tal teoria ou tal paradigma científico, as doutrinas que fixam os valores e as ideologias que fazem os homens sonhar e agir caminham muitas vezes protegidas pela onipotência do saber. Passa-se, pois, sub-repticiamente de *já que o homem é isto, segue-se tal*

---

1 Pascal, *Pensées*, 405.

conhecimento científico a *já que a Ciência mostra que o homem é isto* (ainda que, na realidade, ela o "mostre" menos do que supõe), *pode-se ou deve-se fazer aquilo*.

Seja como for, é claro que todo conceito do homem poderoso o bastante para permitir (legitimar, fundamentar) uma ruptura decisiva na História do saber deve revelar-se poderoso o bastante para legitimar ou fundamentar normas. É precisamente este encontro, numa ideia do homem, de um projeto científico e de uma moral, que chamamos figura da humanidade. Analisamos o lado da frente, epistemológico, das nossas quatro figuras; resta-nos analisar o reverso, ou seja, as consequências morais e políticas que se puderam tirar daí, ou que se podem ainda tirar daí.

Quem é esse "se"? No caso das duas primeiras figuras, que colhemos em filósofos, tanto moralistas como físicos ou metafísicos, esse "se" designa em primeiro lugar esses mesmos filósofos. A maioria dos filósofos clássicos são não só os autores de um trabalho de análise ou de crítica de certos conceitos, como é o caso da maioria dos filósofos contemporâneos, mas também os inventores de *uma* filosofia, isto é, de uma doutrina, mais ou menos sistemática ou enciclopédica, que abrange de maneira coerente a maioria dos campos do conhecimento e da prática humana. Portanto, é em Aristóteles e em Descartes que é preciso ir buscar essas consequências éticas; eles as deduzem, de modo mais ou menos explícito, mais ou menos tácito, dos conceitos metafísicos do homem sobre os quais baseavam a revolução "física" que ajudavam a operar.

No caso das duas últimas figuras, que inferimos de práticas ou métodos científicos relacionados ao homem, esse "se" é necessariamente mais vago. Reúne filósofos, moralistas e ideólogos prontos para tomar teorias por fatos e os conceitos metodológicos por ideias objetivas. Designa também os próprios cientistas, que falam com frequência "como homens" ou "como moralistas" e não "como cientistas" – o que é direito deles, como de todos, com a condição de não procurarem valer-se da legitimidade adquirida em seu campo de saber para justificarem os valores morais ou políticos que dele pretendem tirar. É verdade que, no caso das Ciências Humanas, a barreira entre conhecimentos e normas é muito menos clara que no terreno das Ciências Exatas. Há muitas razões para isso, das quais as duas principais são a precariedade dos conhecimentos e dos métodos nas "Ciências Moles", necessariamente mais permeáveis a considerações normativas, e o caráter determinante – ou pelo menos mais diretamente explorável, moral e politicamente – daquilo que está em jogo no saber que se refere ao homem. As duas razões se reforçam, ainda que devam neutralizar-se: se a segunda leva à precipitação, a primeira deveria convidar à prudência. E mesmo se esse "se" é necessariamente menos rigoroso nas consequências morais e políticas que "se" tem a pretensão de tirar das duas últimas figuras do homem, do que um filósofo clássico, necessariamente preso à coerência conceitual da sua visão do mundo, as consequências que "se" tira das duas últimas figuras parecem muito mais imediatas que no caso anterior, pois parecem ser tiradas diretamente das "definições científicas" do homem.

Na realidade, o reverso das quatro figuras do homem deve ser analisado em dois níveis. No primeiro nível, a questão é a seguinte: que consequências morais e políticas podem ser tiradas do fato de se ter admitido (ou mostrado) que o homem é um animal racional, é um pensamento estreitamente unido a um corpo, ou um sujeito sujeitado ou ainda um animal como os outros? Algumas dessas consequências são benéficas, outras são nefastas. Mas como as ideologias que propagam as normas e os valores sociais, as morais em nome das quais se faz a paz e a guerra, os ideias pelos quais se mata ou se morre, aqueles pelos quais nos ajudamos uns aos outros ou nos combatemos, em suma, todas essas ideias precisam fundamentar-se num conceito da humanidade – e isso independentemente de todo contexto filosófico ou epistemológico. A segunda questão que se deve colocar é o oposto da anterior: que práticas e que empreendimentos essas quatro figuras do homem permitem justificar? Algumas boas práticas, mas também, às vezes, os piores empreendimentos precisaram de seu respaldo. Cada figura deve ser submetida a esse duplo questionamento.

– 7 –

ATRATIVOS E PERIGOS DO
ANIMAL RACIONAL

O homem aristotélico é talvez definido como "animal racional" ou como "animal político". Objeto definido por excelência, em nenhum momento Aristóteles o define claramente. Seja qual for a sua definição, porém, ele está no cruzamento do essencialismo (tem uma essência fixa e universal) e do monismo naturalista (é o modelo de todo ser natural). Duas questões se colocam: que consequências práticas (morais e políticas) a Filosofia de Aristóteles tira dessa visão do homem? E, inversamente: que práticas (morais e políticas) podem apoiar-se em tal visão do homem?

TRUNFOS MORAIS DO ESSENCIALISMO NATURALISTA

Segundo Aristóteles, os homens têm uma essência e ela é natural, nos dois sentidos de estar inscrita na natureza *deles* e de serem seres *da* natureza. O essencialismo naturalista não é só metafísico ou científico, mas também moral: todo homem é idêntico à sua própria essência natural, mas, além disso, ele é o que *deve* ser. Ele é o que é e é bom que assim seja. Esse princípio moral comporta vantagens teóricas consideráveis. Resolve de imediato as questões "O que devemos fazer?", "Como conciliar felicidade e virtude?" e "Sobre o que fundamentar as normas?".

"O que devo fazer?" Resposta: "Ser eu mesmo, nada mais, nada menos." Pois sou um ser humano, não é? Ser eu mesmo é, portanto, ser conforme à minha essência, e minha essência é ser homem. Tudo o que devo fazer é *ser*. Devo fazer tudo para me tornar (realmente) o que já sou (por essência), para me conformar a essa essência do homem inscrita na natureza. Assim raciocina Aristóteles no capítulo da *Ética a Nicômaco* (I, 6) que determina toda a sua moral. Ele tenta definir o bem do homem, seu fim supremo, a felicidade. O método consiste em perguntar qual a tarefa (*ergon*, termo que se pode traduzir também por "ofício" ou "função") *própria* do homem, sabendo que todo ser tem condições de "ser bem" quando faz aquilo para que foi feito – ou seja, quando realiza a sua natureza. (Assim, os nossos olhos – mão, pé, olho[1] – comprazem-se em executar sua própria tarefa no organismo e, *reciprocamente*, eles são muito bons nessas tarefas – preensão, locomoção, percepção visual – quando estão em seu melhor estado.) Aristóteles vai, portanto, determinar a "tarefa" do homem, por diferença em relação às dos outros seres naturais. Para tanto, vai percorrer os diferentes elementos de sua definição. O homem é um "vivente" (*zoon*); portanto, tem como "tarefa" o "viver" – assim como as plantas.[2] "Viver" deve fazer parte de seu bem, mas não pode bastar para defini-lo, pois a vida não é própria ao homem.[3] Como a "alma vegetativa" é comum a todos os viventes,[4] as suas "funções" (alimentação e reprodução) não permitem determinar a do homem – e, por conseguinte, o seu bem. O mesmo acontece com a "alma sensitiva", cujas tarefas (percepção, locomoção) são comuns ao homem, "ao cavalo, ao boi e a todos os outros animais".[5] Essa vida e os bens a ela vinculados fazem, sem dúvida, parte da felicidade humana, mas tampouco são próprios do homem. Só restam as tarefas ligadas ao pensamento, à inteligência e à razão, e elas diferenciam o homem de todos os outros seres naturais, pois ele é um "vivente dotado de razão". Seu bem consiste, pois, em agir em conformidade com essa essência, isto é, em *viver* ("animalmente") realizando ("humanamente") tarefas racionais: tanto atividades teoréticas

---

1 *Ética a Nicômaco* I, 6, 1097b 30-1.
2 Ibid., 1097b 33-4.
3 Ver anteriormente, p.25-6.
4 Aristóteles se pauta aqui na hierarquia dos viventes e, portanto, das almas, que estabeleceu no tratado *Da alma* II, 2-3.
5 *Ética a Nicômaco*, 1098a 1-2.

de compreensão do mundo, para praticar as virtudes intelectuais, quanto ações razoáveis que lhe permitam praticar as virtudes morais.[6]

Todo homem deve, pois, ser o que é. O bem não está inscrito em nenhum lugar, em nenhum Céu das Ideias; ele se confunde com o ser mesmo: cada qual tende a ser ele mesmo como seu próprio bem. No entanto, o que cada um é, ele ainda não é ou não é inteiramente, mas só "em potência". Ele deve sê-lo "em ato",[7] isto é, por sua atividade e por seus atos. Daí se deduz uma teoria das "virtudes". A "virtude" é uma disposição constante que conduz todo ser, seja ele qual for, a agir em conformidade com sua própria essência natural. Quando as suas virtudes se efetivam em atividades, esse ser se acha em seu melhor estado:

> Toda virtude tem por efeito, ao mesmo tempo, pôr essa coisa em bom estado e permitir-lhe realizar sua obra própria; por exemplo, a virtude do olho torna o olho e sua função [*ergon*] igualmente perfeitos, pois é pela virtude do olho que a sua visão se efetua em nós como deve. Do mesmo modo, a virtude do cavalo torna o cavalo ao mesmo tempo perfeito em si mesmo e bom para a corrida, para transportar seu cavaleiro e enfrentar o inimigo. Portanto, se assim é em todos os casos, a excelência, a virtude do homem só pode ser uma disposição pela qual o homem se torne bom e pela qual também sua obra própria se torne boa.[8]

A virtude moral não é a submissão a uma norma imposta de fora pelos educadores, pela sociedade, pelas instituições moralizadoras ou normalizadoras (ou por uma palavra divina ou um texto sagrado); é a adequação a uma norma puramente interna, a disposição de um indivíduo a agir em conformidade com a essência natural do homem em geral. O mesmo acontece com a virtude do corpo, a saúde, que não é nem a conformidade às prescrições propostas pelos manuais de dietética ou de cultura física, nem um simples estado negativo (a ausência de doença), mas o estado do organismo e de

---

6 Esta distinção entre os dois tipos de atividades (poderíamos chamar umas de "racionais" e as outras de "razoáveis") que são esboçadas nesse capítulo (1098a 3-5) será fundamentada no capítulo final do livro I da *Ética a Nicômaco* pela distinção de diferentes partes da alma, e será aplicada na grande divisão entre virtudes morais (qualidades de caráter) e virtudes (ou qualidades) intelectuais que articula toda a obra. Essa distinção será também a base da possível tensão interna à Ética aristotélica (ou melhor, interna ao ser humano mesmo, tal como o concebe Aristóteles), entre duas concepções opostas da vida ideal: a vida "contemplativa" do sábio e a vida "ativa" do prudente, ou seja, a vida filosófica (ou científica) e a vida política. Veremos mais adiante que a mesma distinção poderá ser usada para diferenciar diferentes tipos de homem.

7 Esta distinção fundamental é teorizada na *Ética a Nicômaco* I, 9, 1098b 31ss.

8 Aristóteles, *Ética a Nicômaco* II, 5, 1106a 15-24.

todos os órgãos que lhes permite realizar da melhor forma as suas funções. Gozar de boa saúde, para um vivente, é poder *fazer bem* tudo o que pode fazer um *vivente* da sua espécie natural: é poder, da melhor maneira, comer, copular, respirar, sentir, ouvir, ver, caminhar, correr, saltar, imaginar, pensar etc. Gozar de boa saúde é poder *viver* no sentido pleno da palavra, não só continuar a viver (não morrer), mas sobretudo viver *bem*, no máximo de suas possibilidades vitais, executando todos os atos possíveis do vivente que se é. É a essência natural que define as "tarefas" ou as "funções" (neste caso, as das diferentes "almas"), as quais determinam as atividades que, por sua vez, definem as "virtudes" (as disposições) que permitem realizá-las. O que vale para a virtude do corpo vale também para as virtudes de caráter (a coragem, a moderação, a liberalidade, a magnanimidade etc.) e para as virtudes intelectuais (a prudência ou a sabedoria), que estão ambas sob a dependência da parte intelectual da alma. Agir virtuosamente (ou excelentemente) para o cavalo, é ser mais e melhor "cavalo"; agir virtuosamente para o homem é realizar do melhor modo sua humanidade em atividades racionais, quer na investigação científica, quer na ação política executada com "prudência", medindo seus desejos e emoções.[9]

Mas o essencialismo naturalista não responde só à pergunta "O que fazer?"; ele resolve um segundo problema que se tornará clássico na Filosofia Moral. Pode-se conciliar "fazer bem" e "estar bem", o bem que se faz e o bem em que se está, em suma, "virtude" e "felicidade"?[10] Responde o essencialismo naturalista: não há problema nenhum nisso, os dois são necessariamente o mesmo. Ao visar a *ser* um homem, ao procurar conformar--me à minha essência de ser vivo (natural) essencialmente "racional", agirei virtuosamente e serei necessariamente feliz. Não que a virtude *seja* a felicidade, mas é a sua condição necessária. Por certo, ela não basta, é preciso também um pouco de boa sorte: quem poderia pretender ser feliz nos revezes da fortuna?[11] É preciso, sobretudo, que a virtude se *realize* numa ou nas atividades sem as quais ela continua sendo uma simples disposição a agir. Sem atos, ela é vã. O homem sábio não é o que raciocina bem sobre o que

---

9 Esta é a propriedade geral de todas as "qualidades de caráter" (o que se traduz também por "virtudes morais"): ser a justa medida na ordem das emoções e das ações. Ver *Ética a Nicômaco* II, 5, 1106b 14-8.

10 É o problema central da Filosofia Moral "moderna" (antinaturalista), em especial a de Kant, para quem o "soberano bem" é necessariamente dividido pelo conflito entre a *virtude* moral e o desejo da *felicidade* pessoal – o que constitui a "antinomia da razão prática". Ver "Dialética da razão pura prática", in: *Crítica da razão prática*. No naturalismo moral, os dois sentidos da palavra "bem" (em alemão, *Gut* e *Wohl*) são um só.

11 Ver *Ética a Nicômaco* I, 3, 1096a 1 e I, 9, 1099a 29-b 8.

seja sábio fazer, é o que age sabiamente. Só ele pode dizer-se feliz – *ceteris paribus*. O homem virtuoso, mas que nada faz, seria comparável a um ser em perfeita saúde, mas que não realiza nenhuma das possibilidades de *vida* de seu estado e fica em casa dormindo:[12] estaria em boas condições, mas seria possível dizer que *vive bem*? O homem premiado pela boa sorte, dotado de virtudes intelectuais e morais, que realiza em atividades todas as suas disposições vitais e racionais: este é o homem feliz. Ele é tudo o que pode ser um "vivente racional". Pois o maior bem para um ser natural qualquer é viver ativamente, abolindo a distância que o separa de sua própria essência. Fazer o bem é estar bem.

O essencialismo naturalista resolve também outro problema moral: como fundamentar as normas? Essa dificuldade é tida como insuperável para os modernos desde que Hume lhe deu, segundo dizem, a forma canônica: como se pode inferir o que deve ser a partir do que é? Parece impossível passar do *is* ao *should*.[13] De nenhuma sentença descritiva com a forma "X é" se pode deduzir uma sentença normativa da forma "X deve ser (ou fazer) isto". Em que podem, então, basear-se as normas, a não ser em outras normas, outras sentenças da forma "deve", ou seja, em nada além de si mesmas? O essencialismo (naturalista) tem a solução. O que um ser deve ser é mui simplesmente o que ele é. E se ainda não o for em ato, já o é em potência. Basta, pois, *saber* o que é um ser qualquer, isto é, determinar a sua essência, para dele inferir o que ele deve ser (ou fazer). Se se trata de um ser vivo, basta definir a espécie de *vivente* (*zoon*) que ele é para saber o que é o seu bem e, portanto, o que deve fazer para estar bem. E, no caso do homem, basta saber formular o "o que é" viver "como homem"[14] para daí deduzir o que o homem deve ser (sua tarefa, seu *ergon*) e, portanto, também o que deve fazer.

O essencialismo naturalista tem, portanto, três grandes vantagens morais. Resolve de uma só vez, e para todos os homens, três grandes questões de Filosofia Moral. O que devemos fazer? Resposta: sermos nós

---

12 Ver ibid. I, 3, 1095b 30-96 a 1 e principalmente I, 9, 1098b 30-1099a 7. (Ver também X, 6, 1176a 33-5.)

13 É a Hume que em geral se atribui a denúncia da confusão constituída pela passagem do que é (*is*) ao que deve ser (*ought*), ou seja, dos fatos às normas: ver _____, *Tratado da natureza humana*, livro III, 1ª parte, seção 1. Uma variante desse raciocínio pretensamente condenável é o que George Edward Moore (*Principia ethica*, Capítulo 13) chamou de "sofisma naturalista" (*naturalistic fallacy*). Ele designa mais precisamente este erro do raciocínio moral que consiste em reduzir o predicado "bom" a algo diferente dele mesmo, em especial a esta ou aquela propriedade "natural".

14 Ver anteriormente, Capítulo 1, p.26ss.

mesmos, isto é, um "vivente dotado de *logos*". Como conciliar virtude (fazer o bem) e felicidade (estar bem)? Resposta: conformando-nos à nossa essência, reataremos (com um pouco de sorte) com nossa própria natureza e estaremos na maior felicidade possível. Como deduzir o que deve ser do que é? Resposta: o que já somos potencialmente (viventes dotados de *logos*) devemos ser em ato (viver agindo em conformidade com o nosso *logos*).

VANTAGENS E RISCOS DO HOMEM "NATURALMENTE POLÍTICO"

Mas o essencialismo, quando é naturalista, comporta também dificuldades. Deve, em primeiro lugar, enfrentar o seguinte problema: se todos os seres humanos têm a mesma essência inscrita em sua natureza, como explicar a diversidade dos homens, em aparência igualmente natural? Será que há seres humanos mais humanos que os outros? Essa consequência parece inevitável, tanto mais que a natureza mesma nos ofereceria o modelo de uma hierarquia dos seres. Vemos claramente despontar esse perigo quando tiramos as consequências morais e políticas das duas principais concepções do homem que encontramos em Aristóteles: o animal político e o animal racional.

Seja a concepção segundo a qual "o homem é *por natureza* um vivente *político*".[15] Ela tem consequências teóricas consideráveis – nem todas negativas. Pode servir, por exemplo, para justificar esse regime "democrático" que Aristóteles chama de "república":[16] nessa forma de constituição, todos os cidadãos são alternadamente governantes e governados, e as decisões referentes ao destino da comunidade só dependem do compartilhar das opiniões dos seus membros. A defesa dessa soberania popular pode, com efeito, ser

---

15 *Política* I, 2, 1253a 2-3 e, anteriormente, Capítulo 1, p.29-30.

16 Na classificação por ele proposta (*Política* III, 7) dos diferentes "regimes" (ou constituições, *politeiai*), dos quais três (a monarquia, a aristocracia e a "república") são legítimos porque visam o interesse comum e não o dos que exercem o poder, Aristóteles parece ter preferência pelo terceiro, ao qual não dá um nome particular, senão o nome genérico de *politeia* – que podemos traduzir por "república": um regime em que todos os cidadãos governam com vista ao interesse comum e conformando-se às leis. É o que chamaríamos uma "democracia"; mas tal nome é, com frequência, pejorativo no vocabulário de Aristóteles, e a descrição que ele faz do regime assim nomeado o aparentaria mais a uma espécie de "ditadura das classes populares". Mais adiante (ibid., III, 11), ele faz a apologia da soberania popular própria ao regime republicano, defendendo, em particular, a correção das decisões tomadas em comum pelas assembleias deliberativas ou judiciárias: "A massa reunida toma decisões melhores do que os indivíduos, mesmo os melhores" (1281a 42-b 15). Sobre a relação de Aristóteles com a "democracia", permitimo-nos remeter ao nosso livro *Aristote et la politique*.

deduzida da tese antropológica. Assim, no texto em que Aristóteles sustenta que "o homem é, por natureza, um vivente *político*", ele deduz a "naturalidade da Cidade" de duas faculdades *naturais* presentes em todo homem: a *percepção* dos valores comunitários (ou seja, a faculdade de distinguir o que é justo e o que não é) e a *faculdade de dizer* (de formular e de comunicar) esses valores, no diálogo, opondo o pró e o contra. Essas faculdades não são simples disposições morais, são qualidades políticas, logo compartilhadas: só têm sentido numa cidade e têm a cidade como finalidade; aliás, elas só podem atualizar-se pelo compartilhamento: a deliberação coletiva. Estando ambas inscritas na natureza mesma do homem, não são reservadas a alguns homens de elite, não são um privilégio ligado ao nascimento, à riqueza ou a alguma outra superioridade. Uma vez que todos os homens são naturalmente dotados dessas duas disposições à vida comum, toda comunidade política deveria ser uma comunidade de iguais.

Essa é a consequência política teórica a que deveria levar a definição do homem. Contudo, não é a consequência prática que se pode dela extrair. Pois constatamos que há poucas cidades, para não dizer que não há nenhuma, que vivem dessa maneira, sob esse regime de iguais respeitosos das leis. Há uma só natureza do homem, mas grande diversidade de regimes políticos. Alguns são realmente "políticos", isto é, conformes à essência da cidade: servem o interesse geral – são os regimes "normais" – e só variam pelo número de governantes; um só, é a monarquia; um pequeno número, é a aristocracia; o conjunto dos cidadãos, é a "república". Outros regimes são "pervertidos" (ou "desviados", talvez até doentes) e só têm de "político" o nome;[17] os governantes, seja qual for o número deles, contentam-se em servir seus próprios interesses: são a tirania (perversão da monarquia), a oligarquia (perversão da aristocracia) e a democracia (perversão da "república"). Nesse raciocínio, o essencialismo não se refere ao homem, mas à cidade (a *polis*); sua essência é a sua "função": a comunidade visa ao interesse comum. Ora, nem todas as cidades se conformam à sua própria essência de cidade: isso pode dever-se à História, à estrutura social das cidades, à Geografia, ao clima etc. Mas, de um modo mais geral, constatamos que nem todos os povos vivem de acordo com a *natureza* do homem, e isso talvez em razão da própria *natureza* desses povos: "Como os bárbaros são naturalmente mais servis que os gregos, e os asiáticos, mais servis que os europeus, eles suportam sem problemas o poder despótico."[18] Todos os homens são, portanto, naturalmente "políti-

---

17 Ver *Política* III, 7, 1279b 4-19.
18 Ibid. III, 14, 1285a 19-22.

cos", mas não no mesmo sentido, nem consequentemente no mesmo grau, pois só determinado povo, o grego, vive numa verdadeira *polis*, autônoma e autárquica, que é a forma acabada – a melhor – da vida política, a mais conforme à natureza própria do homem.[19] A "natureza" do homem não parece realizar-se em igual grau na "natureza" dos diferentes povos. Seriam, então, os gregos naturalmente mais "políticos" – e, portanto, naturalmente mais "humanos" – do que os outros homens? Esta é a conclusão paradoxal que parece poder ser tirada desses textos.

Estes últimos são, é claro, o sinal de uma dificuldade com que se deparam o essencialismo ou o naturalismo. Como conciliar a unidade teórica do homem e a diversidade real dos povos ou dos homens? Essa dificuldade é mais grave do que parece, pois, supondo que se explique que a identidade de essência não impede as diferenças, essas diferenças deveriam ser consideradas, no máximo, *internas* à essência (ou à natureza) do homem e, portanto, como diferenças acidentais. Como se tornam essenciais diferenças inessenciais? E, supondo que se consiga justificar que uma única natureza humana seja compatível com a diversidade de natureza dos homens (ou dos povos), restaria saber como essas diferenças acabam sendo interpretadas como desigualdades naturais. Essas questões diversas vão tornar a se colocar acerca da fórmula de definição do homem mais comumente aceita: "vivente dotado de *logos*".

PERIGOS POLÍTICOS E MORAIS DO HOMEM "ANIMAL RACIONAL"

Todos os homens possuem a razão (*logos*). Esta, no entanto, desempenha dois papéis diferentes, segundo as partes da alma sobre as quais se exerce.[20] Parte da alma *possui* a razão: ela é a sede do raciocínio e a fonte das virtudes intelectuais; os homens têm de próprio o poder de raciocinar. Outra parte é a sede das emoções: ao contrário da parte vegetativa, incontrolável,[21] as emoções podem obedecer à razão. Os homens podem dominar os desejos e as emoções: assim é que eles controlam suas ações, podem agir razoavelmente e forjar suas virtudes morais. Essa hierarquia interna entre as partes da alma, pela qual a razão deve comandar a emoção para o bem da alma

---

19 Ver ibid. VII, 7, em especial 1327b 27 ss.
20 Sobre estas distinções, ver, na Ética a *Nicômaco*, todo o Capítulo I, 13, 1202a 5ss.
21 A parte da alma que o homem tem em comum com todos os viventes, inclusive as plantas, não pode estar sujeita a nenhum controle racional: ninguém pode comandar o estômago nem o útero (ver *Ética a Nicômaco* I, 13, 1102a 32ss.).

por inteiro, é análoga à que rege as relações entre a alma e o corpo: a alma deve comandar o corpo, para o bem do homem inteiro (a saúde). Mas essa relação interna a cada homem, essa feliz desigualdade entre as funções das diferentes partes naturais da alma, também serve de norma para as relações externas entre os homens e para a feliz desigualdade de suas funções segundo as diversas naturezas dos homens. Ela permite justificar que certos seres humanos, embora inteiramente humanos, sejam feitos mais para comandar ou mais para obedecer.

> O vivente é antes de tudo composto de alma e de corpo, sendo aquela por natureza a parte que comanda, e esta a parte que é comandada [...]. É, em primeiro lugar, no homem como vivente que se pode ver um poder tão despótico quanto político: a alma, com efeito, exerce um poder despótico[22] sobre o corpo, e o intelecto, um poder político e régio sobre o desejo. Nessas condições, é manifesto que é, ao mesmo tempo, conforme à natureza e vantajoso que o corpo seja comandado pela alma e que a parte apaixonada o seja pelo intelecto, isto é, pela parte que dispõe da razão, enquanto a igualdade entre eles ou a inversão dos papéis é nefasta para todos.
>
> Acha-se a mesma relação entre o homem e os animais. Por um lado, os que são domesticados têm uma natureza melhor do que os selvagens; por outro, é melhor para todos serem comandados pelo homem, pois é assim que encontram proteção. Ademais, por natureza, o macho está para a fêmea como o mais forte está para o mais fraco, ou seja, como o comandante está para o comandado. O mesmo acontece necessariamente para todos os homens. Aqueles que estão tão distantes dos outros homens quanto o corpo está da alma, e o animal selvagem, do homem (e este é o caso daqueles cuja atividade consiste em servir seu corpo e dos quais este é o melhor partido que se possa deles tirar), são por natureza escravos, e é melhor para eles submeterem-se a essa autoridade magistral [...]. Com efeito, é escravo por natureza aquele que [...] só tem a razão como quinhão na medida em que a percebe nos outros, mas não a possui por si mesmo.[23]

Todos os seres humanos são "racionais", no sentido de serem capazes de falar e de compreender o que se lhes diz e, consequentemente, de obedecerem aos mandamentos da razão; mas nem todos dispõem de uma razão capaz de lhes dizer o que devem fazer e, consequentemente, nem todos são capazes de se comandarem a si mesmos: são estes os homens que são

---

22 Isto é, aquele exercido pelo senhor sobre o escravo.
23 Aristóteles, *Política* I, 5, 1254a 34-b 23.

"escravos por natureza". Portanto, é bom – e em primeiro lugar para eles mesmos – que obedeçam à razão dos que são capazes de comandar. E esta regra vai além da humanidade, está inscrita na ordem geral da natureza, à qual o homem pertence e da qual depende: o superior deve comandar o inferior, para o bem da comunidade por eles formada, e, consequentemente, para o bem tanto do que comanda como do que obedece.

> Comandar e obedecer fazem parte das coisas não só inevitáveis, mas também vantajosas. Desde o nascimento se operou em alguns uma distinção, devendo uns serem comandados e outros comandarem. [...] É melhor a obra executada por agentes melhores e, quando um comanda e outro é comandado, produz-se uma obra que é deles [...]. E tornamos a encontrar isso nos seres vivos, em virtude da natureza inteira.[24]

Toda forma de dominação (quer doméstica, quer política) entre seres humanos se vê, assim, justificada pelo interesse da comunidade formada por eles e, portanto, tanto pelos dominados como pelos dominantes. Assim, a mulher foi naturalmente feita para obedecer ao homem e o escravo (natural), para obedecer ao senhor:

> É necessário que se unam os seres que não podem existir um sem o outro, por exemplo, a mulher e o homem em vista da procriação [...], e aquele que comanda e aquele que é comandado, e isto por natureza, com vistas à sua mútua proteção. Com efeito, ser capaz de prever pelo pensamento é ser, por natureza, apto a comandar, isto é, ser senhor por natureza, ao passo que ser capaz de executar fisicamente essas tarefas é ser destinado a ser comandado, isto é, a ser escravo por natureza. É por isso que a mesma coisa é vantajosa para o senhor e para o escravo.[25]

No entanto, Aristóteles distingue a desigualdade natural entre homens e mulheres da que existe naturalmente entre pais e filhos ou da que deve existir entre senhores naturais e escravos naturais. Só mesmo os bárbaros para confundir as duas formas de dominação e tratar as mulheres como escravas, só porque, naquelas plagas, "não foram feitos naturalmente para comandarem, e assim toda comunidade é composta por escravos".[26] Os

---

24 Ibid. I, 5, 1254a 21-33.

25 Ibid. I, 1, 1252a 26-35.

26 Ibid. I, 1, 1252b 5-9. Um ponto controverso: é difícil saber se Aristóteles retoma por conta própria essa ideia (e, nesse caso, todos os bárbaros seriam naturalmente feitos

bárbaros, são, pois, inferiores aos gregos, já por serem naturalmente servis, já por não terem alcançado um estágio de desenvolvimento moral e político que lhes permita distinguir a submissão que a mulher deve ao homem da que o escravo deve ao senhor. Na realidade, "a natureza distinguiu bem a condição da mulher e a de escravo".[27] A relação homem/mulher é uma relação de comando entre seres livres e iguais: é, portanto, de tipo político. Ambos são igualmente humanos, mas os homens em geral têm uma superioridade sobre as mulheres que os torna aptos a comandar.[28] A relação pais/filhos é entre seres livres e naturalmente desiguais: estes são naturalmente dependentes daqueles e, além disso, não são ainda em ato seres humanos perfeitos; a relação é, portanto, de tipo régio. A relação senhor/escravo é uma relação entre seres *essencialmente humanos* (dotados de *logos*), mas *naturalmente* desiguais: o "escravo natural" não é reconhecível pelo nascimento ou pela origem étnica, é o homem naturalmente incapaz de comandar e capaz apenas de obedecer, enquanto o senhor, naturalmente senhor de si, é livre para ser senhor dos outros. É, portanto, bom para o "escravo natural" obedecer ao senhor, pois não tem a mente suficientemente desenvolvida para se comandar a si mesmo; do mesmo modo, é bom para a criança obedecer ao adulto, mas nela essa harmonia natural é transitória. Tudo isso está em harmonia com a natureza como um todo, pois tudo nela obedece a uma feliz e benévola hierarquia, estando o inferior submetido ao superior e o menos bom, ao melhor. A conclusão que daí decorre é, obviamente, tão clara como paradoxal:

> Com efeito, é de maneira diferente que o homem livre comanda ao escravo, o homem à mulher, o homem adulto à criança. Toda essa gente possui as diferentes partes da alma, mas de modo diferente: o escravo é totalmente carente da faculdade de deliberar; a mulher a possui, mas sem autoridade; a criança a possui, mas imperfeita. É de supor, portanto, que o mesmo aconteça

---

para obedecer), bem como a citação de *Ifigênia*, de Eurípides, que a ilustra ("Sim, o grego ao bárbaro tem direito de comandar, pois quis a natureza que bárbaro e escravo fossem o mesmo") ou se se limita a enunciar a justificação geralmente proposta para explicar a servidão da mulher entre os bárbaros. O que faz a balança pender para o segundo sentido é que, para Aristóteles, a "natureza" do escravo "natural" não parece dever nada à origem étnica. Mas, no fundo, isso não mudaria nada o fato de serem os bárbaros naturalmente inferiores aos gregos.

27 *Política* I, 1, 1252a 35-b 1.

28 "O homem, salvo as exceções contra a natureza, é, mais do que a mulher, chamado a comandar" (*Política*, I, 5, 1259b 1). A justificativa "natural" desse estado de coisas não se encontra aí: "A mulher é, enquanto fêmea, um elemento passivo, e o varão, enquanto macho, um elemento ativo, e é dele que parte o princípio do movimento" (*Geração dos animais* I, 729b 12-4).

necessariamente com as virtudes morais: todos devem participar delas, porém não da mesma maneira, mas na medida em que o exige a função [*ergon*] de cada qual. É por isso que aquele que comanda deve possuir a virtude moral completa (pois a sua função, no sentido absoluto, é a do mestre de obras, e a razão é um mestre de obras), ao passo que cada um dos outros só precisa dela na medida em que isso lhe convém [segundo a sua função].[29]

A Lógica, a Metafísica e, sobretudo, o conhecimento científico da natureza, em especial a Biologia e a Cosmologia, necessitam de uma definição única – logo constante e universal – do ser humano, por exemplo, "vivente dotado de *logos*". A essência do homem é, portanto, *a priori* idêntica em todos os homens. Essa essência é, ademais, determinada pelo lugar único do homem no conjunto hierarquizado dos seres naturais (acima das plantas e de todos os animais) – esse lugar condiciona também a Ciência da Natureza. Horizontalmente, todos os seres (entre os quais o homem) têm uma essência determinada pelas relações entre formas; verticalmente, todos eles têm um nível próprio na ordem da natureza.[30] Essa hierarquia natural, porém, tem outra consequência sobre a essência, que é como a sombra projetada da ordem vertical da escala dos seres sobre a ordem horizontal das "formas": ela permite justificar todo tipo de dominação política entre os seres humanos. A essência única do ser humano não se realiza *naturalmente* no mesmo grau em todos os povos, nem nos homens e nas mulheres, nem em todos os seres. E a diferença puramente acidental entre os seres que compartilham uma mesma essência se torna, então, uma diferença de grau de essência e, portanto, uma desigualdade natural entre esses mesmos seres. Essa é a tensão interna à Filosofia de Aristóteles, entre um essencialismo universalista e um naturalismo desigualitarista. Seu essencialismo, arraigado em sua Metafísica, permite-lhe fundar a Física e o leva a uma forma de humanismo: todos os homens têm uma identidade de essência (a razão, a linguagem) e podem dialogar entre si, discutir por meio do *logos*, argumentar *pro et contra* sobre o bem e o mal, o justo e o injusto etc. Seu naturalismo, arraigado na Cosmologia, também contribui para a Ciência Natural, mas o leva a uma visão hierarquizada do mundo e a uma concepção integralmente desigualitária dos povos, das sociedades, dos gêneros e dos seres humanos em geral. Por um lado, a essência do homem é necessariamente universal e os homens, acidentalmente diferentes, diversamente distantes de sua própria essência.

---

29 *Política* I, 13, 1260a 9-20.
30 Ver anteriormente, Capítulo 1, p.34.

NOSSA HUMANIDADE

Por outro lado, o homem está sujeito (tanto em sua ordem interna como em sua relação com os outros seres naturais) ao ordenamento hierárquico da natureza. Na encruzilhada do essencialismo e do naturalismo, as diferenças entre homens, extrínsecas à essência, tornam-se desigualdades intrínsecas à natureza. Os homens são essencialmente idênticos e os seres humanos, naturalmente desiguais.

Dir-se-á que essa visão escravagista faz parte dos preconceitos das culturas antigas e que o filósofo, por maior que seja a sua liberdade de espírito, é filho do seu tempo. Poder-se-ia até "desculpar" Aristóteles, tentando mostrar que, pelo menos em parte, ele tem uma perspectiva crítica sobre certos aspectos da instituição da escravidão de sua época.[31] Nem por isso, porém, ele deixa de ser política e moralmente escravagista, embora seja universalista em Metafísica e em Física. Mas o importante não é a contradição (ou a tensão) entre essas duas teses. *O importante é, ao contrário, a estreita união entre elas.* E o essencial não é Aristóteles e sua Filosofia: é o encontro, na figura do homem que ele nos propõe, dessas duas exigências intimamente ligadas que são a essência e a natureza. Pois a constância, ao longo de toda a História, dos argumentos em favor da desigualdade natural dos seres humanos se deve a essa mesma conjunção recorrente do essencialismo e do naturalismo hierárquico.[32] Resta examinar como e explicar por quê, isto é, passar à nossa segunda pergunta: que práticas puderam ser justificadas pela invocação do homem aristotélico?

A INVOCAÇÃO DE UM CONCEITO ESSENCIALISTA E NATURALISTA DA HUMANIDADE

A concepção desigualitarista e até escravagista dos homens vai muito além da Antiguidade. Sabe-se, por exemplo, que os argumentos de Aristóteles em favor da escravidão e em especial a sua concepção dos "escravos naturais" (isto é, não conquistados ao inimigo, nem comprados num

---

31 É o que fizeram, por exemplo, cada um à sua maneira, Goldschmidt, "La théorie aristoté-licienne de l'esclavage et sa méthode", in: _____, *Écrits*, t.1, *Études de philosophie ancienne*; Brunschwig, "L'esclavage chez Aristote", in: _____, *Cahiers philosophiques*; Pellegrin, "La théorie aristotélicienne de l'esclavage; tendances actuelles de l'interprétation", *Revue philosophique de la France et de l'étranger*. Ver também o nosso livro *Aristote et la politique*, op. cit., p.77-82.

32 Não queremos sustentar que as ideias bastem para conduzir o mundo. É possível que essa conjunção não passe de uma justificação ideológica de uma dominação de fato ou a racionalização *a posteriori* de uma situação histórica.

mercado, mas *naturalmente* feitos para obedecer) foram retomados literalmente no momento da conquista das Américas, na chamada controvérsia de Valladolid entre o teólogo Juan Ginés de Sepúlveda, partidário da escravidão dos indígenas, e o dominicano Bartolomé de las Casas. Assim, apoiando-se em Aristóteles, sustenta Sepúlveda que os ameríndios eram "bárbaros, simples, iletrados, sem educação [...], cheios de vícios e cruéis, de uma espécie tal que mais vale serem governados por outros". São ao mesmo tempo *essencialmente* seres humanos (é por isso que vale a pena tentar convertê-los) e *naturalmente* inferiores aos europeus. Todo o universo justifica a dominação exercida naturalmente pelo superior sobre o inferior: a própria natureza dos indígenas é servil.[33] Como escreve Nestor Capdevila para Sepúlveda, em seu belo livro sobre Las Casas, "o bárbaro caracteriza-se pelo não respeito à lei natural, isto é, pela incapacidade de se governar em conformidade com as normas humanas; é *natura servus* [escravo por natureza]. [...] Os bárbaros devem ser submetidos pelos povos civilizados, em virtude do princípio ontológico da submissão do imperfeito ao perfeito".[34] Pode-se reconhecer também nessa argumentação a defesa ulterior do colonialismo. A colonização acontece para o bem dos colonizados, esses pobres bárbaros que não são capazes de se governar a si mesmos e, portanto, devem ser "civilizados": são, por certo, seres humanos, mas, de qualquer modo, menos humanos que os colonizadores. Pode-se reconhecer aí também, obviamente, boa parte dos argumentos tradicionais que justificam a condição inferior das mulheres, em razão de sua natureza, a despeito de sua evidente humanidade e, de qualquer modo, para seu próprio bem.

O essencialismo seria em si mesmo perigoso? De modo algum. Avaliamos acima seus trunfos a favor de uma *filosofia moral*. O essencialismo deveria até levar inevitavelmente ao humanismo universalista: todos os homens têm a mesma essência, todos são racionais, portanto as diferenças entre indivíduos (Sócrates e Platão) ou entre os povos (gregos e persas) não passam de diferenças *acidentais*. Eis-nos, pois, de volta à pergunta: como se insinua na essência a diferença inessencial? Como pode a essência

---

33 Ver Wallerstein, *L'universalisme européen. De la colonisation au droit d'ingérence.*
34 Capdevila, *Las Casas. Une politique de l'humanité*, p.244. No entanto, Capdevila mostra bem as dificuldades diante das quais se encontra Sepúlveda, entre os argumentos aristotélicos em favor da escravidão de alguns e os argumentos "universalistas" cristãos da unidade e igualdade de todos os homens – e, sobretudo, a contradição existente entre o projeto de redução dos índios à escravidão e o projeto de evangelização deles: "O projeto político de Sepúlveda estaria em xeque: que sentido teria querer civilizar seres naturalmente [no sentido de essencialmente] condenados à escravidão?" (ibid., p.245).

realizar-se "mais ou menos", portanto, mais ou menos bem? Seria isso um efeito do naturalismo?

Contudo, o naturalismo (mesmo o que invoque a origem, o sangue, os genes etc.) não é necessariamente nefasto. Refere-se Aristóteles à natureza do homem para justificar o valor de um regime em que os cidadãos são alternadamente "governantes" e "governados". Afinal, quem quer tomar a natureza como norma pode dela tirar tudo e o seu contrário. Em certos casos, recorre-se a ela para afirmar que está na natureza dos homens a entreajuda; em outros, para sustentar que é de sua natureza entredevorar-se. O "estado de natureza" é descrito ora como uma idílica coexistência, ora como a guerra de todos contra todos. Invocou-se a "natureza" para condenar certas práticas sexuais; pode-se igualmente invocá-la para justificar todas elas. A natureza tem costas largas.

Dir-se-á, então, que o perigo é quando o naturalismo se torna "hierárquico", quando se crê que haja uma escala "natural" dos seres e nela se vê um modelo ou uma norma política e moral. É o caso em Aristóteles, cuja Cosmologia descreve a natureza como um conjunto de seres ou de espécies, de formas ou de essências, naturalmente ordenados, desde os deuses imortais até os corpos inertes, com todos os graus intermediários. O problema, porém, persiste: por que acontece tantas vezes, na História, de o naturalismo ser hierárquico?

Na realidade, é o cruzamento do essencialismo e do naturalismo que constitui uma mescla facilmente explosiva. Julga-se que a essência e a natureza sejam conceitos intercambiáveis. Dizer "O homem tem por essência ser isto" parece equivalente a dizer "O homem é por natureza isto." Na realidade, esses dois conceitos desempenham no mais das vezes papéis muito diferentes. O essencialismo satisfaz inicialmente a uma exigência conceitual muito simples: as coisas em geral (os homens em particular), apesar de sua extrema variedade, dos infinitos matizes que as distinguem umas das outras, devem ter uma mesma essência, sem o que não seria possível conhecê-las ou talvez sequer pensá-las. A essência é a primeira resposta à interrogação teórica "O que é?"[35] Em que o diverso é uno? Todas essas coisas semelhantes são idênticas, elas são *essencialmente isto*. Todos esses indivíduos são homens e "o que é o homem?" (um animal etc.). No entanto, é igualmente evidente que essas coisas individuais, concretas (ou os seres humanos particulares), sendo todas diferentes, só entram forçadas numa mesma casa, aquela em que o conceito as apreendeu para conhecê-las ou mesmo simplesmente para

---

35 Ver anteriormente, Capítulo 1, p.25ss.

pensá-las. A solução desse problema consiste em fundamentar a essência na ideia de "natureza". Pois a força – ou a fraqueza, depende –, em todo caso a ambiguidade desse conceito, é que ele permite dizer conjuntamente como são as coisas e como elas devem ser. A indistinção quase inevitável dos dois sentidos é até mesmo o seu principal *trunfo*, do ponto de vista da Filosofia Moral, como vimos acima. "É natural" significa ao mesmo tempo "É assim" e "É assim que deve ser". Mas o "sofisma naturalista"[36] nem sempre é um erro acidental de raciocínio; acontece de essa passagem de um sentido a outro da palavra "natureza" ter-se tornado inevitável: é quando o naturalismo permite explicar a infinita variedade dos indivíduos, a despeito de sua indiscutível identidade de essência. A identidade é colocada *a priori* e a variedade é constatada *a posteriori*. Dessa forma, a identidade universal não pode ser senão uma *norma*, aquilo a que todos os seres devem tender, e não um fato, o que são na realidade. E a natureza no sentido descritivo (a natureza em toda a sua variedade) deve dobrar-se à natureza no sentido normativo: todos os seres humanos deveriam ser o mais semelhantes possível do homem que todos eles são. A natureza, portanto, só se vê realizada excepcionalmente nos seres naturais. O "sofisma naturalista" (se é que seja mesmo um sofisma) é, portanto, o efeito necessário do cruzamento do naturalismo com o essencialismo. O outro efeito, de modo algum necessário, mas raramente evitado, é o desigualitarismo. Longe de ser um mero preconceito ideológico superficial facilmente refutável, ele é a consequência comum de um modo de pensar que combina as vantagens teóricas do essencialismo com as do naturalismo.

Lembremo-nos de como tudo isso se encadeia. Os seres semelhantes têm teoricamente a mesma essência, pela qual podemos pensá-los; as diferenças são, portanto, *a priori* inessenciais. No entanto, observamos empiricamente que todos esses seres diferem. Se a essência se fundamentada na natureza, isso se explica: a variedade natural é a distância variável à essência única. As diferenças inessenciais tornam-se, pois, naturais, são diferenças de natureza entre os seres. A natureza mostra-nos *a posteriori* fatos diversos ao mesmo tempo que indica *a priori* uma norma única. As diferenças tornam-se desigualdades naturais, segundo o grau de distância da norma. É assim que, fundamentando-se na natureza, isto é, no que é empiricamente dado, o essencialismo se torna desigualitarista.

Uma vez efetuado esse cruzamento do essencialismo e do naturalismo, segue-se quase infalivelmente uma visão hierárquica da natureza: os homens superiores são os que mais se aproximam da "verdadeira" natureza

---

36 Ver anteriormente, p.209, n.13.

do homem, ou mesmo os que, por natureza, encarnam a essência dela: os homens, mas não as mulheres; os gregos, mas não os bárbaros; os senhores, mas não os escravos; os europeus, mas não os indígenas; os brancos, mas não os negros; os arianos, mas não os judeus; nós, mas não eles etc. Só há uma essência do homem, mas só certas "raças" de homens a encarnam ou realizam; por conseguinte, e de modo igualmente "natural", os que são inferiores devem assimilar-se ou submeter-se ou obedecer aos que são conformes à natureza dos verdadeiros homens. Os outros são apenas sub-homens, que é preciso, às vezes, dominar (mas para o próprio bem deles), que é preciso também, às vezes, eliminar para a salvação dos verdadeiros homens ou para a "sobrevivência da humanidade" em geral, como se exterminam piolhos ou parasitas que ameaçam o sangue, os genes e a raça dos seres vivos superiores.

Essas últimas consequências são, obviamente, totalmente estranhas ao aristotelismo, para o qual a natureza não está inscrita no sangue ou na raça, mas no caráter (*ethos*). No entanto, não está aí o principal, que é a combinação, no fundo bastante comum na História das Ideias, do essencialismo e do naturalismo. Não é tampouco de admirar que a Ética de Aristóteles, "humanista" em princípio, e a sua Política, democrática em teoria, coabitem com uma moral escravagista e uma política desigualitária. Tal coabitação não é provocada por uma contradição latente nesse filósofo, nem fruto de um erro de julgamento, como os supostamente cometidos por todos os grandes espíritos. Ela não é acidental. Se é tão frequente, na História, que o humanismo universalista se adapte ao escravagismo, ao colonialismo ou à submissão das mulheres, não é, como se diz muitas vezes numa abreviação sedutora mas desonesta, por culpa do humanismo ou pela responsabilidade do universalismo, que levariam "inevitavelmente" (não se sabe como) ao pior; é antes por ser tentador procurar fundamentar a essência do homem nas ambiguidades da natureza, para dar conta da diversidade dos homens.

Vemos em todo caso, por esses exemplos, aonde pode levar toda doutrina (ou "ideologia") que, baseando-se na "Ciência", mas separada de todas as suas circunstâncias epistemológicas, tente cruzar uma visão essencialista do ser humano com uma visão hierárquica da natureza, segundo o seguinte raciocínio:

Já que a "Ciência" mostra que o homem é (por essência) um ser natural e a natureza é uma ordem hierárquica, então é certo tratar os homens em conformidade com a ordem da natureza.

– 8 –

ATRATIVOS E PERIGOS DA SUBSTÂNCIA PENSANTE

Também Descartes é "essencialista". Ele julga que a essência do homem é constituída pela estreita união da alma e do corpo. Julga também que a verdadeira essência, senão do homem, pelo menos de quem se propõe "estabelecer algo de firme e de constante nas Ciências" (Primeira meditação), consiste só na alma, separável do corpo e, portanto, no exercício puro do pensamento, sem a influência do corpo e de suas paixões. Também ele sabe muito bem que os homens diferem entre si, são uns mais, outros menos conformes ao que deveriam ser, segundo se submetam às paixões ou delas estejam livres. Mas isso não o leva de modo nenhum a uma visão *hierárquica* dos seres humanos ou dos povos. Há duas razões para isso. Por um lado, o seu essencialismo enraíza-se numa experiência de primeira pessoa ("eu penso", "eu sou uma substância pensante") que é igualmente acessível a todos os homens. Por outro lado, não há para ele nenhuma hierarquia natural entre os homens. Com efeito, "a potência de bem julgar e distinguir o verdadeiro do falso, que é propriamente o que chamamos bom senso ou razão, é naturalmente igual em todos os homens".[1] Os sucessos desiguais

---

1 *Discurso do método*, I.

alcançados por uns e outros na ordem do conhecimento não estão, portanto, vinculados a uma desigualdade intelectual natural (a posse mais ou menos completa do *logos* teórico, como em Aristóteles), mas só à sua maneira de usar a razão, com mais ou menos método. Ela provém "de conduzirmos nossos pensamentos por diversos caminhos e não consideramos as mesmas coisas. Pois não basta ter uma boa inteligência, o principal é aplicá-la bem". É esse igualitarismo de princípio que funda um *método científico* acessível a todos e que permite a cada qual "bem conduzir a razão"[2] com vista à verdade nas Ciências. O mesmo acontece na Moral. As diferenças entre os homens vêm do maior ou menor domínio das paixões pela razão; mas também nesse caso se trata de uma questão de método, a qual é igualmente acessível a todos, pois "não há alma tão fraca que não possa, sendo bem conduzida, adquirir um poder absoluto sobre as paixões".[3]

No entanto, há realmente uma espécie de hierarquia entre todos os seres do mundo: Deus, o homem, o resto do mundo criado. Mas ela não pode servir para fundamentar, como em Aristóteles, a desigualdade entre os homens. Deus está infinitamente distante de nós, a tal ponto que nos é incompreensível; e um abismo não muito menos profundo nos separa do resto da natureza (animais, vegetais, minerais, astros etc.), pois só nós, seres humanos, somos seres pensantes e, abaixo de nós, só há matéria bruta, sem hierarquia possível entre os diferentes seres que dela se compõem. Com efeito, as plantas e os animais não passam, como as montanhas e os oceanos, de corpos sujeitos apenas às leis do movimento. Portanto, estamos tão infinitamente distantes, para baixo, da natureza, como, para o alto, de Deus. Reduz-se a natureza a uma matéria homogênea, e a vida não é senão uma porção de matéria mecanicamente organizada. Essa série totalmente descontínua de seres – Deus,[4] o homem, os corpos – não pode, portanto, jamais constituir-se numa "escala" (*scala naturae*), pois são incomensuráveis uns com os outros, ao contrário, por exemplo, dos *zoa* aristotélicos, deuses, homens e animais, que compartilham todos eles o atributo essencial de serem *viventes*. O mesmo acontece com os diferentes corpos mutáveis (animais, vegetais, minerais), que, ao contrário, são tão comensuráveis, que podem ser reduzidos a uma mesma essência. Nem uns, nem outros podem,

---

2 Lembremo-nos do título completo desse ensaio: *Discurso do método para bem conduzir a razão e buscar a verdade nas ciências*. Seu subtítulo é: *Mais a dióptrica, os meteoros e a geometria, que são ensaios desse método.*

3 Descartes, *As paixões da alma*, art. 50.

4 Neste ponto, conviria talvez inserir os anjos.

portanto, servir de fundamento para uma hierarquia supostamente "natural" dos homens entre eles.

A figura cartesiana do homem estaria, portanto, imune a todo risco de desvio desigualitarista. Podemos nele distinguir outros perigos. Cumpre, também dessa vez, distinguir aqueles que são consequência da própria concepção cartesiana – que não deixa de ter, porém, suas vantagens humanistas – daqueles que se correm ao invocar uma concepção essencialista e dualista (antinaturalista) do homem.

"ARMAÇÃO" DA NATUREZA?

A definição do homem (a difícil união de duas substâncias totalmente heterogêneas) permite um ganho que chamamos de "distância epistemológica":[5] o duplo distanciamento do sujeito em relação ao objeto e do objeto em relação ao sujeito. Por um lado, como o sujeito da Ciência não é geometrizável, está protegido de toda objetivação possível; por outro lado, o objeto da Ciência – corpo extenso, mutável e incapaz de pensar – está protegido de toda subjetivação possível. Essas duas condições tornam a Ciência, pelo menos a Ciência (Física) Universal, mais "fácil": o mecanismo explica toda a natureza unicamente pela causalidade motriz. Ele supõe a redução ontológica de todos os seres naturais, em especial animais e plantas, a um só nível, o nível do corpo. Mas, se o mecanismo é a vantagem epistemológica do dualismo metafísico, o reducionismo constitui o seu risco moral. Pois a "distância" que separa o homem, ser pensante, do resto da natureza e o torna completamente cognoscível não é só teórica, mas também prática: é ela que torna essa mesma natureza totalmente utilizável.

Com efeito, o fato de ela estar inteiramente submetida apenas à causa motriz permite saber como as coisas se produzem, mas também produzi-las e reproduzi-las à vontade. Conhecer a lei de transmissão do movimento ou de refração da luz permite fabricar autômatos ou óculos. O conhecimento da causa que produz mecanicamente o efeito permite a produção do efeito por meio da produção da causa. Assim, sabendo como funciona a máquina do corpo, poderemos tentar fabricar máquinas a partir do seu modelo e curar os corpos doentes como se conserta um relógio. A esperança, a ambição, o projeto de tal empreendimento estão inscritos num texto célebre do *Discurso*

---

5 Ver anteriormente, p.158-9.

do método, que explicita as vantagens práticas que Descartes espera do bom êxito do seu projeto científico:

> Mas, tão logo adquiri algumas noções gerais acerca da Física e, começando a prová-las em diversos problemas particulares, observei até onde elas podem levar e quanto diferem dos princípios de que se serviram até o presente, julguei que não podia mantê-las escondidas sem pecar gravemente contra a lei que nos obriga a nos empenhar ao máximo para proporcionar o bem geral de todos os homens: pois elas me fizeram ver que é possível chegar a conhecimentos utilíssimos à vida; e no lugar dessa Filosofia especulativa ensinada nas escolas, podemos descobrir uma Filosofia prática, pela qual, conhecendo a força e as ações do fogo, da água, do ar, dos astros, dos céus e de todos os outros corpos que nos rodeiam, tão distintamente quanto conhecemos os diversos ofícios dos nossos artesãos, poderíamos empregá-las igualmente em todos os usos a que são próprias e assim tornar-nos como senhores e donos da natureza.[6]

Esse texto é com maior frequência evocado, invocado ou convocado do que lido. Tornou-se a referência obrigatória da vulgata tecnofóbica e do heideggerianismo escolar. Segundo a interpretação comum, seria o sinal indubitável de que o projeto cartesiano de conhecimento científico, ao reduzir a natureza ao "calculável", teria, na realidade, substituído a antiga Ciência contemplativa da natureza por um projeto prometeico ("senhores e donos da natureza") de "armação" (*Gestell*), pelo qual a natureza seria "intimada" pela "técnica moderna" a fornecer uma energia que pudesse ser "extraída e acumulada" – o que nos teria levado aos maiores desastres planetários: a hidroelétrica sobre o Reno ou a bomba atômica. Convém, no entanto, matizar bastante essa análise habitual.

Talvez devamos retificar, antes de tudo, o diagnóstico histórico, e datar, não do racionalismo cartesiano, mas antes do empirismo de Bacon, a guinada "utilitarista" da Ciência Física moderna, a partir da qual se considerou que o conhecimento das causas podia ser posto a serviço da produção dos efeitos, graças ao desenvolvimento das técnicas. Vale lembrar, por exemplo, do famoso aforismo do *Novum Organum* (1620): "A Ciência e a potência humanas correspondem-se uma à outra ponto a ponto e tendem ao mesmo objetivo; é a ignorância em que estamos da causa que nos priva do efeito;

---

6 *Discurso do método*, 6ª parte.

pois só podemos vencer a natureza obedecendo a ela; e o que era princípio, efeito ou causa na teoria, se torna regra, meta ou meio na prática."[7]

Nem por isso deixa de ser verdade, dirão, que a Ciência cartesiana, tornando a causalidade motriz acessível à racionalidade matemática, facilitou a busca da eficácia técnica e o uso das forças naturais para fins utilitários. Mas isso é "condenável" em si? E, principalmente, será assim tão novo? Em todo caso, isso não nos afastaria em nada da técnica concebida, à maneira grega, como *poiésis* (uso de meios com vistas a um fim), tanto mais que, no trecho citado do *Discurso do método*, é claro que Descartes se refere a técnicas como a fiadeira ou o moinho de vento. O moinho de vento é, com efeito, um dos exemplos de mecanismo apresentado por Descartes numa página do *Tratado do homem*[8] e é até o modelo por excelência da "boa" técnica – a antiga, a *poiésis*, que Heidegger gosta de contrapor à "má", a moderna, aquela cuja essência é *Gestell*:

> O desvelamento que rege a técnica moderna não se manifesta numa produção no sentido da *poiésis*. O desvelamento que rege a técnica moderna é uma provocação (*Herausfordern*) pela qual a natureza é intimada a fornecer uma energia que possa como tal ser extraída (*herausgefördert*) e acumulada. Mas não se pode dizer o mesmo do velho moinho de vento? Não: suas asas giram ao vento e estão expostas diretamente ao seu sopro. Mas se o moinho de vento põe à nossa disposição a energia do ar em movimento, não é para acumulá-la.[9]

Com efeito, o conhecimento da "força motriz" do vento é, sem dúvida, suficiente para fabricar um moinho, como o cálculo da força das molas permite fazer relógios ou autômatos. A rigor, poderíamos admitir que basta o conhecimento apenas dessa força para "extrair" a energia elétrica da hidroelétrica sobre o Reno, mas não vemos como poderia ela bastar para "acumulá-la"; é necessário o domínio de outras "forças" físicas para fabricar pilhas, baterias ou acumuladores, e ele excede em muito o que é científica e tecnicamente acessível no mecanicismo: tais conhecimentos necessitam de outros fundamentos epistemológicos e metafísicos do que o mecanicismo. Não vemos, portanto, como uma Física Mecânica que reduz a natureza às

---

7 Bacon, *Novum Organum*, livro I, aforismo III. Para uma exposição matizada da posição de Bacon acerca das aplicações práticas dos conhecimentos científicos, remetemos a Malherbe, "Bacon et la *Deductio ad praxim*". In: *Revue philosophique de la France et de l'étranger*.

8 Ver esse exemplo num trecho desse tratado citado a seguir.

9 Heidegger, "A questão da técnica". In: _____, *Essais et conférences*, p.20.

leis "calculáveis" do movimento possa ser considerada responsável por essas técnicas que põem a natureza numa "armação", por oposição à boa *techné* dos Antigos – que tiveram, mesmo assim, seu Arquimedes: este não era jejuno em matéria de matematização das forças motrizes e de fabricação de máquinas mecânicas que usassem polias, talhas, alavancas e rodas dentadas. Acrescentemos que, se a concepção mecanicista dos corpos naturais possibilita, sem dúvida, uma melhor compreensão e, portanto, uma produção mais cômoda dos efeitos artificiais exigidos por certas "técnicas", é em primeiro lugar porque, inversamente, a natureza cujas leis do movimento trata de conhecer foi ela mesma concebida a partir dos modelos das ferramentas ou dos "dos diversos ofícios dos nossos artesãos", como mostra a décima *Regra para a direção do espírito*, de que o texto do *Discurso do método* é, em parte, a repetição. Nessa regra, enunciava Descartes: "Para que o espírito adquira certa facilidade, cumpre exercitá-lo a encontrar as coisas que os outros já descobriram e a percorrer com método até as artes mais comuns, sobretudo as que explicam a ordem ou a supõem." Ele explicava que era preciso:

> começar pelas artes menos importantes e mais simples, sobretudo aquelas onde reina a ordem, como o ofício do tecelão, do tapeceiro, das mulheres que bordam ou tecem rendas; [...] assim, alertamos que é preciso examinar essas coisas com método; ora, o método, nessas artes subalternas, não é senão a observação constante da ordem que se encontra na própria coisa ou que nela foi posta por uma invenção feliz.

Estamos longe dos projetos prometeicos de acúmulo de energia elétrica.

É preciso dizer que, para Descartes, o essencial não está de modo nenhum no que se costuma chamar com o nome vago e equívoco de "técnica"; ele se acha exposto na continuação do texto, que formula o grande projeto "utilitário" de Descartes, aquele ao qual ele não cessou de se consagrar: fundar, nos tempos das sangrias e dos clisteres, uma Medicina autenticamente científica. Depois dos demasiadamente célebres "senhores e donos da natureza", Descartes, com efeito, acrescenta:

> O que não é só de se desejar pela invenção de uma infinidade de artifícios que fariam que gozássemos sem trabalho dos frutos da terra e de todas as comodidades que nela se encontram, mas também, principalmente, pela conservação da saúde, que é, sem dúvida, o primeiro bem e o fundamento de todos os outros bens desta vida; pois até o espírito depende tanto do temperamento e da disposição dos órgãos do corpo, que, se é possível achar um meio que torne

NOSSA HUMANIDADE

comumente os homens mais sábios e mais hábeis do que foram até hoje, creio que é na Medicina que devemos procurá-lo. É bem verdade que a que hoje se pratica contém poucas coisas cuja utilidade seja tão notável.

Os historiadores confirmam em geral o diagnóstico severo de Descartes acerca da Medicina de seu tempo, e explicam que essa situação charlatanesca era própria sobretudo da França... Lembremo-nos dos médicos de Molière. Prossegue Descartes:

> Mas, sem querer desprezá-la, estou certo de que ninguém, nem mesmo os que fizeram dela sua profissão, há de negar que tudo o que sabemos nesta matéria não é quase nada em comparação com o que resta saber; e que poderíamos livrar-nos de uma infinidade de doenças, tanto do corpo quanto do espírito, e talvez até mesmo das debilidades da velhice, se tivéssemos conhecimentos bastantes de suas causas e de todos os remédios de que a natureza nos proveu.

É por desejar "empregar toda a [sua] vida em busca de uma Ciência tão necessária" que ele se decidiu a fazer conhecer o método que descobriu. Como escreverá mais tarde ao marquês de Newcastle: "A conservação da saúde foi sempre o principal objetivo dos meus estudos."[10] E quando mal tinha quarenta anos, já escrevia a Huygens: "Os cabelos brancos que se apressam em chegar avisam-me que não devo estudar senão os meios de retardá-los."[11] Atribuíram-lhe, pois, um projeto faustiano de prolongamento indefinido da vida humana.[12] Embora nada, no mecanicismo, se oponha a um princípio com esta intenção, pode-se duvidar de que Descartes o tenha julgado realizável ou mesmo desejável.

Nem por isso deixa de ser verdade que a Medicina é um dos três ramos (com a Moral e a Mecânica) que trazem os frutos que ele espera da sua Metafísica e da sua Física, como indica a famosa imagem da árvore da sabedoria na carta de dedicatória aos *Princípios da Filosofia*. Com efeito, se todo corpo, inerte, vegetal, animal ou humano, não passa de uma porção de extensão divisível e regida por leis mecânicas (como mostra a Física),

---

10 *Carta de outubro de 1645*, AT IV, 329.
11 *Carta de 5 de outubro de 1637*, AT I, 645.
12 Lemos assim no *Colóquio com Burman*: "Que a vida humana possa ser prolongada se conhecermos a arte para isso, não é de duvidar; já que podemos aumentar e prolongar a vida das plantas (e outros seres vivos semelhantes), pois inventamos a arte (que lhes convém), por que então não poderíamos fazer o mesmo com o homem?" (AT V, 178). É conhecido o epitáfio ferozmente irônico de *La Gazette d'Anvers*: "Morreu na Suécia um louco que dizia poder viver tanto quanto quisesse."

então se deveria poder agir medicinalmente sobre o corpo humano com a mesma eficácia que aquela com que os artesãos agem mecanicamente sobre suas molas, suas lançadeiras, seus filtros, suas bombas, seus tubos, suas cordas ou, como diz o *Tratado do homem* ao falar dos órgãos do corpo humano: são "relógios, fontes artificiais, *moinhos* [grifo nosso] e outras máquinas semelhantes". A Medicina foi, portanto, a preocupação constante da obra e da vida de Descartes. Essa obra médica foi diversamente apreciada, alguns julgando-a considerável, outros (como ele mesmo) pobre e decepcionante, em especial quanto à higiene e à terapêutica, onde raramente vai além dos conselhos de bom senso – o que às vezes é, porém, apreciável em matérias onde geralmente reina a superstição.

É difícil atribuir a Descartes descobertas fisiológicas propriamente ditas; ele defende, assim, a circulação do sangue de Harvey,[13] numa época e num país onde tal posição nada tinha de óbvia: não nos esqueçamos de que, em *O doente imaginário* (que data de 1673, ou seja, quarenta anos depois do *Tratado do homem* e quarenta e cinco depois de Harvey), Thomas Diafoirus sente orgulho por defender suas teses médicas contra os "circuladores[14] – um ano depois, note-se, que Luís XIV decidiu que se ensinasse a circulação do sangue em Paris, em seus jardins. É provável que, como indica Descartes a Mersenne,[15] ele houvesse estabelecido o princípio da circulação do sangue "antes de ter podido ler Harvey, e tenha desenvolvido em *O homem* a sua própria teoria da circulação, coerentemente com o conjunto das suas teses mecanicistas".[16] Houve quem sustentasse que, se a sua explicação da circulação é errônea, a explicação puramente mecânica do calor do coração é superior à do mesmo Harvey – que se contentava com uma obscura analogia entre a função do coração no microcosmo e a do Sol no macrocosmo.[17] Mas, em vez de estimar as suas teorias e descobertas,[18] podemos ser tentados a avaliar a sua "influência" sobre a história ulterior da Fisiologia, desde o seu sucessor imediato na matéria, Giovanni Alfonso Borelli, até as concepções fisiológicas dos materialistas do século XVIII, em especial La Mettrie, ou as vicissitudes da Biomecânica. Seja como for, é inegável que, para além da obra médica do mesmo Descartes, era preciso que a revolução das Ciências

---

13 Harvey é o único nome de autor (*Harveus*) citado no *Discurso do método* (à margem da 5ª parte, AT VI, 50), e com todo respeito, como alguém que fez uma descoberta original.

14 Apud Bitbol-Hespériès, "Cartesian Physiology". In: *Descartes' Natural Philosophy*.

15 *Carta de novembro ou dezembro de 1632*, AT I, 263.

16 Aucante, *La philosophie médicale de Descartes*, p.189.

17 Ver Bitbol-Hespériès, "Cartesian physiology", art. citado.

18 Sobre as quais se pode ler Aucante, *La philosophie médicale de Descartes*, op. cit.

NOSSA HUMANIDADE

Físicas da época moderna, à qual o mecanismo cartesiano dava sua melhor base filosófica, livrasse o olhar sobre o corpo de todos os preconceitos espiritualistas que o atravancavam, para que se tornasse possível um olhar médico científico. Se quisermos realmente fazer do mecanicismo cartesiano o precursor de certas técnicas modernas, estas serão, sem dúvida, menos as das hidrelétricas que as da Medicina Pasteuriana.

TRUNFOS E RISCOS DO HOMEM COMPOSTO POR DUAS SUBSTÂNCIAS

Aqui, como no caso de Aristóteles, é preciso passar à nossa segunda pergunta, que é quase o inverso da anterior. Cumpre parar de perguntar "De que essa concepção do homem, ao mesmo tempo essencialista e dualista, foi *causa?*", pois essa é uma questão insolúvel e sem dúvida mal colocada: "causa" em que sentido? Em que medida? Em que escala? O que se deve perguntar é "De que tal concepção pode ser a *razão?*" – ou seja, não quais práticas (boas ou más) essa teoria causou – inspirou, determinou –, mas quais práticas se apoiaram nessa teoria dualista do homem. A quais práticas ou teorias morais esse conceito do homem pôde servir de caução ou justificação?

O ganho prático do conceito é evidente. Uma terapêutica eficaz ou práticas higiênicas razoáveis facilmente se fundamentam na ideia de *podermos agir* sobre o corpo humano com a mesma eficiência e as mesmas armas que aquelas pelas quais agimos sobre os corpos inertes. O homem "pode agir" sobre o corpo em dois sentidos da palavra "poder". No primeiro sentido, ele tem – pelo menos virtualmente – a *capacidade* de fazer isso, pois nada distingue ontológica nem fisicamente o corpo humano dos outros corpos vivos, nem estes dos corpos inertes: a Medicina, ou pelo menos a higiene, será a aplicação dos conhecimentos anatômicos e fisiológicos. Não é preciso recorrer a alguma razão particular para explicar a presença de tal órgão ou o calor dos corpos, não é preciso supor que os corpos vivos sejam "animados" por forças espirituais que lhes deem vida e movimento, e menos ainda que o corpo *humano*, por ser de natureza diferente, ou mesmo superior, da dos animais, não possa satisfazer-se com regimes ou remédios que se mostrem eficazes para os animais. *O corpo humano é tão exterior e praticamente distante do sujeito da ação terapêutica quanto é epistemologicamente distante do sujeito do conhecimento científico.*

O homem *pode* agir sobre seu corpo num segundo sentido: ele tem o direito de fazer isso. Esta é, aliás, a verdadeira virtude libertadora desse conceito do homem. Quando o conceito de "natureza", que é ao mesmo tempo descritivo e normativo, sai em socorro do essencialismo, ele leva consigo (como vimos com Aristóteles) um ganho e um risco. O ganho, pelo menos teórico, é que ele permite passar do que é um ser para o que ele deve ser. Daí também o risco: que dizer dos seres que não são verdadeiramente adequados à sua própria natureza de homem? Mas, no caso dessa figura cartesiana, esse perigo é esconjurado, pois o antinaturalismo (o dualismo) vem salvar o essencialismo de todo desvio normalizador. A natureza não é de modo algum fonte de normatividade; não pode dizer-nos o que devemos ser ou fazer, porque é apenas o *objeto* do nosso pensamento (o conhecimento) ou de nosso poder, não a fonte das normas ou a origem dos valores. E as "leis da natureza" não são leis a que tenhamos de *nos* conformar (para o nosso bem de homens), são só leis do movimento dos corpos, que podemos conhecer. Não é a natureza que faz as leis, é Deus que faz as leis da natureza, as quais são as leis do movimento, por exemplo, as que são explicitadas em *O mundo*. E a constância delas, que nos possibilita conhecer a natureza com toda certeza e, consequentemente, agir melhor sobre ela, é garantida por Deus, que, por ser bom, não quer (e, por conseguinte, não pode) mudar seus decretos. As leis da natureza não são prescritas aos homens, são inscritas por Deus nas coisas, para o bem maior dos homens.[19] Temos, pois, o direito de agir sobre os corpos, sejam eles quais forem, e em especial de cultivar, proteger e tratar do nosso: ele não passa de matéria. Assim, o nosso poder é duplo: *podemos mesmo* agir sobre a natureza, no sentido de termos o direito de fazer isso, pois ela não é composta senão de coisas naturais postas por Deus à nossa disposição; e podemos *agir bem* sobre a natureza, no sentido de termos a capacidade de agir comodamente sobre ela, graças ao conhecimento fácil de suas leis imutáveis queridas por Deus.

Mas isso tem os seus riscos. Pois, fora de nós, ou melhor, fora do pensamento humano (e de Deus, é claro), tudo é corpo. Há uma indiferenciação fundamental entre corpos vivos e corpos inertes. Descartes desaprova Regius

---

19 Essas leis da natureza são derivadas da imutabilidade de Deus. "Saibam, pois, primeiramente, que por Natureza não entendo aqui alguma deusa ou algum outro tipo de potência imaginária, mas me sirvo dessa palavra para significar a própria Matéria, enquanto a considero com todas as qualidades que lhe atribuí compreendidas conjuntamente, e com a condição de que Deus continue a conservá-la da mesma maneira como a criou. Pois só do fato de continuar assim a conservá-la se segue necessariamente que deva haver várias mudanças em suas partes, e como estas não podem, a meu ver, ser propriamente atribuídas à ação de Deus, porque ela não muda, eu as atribuo à Natureza; e as regras segundo as quais se dão essas mudanças, eu as chamo de leis da Natureza." (*O mundo ou Tratado da luz*, Capítulo VII).

por ver mais diferença entre as coisas vivas e as que não o são, do que entre um relógio e uma chave.[20] Um se move sozinho por suas molas, porque é mais complexo, ao passo que a outra precisa de um movimento externo para girar. Há também indiferenciação entre corpos vegetais e corpos animais. A vida animal não é senão o calor do coração e o aparente *sensus* dos animais só depende da configuração de seus órgãos. Há a mesma indiferenciação entre corpos animais e corpos humanos, de modo que, da pedra ao corpo do homem há uma completa homogeneidade ontológica e física: não há, portanto, nenhuma hierarquia possível, nem entre homens (é este o trunfo), nem entre seres naturais (é este o risco). O essencialismo está, por certo, imunizado contra o desigualitarismo (entre humanos) pelo antinaturalismo (o homem não é um ser de natureza), mas o mesmo dualismo que o protege desse risco o faz cair em outro, que lhe é simétrico.

Para o dualismo, todos os pensamentos se equivalem ontologicamente e até naturalmente (este é seu trunfo), e todos os corpos se equivalem ontológica e naturalmente (este é o seu risco). O dualismo coloca-nos diante de uma alternativa: pensamento ou corpo? Tudo é *ou* pensamento, *ou* corpo, sem terceiro termo possível (a não ser a incompreensível união que é o homem), sem matiz, sem grau, sem diferença. Tudo o que não pensa é *corpo*, da mesma forma, da mesma maneira e sujeito às mesmas leis. É justamente em tal nivelamento ontológico dos seres naturais que está o perigo moral. Se não há graus na natureza, podemos tratar os macacos como se tratam os porcos, tratar os porcos como os camundongos, tratar os camundongos como os mosquitos, tratar os mosquitos como as florestas, e tratar as florestas como as rochas das montanhas ou a água dos rios. Portanto, o "risco" não é tanto extrair energia dos rios para fazer eletricidade com ela, mas, antes, não se poder mais distinguir entre a energia dos rios e a que se pode tirar da força motriz animal.

O dualismo ontológico que divide o homem tem uma vantagem científica que chamamos de "distância epistemológica". Mas o dualismo ontológico também vale na prática. Há, por um lado, o sujeito da ação, que não pode jamais ser objeto, e por outro lado os objetos sobre os quais ele age e que não podem nunca agir. Que o homem deva sempre ser considerado o sujeito de ações, as quais são por isso mesmo consideradas "suas" e, portanto, lhe são imputáveis, que, por outro lado, ele não possa nunca ser tido como objeto sobre o qual se possa agir à vontade, são dois princípios constituintes do conceito moderno de "pessoa", tanto em sua vertente moral como em sua

---

20 *Carta a Regius*, junho de 1642.

vertente jurídica. Que um sujeito não possa agir sobre outro sujeito como sobre um objeto, mas deva considerá-lo um outro sujeito *com quem* pode sempre agir, logo dialogar e discutir, é uma imunidade moral dos homens com que nos devemos alegrar – e que pode ter sua fonte na oposição dualista entre os seres pensantes (sujeitos de seus pensamentos e, portanto, de suas ações) e os outros. Esta é, também, a base do que podemos chamar, de modo muito geral, humanismo prático. Mas a noção de "pessoa" e o humanismo não têm de modo nenhum como corolário a redução de todos os outros *agentes* naturais a objetos, ou até a coisas. Ora, é a essa redução que levam o dualismo ontológico e o princípio do terceiro excluído entre sujeito e objeto. Se todo ser é sujeito *ou* objeto (de conhecimento ou de ação), o que dizer do que não é nem um nem outro, desses inúmeros indivíduos que pertencem a dezenas de milhões de espécies vivas? Todos eles são, *num ou noutro grau*, agentes, e não entram claramente em nenhuma das duas categorias. Não são sujeitos *no sentido* de que o são as "pessoas", *com quem* dialogamos e agimos. Tampouco são objetos, no sentido de serem dotados de um grau extremamente variável de agentividade. Fazer dos animais, enquanto tais, sujeitos, é o que se pode chamar de animalismo, por oposição ao humanismo.[21] Mas tampouco são objetos *no sentido* em que o dualismo ontológico e moral gostaria de reduzi-los a coisas sobre as quais possamos agir de igual modo e à vontade. Ali, onde a porca torce o rabo em ambos os casos, é justamente essa *igualdade* de consideração que deveríamos ter pelos "animais" em geral. Ou deveríamos considerá-los meras coisas materiais, disponíveis e utilizáveis e carentes de todo valor moral. Ou então deveríamos considerar o animal enquanto tal como um *sujeito* a que imputar pensamentos e ações, e deveríamos ter por todos os "animais" igual consideração moral. Assim, o dualismo ontológico e o animalismo vão de par. Digamos, por eufemismo, que nem um nem outro tem o senso do matiz – quando o "matiz" consiste em confundir num mesmo conceito dezenas de milhões de espécies animais, ou até centenas de milhões de espécies vivas. O dualismo necessariamente os reduz a corpos materiais, a máquinas com as quais podemos eventualmente fazer outras máquinas destinadas ao nosso uso. Quanto ao animalismo, ele os transforma em sujeitos, detentores de direitos, por exemplo. Isso equivale a caucionar a diferença entre sujeito de pleno direito e objeto puro e simples. O que está em causa é a oposição *moral* entre seres pensantes e seres corporais, que continua sendo, porém, a condição epistemológica indispensável para o nascimento

---

21 Acerca da análise crítica do animalismo contemporâneo, ver a seguir, Capítulo 10, p.274ss.

das *Ciências* modernas; o que está em causa é a transposição da oposição do sujeito do conhecimento e do objeto conhecido para o terreno moral da ação. Ou melhor, essa oposição só pode servir para definir a humanidade no sentido moral, ou seja, a "pessoa", como o que só pode ser sujeito, sem jamais poder ser objeto. Mas não se pode exportar para fora do homem essa diferença interna, como nos convidaria a fazer o dualismo, para fazer dela uma oposição entre dois tipos de seres morais: os pensantes e os corpos, ou os sujeitos que só podem ser sujeitos e os objetos que só podem ser objetos.

É preciso aqui quase inverter os termos do procedimento cartesiano. Descartes precisava, para "estabelecer algo de firme e constante nas Ciências", fundamentar o mecanicismo na oposição entre o que pode ser facilmente conhecido (o corpo reduzido à extensão) e o que pode facilmente conhecer (o pensamento reduzido à razão). Isso teve como consequência a definição difícil do homem, "união" problemática de duas substâncias heterogêneas, a qual continua sendo o calcanhar de Aquiles da sua doutrina. Esse era o preço a pagar pelo bom êxito da revolução científica do mecanicismo. No plano da ação moral, cumpre ir no sentido inverso do procedimento cartesiano em matéria de conhecimento. É preciso usar a oposição conceitual entre o pensamento e o corpo para definir o homem *moralmente*: o homem é mesmo a união de um sujeito (sobre o qual ninguém pode agir) e de um corpo (sobre o qual ele sempre pode agir). E é preciso evitar as consequências que se pretenderia tirar dessa diferença interna para dela inferir uma concepção dualista do mundo ou da natureza, opondo sujeitos e objetos.

Na visão cartesiana, portanto, podemos agir sobre o corpo humano, para o bem maior de sua saúde, sendo o único limite o fato de, como o homem é uma alma estreitamente unida a um corpo, ele experimentar *em si mesmo* o que se faz a seu corpo. Não é o seu pé que está doente, mas ele mesmo. Mas não é esse o caso dos seres vivos que não sejam o homem. A vivissecção de mamíferos, à qual Descartes e, na sua esteira, os cientistas dos dois séculos seguintes se dedicaram com tanta assiduidade, nada tem, portanto, de inconveniente, se eles não passam de máquinas. E hoje a mecanização exacerbada de certas formas de criação intensiva, os sistemas de produção alimentar em "bateria", as fábricas de carne ou de ovos nada têm de chocante se os animais não são senão coisas. Do mesmo modo, não deveríamos aos seres da biosfera, infinitamente diversos, um tratamento *diferenciado*, adaptado à sua natureza ou ao tipo de relação que temos com eles, se são ontológica e fisicamente indiferenciáveis e se só podemos ter com eles as relações de serviço, aquela que temos com os objetos, os instrumentos e as máquinas. Mas acontece que podemos também ter com alguns deles, às vezes, outras formas de relação, que não se reduzem de modo nenhum às que devemos ter com as pessoas, nem às que podemos ter com as coisas. E isso é algo que o essencialismo dualista, originário da tradição cartesiana, não pode pensar.

Portanto, o dualismo que divide o homem e o resto do mundo em dois não tem de modo algum por consequência catastrófica o desenvolvimento indefinido e supostamente incontrolável da Técnica, contra o qual se deva invocar a natureza em geral – como pretende a ideologia naturalista e tecnofóbica. Em si mesma, a "Técnica" é neutra como sempre foi e pode servir tanto para melhorar as condições de vida, como para aumentar os sofrimentos humanos: ora é arma de destruição em massa contra os homens e a natureza, ora remédio em grande escala contra as catástrofes naturais. Não é a Técnica que assola as populações que morrem de tuberculose ou sofrem de desnutrição, pois o "pensamento técnico" possibilita justamente tratar a tuberculose e poderia dar de comer a sete bilhões de seres humanos. O "problema" é que as Técnicas necessárias não chegam até aqueles que delas precisam. Estes últimos não padecem da Técnica, mas da falta dela. O que o espetáculo da Ciência ou da Técnica contemporâneas deveria inspirar-nos não é de modo algum o sentimento de sua onipotência ou de sua impotência, é o da impotência ou da onipotência da Política. Por seu lado, a natureza é tão ambivalente quanto as Técnicas e gera tanto epidemias e terremotos quanto saúde e equilíbrios ecológicos. E poderíamos imputar ao dualismo cartesiano o princípio da vacinação, mais do que o da bomba atômica. Não se pode, em todo caso, considerar que ele seja responsável pela Técnica em geral (conceito enganoso), nem lhe opor a natureza em geral (conceito vazio). O defeito do dualismo é, ao contrário, crer na unicidade *da* Técnica (o domínio da força motriz) e na unidade da natureza: o corpo. O que convém é diferenciar as espécies como outras tantas formas naturais de agentividade, irredutíveis umas às outras, *distinguir* os seres com os quais não saberíamos ter as mesmas relações, como se fossem todos de uma única espécie. A coisificação da natureza é o correlato do dualismo. Sua idealização é um remédio que pode revelar-se tão nocivo quanto o mal.[22]

É por isso que, assim como seria absurdo fazer de Aristóteles o "responsável", em qualquer sentido do termo, pelo extermínio dos indígenas, do comércio triangular ou do colonialismo, seria igualmente absurdo fazer de Descartes o "responsável" pela criação industrial de animais, pela destruição da biodiversidade ou pelo aquecimento global. Mas se perguntarmos,

---

22 Ver adiante, Capítulo 10, p.280-1.

inversamente, em que concepções ontológicas e, mais particularmente, em que conceito implícito do homem se fundamenta esse tipo de tratamento dos diferentes seres naturais, cumpre conceder que tais concepções equivalem a uma forma de distância ontológica e, consequentemente, moral, entre o homem e "a" natureza, pensada como *um* ser e reduzida à corporeidade.

O que está em causa, moralmente, não é nem o essencialismo, nem o dualismo *quando dizem respeito ao homem*. Que o homem seja algo de constante e de universal e seja definível como um ser *dual*, tal é a dupla condição, por um lado, da determinação da noção de pessoa moral e, por outro lado, do desenvolvimento de uma Medicina científica que considere o corpo humano como um organismo sem mistério nem transcendência. O que é perigoso é o dualismo ontológico quando exporta o essencialismo para fora do homem e faz do não humano – de todo "não humano", enquanto simplesmente não é humano – uma única substância. Ele deduz daí o princípio do terceiro excluído moral: há, por um lado, sujeitos morais e, por outro, corpos – e nada entre eles. Não há, *a priori*, nenhum perigo em opor o homem ao resto da natureza e em nele ver um ser de outra "natureza" moral. Afinal, é isso mesmo que toda forma de humanismo supõe. Não há tampouco nenhum perigo em querer reduzir metodologicamente toda a natureza a princípios simples, para melhor conhecê-la. Afinal, este é um dos fundamentos da Ciência moderna. Mas nem o essencialismo humanista, nem o dualismo epistemológico – que são os dois polos do homem de Descartes – não poderiam bastar para colocar, ontológica e moralmente, todos os seres naturais, dos vírus aos primatas, no mesmo plano.

Pode-se ver aonde pode levar uma "ideologia" que, baseando-se na "Ciência", mas separada dos seus princípios metodológicos e das suas finalidades epistemológicas, tente cruzar, segundo um dualismo ontológico e moral, uma visão essencialista do ser humano com uma visão essencialista da natureza, segundo o seguinte raciocínio:

Já que a "Ciência" mostra que o homem é (por essência) um ser dual, feito de pensamento e de corpo, e que a natureza é, portanto, corpo, nada mais do que corpo, então está certo tratar todos os corpos igualmente.

– 9 –

ATRATIVOS E PERIGOS DO
SUJEITO SUJEITADO

O homem estrutural não corre nenhum dos dois perigos precedentes. Não ameaça levar nem à destruição da biosfera, que plana sobre a visão cartesiana do homem, isto é, a combinação de essencialismo e dualismo, nem ao desigualitarismo e às discriminações, que planam sobre a visão aristotélica do homem, isto é, a combinação de essencialismo e naturalismo hierárquico. O homem estrutural também tem, contudo, os seus atrativos e os seus perigos morais ou políticos. Podemos, para distingui-los, diferenciar as consequências próprias a seus dois traços essenciais: ele é, ao mesmo tempo, antinatureza e não sujeito. Seus efeitos são opostos; o homem estrutural está preso entre eles e puxado pelas duas extremidades. Seu destino é, portanto, trágico.

O HUMANISMO DAS CIÊNCIAS HUMANAS

O estruturalismo assume explicitamente o "antinaturalismo metodológico" que subjaz ao projeto das Ciências Humanas. Mas adota, além disso, o que chamamos de "antinaturalismo objetivo:[1] o homem estrutural não é um

---

1 Sobre estas noções, ver anteriormente, Capítulo 3, p.93ss.

ser natural, é um ser de cultura, de História, de linguagem, de simbolismo etc. É o que o torna portador de um projeto humanista.

Consideremos as lições antinaturalistas da Antropologia, em particular a noção de "cultura". Por oposição às posições evolucionistas[2] do século XIX e do início do século XX, impregnadas de naturalismo, uma das principais lições da Antropologia Cultural da segunda metade do século XX é a de "relativismo cultural", para o qual as diferentes "culturas" se limitam a traduzir as diversas maneiras, sem hierarquia possível, como os homens enfrentam o seu meio ambiente e o moldam. Essa posição serviu de poderoso baluarte contra as ideologias anti-igualitárias ou racistas.[3] Foram as descobertas e os conceitos da Antropologia Cultural que conseguiram impor ao nosso vocabulário e às nossas convicções um uso da palavra "cultura" no plural (*as* culturas), por oposição ao sentido clássico, o único reconhecido por Littré, por exemplo, "a cultura das Letras, das Ciências e das Belas-Artes" ou, de um modo mais geral, "instrução, educação". Enquanto se limitavam a estes últimos usos, só podia haver uma só forma e um só critério de cultura, e todas as sociedades eram consideradas *mais ou menos* "cultas" segundo o grau de sua "instrução", isto é, de sua aquisição da cultura das Letras, das Ciências e das Belas-Artes – critério que é, diriam hoje, o apanágio do Ocidente. Atualmente se costuma falar *das* culturas como delas falam os antropólogos, que discordam sobre o sentido da palavra, mas concordam sobre a necessidade de seu emprego no plural.[4] Passou-se de um sentido valorativo da palavra a um sentido descritivo, e de uma desigualdade das sociedades sobre o eixo único *da* cultura a uma igualdade de todas as sociedades em seu direito de manifestar *sua* própria cultura. Cumpre, ademais, observar que esse pluralismo das culturas vem tomar o lugar do das raças. Essa palavra ficou definitivamente desacreditada pelo uso que dela fizeram os racismos dos séculos XIX e XX. Ao substituir um igualitarismo culturalista por um anti-igualitarismo naturalista, as Ciências Humanas e Sociais do século XX indiscutivelmente contribuíram para o progresso político e moral dos valores humanistas. Prova disso seria a adoção por parte da Unesco do sentido "culturalista" da palavra "cultura", como condenação de toda forma de etnocentrismo e dos projetos colonialistas que nele se inspiram: "Em seu sentido mais amplo, a cultura pode hoje ser considerada o conjunto

---

2 Aludimos, sobretudo, aos trabalhos e às teorias de Lewis Morgan – considerado o fundador da Antropologia Cultural –, de Edward Tylor e até de George Frazer.

3 A mais justamente célebre intervenção que extrai essa "lição" antirracista da Antropologia Cultural é o livro *Raça e história* (1952), de Lévi-Strauss.

4 Acerca deste uso antropológico da palavra "cultura", ver p.94, n.42.

dos traços distintivos, espirituais e materiais, intelectuais e afetivos, que caracterizam uma sociedade ou um grupo social."[5]

Consideremos as lições antinaturalistas da Psicanálise. Uma de suas principais consequências foi relativizar a oposição entre o patológico e o normal: ficou difícil traçar uma barreira clara e absoluta entre o neurótico ou o perverso por um lado, o saudável e sadio por outro, entre as sexualidades "anômalas" e as "naturais", em suma, entre os loucos e os sábios, como se teria dito na Idade Clássica. Ao mostrar que todo homem, seja ele qual for, tem desejos (mais ou menos bem) reprimidos, que retornam de diversas maneiras na vida cotidiana, nos sonhos ou no sintoma, a Psicanálise, ou pelo menos a imagem do homem que ela permitiu difundir, sem dúvida contribuiu em muito para neutralizar a crença espontânea e geral segundo a qual haveria, por um lado, os desejos, as fantasias ou as condutas "naturais" no sentido de normais, legítimas, e, por outro lado, os desejos ou fantasias contra a natureza, anormais ou até funestos ou diabólicos e, consequentemente, repreensíveis, reprimíveis ou até condenáveis pelo ferro e pelo fogo.

Consideremos as lições antinaturalistas da Linguística Estrutural. Ao concentrar o seu interesse na imensa diversidade das línguas (em detrimento da linguagem, capacidade natural), ela permitiu evidenciar sua igual riqueza sintática e semântica, tendo cada uma sua estrutura própria. Promoveu, assim, uma visão igualitarista das línguas, sendo todas elas maneiras humanas de intercomunicar-se e "dizer o mundo", sem hierarquia possível entre línguas majoritárias e línguas minoritárias, entre línguas ricas e línguas pobres, entre línguas cultas e línguas primitivas ou, como no século XVIII, entre as que obedecem à "ordem natural das palavras" e as que a transgridem, ou mesmo entre línguas legítimas e os diferentes dialetos, patuás ou jargões.

A mesma lição de relativismo pode ser tirada de todos esses trabalhos de História das Sensibilidades, ligados às *Annales*, que nos mostrara que nossas próprias maneiras de ver, de amar ou de nos emocionar podiam ser datadas, nada tinham de "natural" nem de universal. Do mesmo modo, a "Sociologia Crítica" ensina-nos permanentemente que não há um único

---

5 Definição tirada da Declaração do México acerca das políticas culturais, Conferência Mundial sobre as Políticas Culturais, México, 26 de julho – 6 de agosto de 1982. Eis a continuação da definição: a cultura "engloba, além das artes e das letras, os modos de vida, os direitos fundamentais do ser humano, os sistemas de valores, as tradições e as crenças". A menção dos "direitos fundamentais do ser humano", como se estivessem vinculados aos universais culturais, não pode valer-se da caução da Antropologia Cultural e aparece muito mais como um pio desejo do que como uma descrição objetiva.

"bom gosto" ou uma única "inteligência", que o "marginal" não é necessariamente "antissocial" e, principalmente, que em outros lugares, e até não longe daqui, é assim que os homens vivem e às vezes sobrevivem, é assim que eles se debatem como podem com sua pobre humanidade. Fazendo-nos ver os outros com outros olhos, permitindo-nos compreender que eles são, afinal, como nós, fazendo-nos sentir que poderíamos pensar como eles se estivéssemos no lugar deles,[6] a Sociologia ajuda-nos a nos vermos a nós mesmos pelos olhos dos outros. Dizemos a nós mesmos: "Também isso, que está tão próximo de nós e tão distante de nossos modos de pensar, é bem humano. A humanidade não é mesmo uma natureza."

Incontestavelmente, todas essas disciplinas contribuíram para nos tornarmos mais tolerantes em relação a outras maneiras de ser, de falar e de desejar, sem rejeitá-las *a priori* na barbárie. Em tudo isso, a visão estrutural da humanidade se une à visão do humanismo prático. As culturas, os indivíduos, as línguas, as épocas, as classes sociais não se dividem em dois campos: "nós", os homens de verdade, e "eles", os loucos ou os bárbaros. Basta avaliar com que violência esses preconceitos se impõem ou retornam ali onde essas Luzes relativistas das Ciências Humanas não penetraram ou quando elas recuam.

Poder-se-ia crer que, por se fundamentarem na bipolaridade, ou mesmo no face a face, entre os homens e "a" natureza, as Ciências Humanas, versão estrutural, trariam consigo um projeto de sujeição dos seres da biosfera. Ou seja, o "dualismo" da terceira figura do homem poderia ter as mesmas consequências que o da segunda. No entanto, o antiessencialismo, que é o seu primeiro traço, salva o homem estrutural desses possíveis desvios a que o exporia seu antinaturalismo. Ele não pode ser reduzido a uma substância única, a *consciência*, diante do resto da natureza, corpo sem consciência. Há tantos "homens" quantas são as formações sociais ou os *habiti*, os momentos históricos, as estruturas psíquicas ou as culturas; não há, portanto, uma Humanidade dona de uma Vontade, de um projeto único, coerente, de domínio absoluto "da" natureza; aliás, o próprio sentido desse conceito de "natureza" varia segundo as culturas, em função das relações infinitamente variáveis que elas mantêm com a flora ou a fauna do meio ambiente. Os usos da natureza são tão variáveis quantas são as maneiras de ser homem. Desse ponto de vista, a visão do homem estrutural não traz mais ameaças de destruição ao meio ambiente natural do que um projeto de sujeição das mulheres e dos homens "infames".

---

6 Ver anteriormente, p.91.

A lição moral mais geral das Ciências Humanas e Sociais – estruturalistas ou não – é, portanto, a de toda "tradição humanista" desde Montaigne: a "relatividade dos costumes". Mas se pode dar um passo além: o antiessencialismo protege-as *coletivamente* de todo desvio totalitário que vá ao encontro dessa lição humanista. Com efeito, não há Ciência (Humana ou não) sem certo postulado determinista. Ora, postular que todas as condutas humanas são inteiramente determinadas não é admitir que é possível *fazer* dos homens o que se quer, não é abrir a porta a todas as formas de sujeição? Do mesmo modo que o domínio técnico da natureza se baseia no domínio teórico do determinismo natural, o domínio político dos homens não se baseia no postulado e no domínio do determinismo de suas ações? O que impede, entretanto, as Ciências Humanas de postularem tal determinismo é que elas são muitas, e heterogêneos os diferentes determinismos por elas postulados, cada uma por si mesma, proporcionalmente à sua pretensão à cientificidade. Não podemos estar sujeitos sob a mesma relação à nossa História familiar e à História das mentalidades, aos *habiti* de classe e aos condicionamentos de nossa língua materna, como tampouco o organismo está sujeito, sob a mesma relação, à gravitação universal e à adaptação ao meio ambiente. As determinações psíquicas, sociais, culturais e históricas não se adicionam, como não se adicionam as leis que regem os movimentos dos átomos e as que regem a hereditariedade. Ao fim das contas dos diferentes determinismos, há apenas um não homem. O homem das Ciências Humanas não pode ser usado para sua própria sujeição, porque, mui simplesmente, ele não existe. Com efeito, a primeira característica do homem das Ciências Humanas é não ter identidade. Cada Ciência que adota como objeto algum traço humano, satura o campo da experiência por seu próprio determinismo. Não há o homem das Ciências Humanas, e ninguém pode pretender conhecê-lo, controlá-lo teórica ou praticamente, dominá-lo e sujeitá-lo.

O homem estrutural, por sua vez, existe e é definido por duas características: a primeira, o antinaturalismo, leva-o a servir o projeto humanista – como acabamos de notar –, mas o segundo, a in-consciência, ameaça, ao contrário, sempre colocá-lo à mercê de tais tentativas de dominação e sujeição.

O ANTIRRETRATO DO HOMEM LIBERAL

Sujeito sujeitado, o homem estrutural goza aparentemente de todas as propriedades que de ordinário se atribuem aos homens – a consciência de si, a reflexividade, a personalidade, a escolha deliberada, a conduta racional, a liberdade de ação, o visar a um sentido etc. – mas nele todos esses atributos se tornam opacos. Ele se crê sujeito da própria vontade e dos próprios atos, mas isso é uma ilusão, necessária e constitutiva de sua humanidade. Crê saber o que é e o que pensa, mas cabe ao cientista sabê-lo verdadeiramente.

Esse retrato do "homem estrutural" é, na realidade, a imagem invertida do "homem liberal". Não se trata do "liberalismo" no sentido restrito que a palavra assumiu há algumas décadas na França, onde se tornou sinônimo de "capitalismo" (e até de capitalismo selvagem) desde que esse termo caiu em desuso por suas conotações marxistas. Não se trata nem de livre empresa, nem de livre comércio. Chamemos "homem liberal" essa figura desenhada pelo conjunto proteiforme dessas correntes de Filosofia Política que, do século XVIII ao XX, colocaram a liberdade individual no centro de sua Antropologia.[7] Trata-se da "liberdade dos Modernos", definida pela independência do indivíduo em relação a todos os poderes, em especial o Estado, segundo a famosa distinção de Benjamin Constant, que a opõe à "liberdade dos Antigos", a participação ativa no poder. Esse "homem liberal" está no fundamento de grande número dos princípios que governam as nossas sociedades democráticas contemporâneas. Ele é moralmente autônomo e, portanto, o autor dos próprios atos, que só são determinados por suas vontades ou por seus interesses. É ao mesmo tempo o princípio e o fim de toda comunidade de que é membro: é o princípio porque toda sociedade supõe sua adesão, e é o fim porque o único objetivo dela é a satisfação de suas necessidades ou interesses, ao preço de uma igual atenção às necessidades ou interesses de todos os outros membros. Ele tem suas convicções, tem o direito de exprimi-las sob forma de opiniões e, às vezes, tem até o dever de fazê-lo – pelo voto, por exemplo. Tais opiniões exprimem, por sua vez, o que ele pensa – ele, e não alguma outra pessoa. Suas crenças e desejos determinam o que ele faz e aquilo de que pode ser considerado responsável, tanto moral como juridicamente. Pode adquirir bens, de que é o legítimo proprietário. Visa à maior independência em relação aos poderes e às forças condicionadoras exercidas pelas comunidades de que faz parte: daí se deduz a distinção "moderna" entre o privado e o público, que protege a esfera individual ou familiar. "À autonomia moral dos indivíduos corresponde uma ordem social igualmente autônoma, em parte espontânea

---

7 Podemos ter uma ideia da História e da unidade, mas sobretudo da extrema variedade dos liberalismos, ora "de esquerda", ora "de direita", à leitura do livro de Audard, *Qu'est--ce que le libéralisme? Éthique, politique, société*: o liberalismo entendido nesse sentido amplo vai de Locke a Rawls e Habermas, passando pelos Iluminismos escocês e francês, Kant, Mill, Tocqueville, o liberalismo social e o neoliberalismo.

NOSSA HUMANIDADE

e fluida [isto é, uma sociabilidade horizontal], que resiste às estruturas de poder. A liberdade individual é, portanto, ao mesmo tempo um princípio de organização e um princípio de resistência."[8] O homem liberal é, assim, membro de um Estado de direito, "ele mesmo respeitoso do direito e das leis [cujo papel é] garantir os dois princípios do liberalismo: liberdade e igual dignidade das pessoas".[9]

Pode-se reconhecer de passagem, nesse esboço do "homem liberal", alguns dos traços do *Homo economicus* – indivíduo racional, consciente dos seus desejos e das suas crenças, definido por suas preferências hierarquizáveis, capaz de analisar a situação para tomar sempre as melhores decisões, no sentido de maximizar a sua satisfação. Compreende-se por que a Economia é o exato contrário de uma Ciência Humana, pelo menos segundo o paradigma estruturalista.[10] As duas figuras do homem são incompatíveis. Ao contrário do homem liberal, o homem estrutural não é moralmente autônomo, ainda que se creia (e ainda que o creiam), erradamente, responsável por seus atos. Julga-se "membro" das comunidades a que pertence, mas na realidade não passa de um elemento, ou mesmo de um efeito dela. Julga-se livre, mas isso é uma ilusão. Essa própria ilusão é a alma do "homem estrutural". Pois ela é indispensável para seu próprio funcionamento psíquico – como mostra a Psicanálise. É também uma ilusão necessária ao funcionamento das sociedades, à sua ideologia, suas estruturas de dominação ou de sujeição – como mostra a "Sociologia Crítica". Estamos, pois, muito além de Spinoza, para quem "os homens se creem livres por terem consciência de suas volições e de seu apetite e não pensam, nem mesmo em sonho, nas causas que os dispõem a desejar e a querer, porque as ignoram".[11] Com efeito, ao contrário da ilusão em que se acham os homens de Spinoza, aquela em que estão mergulhados os sujeitos sujeitados não é só negativa para eles, é duplamente positiva: para a Ciência, de que é o objeto indispensável, e para o bom funcionamento da sujeição. Em compensação, os sujeitos sujeitados não podem de modo nenhum alcançar por si mesmos a forma de liberdade alcançada pelos homens de Spinoza, aquela que lhes dá o saber das causas de sua sujeição, pois tal saber é reservado exclusivamente àquele que está em posição de exterioridade e a uma distância epistemológica: o sociólogo, o etnólogo, o psicanalista ou até mesmo o historiador, cada um independentemente dos outros, pois cada um satura o campo de experiência com seu próprio saber.

---

8 Ibid., p.731.
9 Ibid., p.733.
10 Ver anteriormente, Capítulo 4, p.111.
11 Spinoza, *Ética*, 1ª parte, Apêndice.

É, sem dúvida, fácil criticar a Antropologia do homem liberal – quer em nome das condições de objetividade das Ciências Humanas, quer em nome dos "interesses" (de classe) a que essa Antropologia supostamente serviria, segundo a vulgata marxista. Nem por isso deixa de ser verdade que há poucos pensadores, por mais críticos que sejam da ideologia dita "liberal", que estejam realmente prontos para abandonar os traços essenciais do homem liberal, ou por eles mesmos ou pela humanidade que defendem, ou que queiram adotar realmente, para si mesmos e para a humanidade que reivindicam, o essencial dos traços do "sujeito sujeitado". Vemos despontar aqui a tragédia do homem estrutural e talvez, de um modo mais geral, o drama das Ciências Humanas e Sociais. O homem liberal é, por certo, uma ficção, assim como o homem estrutural. *Mas o homem liberal é uma ficção prática e o homem estrutural, uma ficção teórica.* O problema seria pretender fundar uma teoria científica sobre a primeira e querer tirar consequências práticas (morais ou políticas) da segunda. Ora, todo o movimento de objetivação das propriedades humanas, desde o século XVIII, que consiste em entregar as especulações sobre o "homem" em geral à Filosofia e em difratá-lo em vários objetos de conhecimento heterogêneos e não totalizáveis,[12] ou seja, todo o desenvolvimento das ciências Humanas consistiu em romper com essa ficção do "indivíduo liberal" *no terreno teórico*, isto é, científico – com exceção da Economia, é claro; consistiu em adotar *objetos* que, por mais incompatíveis que fossem segundo as áreas (psicológica, sociológica, histórica, linguística etc.) e por mais diversos que parecessem segundo os métodos e os conceitos, não podiam ser, ao mesmo tempo, sujeitos livres de pleno direito. Era preciso, com efeito, responder ao que chamamos de "desafio fundamental".[13] O homem estrutural é, como vimos, o resultado mais perfeito desse movimento de objetivação, aquele que permite garantir ao máximo a cientificidade do olhar, mas preservando a humanidade do objeto. Como corolário, ele é também o resultado mais perfeito da maior distância epistemológica: toda a consciência é colocada do lado do sujeito da Ciência; toda a inconsciência, do lado de seu objeto. Ora, o perigo consiste em tomar essa ficção teórica como definição real do homem e querer dela tirar consequências práticas. A tragédia das Ciências Humanas e Sociais é que elas são guiadas pelo projeto humanista universalista, esse mesmo projeto humanista que levou, prática, moral e politicamente, a forjar essa ficção do homem liberal, e que elas acabam forjando teórica e cientifica-

---

12 Ver anteriormente, p.73ss.
13 Ver anteriormente, p.71.

NOSSA HUMANIDADE

mente essa ficção do homem estrutural, sujeito sujeitado, que contradiz a anterior e equivale a solapar em seus fundamentos todo o projeto humanista. Em outras palavras: considerar o homem estrutural como um sujeito mistificado concorda perfeitamente com o fato de tê-lo por um ser antinatural quando é considerado como objeto de Ciência, mas estes dois traços têm consequências práticas e, em especial, políticas opostas.

Pois de imediato se pode ver como tal "sujeito sujeitado", tal figura da humanidade, pôde servir de razão, de justificação ou de caução aos projetos de pensamento ou de ação mais "antiliberais". Se o homem não é o sujeito que crê ser, a noção de convicção individual sobre a qual se funda a democracia moderna não tem, é claro, nenhum sentido. Ou melhor, é uma ilusão nefasta e alienante. O que fica, então, ameaçado é uma das ideias fundadoras de toda democracia: o confronto das opiniões na esfera pública, a equivalência entre elas, a posição segundo a qual "cada cabeça, uma sentença", aquela que lhe é ditada unicamente pela convicção individual. Mais fundamentalmente, é a própria existência de tal esfera pública. Como se poderia conciliar esse homem da democracia, necessariamente sujeito de suas opiniões, com uma visão da consciência como lugar de todas as ilusões? De modo que todos os seus conteúdos de consciência, portanto suas crenças, mas também suas opiniões, são ilusórios. Na melhor das hipóteses, eles não passam do efeito, ou mesmo do reflexo, de um determinismo social (o *habitus*, a educação, o meio social e cultural) ou psíquico (desejos inconscientes, fantasias, destino de suas pulsões).

Que sentido se pode dar à ideia de uma educação dos cidadãos para a autonomia, pelo domínio do idioma e das ferramentas próprias de sua cultura, se toda educação só faz transmitir os *habiti* de uma classe e, de qualquer modo, nada pode contra os determinismos (familiares, sociais, culturais) a que os sujeitos estão necessariamente sujeitados?

De um modo mais geral, o que perde todo sentido se os homens forem *realmente* "sujeitos sujeitados" é não só a "democracia", no sentido estrito do termo, ou seja, um regime de eleição dos representantes dos cidadãos, mas todo o aparelho das liberdades individuais que a sustenta. Consequentemente, a ideia de conceder a tais homens direitos subjetivos, ou mesmo "direitos humanos" – pelo menos os direitos negativos (os direitos *de*), por oposição aos direitos sociais, ditos direitos-créditos (os direitos *a*) – torna-se absurda. Para que atribuir a indivíduos "direitos de" (opinião, expressão, reunião, práticas religiosas etc.), isto é, garantir-lhes um território de independência em relação aos outros e ao poder do Estado, se de qualquer modo essa independência é uma ilusão, se as convicções individuais são fruto de uma história familiar singular ou a resultante precária de conflitos psíquicos, se o indivíduo mesmo é um construto social? Para que proclamar ou fazer acreditar que "todos os homens nascem e permanecem livres e iguais em direitos" se essa igualdade puramente formal só *mascara* a realidade do funcionamento das relações sociais e permite até, no limite, justificar a desigualdade real de condições?

Até mesmo a ideia antropológica de "cultura", por mais humanista que seja em sua face antinaturalista, comporta o risco, em sua face de anticonsciência, de pôr em perigo a ideia de liberdade individual, levando a suspeitar da própria realidade dessa margem de liberdade ou do valor das convicções pessoais. O risco desse conceito de "cultura" é a reificação. Se, como deve supor a Antropologia Cultural, todas as crenças, valores, normas e práticas em curso numa sociedade devem ser relacionadas à sua "cultura", tomada em bloco, como se se tratasse de um todo que une forçosamente todos os seus membros, como admitir e compreender que tais normas ou crenças possam ser criticadas por tal ou tal voz individual vinda dessa mesma cultura? Se, *numa* cultura, tudo é cultura, tais vozes não existem ou não podem ser ouvidas. Mas se nem tudo é cultura, o que é que, *numa* cultura, é cultura e o que não é? E conceder que nem tudo é cultura não é abrir a caixa de Pandora e reconhecer uma falha do lado antinaturalista, admitindo que há algo de natural nas manifestações humanas, ou uma brecha do lado da relatividade dos costumes, admitindo que há espaço, numa cultura, para vozes individuais portadoras de um universal moral? No entanto, essas vozes indignadas ou simplesmente discordantes podem ser ouvidas por aquele que crê que, *numa* cultura, *tudo* é cultura? (Inversamente, como estudar essas culturas como culturas se admitirmos que nem tudo é cultura?) O defensor – aparentemente liberal, em todo caso humanista – da igualdade das culturas dirá que não há razão para *nós* condenarmos a condição imposta à mulher em tal "sociedade" se elas a aceitarem, se essa ordem "cultural" *lhes* parecer tão natural como o Sol que gira. Mas que sabe ele sobre isso? É a cultura ou a sociedade um todo tão homogêneo que *nela* não haja contradições, valores contestados, práticas contestáveis, usos revoltantes, exploração de uns pelos outros, aos olhos mesmo de alguns dos seus próprios membros? Não há nenhuma comunidade, nem sequer nenhuma "tribo", por mais onipotente que pareça a sua força de coerção sobre os membros, em especial pela pressão fusional que exerce sobre eles, que não lhes deixe uma margem, por mais estreita que seja, para a crítica dos valores aceitos, a ridicularização das crenças dominantes, a dúvida sobre as normas em vigor, a rebelião ou a revolta contra determinada prática "tradicional". E o conceito aparentemente

NOSSA HUMANIDADE   249

antietnocêntrico de "cultura" é uma faca de dois gumes, que se transforma facilmente em seu contrário. Pois todos devem admitir que a "cultura" a que *nós* pertencemos reconhece aos indivíduos uma liberdade de opinião e de crítica dos valores e das normas reinantes – como prova essa mesma condenação do etnocentrismo dominante em nome da igualdade *das* culturas! –, liberdade de opinião que esse mesmo conceito de "cultura" impede de aceitar para as culturas estrangeiras. Pois, enfim, não há consciências, oprimidas ou esclarecidas, que se revoltam contra a escravidão nas "culturas escravagistas" ou se insurgem, em outras "culturas", contra os sacrifícios de seres humanos, o suicídio das jovens viúvas forçado pelo fogo, a excisão das meninas, o tráfico de crianças, a vivissecção dos prisioneiros etc.? Porém, se "tudo é cultura" e se todas as culturas se equivalem, o que valem essas vozes e como entender essas consciências? Vêm elas de sua cultura ou da nossa? Quem é etnocêntrico? Aquele que crê que podem existir em toda parte consciências individuais portadoras de um humanismo universalista ou aquele que pretende que tudo o que vem de uma cultura é cultura, salvo o que vem da sua própria – por exemplo, essa capacidade de crítica do etnocentrismo ou essa aptidão à autocrítica de sua própria cultura?

Vamos mais adiante. Quem cresse na *realidade* do homem estrutural – e não se contentasse com tomá-lo como condição epistemológica – e pensasse, portanto, de verdade que toda consciência individual é ilusória ou que toda liberdade é uma fraude, deveria suspeitar não só das *crenças* e das opiniões de cada sujeito, mas também de seus próprios atos. Seus atos não são *seus*, ainda que ele se creia autor deles. O mesmo acontece com suas vontades, suas intenções e até seu mero *consentimento*. "Afinal, dirá esse desconfiado, Fulano (ou Fulana) consente, que seja; mas será que sabem mesmo se isso em que consentem é 'bom' ou não para eles? Ele, ela *dizem* querer, mas isso é no que eles creem; na realidade, *creem* querer, pois como poderiam querer o que vai contra suas reais necessidades – aquelas que nós, que sabemos, podemos definir –, contra seus próprios interesses (de gênero, de classe, de nacionalidade, de destino) – aqueles que nós, que os analisamos e estudamos, podemos determinar claramente, mais claramente do que eles?" etc. Não é mais a democracia que é ameaçada por esse não sujeito, se ele realmente existe, é todo o edifício do direito racional, que se baseia nas noções de *responsabilidade* individual, pela qual cada um deve responder por seus próprios atos (e não a coletividade, o povo, a nação) e ser considerado responsável pelo que fez, conscientemente, pelo que quis, deliberadamente, pelo que consentiu, livre e lucidamente, e não por aquilo a que foi levado, contra a vontade, por algum determinismo psíquico (como aquele que está sob efeito de drogas ou atravessa uma crise de demência) ou por um determinismo social (como a criança que foi ensinada a roubar ou matar e repete maquinalmente o que aprendeu). Mas se o Direito, tal como foi progressivamente fundamentado, isto é, desde a Idade Clássica grega até o século V a.C., na ideia de imputabilidade individual, tem algum valor social, se a noção de responsabilidade e, de um modo mais geral, a noção mesma de ato têm sentido, se foi possível, com toda a História da Filosofia do Direito Penal, distinguir com sutileza, pelo menos desde Aristóteles,[14] todos os graus do voluntário (do impulso imediato à ação friamente premeditada), se se pode opor, mesmo que seja só para permitir o menor juízo moral, o voluntário ao involuntário, o deliberado ao maquinal e, afinal, o ato humano ao evento físico, é preciso que a consciência agente, o *sujeito*, portanto,[15] seja, pelo menos em sua maior parte, senhor de si, do que faz, do que quer, daquilo a que *consente* e daquilo a que se recusa. Que sentido dar à oposição entre um assassínio premeditado e um homicídio por imprudência se, de qualquer modo, e mesmo neste segundo caso, é sempre a força de um desejo inconsciente do sujeito que se manifesta? Que sentido dar à distinção entre relações sexuais consentidas e um estupro se, de qualquer modo, o sujeito nunca sabe o que quer realmente e sempre se engana necessariamente acerca de seus verdadeiros desejos?

DO HOMEM ESTRUTURAL COMO SUJEITO SUJEITADO AOS SUJEITOS SUJEITADOS A TODOS OS TOTALITARISMOS

As Ciências Humanas deitam raízes no homem liberal do Iluminismo, libertado pela Razão do domínio religioso e dos preconceitos hierárquicos e etnocêntricos, e veio desembocar no homem estrutural, antiliberal, elemento obscuro de uma totalidade todo-poderosa. Vimos como se dá a passagem de um a outro. A tese humanista da "relatividade dos costumes" é substituída no século XIX pelo projeto de conhecer cientificamente o homem; mas o "desafio fundamental" enfrentado por esse projeto supõe a distinção da posição do sujeito cognoscente (consciente) e do objeto conhecido (inconsciente). Sob sua forma mais bem-sucedida e mais perfeita, essa distinção conduz ao homem estrutural; o homem liberal é, então, dividido

---

14 Ver *Ética a Nicômaco* V, 10, 1135a 15ss.
15 Acerca da distinção que convém fazer, a nosso ver, entre "agente" e "sujeito", ver a seguir, p.313-6.

entre o objeto do saber por um lado, consciente de suas crenças e de seus atos e, por outro, o sujeito que supostamente sabe as razões das crenças e dos atos do anterior. Do sujeito que supostamente sabe ao sujeito sujeitado, é necessária a maior distância epistemológica. Tal distância se traduz pela distinção das duas faces do homem estrutural: a face antinaturalista reflete sua origem humanista, e a face mistificada reflete as vicissitudes da sua História Epistemológica.

Seria obviamente absurdo responsabilizar as Ciências Humanas, estruturalistas ou não, pelas ameaças que pesam sobre a democracia e a responsabilidade individual, ou torná-las cúmplices das ideologias que pretenderam, ao longo de todo o século XX, minar-lhes os fundamentos. Se é verdade que muitos defensores do "peso das estruturas" ou dos determinismos sociais consideraram o "direito" e a "democracia formal" como meras ideologias ou superestruturas sem fundamento, também houve muitos pensadores críticos das ilusões da consciência e das mistificações do sujeito que defenderam os direitos subjetivos, a responsabilidade individual ou a liberdade de consciência, e alguns deles até se tornaram apóstolos do humanismo liberal. Todavia, seja qual for a posição pessoal dos praticantes das Ciências Humanas e Sociais, cada um pressente, sem dúvida, que se vê em sua prática às voltas com um trágico dilema. Em primeiro lugar, sob a forma simples do dilema moral a que já fizemos alusão no que se refere às Ciências Sociais, por exemplo:[16] como pode esse praticante respeitar ao mesmo tempo o discurso dos indivíduos estudados e as obrigações de sua própria discursividade? Dilema que podemos agora reformular nestes termos: como considerar esses indivíduos ao mesmo tempo como indivíduos *liberais*, com os quais podemos nós mesmos fazer sociedade, e como homens *estruturais*, sujeitados à sociedade que estudamos? Ou melhor: como ser fiel ao mesmo tempo ao projeto humanista das Ciências Humanas e às consequências anti-humanistas a que leva o homem que elas supõem? E na posição do antropólogo, o mesmo dilema: como ouvir a voz dos seus "informantes"? Como a deles próprios – se são indivíduos liberais –, ou como a da cultura deles – se são homens estruturais? E como denunciar ao mesmo tempo o etnocentrismo (dever de Estado do antropólogo humanista) e ouvir as vozes da revolta contra o que a cultura estudada tem de dominador (dever humanista)? E o psicanalista, com quem ele está tratando quando escuta (com a necessária "atenção flutuante") os sofrimentos do paciente sobre o

---

16 Ver anteriormente, Capítulo 3, p.90.

divã ou, mais ainda, quando o ouve queixar-se do preço das sessões? Com o homem liberal ou com o homem estrutural?

Não se trata, é claro, de saber "o que pensam os cientistas", mas a que consequências políticas e morais pode levar o conceito de humanidade em que se fundamentam. Ele foi forjado para libertar os homens, mas pode levar à sujeição deles. Assim, ele divide necessariamente a consciência do "cientista".

Chegados a estas consequências, podemos agora passar à nossa segunda pergunta, invertendo a anterior. Não mais "Aonde leva o homem estrutural?", mas "Que empreendimentos precisam apoiar-se nesse conceito de 'sujeito sujeitado'? O que ele permite justificar?"

Não é difícil responder a essa pergunta. Pois essa é a figura do homem em que se fundamentam os totalitarismos. Em sua raiz se encontram duas ideias que compõem o retrato do homem estrutural. A primeira é aquela segundo a qual a consciência não é só *ignorante* das causas que a determinam (como a luz da consciência supõe sua sombra), mas é *mistificada* por aquilo em que crê. E a essa ideia se soma em geral outra, de que é preciso que a consciência seja mistificada para que "*isso* funcione". *Isso* o quê? A estrutura. Qual? A História, seu sentido, sua marcha necessária (que supõe que os homens creiam ser os sujeitos que a fazem, embora ela lhes escape) ou o "social" (que supõe, por exemplo, que os homens tenham a ilusão biográfica de serem os sujeitos de suas vidas como um todo)[17] ou as "relações sociais" (que supõem que os homens creem em certas ideologias mistificadoras, em especial as da unidade do corpo social, do contrato social, da igualdade de direitos), ou ainda a "estrutura psíquica" (que implica que o sujeito, para viver com seus próprios conflitos, esteja *iludido* sobre o que ele é de fato e sobre o que deseja de verdade). O que está em causa não é o princípio (fraco) de que a consciência, ao contrário do que sugerem as aparências, não é transparente, mas se ignora a si mesma em certo sentido, e sim o princípio (forte) de que cabe a um sujeito em posição de saber evidenciar ou mesmo *denunciar* as ilusões de que os sujeitos são vítimas, contra a vontade. No fundo, o desvio dessa figura do homem a partir do homem do Iluminismo começa no momento em que já não se trata apenas de *esclarecer* a consciência, de ampliar seu campo de conhecimento e de ação – o que faz parte do velho projeto humanista –, mas de negá-la como lugar possível de conhecimento e de ação.

---

17 Ver Bourdieu, "L'illusion biographique". In: _____, *Actes de la recherche en sciences sociales*, reeditado em *Raisons pratiques. Sur la théorie de l'action*.

É assim que a figura do homem estrutural pode levar ao pior, ou antes, inversamente, que o pior precisa se justificar apoiando-se nesse homem. Pois desde que se pense que toda consciência é mistificada e todo sujeito é necessariamente o lugar da ilusão sobre si mesmo, admite-se ao mesmo tempo, explicitamente ou não, que existe um lugar completamente diferente para outra forma esclarecida de consciência, distante do primeiro, certa posição onipotente ou onisciente para outro sujeito: o sujeito do saber sobre o homem, que também pode ser – desde que passemos do plano teórico para o plano prático – o sujeito do poder sobre os homens. Pois que "igualdade", real ou apenas meramente formal, pode existir entre dois sujeitos, dos quais um ocupa uma posição (tanto de poder como de saber) que lhe permite conhecer a verdade sobre a posição do outro, o qual, por seu lado, a ignora necessariamente? E então se reconhecerá no homem de certo totalitarismo os quatro traços constitutivos do homem estrutural. Ele é um não sujeito (não está no centro de si mesmo). Ele não é definível *a priori* (antiessencialismo). Ele não é fruto da natureza, mas efeito da cultura, da História, da estrutura etc. (antinaturalismo). Os três traços anteriores justificam a *distância epistemológica*: só a posição objetiva da Ciência em relação a seu objeto lhe permite saber o que ele é de verdade.[18] Traduzida politicamente, a distância epistemológica torna-se distância de subordinação. Ou melhor, as duas distâncias acabam confundindo-se: não que todo saber se torne mecanicamente poder (felizmente!), mas sim, inversamente, que há poderes que reivindicam a posição do sujeito que supostamente sabe. Há certas formas de poder que, para sujeitar os homens, precisam justificar-se, tratando-os como "sujeitos sujeitados", iludidos, mistificados. Assim, para querer "fazer a felicidade dos homens malgrado eles mesmos", para fazer aceitar o "sacrifício de uma ou algumas gerações", para decidir a "perda" de alguns milhões de *kulaks* condenados, de qualquer modo, pela História ou o abandono "necessário" de milhões de ucranianos à fome, para pensar que o Partido sabe melhor do que cada um de nós o que é bom para nós, é preciso sustentar que o homem novo só existirá na sociedade e na História

---

18 Podemos generalizar para todas as disciplinas pertencentes ao paradigma estruturalista a crítica que Luc Boltanski dirige à "sociologia crítica", acusada de "aprofundar a assimetria entre atores enganados e um sociólogo capaz – e, ao que parece, em certas formulações, o único capaz – de lhe desvendar a verdade de sua condição social. [...] Mas, sobretudo, o projeto crítico se vê dilacerado entre, por um lado, a tentação de estender a todas as formas de conhecimento o desvelamento das 'ideologias' em que elas se baseiam e, por outro, a necessidade de manter uma área reservada, a da Ciência, capaz de fornecer um ponto de apoio sólido para essa operação" (*De la critique. Précis de sociologie de l'émancipation*, p.43).

por uma formidável vontade de arrancá-lo pela força de suas próprias ilusões passadas. Que imagem do homem e de sua *própria consciência* tem aquele que, como inúmeros militantes comunistas sinceros perseguidos pela polícia de Stálin e acusados de serem traidores comprados pelo imperialismo americano, concebe as coisas nestes termos: "Afinal, eu não posso julgar bem isso tudo, pois não tenho pessoalmente a visão objetiva do todo nem o conhecimento científico do que é realmente bom para o Proletariado, para a Sociedade como um todo e para a História em seu devir; sem dúvida, o Partido ou seu chefe dispõem mais do que eu dos meios de saber o que é real e verdadeiro, pois têm a *distância 'científica'* necessária para determinar *quem eu sou na realidade*, enquanto eu mesmo, consciência enganada, não posso ter uma clara consciência e uma justa avaliação disso; e assim, é provável, se eles o dizem, do alto de sua objetividade irrecusável e de sua infalibilidade histórica, que eu seja mesmo, de fato, um traidor comprado pelo imperialismo americano"? Esse discurso trágico não reflete, no fundo, a própria posição trágica do pesquisador da área de Ciências Sociais, que pressente que a sua posição deveria levá-lo a admitir, teoricamente, tal figura do homem, ainda que ele a recuse, a maior parte do tempo (e felizmente), na prática? Ele não deveria reconhecer que, se todo homem é um sujeito sujeitado (por sua própria História, pelas condições sociais, pelos dados históricos) e se toda consciência individual é o lugar da ilusão, só a maior distância epistemológica desse sujeito que crê saber lhe permite ocupar a posição daquele que sabe?

Vemos, dessa vez, aonde pode levar toda doutrina (ou "ideologia") que, apoiando-se na "Ciência", mas separada de suas circunstâncias epistemológicas, tente cruzar uma visão antissubjetivista da humanidade com uma posição antinaturalista (culturalista, historicista e, de um modo mais geral, construtivista), segundo o seguinte raciocínio:

Já que a "Ciência" mostra que o homem não passa de um sujeito sujeitado, ou pelo menos um ser construído de ponta a ponta (pela cultura, pela História, pela língua, pelo simbólico etc.), então é certo reconstruir os homens a partir do modelo do que eles deveriam ter sido.

– 10 –

O REVERSO MORAL E POLÍTICO
DO HOMEM NATURALIZADO

A figura atual do homem "animal como os outros" é o corolário de um programa de pesquisa científica sólida e talvez cumpra a promessa de uma reinstalação das Ciências Humanas dentro das Ciências Naturais, algo com que até Freud e Lévi-Strauss sonharam. Mas o problema é que essa figura do homem, em vez de ser reduzida ao que é, a saber, uma hipótese metodológica fértil, é muitas vezes tomada como uma definição *real*. Ora, não é por ser cientificamente fecundo adotar um quadro naturalista e ter o cérebro, o pensamento, a inteligência ou a evolução do homem como os de um animal, que a tese "O homem é (realmente) um animal como os outros" seja demonstrada – ou mesmo "verdadeira". Como tal figura está no *princípio* do paradigma cognitivista, não se pode pretender ser ela *consequência* dele. A própria fórmula não tem outro sentido senão o seu uso epistemológico. É, porém, tirando-a de seu contexto científico que se pretende nela fundamentar as nossas relações políticas e nossos valores morais.

Cumpre, portanto, também desta vez, colocar sucessivamente duas questões independentes: que consequências, boas ou más, podem ser tiradas dessa figura do homem? E que condutas, que valores, que normas e mesmo que teorias morais ou políticas nela se fundamentam? Deter-nos-emos um pouco mais nessas duas questões do que nos três casos precedentes, pois elas representam o que está em jogo na normatividade contemporânea.

ATRATIVOS E PERIGOS DA NATURALIZAÇÃO DOS AFETOS E DAS CONDUTAS HUMANAS

Comecemos pelas consequências diretas. Considerar o homem como um ser completamente natural e que não seja nem histórico, nem social, nem especificamente diferente dos outros animais não comporta apenas inconvenientes. O exemplo do autismo mostra bem isso.[1] Em três décadas, essa patologia sofreu as variações conceituais devidas à mudança de paradigma. Considerada antes pelos psicanalistas uma "psicose" caracterizada por um defeito na relação com a mãe, hoje ela é quase unanimemente reconhecida como uma "perturbação do desenvolvimento neurológico". Essa mutação epistemológica e essa mudança nosológica, porém, também têm como consequência uma guinada "ética". Assim, o parecer 102 do Comitê Consultivo Nacional de Ética da França, de novembro de 2007, faz questão de denunciar o "escândalo francês" que, segundo ele, teria culpabilizado durante décadas as mães sufocadas pela angústia:

> As pessoas, crianças e adultos, que sofrem de síndromes autísticas e seus próximos são ainda hoje na França vítimas de um equívoco diagnóstico, que leva a diagnósticos não raro tardios, de grande dificuldade de acesso a um acompanhamento educativo precoce e adaptado, da falta de vagas nas estruturas de recepção adaptadas, da impossibilidade para as famílias de escolher as modalidades de tratamento das crianças, da carência de apoio às famílias e da carência de acompanhamento, de cuidados e de inserção social das pessoas adultas e idosas portadoras dessa deficiência.

E, segundo esse relatório, essa situação dramática se deve ao peso que durante muito tempo tiveram, na França e em alguns países da América Latina, a explicação psicanalítica e o conceito de "psicose autística", bem como a resistência singular que a Psicanálise continua a opor à classificação internacionalmente aceita do autismo como "perturbação invasiva do comportamento" de origem orgânica e neurobiológica.

---

1 Ver anteriormente, Introdução, p.8.

O drama do autismo representa um exemplo particularmente doloroso das consequências que podem ter as teorias sobre as causas de uma deficiência ou de uma enfermidade em termos de sofrimento humano e de respeito à pessoa. As teorias psicanalíticas sobre o autismo [...] propostas na década de 1950 para descreverem e explicarem o mundo interior das crianças atingidas pelo autismo, levaram ao questionamento do comportamento dos pais, e em particular das mães, descritas como "mães geladeiras", "mães mortíferas" no desenvolvimento da deficiência. Considerar a mãe culpada pela deficiência do filho, cortar os laços da criança com a mãe, aguardar que a criança exprima o desejo de contato com o terapeuta, quando ele tem um medo pânico do que o rodeia, dão a medida da violência provocada por tal atitude, dos sofrimentos que ela causou e do impasse a que tal teoria levou em matéria de acompanhamento, de tratamento e de inserção social.

Acrescenta o relatório que aceitar a classificação internacional teria, porém, permitido o desenvolvimento de "métodos radicalmente novos de acompanhamento, de inserção social, de 'desinstitucionalização' e de cuidado precoce, educativo, psicológico e terapêutico das crianças, no âmbito de uma participação ativa dos pais e das famílias". Em todos os outros lugares, tais métodos levaram "a uma atenção particular dada ao sofrimento das famílias e ao acompanhamento [delas] [...], contribuindo, assim, para aliviar seu sofrimento".

É visível o paradoxo: o conceito de inconsciente tem como princípio teórico tornar o sujeito *irresponsável* pelo que é. Todavia, tem como consequência prática "culpabilizar" os que o rodeiam e creem ter contribuído para que ele se tornasse o que é. Dirão que isso é compreender mal a Psicanálise, que justamente se preocupava em atribuir às estruturas o que se costuma atribuir à responsabilidade individual. Mas os conceitos têm vida própria, independentemente do quadro científico, e têm seus efeitos práticos no campo social. Tornam-se ali muitas vezes normas – tanto mais que a Psicanálise é também, e mesmo antes de tudo, certa prática clínica e terapêutica, logo normativa. No caso do autismo, a explicação pelo determinismo natural tem – sem paradoxo – efeitos reconfortantes, enquanto, pelo determinismo familiar ou social, tem efeitos angustiantes. Pois o que é "inato" ou "congênito" não pode dever-se a quem quer que seja, nem sequer àquele – ou àquela – que faça "mal" sem querer "fazer mal". Agora vão ter *pena* dos pais da criança autista – portanto deficiente –, enquanto se olhava com hostilidade os que não haviam sabido amar (ou acolher) uma criança – a qual, consequentemente, se havia "fechado" no autismo.

É significativo o exemplo do autismo: a naturalização do "sintoma" permitiu "liberalizar" a maneira como ele era considerado e tratado. Em outros casos, pôde até contribuir para lhe tirar o caráter patológico. É o que acontece, por exemplo, com a homossexualidade, que a Psicanálise havia, por certo, ajudado a descriminalizar, mas classificando essa "inversão da escolha do objeto sexual e da meta sexual" entre as perversões[2] e vendo nela[3] uma escolha do objeto narcísico determinado pela renúncia à concorrência amorosa com o pai e pelo abandono da rivalidade com os irmãos. Escreve Lacan:

> Não nos venham dizer, com o pretexto de que fosse (na Grécia) uma perversão aceita, aprovada e até festejada, que não se trata de uma perversão. Nem por isso a homossexualidade deixava de ser o que é, uma perversão. É fugir ao problema dizer, para arranjar as coisas, que se nós a *tratamos* é porque, em nosso tempo, a homossexualidade é algo completamente diferente, já não está na moda e, como tal, é digna de todos os nossos cuidados.[4]

Ainda que Freud criticasse os castigos infligidos aos homossexuais, a Psicanálise interpretava a homossexualidade como uma recusa patológica da heterossexualidade. Aliás, seja qual for a interpretação que lhe dava, o fato mesmo de a *interpretar* – embora não interprete a heterossexualidade – mostra que a considerava um desvio em relação à norma. O conceito de "escolha de objeto", em sua própria ambiguidade (pois se trata de uma "escolha" de objeto da parte de um sujeito que a Psicanálise mostra não escolher absolutamente nada, estando "sujeitado" em suas escolhas), designa ao mesmo tempo o caráter patológico de uma perversão adquirida e o caráter transgressivo de uma conduta. Em contraposição, o uso recente do conceito de "orientação sexual", que vem substituir ao mesmo tempo o de perversão e o de escolha, teve um efeito libertador. Etiologicamente neutro em aparência, esse novo conceito favorece, na realidade, uma origem inata e uma visão naturalizada dessa sexualidade, da mesma forma, por exemplo, que o "canhotismo"

---

2 Ver Freud, *Três ensaios sobre a teoria sexual.*
3 Ver Freud, "Sobre alguns mecanismos neuróticos no ciúme, na paranoia e na homossexualidade". In: _____, *Neurose, psicose e perversão.*
4 Lacan, *Le séminaire, VIII, Le transfert*, p.43. A continuação do "texto" é mais inesperada: "A única coisa que diferencia a homossexualidade contemporânea da perversão grega, meu Deus, creio que dificilmente podemos encontrá-la senão na qualidade dos objetos. Aqui, os colegiais têm acne e são cretinizados pela educação que recebem. Entre os gregos, as condições eram favoráveis a serem eles objeto de homenagens, sem que fossem obrigados a ir procurar esses objetos nos becos marginais, na sarjeta. Esta é toda a diferença. Mas quanto à estrutura, nada há que distinguir."

(hoje chamado preferencialmente de "sinistralidade"), que ninguém mais busca "contrariar".

Se o novo homem, porém, "vivente como os outros", e a nova visão naturalizada dos comportamentos desviantes podem por vezes ter efeitos libertadores, podem também ter efeitos opressivos. Tudo depende. Quando se trata de normatividade sanitária, o inatismo é, afinal, preferível: em geral, mais vale ser tido por congenitalmente deficiente do que por perverso, neurótico ou psicótico; vão procurar ajudar você, em vez de curá-lo a qualquer custo, a você e ao seu círculo de relações. Mas quando se trata de normatividade social, mais vale, e isso cada vez mais, ser considerado "perverso" – algo que pode eventualmente ser tratado, pois o que o "meio" fez, o mesmo meio, ou outro, pode desfazer; em compensação, se você for considerado congenitalmente "violento", "estuprador" ou "pedófilo" – hipótese naturalista –, ninguém espera que você mude; é a natureza em você, você é *essencialmente* o que ela fez de você, você é irreversivelmente *perigoso*.

Essa noção de "periculosidade" é muito nociva. Ora, pela lei relativa à retenção de segurança de 25 de fevereiro de 2008, ela veio insinuar-se no edifício "liberal" da penalidade, que ameaça derrubar. Essa lei permite, com efeito, manter um condenado detido depois da execução da pena pelo prazo de um ano, renovável indefinidamente, pela única razão de sua "periculosidade". Como explica Mireille Delmas-Marty:

> A lei de 2008 comporta duas novidades, pois permite, por um lado, manter detidos condenados que já cumpriram pena, em razão da periculosidade, ou seja, separar a periculosidade da culpabilidade; por outro lado, permite julgar doentes mentais que antes eram declarados irresponsáveis, isto é, julgar por sua culpabilidade material pessoas às quais a culpa não pode ser moralmente imputada.[5]

Em ambos os casos, esvazia-se "a responsabilidade penal de todo significado".[6] Sem dúvida, como mostra a mesma autora, essa lei se inscreve no quadro de um abalo geral dos sistemas jurídicos dos países ocidentais, devido a um contexto de terrorismo internacional, cuja manifestação mais espetacular foram os atentados de 11 de setembro de 2001. No entanto, nem por isso se pode dizer que a nova figura naturalizada do homem nada tenha que ver com isso, pelo menos no sentido de ter permitido tornar esse

---

5 Delmas-Marty, *Libertés et sûreté dans un monde dangereux*, p.42-3.
6 Ibid.

monstro jurídico que é a "periculosidade" aceitável às opiniões públicas, é óbvio, mas também às opiniões "esclarecidas" e até aos membros do Conselho Constitucional, que já haviam separado a noção de periculosidade da de culpabilidade no que se refere à lei de 2005 acerca da recidiva: a esta, não se poderia aplicar o princípio de não retroatividade, que só diz respeito às "penas e sanções que tenham caráter de punição".[7] Em outras palavras, hoje é possível prender não culpados.

Pois, enfim, o que é um ser humano "perigoso"? É um ser que tenha em si uma *disposição natural*, portanto permanente e irreversível, *a fazer mal*; um ser tal que nenhuma ameaça nem nenhuma sanção jamais possa corrigir. Convém, pois, uma vez que lhe tenham tirado a liberdade pelo que tiver realmente feito, interná-lo indefinidamente (é a "retenção dita de segurança") pelo que possa eventualmente fazer. Indefinidamente, pois quando ele deixará de ser perigoso? É evidentemente impossível responder a esta pergunta. Como não se pode dispor da prova de que um indivíduo é perigoso – não se pode jamais provar que um ser *pode* fazer alguma coisa, mas só que ele a fez, e são essas provas que permitem acusar alguém de um crime ou de um delito –, hão de dispor ainda menos da prova de que ele cessou de sê-lo. Chega-se assim "à desumanização do Direito Penal": "Edificado sobre o par culpabilidade/pena, o Direito Penal postula o livre arbítrio, enquanto o par periculosidade/medida de segurança é a sua negação."[8] Se podemos manter presos condenados que cumpriram pena (periculosidade sem culpabilidade), se podemos julgar pessoas que declaramos, por outro lado, irresponsáveis (culpabilidade sem imputabilidade), então "a responsabilidade penal, ao abandonar todo vínculo com o livre arbítrio", perde "a função de educar o homem, de elevá-lo acima de sua condição biológica, humanizando o animal que se esconde em cada um de nós".[9] Ao encarcerar seres considerados "perigosos", responsáveis por seus atos, mas não culpados de infrações, ou ao inculpar doentes, autores de infrações, mas não responsáveis por seus atos, não se julgam mais seres humanos, tira-se de "animais como os outros" a possibilidade de prejudicar.

É visível o perigo social que existe em definir um indivíduo pelas propriedades disposicionais supostamente inscritas em sua natureza, ou mesmo na *natureza*, mais do que por seus atos reais. Tal definição permitiria substituir a justiça pelo controle social e inverter toda a racionalidade

---

7 Ibid., p.25.
8 Ibid., p.43.
9 Ibid.

NOSSA HUMANIDADE

do Direito. Assim, a agressividade deixaria de ser essa espécie de virtude dormitiva a que, na linguagem corrente, são relacionadas as agressões: somos tidos por "agressivos" porque cometemos agressões. Naturalizada, a "disposição" torna-se *real*: chama-se "predisposição genética", está "inscrita num gene", como provariam, segundo dizem, as pesquisas científicas sobre as drosófilas. (Ora, o "homem é um animal como os outros" etc.) O ato pode, assim, tornar-se a mera manifestação exterior da disposição natural: cometemos agressões porque somos geneticamente agressivos, e somos *realmente* "agressivos" sem cometermos agressão. Torna-se possível impedir que os agressivos lesem (e não só recidivem) antes de qualquer "passagem ao ato". O mesmo se pode dizer dos "estupradores" sem estupro, ou dos "pedófilos" que não fizeram mal a ninguém.[10] Veem-se por esses exemplos os perigos da periculosidade. Na realidade, a periculosidade não é só um perigo. A ideia de que é preciso por todos os meios impedir de fazerem o mal aqueles que não fizeram o mal "em ato", mas podem fazer o mal "em potência", tal ideia não é só um "mal em potência", é já um mal "em ato" para nossa humanidade. Já é a consequência funesta, em ato, dessa nova figura naturalizada do homem.

Para avaliar seus perigos a longo prazo, cumpre, como nos casos anteriores, passar à nossa segunda pergunta e inverter o problema. Não mais: que consequências reais tem essa figura do homem? E sim: de que efeitos pode ela ser a razão? Que políticas e que tipo de moral podem nela se apoiar?

BIOLOGISMO, EVOLUCIONISMO, RACIALISMO, HISTORICISMO

Vem à mente uma ameaça. Não devemos ficar alertas quando pretendemos explicar o homem em termos biológicos e recorremos, em Moral ou em Política, a argumentos evolucionistas? Afinal, dizem muitas vezes, em que se fundamenta o racismo, ou mesmo a mera crença na existência de "raças", senão na essencialização das diferenças naturais e na transformação dessas diferenças em valores sociais? Em que se fundamentam o eugenismo e as mais "negras" ideologias do século XX, senão na ideia da pureza do sangue, na crença de que a evolução das espécies implica uma

---

10 Pode-se notar que, com a naturalização das condutas humanas, o termo "pedofilia", que designa uma mera atração e não atos delituosos (nem sequer uma disposição, mas uma disposição à disposição, por assim dizer) veio, mui significativamente, substituir na linguagem corrente o conjunto de formas de abuso sexual sobre menores, com toda sua escala de gravidade, da sedução ao assassínio.

hierarquia das espécies e que esta determina uma hierarquia *na* espécie, do sub-homem ao super-homem, com base na ideia (deturpada em relação a Darwin, mas inspirada nas teses evolucionistas) de que a natureza "mostra" que se devam selecionar os mais aptos e eliminar os mais fracos? Era o caso do darwinismo social de Herbert Spencer, que interpretava a teoria evolucionista em termos de "seleção dos mais aptos" (*survival of the fittest*); afirmando a preponderância do papel da hereditariedade (os caracteres inatos) sobre a educação (os caracteres adquiridos), ele oferecia uma explicação biológica das disparidades observadas entre as sociedades na linha evolutiva, supostamente simples e única, da História humana: os povos menos "adaptados" à luta pela sobrevivência teriam permanecido "congelados" no estágio "primitivo".[11]

É claro que a naturalização do humano atingiu com a ideologia nazista a sua forma extrema e mais temível. Contudo, a despeito desse argumento ouvido com demasiada frequência, dessa *reductio ad Hitlerum*, como diz Leo Strauss, não é de modo algum essa forma que reaparece na nova figura do homem "animal como os outros". Nem todas as naturalizações do homem são equivalentes: o melhor modo de equivocar-se sobre os perigos da atual é assimilá-la às anteriores, de que tampouco se haviam avaliado as ameaças, e pelas mesmas razões – a redução dos perigos futuros aos do passado e, de modo mais geral, a ininteligência da novidade histórica. O naturalismo contemporâneo e, de modo ainda mais evidente, o "paradigma cognitivista" não contêm em si nenhum risco de "racismo", nem de "eugeniasmo", nem de normalização social ou de "controle comportamentalista", ao contrário do que se diz às vezes para os lados da Psicanálise – tendo sempre o cognitivismo tido como alvo principal o behaviorismo, é abusivo identificar os princípios de ambos. Aliás, será que é só o "naturalismo" que está em causa no caso do racismo, do eugenismo, da ideologia do sangue, da luta pela vida etc.? Dirão que é o naturalismo conjugado ao evolucionismo: todas as espécies vivas, entre as quais o homem, estão sujeitas à mesma evolução natural. É verdade. Mas é preciso mais um ingrediente suplementar: o antiessencialismo. As doutrinas racistas são, na realidade, o efeito da combinação de três elementos teóricos: o evolucionismo, o antiessencialismo e um naturalismo *hierárquico* – o que não é o caso do naturalismo contemporâneo, que, ao contrário, é anti-hierárquico, como veremos. Essa é a sua novidade; vêm daí sua grandeza e sua fraqueza.

---

11 Ver Pichot, *La société pure. De Darwin à Hitler*.

NOSSA HUMANIDADE

O que torna perigoso o evolucionismo, o que faz que de teoria científica ele possa tornar-se uma ideologia racista devastadora, é quando ele se une a um antiessencialismo e é interpretado segundo uma visão hierárquica da natureza. Ambas as alianças são necessárias: o homem de Aristóteles deu--nos o exemplo de um naturalismo hierárquico, mas que, por ser *essencialista* (e evidentemente não evolucionista), pôde defender a naturalidade da escravidão sem defender um escravagismo racista. Não pôde, pois, cair no "mal absoluto", um projeto de *extermínio* das raças consideradas inferiores. Na realidade, o casamento do naturalismo aristotélico (mesmo hierárquico) com o essencialismo preserva mais um núcleo duro de humanidade universal: como o homem não é um "animal como os outros", *nenhum homem pode ser tratado como animal*, nem sequer o "escravo natural". Tal casamento, por certo, implica uma visão não igualitarista: as diferenças entre homens são vistas como distâncias maiores ou menores em relação à essência do homem, una e constante. Mas o que preserva essas diferenças de serem interpretadas em termos de inumanidade é a própria crença na humanidade: os homens, apesar das diferenças, têm todos uma identidade de essência que, por não se poder determinar precisamente o que sejam (pois são todos diferentes), indica o que deveriam ser – e, portanto, o que, teoricamente, poderiam ser. Afinal, como os homens são todos "viventes racionais", nenhum povo bárbaro está definitivamente excluído da verdadeira vida política, e nenhum escravo traz sua "natureza" gravada na pele ou no nariz. Há, sem dúvida, escravos naturais, mas a natureza é dificilmente decifrável por trás da humanidade, e o escravo natural permanece indetectável na alma ou no corpo dos homens concretos.[12]

Não é esse o caso do naturalismo hierárquico antiessencialista. É justamente se o homem não tem essência que as diferenças naturais entre seres humanos, em vez de serem só diferenças *na* essência, podem tornar-se diferenças entre seres *essencialmente* diferentes. Elas são, então, tidas como absolutas e tanto mais insuperáveis por estarem gravadas de uma vez por todas na *natureza*. O mais próximo, o vizinho (judeu, cigano, tútsi ou bósnio) é, então, considerado o mais distante, o mais estranho a si, portador de uma "mácula" de que é preciso livrar-se. O estrangeiro mais perigoso é o que é "assimilado" ou se considera como tal, pois, então, mal podemos distingui-los de nós; ele ameaça continuamente "contaminar" o limpo, o puro, o sadio – tanto mais que se lhe assemelha e pode fazer-se passar por

---

12 Sobre a dificuldade de distinguir os homens que a natureza quer que sejam escravos e os que ela quer que sejam livres, ver Aristóteles, *Política* I, 5, 1254b 27-39.

ele a fim de melhor envenená-lo. Convém, pois, tomar medidas profiláticas severas – "desinfecção"[13] ou "limpeza étnica". A menor diferença entre Nós e o Outro é o sinal de uma oposição essencial; um abismo separa o próprio do estrangeiro, os super-homens dos que são menos que animais.

É, portanto, por duas razões que essa ideologia da pureza das "raças" superiores supõe o antiessencialismo. Em primeiro lugar, só se podem essencializar as diferenças entre homens se *a priori* toda essência da humanidade for negada: as raças, por exemplo, são *essencialmente* distintas e inscritas na hierarquia natural. Em seguida, é porque nenhum conceito de humanidade é dado *a priori* que ela só pode ser definida pelo que deva ser no futuro; basta para isso apreender a linha natural da evolução e prolongá-la: as raças superiores devem afirmar-se e conquistar o lugar que lhes reservou a natureza.

Na realidade, o que permite fundar essas ideologias totalitárias é menos o naturalismo em si que o casamento do antiessencialismo com uma concepção hierárquica, *quer tenha ela seu fundamento na natureza, quer se enraíze num solo completamente diferente.* Basta que a Necessidade absoluta, em vez de estar gravada na evolução natural, esteja contida na irrefragável História para que, combinada com o antiessencialismo, produza um voluntarismo historicista e culturalista tão perigoso como o eugenismo racista. Não serão essencializadas as diferenças naturais, mas as diferenças sociais ou históricas. Dirão então: o homem, o homem em si, não existe fora das relações sociais ou das condições históricas. As classes sociais, por exemplo, não são diferenças acidentais entre seres que compartilham a mesma essência, são diferenças essenciais inscritas na hierarquia histórica, entre uma classe (a burguesia ou os "camponeses proprietários", os *kulaks*) condenada pela História e uma outra (o proletariado, os "camponeses pobres") que promete ser o futuro da humanidade. Mais uma vez, é porque nenhum conceito do homem é dado *a priori* que a humanidade deve ser edificada. A vitória do proletariado, graças à ditadura, está inscrita na História com uma necessidade comparável àquela com a qual a vitória das "raças" superiores é determinada pela evolução natural. Lembremo-nos da Rússia

---

13 Ver, por exemplo, a ordem de Himmler de 19 de julho de 1942 acerca do extermínio dos judeus da Polônia: "Tais medidas são necessárias [...] no interesse da segurança e da limpeza do Reich. [...] Toda infração a esta ordem representa uma ameaça de formação de um centro de contágio moral e físico" (Documento de Nuremberg n.5574). Em abril de 1943, num discurso em Kharkov, proclamou Himmler: "O antissemitismo é como a dedetização. Livrar-se dos piolhos não é uma questão de filosofia, é um problema de limpeza. Logo estaremos dedetizados. Só nos restam mais 20 mil piolhos e teremos acabado com eles para toda a Alemanha" (ibid.); apud Friedländer, *L'Antisémitisme nazi. Histoire d'une psychose collective*, p.201.

NOSSA HUMANIDADE

stalinista, da China maoista ou do Camboja de Pol Pot: exprimia-se ali uma vontade prometeica de construir uma ordem nova, conforme à marcha inelutável, não da natureza, mas da História, e de produzir, uma vez partida em duas a História humana, uma humanidade nova. E o que é necessário deve ser *feito* – no sentido de que se deve fazer acontecer a qualquer preço o que vai acontecer de qualquer jeito, pela própria força da natureza ou da necessidade histórica. (Não é o menor nem o menos fatal paradoxo dessas filosofias da História que seja preciso empenhar-se no presente para construir uma humanidade que, de qualquer maneira, tenha a promessa de nascer no futuro.) Para tanto, cumpre reeducar ou mui simplesmente eliminar os indivíduos impuros, não pela origem natural, mas pela origem social (como os *kulaks* sob Stalin), pela formação (os intelectuais durante a Revolução Cultural chinesa) ou pelo ambiente cultural (os habitantes das cidades no Camboja).[14] Não é a evolução natural que permite determinar a essência do homem novo, é a evolução histórica; ela não é determinada pela identidade natural (do sangue ou da raça), mas pela identidade social (da classe); e não é preciso ir buscar essa humanidade purificada de toda influência patógena[15] num passado mítico (o da "raça" ariana de antes da mistura), mas num porvir igualmente mítico (o dos amanhãs radiosos, depois do sacrifício de algumas gerações).

Podemos, pois, distinguir pelas consequências morais quatro formas de naturalização do homem. Duas são puras ideologias políticas: uma é antiessencialista e hierárquica, e pode levar, *tanto quanto a sua simétrica* antinaturalista, culturalista ou historicista, às doutrinas mais destrutivas e aos extermínios sistemáticos. Duas se esteiam nas Ciências Naturais de sua época: uma é essencialista e hierárquica, o aristotelismo, e pode levar a uma visão não igualitarista dos homens; a outra é antiessencialista e anti-hierárquica: é a que conhecemos hoje.

---

14 Convém, talvez, lembrar que em abril de 1975, a capital, Phnom Penh, lugar do Mal aos olhos dos Khmers vermelhos, foi esvaziada de seus habitantes em algumas horas e vários milhões de pessoas foram jogadas nas estradas, inclusive doentes e idosos.

15 Lembra Soljenitsin, *L'Archipel du goulag*, p.217, que, já na tomada do poder pelos sovietes, Lênin, num artigo intitulado "Como organizar a emulação" (Œuvres *complètes*, 5ª edição russa, t.35, p.66), de 7 e 10 de janeiro de 1918, proclamava que a meta comum e única do momento era "varrer da terra russa todos os insetos nocivos", isto é, os elementos estrangeiros à revolução pela classe social, mas também os parasitas, os operários folgados, os proprietários de imóveis, os religiosos etc.

DUAS CONSEQUÊNCIAS DO NATURALISMO ANTI-HIERÁRQUICO: PÓS-HUMANISMO E ANIMALISMO

Não é, portanto, o naturalismo que está no princípio das ideologias totalitárias, mas o pensamento hierárquico; e este se fundamenta ora na natureza, ora na História. Ora, o que constitui a particularidade da nossa atual figura do homem, "animal como os outros", é que se trata de um naturalismo estritamente não hierárquico. A ideologia anti-hierárquica, ou seja, absolutamente igualitarista, é levada às últimas consequências. Em vez de estar unida ao humanismo, como em sua forma clássica herdada do Iluminismo ("Todos os homens são iguais"), *o igualitarismo "liberal" nela se combina com o naturalismo* – o que dá a seguinte equação moral: "Todos os animais são iguais", que pode transformar-se em: "Todos os viventes são iguais", ou mesmo: "Todos os seres naturais são iguais."[16] Mas como esse naturalismo monista se combina com o não essencialismo, a equação inicial ("Todos os animais são iguais") às vezes se estende e se prolonga no sentido inverso: com efeito, uma vez que não há nenhuma diferença de natureza entre o orgânico e o cibernético, "os seres biológicos e os seres biônicos são *a priori* iguais". Tais são as duas formas contemporâneas, simétricas e opostas, do anti-humanismo: o animalismo e o pós-humanismo. Algumas das consequências dessa moral hiperigualitarista vão se instalando progressivamente nos espíritos; outros já fazem a tal ponto parte dos *a priori* dos nossos pensamentos, que já não os vemos como efeitos ideológicos.

O igualitarismo de todas as formas de vida, unido ao antiessencialismo, tem como consequência não haver mais comunidade propriamente humana, fonte de normas e valores, de fronteiras claras. Nenhuma diferenciação moral é possível, nem "pelo alto", entre o homem e as formas artificiais de vida "superiores" que ele possa inventar, nem "por baixo", entre o homem e as

---

16 Ver o biocentrismo de Naess, *Ecology, community and lifestyle*, um dos inspiradores da ecologia profunda (*deep ecology*) que, ao denunciar o antropocentrismo, defende um igualitarismo biosférico: todos os componentes da biosfera (animais, vegetais) têm direitos iguais que é preciso defender contra as ações destrutivas dos humanos. Pois, afinal, é de se perguntar por que os enxames de gafanhotos que devastam as cidades africanas ou os ratos transmissores de peste, mas também (se é que devemos estender o igualitarismo a todas as formas de vida) as epidemias virais, as pandemias bacterianas (e, por falar nisso, por que não os terremotos e os maremotos?) – que fazem parte da biosfera, não é? – não teriam também o "direito" natural de existir e os mesmos direitos que nós. E, no fundo, será que nós temos o "direito natural" de resistir a essa Boa Natureza? Luc Ferry, em seu livro pioneiro *Le nouveau ordre écologique* [A nova ordem ecológica], ressaltara os princípios e as consequências dessa visão do mundo que, desde então, não cessou de ganhar terreno. As análises a seguir unem-se às suas em mais de um ponto.

formas naturais de vida que o rodeiam. É o esboroamento das fronteiras: ao norte, aquela que separa o homem da máquina – das outras máquinas, estaríamos tentados a dizer; ao sul, aquela que separa o homem do animal – dos outros animais, como dizem. Por um lado, o homem é convidado a ser superado, amanhã, pelos pós-humanos; por outro lado, é convidado, já hoje, a considerar (aqueles que já são chamados) os "não humanos" com a mesma simpatia e a mesma benevolência que ontem concedia apenas aos "animais humanos". Por um lado, os "direitos dos robôs" faz tímidas aparições aqui ou ali;[17] por outro, o "direito dos animais" faz progressos todos os dias.

O "pós-humano" assume várias formas: na Filosofia, ele tomou a forma provocativa e ambígua que lhe deu Peter Sloterdijk em suas *Regras para o parque humano*. Tratava-se, sob as aparências de um comentário crítico, da *Carta sobre o humanismo*, de Heidegger, que prolongava a sua linha condutora de mostrar a exaustão do humanismo literário vindo da Grécia e revivificado no Renascimento, e de levantar a questão de que uma nova forma de "produção do homem", logo de criação, de domesticação ou adestramento do homem pelo homem, se impõe na era da Técnica e da Ciência Biológicas. Pelo conceito de "Antropotécnica", Sloterdijk pretendia mostrar que o homem, "produzido" outrora pela educação literária, é agora "produzido" por sua própria Técnica, na distância que ele mesmo institui em relação ao seu meio ambiente natural. Mas buscava o filósofo austríaco promover assim uma espécie de super-homem nietzschiano por meio de técnicas genéticas, ou mesmo fazer a apologia, em termos julgados por Jürgen Habermas eugenistas e "fascistizantes", desse adestramento biotecnológico do homem pelo homem? Ou, ao contrário, procurava ele constatar o seu inevitável advento, ou até denunciar os seus perigos?[18] Eram esses os termos do que foi chamado, no fim do século XX, o "caso Sloterdijk". Mas as especulações e controvérsias filosóficas foram logo superadas pelos verdadeiros programas meio ficcionais, meio científicos dos "trans-humanistas".

De fato, igualmente proféticos, porém mais tecnocientíficos, os trans--humanistas, em sua maioria americanos, louvam as virtudes conjugadas da engenharia genética, das nanotecnologias, da robótica e da realidade virtual, e nelas veem a esperança da superação dos limites vinculados à evolução biológica. Seus defensores apregoam o anunciado esboroamento da fronteira homem/máquina, a qual provoca, em compensação, muitas

---

17 Ver sobre este ponto Besnier, *Demain les posthumains*, p.38.
18 Sloterdijk, *Regras para o parque humano. Carta em resposta à Carta sobre o humanismo de Heidegger*. Esse texto foi originalmente uma conferência pronunciada em 1999 e publicada em 2000.

angústias: pode o homem ser reduzido à máquina, pode ser substituído por máquinas, pode ser progressivamente mecanizado? E, principalmente, está a espécie *Homo sapiens* em via de extinção e deverá (e em que sentido da palavra "dever"?) ser substituída por uma nova espécie, algo como uma fusão de humanidade natural e tecnologia? Um "pós-humano" será, com efeito, uma espécie de "humano" cujas funções vitais, sensoriais, intelectuais não mais serão exercidas por simples e rudimentares órgãos naturais, mas por próteses que, conforme o caso, suprirão as falhas dos anteriores e até permitirão adquirir novas aptidões e – por que não? – ampliar o campo das liberdades de ação individual, sem limitações naturais como o envelhecimento, a curta duração da vida, o pequeno número de sentidos e seu poder reduzido, os limites da memória e da inteligência etc. Não há aí apenas matéria para devaneios utopistas, mas para programas de pesquisa, como prova o que chamam de "convergência NBIC" (por Nanociências, Biotecnologias, Informáticas e Ciências Cognitivas).[19] Jean-Michel Besnier resume da seguinte forma as suas perspectivas: "fim do nascimento, graças às perspectivas abertas pela clonagem e a ectogênese; fim da doença, graças às promessas das Biotecnologias e da Nanomedicina; fim da morte não desejada, graças às chamadas técnicas de *uploading*, isto é, transmitir a consciência para materiais inalteráveis, de que os *chips* de silício não passam da prefiguração".[20] Ciborgues e clones já não são ficção científica, mas constam do programa de diversos laboratórios. Tais pesquisas provocam confrontos apaixonados entre "tecnoprofetas" ou "bioprofetas" e "biocatastrofistas", como são chamados por Dominique Lecourt:[21] os primeiros anseiam pela revolução hiperindividualista que permita aos homens libertar-se dos limites naturais da espécie, enquanto os segundos alertam a humanidade contra toda tentativa de suicídio e acusam esses "cientistas malucos" e esses "aprendizes de feiticeiro" de estarem na origem desse "crime contra a espécie humana" que constituiria a clonagem reprodutiva ou as novas ferramentas do "eugenismo".[22]

Com as NBICs torna-se a travar a gigantomaquia entre os defensores da Natureza, dotada de todas as virtudes (mesmo quando se manifestam

---

19 Ver o pré-relatório publicado em junho de 2002 nos Estados Unidos pela National Science Foundation e o Department of Commerce, que traçam um panorama completo do avanço dessas quatro tecnologias científicas para o futuro da humanidade. Disponível em: <http://www.wtec.org/ConvergingTechnologies/Report/NBIC_report.pdf>.

20 Besnier, *Demain les posthumains*, op. cit., p.68.

21 Lecourt, *Human, posthumain*: ele coloca nessa categoria Hans Jonas, Francis Fukuyama e Jürgen Habermas.

22 Ver Habermas, *Rumo a um eugenismo liberal?*

NOSSA HUMANIDADE

sob a forma de epidemias, terremotos e tsunamis), e os partidários da Técnica, portadora de todas as esperanças (mesmo quando topam com Hiroshima, Bhopal ou Chernobyl), sob o olhar daqueles que, recusando a uns e outros, julgam que toda inovação técnica tem dois gumes, desde o domínio do fogo, útil tanto aos cozinheiros como aos piromaníacos, até as biotecnologias, capazes tanto de gerar monstros como de curar por terapia gênica. Acrescentemos três argumentos em favor dessa posição arbitral: desde Platão, sabe-se que o mesmo saber pode formar o melhor médico e o mais eficiente envenenador. Alguém conhece, aliás, uma única invenção capaz de melhorar as condições da vida humana e que não crie paralelamente novos riscos, perturbando os equilíbrios naturais? É por isso que toda técnica traz consigo seu quinhão de fantasias otimistas ("vamos libertar-nos da finitude") e pessimistas ("corremos para o abismo"), todas tanto mais violentas quanto mais consideráveis são seus efeitos. A cada revolução tecnológica, podemos dizer com razão que "nada mais será como antes" e que, "agora, tudo é possível". Os grandes medos mudam de objeto, mas a estrutura permanece a mesma, da bomba atômica ("jamais, antes, o homem havia tido a possibilidade de se autodestruir") à clonagem ("jamais antes o homem havia tido a possibilidade de se autorreproduzir"). No entanto, a parte respectiva das vantagens e das desvantagens de cada progresso técnico permanece sempre incalculável, não só porque não existe unidade de medida comum entre umas e outras, mas porque raramente são os mesmos homens que se beneficiam das técnicas e com elas sofrem; ou melhor, porque com frequência são os mesmos que são expostos aos riscos tecnológicos e são vítimas das catástrofes naturais, padecendo assim duplamente dos efeitos funestos de estarem mal equipados.

Contudo, apesar da real simetria entre o desmoronamento das duas fronteiras, é mesmo do lado da extinção da diferença homem/animal que nos devemos voltar para determinarmos as consequências do paradigma naturalista sobre a nossa "humanidade" moral e política. A questão do estatuto do animal, mais ainda do que a da Técnica, tornou-se central em toda reflexão ética. A definição da humanidade depende hoje mais da maneira como é concebida a sua relação com a animalidade (tanto com sua própria animalidade, como com a dos outros viventes) do que de sua relação com as máquinas (a máquina que é o homem ou as que ele faz). Há várias razões para isso.

A primeira é extrínseca. O trans-humanismo é uma ideologia nova, que se esteia na figura naturalizada do homem transmitida pelas pesquisas biotecnológicas, mas as suas consequências morais (esperanças e perigos) nada têm de novo, e tampouco os valores que ele mobiliza: trata-se sempre, como acabamos de ver, das vantagens e desvantagens do desenvolvimento "da" técnica e da comensurabilidade de umas e outras. A controvérsia continua sendo a que foi provocada pela figura cartesiana: não o debate ligado ao sonho prometeico dos trans-humanistas de "tornar-se senhores da natureza" – vontade de potência que erradamente se atribuiu a Descartes[23] –, porém, mais simplesmente, a questão sobre se o corpo humano, nesta ou naquela de suas funções (percepção, inteligência, reprodução) pode ser "reduzido" a uma máquina e se é possível avaliar os riscos reais e simbólicos dessa redução. Em compensação, os problemas morais levantados pelo desmoronamento da fronteira homem/animal são específicos dessa quarta figura do homem; são até, como veremos, simétricos aos levantados pela figura cartesiana. São provavelmente inéditos na história das representações antropológicas: a tese de que os "animais" devam gozar de uma consideração moral igual à que concedemos aos homens evidentemente nada tem de novo (trata-se de um tema moralista recorrente),[24] mas é talvez a primeira vez que, em vez de ser próprio de filósofos isolados, ela é acompanhada de um programa científico interdisciplinar de redução do homem à sua animalidade.

A segunda razão poderá parecer ainda mais extrínseca. Anuncia-se a "superação do humanismo" dos dois lados: o trans-humanismo e o "animalismo". Entendemos por animalismo toda doutrina que faz do *animal como tal*, seja ele "humano" ou "não humano", o objeto privilegiado ou mesmo único da nossa atenção moral,[25] quer sob a forma de uma ética compassional, quer de uma filosofia utilitarista, quer de uma teoria dos direitos.[26] Mais simplesmente, chamamos "animalista" toda doutrina fundamentada no conceito geral de animal. Ora, enquanto o trans-humanismo é, no mais das vezes, visto como um empobrecimento dos nossos valores humanistas (o homem reduzido à máquina), o animalismo é, ao contrário, considerado uma extensão desses valores a seres que ainda não foram objeto deles (o animal elevado ao nível humano). É claro que um e outro são dois sintomas paralelos dos progressos exponenciais do individualismo contemporâneo e de um mesmo cancelamento dos limites da nossa humanidade – no momento

---

23 Ver anteriormente, p.226ss. Vimos que esse não era o projeto de Descartes, nem essas as verdadeiras consequências de seu mecanicismo.

24 Acerca dessa questão, o livro de referência é o de Élisabeth de Fontenay, *Le silence des bêtes*.

25 Objeto único se, sendo o homem um "animal como os outros", estiver incluído por definição entre os seres que devem gozar dessa atenção moral.

26 Na metafísica analítica, a noção de "animalismo" é usada noutro sentido e designa a tese – aceita por alguns filósofos cristãos – de que somos (apenas) organismos biológicos. Agradeço a Roger Pouivet por esta informação.

do igualitarismo naturalista; todavia, a apologia dos robôs e da mecanização do homem aparece *a priori* como o reverso "imoral" do homem neuronal, ao passo que o animalismo se apresenta como a face "moral" e feliz do homem "animal como os outros". O Mal nos viria das máquinas e o Bem, dos animais. Haveria, decerto, infinitamente mais riscos em confiar o poder a máquinas que não mais controlássemos (mas isso tem lá algum sentido?) do que em conceder direitos a animais que pensamos ainda controlar (mas será mesmo o caso?). Seria possível, porém, sustentar, sem acentuar o paradoxo, que embora o tecnoprofetismo e o animalismo tenham em comum avançarem armados de uma mesma vontade de fazer o Bem, os perigos do segundo são, senão mais consideráveis, pelo menos mais insidiosos do que os do primeiro. Ao contrário do tecnoprofetismo, o animalismo quase não encontra oposição moral nem obstáculo jurídico sob a forma de um "princípio de precaução" (pergunta-se: "Onde, então, estaria o mal em querer o bem de todos os animais?") e goza da aprovação global das opiniões públicas e das opiniões esclarecidas dos países desenvolvidos, bem como do apoio cada vez mais ativo de seus sistemas jurídicos. Ele faz irresistivelmente progressos permanentes nos conceitos e nas consciências, e suas vantagens morais são *a priori* objeto de consenso: é, pois, importante avaliar *também* os seus riscos para a nossa humanidade moral e política.

Mas a verdadeira razão pela qual devemos deter-nos ao animalismo contemporâneo, mais do que ao trans-humanismo, está ligada à nossa investigação. O que entendemos por "figura da humanidade", como dissemos, é o encontro de um projeto científico de que ela se deduz e de uma moral que dela se deduz. Ora, o trans-humanismo e o animalismo, embora sejam de fato consequências simétricas da "passagem das fronteiras",[27] não são deduzidos da mesma maneira do "homem neuronal". De fato, o programa técnico e moral trans-humanista é consequência da identificação do artificial e do natural (o pensamento a partir do modelo da máquina, a máquina a partir do modelo do vivente, o vivente a partir do modelo da máquina), mas tal identificação não se deduz *diretamente* do programa naturalista: a máquina não é senão um modelo da mente humana (máquina de Turing), a rede neural do cérebro é só um modelo de máquina (conexionismo) que, por sua vez, é outro modelo da mente. Pelo contrário, o programa moral do animalismo é consequência da definição (supostamente) real do homem como um animal, e esta parece poder deduzir-se diretamente do programa científico de naturalização das propriedades humanas: acredita-se poder

---

27 Ver anteriormente, Capítulo 4, p.235ss.

inferir a *igualdade* moral do animal e do homem da *identificação* metodológica do homem e do animal. É por isso que o animalismo não cessa de progredir à medida que se desenvolvem os programas de naturalização da mente humana. Para dizê-lo com maior simplicidade, a igualdade de direitos entre humanos e robôs nada tem que se possa inferir diretamente do programa científico de conhecimento do homem (mas, na melhor das hipóteses, do desenvolvimento das Biotecnologias, que são seu corolário industrial), ao passo que a igualdade entre os direitos animais e os direitos humanos se apresenta como uma consequência, direta e razoável, senão inteiramente racional, do monismo naturalista. Portanto, é esse igualitarismo anti-hierárquico que devemos examinar para discernirmos os contornos da nossa humanidade na sua quarta figura.

A última razão é mais geral e nos leva a retornar à nossa "narrativa verossímil". Já observamos[28] que, com a extinção das fronteiras no estudo do homem, parecem desaparecer todas as antigas propriedades do homem que antes o distinguiam de seus dois Outros, Deus e o Animal. O igualitarismo moral dos homens e dos animais não é só o corolário de uma metodologia científica, é também o reverso da "morte de Deus". Por certo, os progressos do animalismo contemporâneo explicam-se antes de tudo com razões econômicas e sociológicas que só podemos recordar rapidamente aqui: tomada de consciência da deterioração, devida ao produtivismo, das condições de criação, transporte e abate de animais destinados à alimentação; perda de contato das populações urbanas com a natureza selvagem, ignorância da vida real dos animais em seu ambiente natural, esquecimento da luta ancestral dos homens contra as espécies nocivas (luta que continuam a travar nos países menos desenvolvidos); crescimento exponencial do número dos animais de estimação, cada vez mais fetichizados, por meio dos quais é visto todo o reino animal; idealização da Natureza, o que provoca uma representação do Homem como algoz universal e do Animal como sua vítima por excelência etc. Tudo isso é essencial – e bem conhecido. Nem por isso deixa de ser verdade que é onde – e quando – a referência a Deus se extingue que o animalismo progride. O Animal passou a existir nos lugares do mundo em que Deus adormecera. O fato de os homens inventarem um quando deixam de crer no outro não é necessariamente, para eles, uma boa nova. O humanismo, aquele que afirma que a humanidade é a única *fonte* de valores (o que não significa, é claro, o único valor) está, com efeito, ameaçado dos dois lados, dependendo do lugar do planeta onde nos encontremos: pelo avanço

---

28 Ver anteriormente, p.124 e p.135.

das teocracias, que fazem da vontade de Deus o princípio único das normas e dos valores; pelo animalismo, que vê no animal como tal como uma fonte intrínseca de valor. É essa particularidade que torna o animalismo central para o nosso projeto. A figura do homem "animal como os outros" não tem só como consequência tornar o animal um novo objeto de nossa atenção moral; ela o torna também *fonte* de valor moral e, em sua versão forte, a única fonte, pois o homem é, antes de tudo (ou apenas), um animal, ou mesmo um vivente. Essa é a consequência mais imediata do igualitarismo anti-hierárquico da quarta figura.

O raciocínio animalista é como o modelo do que chamamos uma "figura da humanidade", pois nele se cruzam uma tese epistemológica e uma posição moral. Ele vincula as duas proposições da seguinte maneira.[29]

A proposição (P) consiste em transformar a posição metodológica naturalista em definição *real* do homem: "'A Ciência mostra' que o homem é um animal como os outros."

Deduz-se daí a proposição (Q) (moral animalista): "Não podemos estabelecer nenhuma diferença moral entre os homens e os animais, e devemos tratar os animais como os homens."

Deixemos para mais tarde o exame do valor da primeira proposição e do valor da inferência. Contentemo-nos, por enquanto, em observar que há duas leituras da proposição moral (Q) ou de suas variantes: uma leitura fraca, que parece generosa, e uma leitura forte, que parece perigosa. Diz a leitura fraca (R): "Convém tratar os animais como devemos tratar os homens." A leitura forte (S) diz, na realidade, a mesma coisa, invertendo os termos: "Convém tratar os homens como devemos tratar os animais." O problema é que a passagem de uma leitura a outra é necessariamente imperceptível, pois as duas proposições são logicamente equivalentes. Com efeito, se *realmente* o homem é (moralmente) um animal *como* os outros, as proposições (R) e (S) dizem a mesma coisa; ou seja, a interpretação fraca só pode ser justificada contra a interpretação forte se, na realidade, o homem não for totalmente, ou mesmo de modo nenhum, um animal como os outros. Vejamos primeiro a interpretação forte.

---

29 Este raciocínio é tão difundido nos livros ou nos artigos, não raro sérios, que tratam do "homem" e/ou dos "animais", vindos de biólogos de renome que escrevem sobre a "ética", de filósofos da "ética animal", de vulgarizadores ou de militantes, que seria fastidioso listá-los.

NOSSA HUMANIDADE SEGUNDO A VERSÃO FORTE DO ANIMALISMO

O que pode significar a máxima "Convém tratar os homens como devemos tratar os animais"? Em todo caso, não quer dizer que devamos tratar os homens como tratamos os animais, pois, *de fato*, alguns são maltratados, vítimas de tráficos sórdidos, enquanto outros são criados em fábricas de carne. Devemos, pois, tratar os homens como *deveríamos* tratar os animais: com bondade – uma bondade que nos cabe inteiramente, pois eles são irresponsáveis. É como vítimas (reais ou potenciais) que eles são para nós seres moralmente consideráveis. São seres morais, não proporcionalmente ao que *fazem* (segundo o grau de agentividade, por exemplo)[30] ou do que poderiam fazer (de bem ou de mal a outros animais, entre os quais os homens), ou seja, como *agentes de seus atos ou de seus comportamentos* (por exemplo, pela troca de serviços ou de afeto que poderíamos ter com este ou aquele), mas proporcionalmente ao que *nós* lhes fazemos ou poderíamos fazer-lhes (de mal), ou seja, como *objetos das nossas ações*. O valor dos animais é o de serem potencialmente sofredores, mais precisamente sofredores por culpa nossa: seus outros sofrimentos, no fundo das florestas ou dos oceanos, não nos dizem respeito e não têm nem valor moral, nem sentido. O cordeiro morto pelo lobo não tem valor moral, mas o cordeiro morto pelo açougueiro passa a ter esse valor. O outro valor deles é o de serem viventes. O que faz com que um ser seja moralmente considerável não é, pois, de modo algum a sua participação numa comunidade moral (por exemplo, a humanidade) ou política (determinada sociedade), unida pela necessidade de um reconhecimento mútuo entre os seus membros e tendo por princípio – ou por finalidade – um conjunto de direitos e deveres que unem uns aos outros. O que o torna um ser moral é ser elemento de uma *espécie* que garante a reprodução dessa vida de que ele é o portador. Pretendem-no sujeito, mas como não pode ser declarado sujeito de nenhuma ação (o que obrigaria a distinguir graus *diferentes* de agentividade, por exemplo, entre a ostra e o macaco), ele só pode ser sujeito de uma *vida*. Isso coloca, obviamente, todos os animais, inclusive o homem, em pé de igualdade. Um animal, portanto, é definido moralmente como o sujeito de uma vida, cujo valor moral está ligado ao fato de estar ameaçada; mas como, no fundo, essa é a definição mesma da vida, o animal só se eleva ao nível da moralidade se for o sujeito de uma vida ameaçada por uma única outra espécie, a espécie humana.

---

30 Ver anteriormente, p.233-4.

Vamos até o fim do raciocínio. Já que a Ciência, segundo dizem, mostra que o homem é um animal como os outros, tratemos o homem como deveríamos tratar os animais *se* tivéssemos uma conduta realmente moral para com eles. Vê-se que imagem da humanidade supõe essa moral aparentemente generosa: considerar moralmente os homens apenas como vítimas potenciais, não como seres "que agem", sujeitos responsáveis por suas ações, mas só como seres "que padecem", objetos irresponsáveis da ação dos outros; jamais considerar sua grandeza, mas sempre sua fraqueza, não vê-los como modelos de conduta ou como heróis virtuosos, mas sempre como mártires ou vítimas. Não uma relação simétrica (a troca e, portanto, a justiça), mas uma relação assimétrica (a atenção e a piedade e, portanto, os cuidados). O outro é uma vítima, real ou potencial. A moral já não é, no fundo, justiça, é de ponta a ponta solicitude. Sua base não é a reciprocidade do laço, mas a relação de sentido único do cuidado. Além disso, ela não é, por princípio, ação, sempre aberta à troca; é, por hipótese, abstenção (não prejudicar, não fazer mal). Se há ação, é a de alguns sobre outros: cuidar das vítimas, por hipótese irresponsáveis. Esses seres humanos, moralmente consideráveis, não agem, nada fazem, não têm nem qualidade, nem virtude; são meros "pacientes morais" que não podem ser agentes, *nós* é que o somos. É rumo a tal visão ética do homem que a figura naturalizada nos leva. A ideia que então se impõe é que a moral não se baseie em leis universais, nem em regras comuns ou em contratos (implícitos ou não), nem na reciprocidade ou no reconhecimento do outro como pessoa, nem em deveres coletivos que respeitar ou em virtudes que transmitir, mas apenas no valor intrínseco e *individual* a conceder aos seres, sejam eles quais forem, que possam ser *vítimas* da nossa má conduta (crianças, idosos senis, deficientes cerebrais, animais etc.). Essa nova concepção da moral ecoa a ascensão da noção de solicitude (*care*), paralela ao declínio inelutável da noção de justiça. A humanidade não é uma comunidade moral unida pela possibilidade de um reconhecimento mútuo e pela necessidade de sua efetividade; é uma espécie biológica pela qual se transmite a vida a viventes humanos, e cuja moralidade deverá ser despojada da maior parte de suas virtudes, a parte "política".

Na realidade, é possível imaginar qual seria o tipo de política de uma humanidade reduzida a essa forma de moralidade. Pois se os homens têm por destino *moral* serem tratados como vítimas irresponsáveis e não como sujeitos de suas ações, eles têm também por destino *político* serem considerados sujeitos de sua vida nua. Tratar a humanidade como espécie biológica e considerar os humanos como meros membros dessa espécie não é o ideal regulador dessas políticas que foram agrupadas sob o nome de

"Biopolíticas"?[31] A Política não mais teria de resolver conflitos, administrar territórios, governar homens, ela teria que ver com viventes, dos quais deveria, conforme o caso, gerir a reprodução, preservar ou não a vida, e entre os quais também seria preciso definir os equilíbrios. Pois para gerir racionalmente a coabitação entre as espécies vivas, o governo político dos homens deverá reservar um lugar exclusivo à administração ecológica. Não é esse o sonho ou a quimera de uma política enfim reduzida ao essencial, a ecologia – a gestão dos equilíbrios entre as vidas dos viventes? Todavia, mesmo em sonho essa política se mostraria impotente, obstada por seus próprios princípios: pois de que critérios disporia ela se não pudesse apoiar-se na prioridade da preservação da humanidade (ou melhor, da "espécie humana") – o que seria um entorse antropocentrista ao igualitarismo naturalista? Em que valor poderia fundamentar-se essa política da vida nesse mundo onde o único valor seria o da vida nua dos viventes todos iguais? O que fazer de todas essas espécies proliferantes e como gerir sua coexistência nesse mundo da vida onde, necessariamente, as espécies se contrapõem umas às outras (pois a vida é isso mesmo)? O que fazer de todos esses viventes, como gerir todas essas vidas transbordantes e incompatíveis? Pois a vida, a vida nua, leva os viventes direto para a morte, se a deixarem à vontade. E quem vai decidir sobre a vida quando todos os viventes são igualmente sujeitos de sua vida, ou melhor, uma vez que não são nem sequer responsáveis, sujeitos de *uma* vida? Além disso, como saber o que é uma *boa* vida nesse melhor dos mundos onde todos os viventes coexistiriam numa estrita igualdade de direitos? A administração política não pode fazer-se ecológica sem que o direito se torne eugenista, sem que educação se torne criação. Quem, nesse mundo, será o responsável pela criação e quem o será pelo criado? E quem servirá de polícia? Quem guardará os rebanhos? Torna-se realidade a provocação pós-humanista de Peter Sloterdijk. O animalismo venceu o humanismo.

O ANIMALISMO (VERSÃO FRACA): ESTÁGIO SUPREMO DO HUMANISMO OU SUA NEGAÇÃO?

Dirão que, na realidade, a questão não consiste em tratar realmente os homens como deveríamos tratar os animais, e ainda menos, por maior que

---

31 Referimo-nos aqui ao conceito introduzido por Michel Foucault em *Naissance de la biopolitique. Cours au Collège de France (1978-1979)*, mais do que ao emprego que dele fez Agamben em *Homo sacer. Le pouvoir souverain et la vie nue.*

seja a bondade que tenhamos com alguns deles ou com todos (mas quem seria capaz de tratá-los com *igual* bondade?), em reconduzir a humanidade à animalidade, mas apenas em nos abster de maltratar os animais do mesmo modo como devemos abster-nos de maltratar os homens. É o que dizem todas as "éticas animais". Apesar de suas divergências,[32] elas se fundam nas duas proposições (P) e (Q) mencionadas anteriormente.

Na realidade, nenhum *dado* científico pode *mostrar* a proposição (P), pois se trata, ao contrário, do princípio metodológico *a priori* das Neurociências, regulador de sua objetividade, e não de um resultado empírico *a posteriori*. A ética animalista projeta a sua própria definição implícita de homem nesses supostos resultados científicos: por exemplo, dizer que o homem só tem 1% de diferença genética em relação ao chimpanzé e apenas 20% em relação ao camundongo já é definir a humanidade pelos genes e crer que seus efeitos qualitativos são medidos pelo número.[33]

Desses pretensos "dados" científicos, os animalistas tiram primeiro uma consequência filosófica (P'): não há diferença essencial entre o homem e as outras espécies, mas só uma diferença de grau (de inteligência, de aptidão para a comunicação, de código genético, de sensibilidade etc.) ou ainda uma mera desigualdade de potência. E essa proposição intermediária (P') serve de ponto de apoio à prescrição moral (Q): "É preciso tratar os outros animais com a mesma consideração moral que se tem com os homens." Com efeito, já que, segundo dizem, não há diferença essencial entre o homem e os outros animais, *não há razão* para tratar diferentemente, no plano moral, os animais e os homens: seria dar mostras de "especismo", isto é, de discriminação dos seres em função da espécie, exatamente como o racismo ou o sexismo consistem em discriminar os seres humanos em função da raça ou do sexo. Esta é a tese "antiespecista",[34] compartilhada pela maioria das correntes da "ética animal".

---

32 Pode-se ter uma ideia de sua variedade ao ler o livro, ao mesmo tempo sintético e militante, de Vilmer, Éthique *animale*.

33 Num belo artigo da revista *Critique* (n.747-8, ago.-set. 2009), "Mon frère n'est pas singe" [Meu irmão não é macaco], Alain Prochiantz insurgiu-se contra tais deturpações.

34 O termo data do começo dos poderosíssimos movimentos de libertação animal do qual, em meados da década de 1970, o filósofo utilitarista Peter Singer foi o mais famoso promotor e difusor, graças a seu *best-seller* internacional, *Libertação animal*. É considerável e não para de crescer o impacto direto ou indireto dessa ideologia antiespecista; em todo caso, ela é infinitamente mais influente do que o movimento antiespecista francês, a respeito do qual se pode ler o estudo sociológico de Dubreuil, "L'antispécisme, un mouvement de libération animale". In: *Ethnologie française*, 2009/1.

O pressuposto desse raciocínio é que o fundamento da consideração moral que temos para com um ser seja uma característica intrínseca; ora, desde que se admita (proposição P) que não há nenhuma característica intrínseca possuída pelo homem e que nenhuma outra espécie tampouco as possui, num ou noutro grau, só resta a este último essa propriedade *extrínseca*, o fato de pertencer à espécie humana. Conclusão: trata-se de "especismo", ou seja, uma forma de segregação. Tal argumentação supostamente mostraria que nada há no homem que permita dele fazer um objeto privilegiado de nossa atenção moral. Ela, porém, é apenas a metade negativa do raciocínio, pois ainda não se mostrou o que, positivamente, nos determine a tratar de maneira moral todos os animais, humanos ou não. É aí que as "éticas animais" se diferenciam. O que faz que um ser deva ser considerado moralmente pode ser a sua capacidade de "sentir" ou de "sofrer" (*sentiência*, Peter Singer), pode ser que ele seja "sujeito de uma vida" (Tom Regan), pode ser que ele disponha de um "direito natural à vida". Mas, seja qual for a orientação da teoria em questão (utilitarista, jurídica, religiosa etc.), seja qual for a "qualidade" que permita a um ser tornar-se um "paciente moral", como dizem, ela deverá poder ser considerada como *igual* em todos, sem o que a própria base do raciocínio seria infirmada.

A base desses raciocínios animalistas é o conceito de animal. Mas esse conceito é necessariamente vago, pois são discutíveis todos os critérios de animalidade. Os cientistas que ainda usam esse termo descritivo, em vez de "metazoário", por exemplo, dizem: um animal, por oposição ao vegetal, é um "ser vivo heterótrofo", ou seja, um ser que se nutre de substâncias orgânicas, logo de vegetais e animais. Note-se que esse conceito de animal torna contraditória e absurda a ideia de "respeito absoluto pela vida" ou ainda de respeito *igual* por todas as formas de vida, pois o animal, por definição, só pode viver destruindo o vivente. Impedir o animal de impedir a vida é, em geral, impedir que ele viva; é matá-lo. A condição da vida é a sua negação. O naturalismo igualitarista é, portanto, uma tese incoerente.

Mas o conceito de animal não é só ambíguo, é necessariamente tomado, em todo raciocínio animalista, em dois sentidos *incompatíveis*. O próprio sentido da palavra ora inclui o homem (quando é usado no sentido de gênero de viventes divisível em espécies), ora o exclui (quando se distingue o "homem" do "animal"), e assume, então, o sentido de "bicho". Na proposição (P) ou em qualquer outra com pretensões *descritivas* que dela se derive, "animal" inclui necessariamente o homem, pois o conceito englobante é usado para pôr o homem no mesmo nível que os "outros animais". Na proposição (Q), ou em qualquer outra com pretensões *normativas* que dela se derive, "animal" exclui necessariamente o homem, pois o conceito é usado para prescrever ao homem o que deva ser sua conduta em relação aos bichos. O primeiro tipo de uso impõe-nos um conceito pelo qual as pulgas e os cães, os camundongos e os homens são iguais, ou melhor, estão necessariamente no mesmo saco da animalidade. (Tal uso não é de modo algum problemático e pode até encontrar sustentação no paradigma naturalista.) O segundo uso é necessário à prescrição que convida o homem a tratar moralmente os animais (que não sejam o homem, é claro), isto é, os bichos, mas é contra-ditório com o primeiro. Segundo a proposição (P), embora o homem seja um animal diferente dos outros, é tão animal quanto os outros; segundo a proposição (Q) que supostamente se deduz da anterior, define-se o homem pelo fato de opor-se aos outros animais – ele os maltrata, mas não deveria maltratá-los –, e se define o animal pelo fato de se opor ao homem – é vítima dele. Ora, das duas uma. Ou o homem é um animal "como os outros" e, então, não vemos por que deva constranger sua própria "natureza animal" e se submeter a regras a que não podem submeter-se os outros animais. Por que deveria proibir-se de comer os outros animais, como o lobo, de caçá-los, como o cão, de brincar com o corpo retalhado de sua presa viva, como o gato, a raposa ou a orca, de criar outras espécies animais, como as formigas? Ou então só o homem *deve* abster-se de certas condutas em relação aos outros animais – por exemplo, porque é o único que tem consciência do mal que lhes inflige ou que pode refrear sua própria natureza, em suma, porque é o único "animal moral",[35] isto é, o único ser que pode pautar suas condutas nos valores e pode submeter-se a *deveres*. A fórmula "O homem é um animal como os outros", que resume o programa naturalista (explicar o humano por sua animalidade) não pode, portanto, ser tida nem como um *resultado* científico, nem como a *premissa* de uma inferência moral.

Dirão que o animalista pode dispensá-la, como poderia dispensar toda proposição descritiva referente ao homem, para se contentar com uma pro-posição prescritiva (do tipo [Q]). Ele pode, por exemplo, recorrer à ideia de que os animais – dessa vez, portanto, apenas os bichos – são todos *igualmente* "pacientes morais", isto é, vítimas potenciais do homem, para formular uma prescrição como "Deve-se tratar os animais com a mesma consideração que se tem por todo paciente moral"; ou, mais simplesmente, "Os homens não

---

35 Basta para isso invocar... Darwin: "O ser moral é aquele que pode lembrar-se de suas ações passadas e apreciar os seus motivos; que pode aprovar a umas e desaprovar a outras. O fato de ser o homem o único ser a que se possa com certeza reconhecer essa faculdade constitui a maior de todas as distinções que se possa fazer entre ele e os animais" (*A descendência do homem*, p.668).

devem maltratar os bichos." Essa proposição, que limita o igualitarismo aos animais "não humanos", evita a contradição precedente, mas não é menos inconsequente, pois é impossível encontrar uma regra moral que se aplique indiferentemente a todos os bichos: podemos tratar nosso cão como devemos tratar as pulgas – para não dizer: como ele mesmo trata as "suas"? Devemos reservar a mesma sorte aos gafanhotos que destroem as safras africanas e às baleias azuis? Podemos tratar os animais sem levarmos em conta o que eles são, isto é, o que *fazem* no mundo, suas formas de vida e, sobretudo, devemos considerá-los de modo moral, independentemente do tipo de relações que temos com eles?

Todo conceito igualitarista de animal (incluindo ou excluindo o homem) coloca, portanto, o homem dessa figura ("animal como os outros") numa posição moral simétrica à da figura cartesiana. O homem de Descartes achava-se diante de toda a natureza, pensada como oposta inteira ao homem, única consciência. Era-lhe, consequentemente, impossível distinguir moralmente entre as espécies naturais: todas elas estavam no mesmo plano, reduzidas a corpos, sem que se pudessem hierarquizar as condutas ou os deveres que temos em relação a umas e outras. Igualitarismo por baixo: todas se equivalem, ou seja, não valem quase nada – são corpos, nada mais. O animalismo contemporâneo faz do "dualismo" seu inimigo e de Descartes a encarnação do adversário. Mas, ao fazer isso, o igualitarismo anti-hierárquico que o seu uso moral do animal supõe, acaba dando na mesma. Isso não impede, porém, de *distinguir* moralmente entre o lobo e o cão, entre o gorila e o mosquito, entre a ostra e o rato. Igualitarismo pelo alto: todos os animais se equivalem, e valem o que vale o homem, ou seja, quase tudo. Para Descartes, que se baseava na figura essencialista e antinaturalista (dualista) do homem, os animais eram todos *objetos* – de conhecimento ou de ação – e não podiam ser sujeitos de nada – de pensamento ou de ação. Para o animalismo contemporâneo, que se baseia numa figura oposta, antiessencialista e naturalista (monista), acontece o mesmo, simetricamente: os animais devem todos ser considerados *sujeitos*, e não devem ser objetos de ação humana. O conceito igualitarista de animal, como o conceito cartesiano de substância extensa, impede de pensar a imensa variedade das espécies vivas e a variabilidade dos nossos deveres para com elas.

O que podemos reter desse desvio animalista é o conceito de humanidade moral por ele implicado e que desponta na proposição filosófica intermediária (P'). A razão que justificaria a consideração moral que temos por um ser humano seria a de possuir ele atributos da espécie *Homo sapiens*. Mas considerar um "homem" como digno de respeito não é reconhecer nele tal atributo biológico (pertencer à "minha espécie", como tampouco a posse de tal cor de pele) nem sequer intelectual (a inteligência), é tê-lo como membro de uma comunidade moral virtual, a humanidade. Funda-se o universalismo humanista na ideia da igualdade e da reciprocidade: devo tratar todo homem como ele deveria poder tratar-me; todo outro é para mim um outro porque posso ser para ele esse outro, e assim por diante. É nessa ideia de reciprocidade que se fundamenta a maioria dos nossos conceitos morais e, em primeiro lugar, a virtude de justiça. Com todo homem, devo poder formar uma comunidade justa porque recíproca, mesmo que seja só por podermos falar-nos. Que reciprocidade esperar do crocodilo ou do mosquito? Que comunidade moral ou política podemos considerar tranquilamente formar com eles?[36] Que comunidade moral formar com seres que considero apenas como "pacientes morais"? Reconhecer a humanidade de um ser é saber que seria possível ter com ele relações *justas* e formar uma sociedade, ou ter relações *morais*, por fazermos parte de uma mesma comunidade virtual. Na figura animalista do homem, a humanidade é, portanto, quer a atenção devida às vítimas – mais do que a justiça devida a todos –, quer a inclusão na espécie *Homo sapiens* – mais do que a comunidade dos que podem falar-se e fazer trocas, no sentido mais amplo do termo. Longe de poder estender às outras espécies os princípios do humanismo universalista, o animalismo contemporâneo só pode, portanto, limitar o seu alcance e sentido.

Nem a imagem do animal oriunda do dualismo cartesiano (os "animais máquinas"), nem a imagem oriunda do naturalismo contemporâneo ("o animal, meu próximo")[37] permitem pensar a diversidade dos princípios morais que devem guiar as nossas relações com as diferentes espécies naturais. Portanto, cabe a nós esboçar os traços de tal moral, propriamente humana e até humanista, e que não seja nem dualista, nem animalista.

DA HUMANIDADE MORAL DIANTE DOS OUTROS VIVENTES

Que poderia ser, com efeito, uma moral em relação a outras espécies que não se fundamentasse nesse pseudoconceito de *animal*? Ela seria *diferenciada*: diferente da que nos vincula necessariamente aos homens, e diferente segundo as espécies animais, o que são, o que fazem, o que são

---

36 É verdade que, como observou Lestel em *L'animal singulier*, existem comunidades "híbridas" homem/animal. Elas são claramente unidas por relações morais.

37 É a tradução do título de Florence Burgat, que não faz, porém, justiça ao seu conteúdo.

para nós, o que nos fazem. Para compreendermos o que pode determinar os nossos deveres em relação a certos animais, convém primeiro indicar as duas fontes possíveis dos deveres que normalmente reconhecemos em relação aos outros homens.[38]

Há, em primeiro lugar, o que devemos a nossos próximos, *enquanto tais*. A fonte desses deveres são esses afetos pelos quais nos sentimos mais ligados aos nossos parentes do que aos desconhecidos e mais aos nossos amigos do que a estranhos, ainda que sempre seja possível afirmar que tal sentimento se estende – ou deveria estender-se –, progressivamente, à humanidade inteira (o sentimento de "simpatia"). É esta, provavelmente, a origem de algumas de nossas condutas altruístas ou de virtudes como a generosidade, a solicitude, a dedicação, o sacrifício etc. Esses afetos são diretamente produtores de deveres e são espontaneamente motores de ação (esta é a sua força: ajudamos de imediato o ser amado), mas esses deveres e essas ações são por definição dependentes da existência da relação afetiva em questão e proporcionais a ela (esta é a sua fraqueza).

Por oposição a esse primeiro tipo de deveres oriundos de sentimentos morais, há deveres provenientes de princípios fundados racionalmente. É o caso do princípio de reciprocidade (não lesar, não ser lesado), em que se baseiam os contratos e, de um modo mais geral, a ideia originária de Direito, mas de que também se extraem deveres morais de justiça: manter com o outro, dentro da comunidade, relações fundadas na igualdade, considerar todo outro homem como um igual, desde que se possa ter com ele relações de troca. O outro já não é o mais "próximo" (realmente, afetivamente), mas meu "semelhante", isto é, qualquer outro, por mais distante que seja na realidade, desde que eu saiba poder fazer trocas com ele e imaginar "estar no seu lugar". A possibilidade de troca e de comunicação com todos os homens, meus "semelhantes", está na origem das virtudes altruístas neutras e imparciais e dos deveres de justiça, de equidade, de respeito etc. Por oposição aos afetos de amor e de amizade, o princípio de reciprocidade é universalizável (é esta a sua força: devo *igualmente* a todo ser humano enquanto ele é o sujeito possível de uma relação recíproca de troca – neste sentido, todos os outros são iguais enquanto outros), mas não é espontaneamente motor de ação (esta é a sua fraqueza, e é por isso que ele deve ser objeto de educação, de cultura, de civilização, mas também de codificação positiva: ele é uma conquista permanente sobre os preconceitos, a segregação, a discriminação etc.).

---

38 Retomamos aqui teses que sustentamos em "Des conséquences juridiques et morales de l'inexistence de l'animal", *Pouvoirs*, n.131, 2009.

Está claro que, em ambos os casos, parciais ou imparciais, as nossas virtudes e deveres dirigem-se para outros homens, quer de modo *desigual*, segundo o grau de proximidade afetiva que temos com eles, quer de modo *igual* para com todos os homens de uma comunidade real (sociedade) ou virtual (humanidade). Mas ainda que nossas obrigações estejam, em primeiro lugar, centradas na humanidade, elas podem também ter por objeto, de maneira relativa e derivada, alguns outros seres, como alguns animais – exatamente da mesma maneira e pelas mesmas razões. Mantemos com certos animais relações de amizade real, mantemos com alguns outros uma espécie de relação contratual e, com outros ainda, não temos nenhum tipo de relação, sejam elas quais forem. Seria moral tratar todos do mesmo modo?

Com os animais de estimação, temos relações afetivas, não raro recíprocas, que explicam a solicitude, a atenção, a dedicação que podemos ter com eles e que às vezes eles também podem ter conosco, seus donos. É, portanto, imoral bater no seu cão ou abandoná-lo no acostamento da estrada. Evidentemente, não temos esses mesmos deveres de assistência em relação a todos os indivíduos de todas as espécies, todos esses viventes heterótrofos que povoam os oceanos, as montanhas, as savanas, as florestas, os ares ou os subsolos do planeta! Não temos o dever de alimentá-los (com quê?) se têm fome, não temos o dever de lhes prestar individualmente socorro quando sofrem (ainda que, ao vê-los, possamos compartilhar o seu sofrimento e estar propensos a abrandá-lo). Os deveres em relação aos animais enquanto indivíduos dependem da relação que travamos com eles e são proporcionais ao afeto envolvido nessa relação individualizada.

Por outro lado, mantemos com alguns outros animais relações que, embora não sejam marcadas pela afeição, são determinadas por uma forma mínima de reciprocidade. É o caso da maioria dos animais domésticos, em particular os "animais de criação", que nos são úteis e a quem devemos condições de vida proporcionais ao que são para nós.[39] Assim, devemos--lhes proteção e nutrição, porque nos dão em troca sua assistência, sua carne ou sua pele. É, portanto, moral matar os animais que só vivem para isso, é também moral usar os animais domésticos, cujas variedades muitas vezes foram produzidas pelo homem com esse fim, mas as formas radicais de produção industrial são moralmente chocantes porque, transformando

---

39 Retomamos esta tese da tradição epicurista. Ver Epicuro, *Máximas capitais* XXXI-XXXII, e Lucrécio, *Da natureza* V, 860-71. Recentemente, Catherine e Raphaël Larrère invocaram, num sentido bem próximo, a ideia de um "contrato doméstico"; ver, por exemplo, "L'animal machine à produire: la rupture du contrat domestique", in: Burgat e Dantzer (Orgs.), *Les animaux ont-ils droit au bien-être?*.

os animais em máquinas de produzir carne, rompem o contrato implícito de "domesticação" (dar para receber, utilidade por utilidade) que geralmente existiu entre os homens e os animais a seu serviço.

Em compensação, em relação aos bilhões de indivíduos das espécies selvagens, sejam elas quais forem, não temos nenhum dever de assistência, de proteção, de respeito, portanto nenhuma obrigação moral propriamente dita. Não temos nenhum dever particular para com os indivíduos, mas temos obrigações gerais em relação às espécies – o que é completamente diferente: respeito pelos equilíbrios ecossistêmicos, proteção do meio ambiente, eventualmente respeito pela biodiversidade (levando em conta imperativos ou necessidades humanas), luta contra as espécies nocivas, proteção de certas espécies ameaçadas etc. Pode, é claro, acontecer de o respeito pelas normas ecológicas concordar com a moral "animalista" do "sofrimento" animal, porque as melhores condições de vida dos indivíduos garantem muitas vezes uma reprodução mais fecunda da espécie – mas será que isso é sempre desejável? É necessariamente desejável dar aos pombos ou aos lobos as melhores condições de vida? No entanto, acontece também de as normas ecológicas entrarem em conflito com as recomendações animalistas: se quisermos "salvar" determinada espécie de um predador, será preciso sacrificar o "bem-estar" individual de suas presas, e se quisermos defender este ou aquele ecossistema, não devemos de modo algum levar em conta o "sofrimento" individual dos animais do sistema. Isto, é claro, não implica que a crueldade, o fato de infligir voluntária e gratuitamente um sofrimento a um ser, seja ele qual for, seja moralmente neutra; com efeito, ela é sempre má: deve ser censurada como uma conduta desprezível, abjeta, indigna de um homem e, às vezes, reprimi-la. Mas isso não quer dizer que a caça ou a pesca esportivas, por exemplo, tenham algo de moralmente condenável, ainda que impliquem a "dor" do peixe preso ao anzol, do coelho alvejado ou da lagosta fervida, desde que tais práticas respeitem, na medida do possível, os equilíbrios ecológicos, a biodiversidade e as condições naturais de vida e de reprodução da fauna.

Temos, pois, uma divisão moral tripartite dos animais: os animais de estimação, aos quais nos ligam relações afetivas e diretamente individualizadas; os animais "de criação", a que nos obrigam o contrato de domesticação e relações individualizáveis; e os animais selvagens, a que não nos liga nenhuma relação individualizável, mas só uma relação com a espécie enquanto constituinte da biosfera. Esta divisão é, sem dúvida, redutora, e seria preciso matizá-la ao infinito. De qualquer forma, não temos o mesmo dever de assistência (ou de anestesia) em relação a animais que colocamos sob nossa proteção e com relação a bilhões de animais selvagens que vivem, sofrem e morrem longe dos homens. Os animais não são nem objetos (como os corpos de Descartes), nem sujeitos (como os homens), nem portadores "iguais" de vida, pois existem milhões de espécies e quase outras tantas maneiras de ser *agente* no mundo. Não existe a criatura moral chamada "Animal". É, no entanto, sobre essa quimera que se edificaram as morais animalistas contemporâneas,[40] revelando, assim, a imagem que elas têm de nossa humanidade.

NOSSA HUMANIDADE POLÍTICA SEGUNDO O ANIMALISMO (VERSÃO FRACA)

A figura naturalizada do homem, embora determine uma nova atenção dada aos animais, tanto ao bem-estar como aos sofrimentos deles, também tem como efeito despolitizar os conceitos inventados para pensar as relações de dominação entre os homens: "libertação", "exploração" ou até "extermínio". Estas palavras são usadas com frequência cada vez maior para caracterizar as relações dos homens com os bichos, como se nada fosse "político" sem ser de ponta a ponta "ético". É o que podemos ver "em letras garrafais" em certas teorias que levam logicamente as ideias de "exploração" e, portanto, de "libertação" animal até as últimas consequências. É o caso do jurista americano Gary Francione.[41] Ao tomar consciência do fato de que a maior parte das variedades, raças e espécies animais domesticadas, e até mesmo muitas vezes criadas pela domesticação, só devem sua sobrevivência atual à sua condição de vida "subjugada" pelo homem e que, uma vez "libertadas" desse jugo, não poderiam voltar a biscatear no estado selvagem sem serem de imediato condenadas à morte, Francione preconiza a única medida libertadora eficaz: castrar e esterilizar todos os animais domésticos da terra, para que nunca mais haja animais domésticos cujos direitos à liberdade sejam negados. Isso, com efeito, é ser perfeitamente coerente com o princípio de igualitarismo dos direitos. Trata-se, porém, de uma espécie

---

40 As teorias utilitaristas da "libertação animal", cujo mais famoso representante é Peter Singer (*Libertação animal*, op. cit.), e as teorias dos direitos dos animais, cujo mais célebre defensor é Tom Regan (*The Case for Animal Rights*) são as duas correntes da "ética animal" mais influentes em escala planetária (pelo menos nos países mais desenvolvidos economicamente). Na França, eles enfrentam a concorrência de concepções compassivas, quer quando têm como fonte a Filosofia de Emmanuel Levinas (Élisabeth de Fontenay), quer a fenomenologia (Florence Burgat).

41 Ver, por exemplo, Francione, *Animals as Persons: Essays on the Abolition of Animal Exploitation*.

de demonstração pelo absurdo da inanidade da ideia de que o homem seja (moral, política e juridicamente) um "animal como os outros".

Nem todas as teorias dos "direitos do animal" são tão "puras", mas todas implicam um singular conceito político da humanidade. Supõem uma essencialização do Animal (em geral), bem como uma reinterpretação "liberal" ou até subjetivista da ideia de "direitos humanos". Os direitos humanos afirmavam o necessário reconhecimento de um território de independência dos sujeitos em relação ao poder soberano ou da onipotência dos Estados; supunham correlativamente a afirmação (*performativa*) da igualdade fundamental de todos os homens e proclamavam, consequentemente, que todas as formas de discriminação, "racial", religiosa, sexual etc. deviam ser combatidas. Uma "declaração dos direitos do homem" é a proclamação (isto é, a afirmação performativa) da igualdade dos homens. Proclamar que todos os homens têm o direito de viver seria dizer que todos eles têm *igualmente* o direito de viver e, por conseguinte, nenhum homem tem o direito de dispor da vida de outro. Mas o que pode significar dizer que todos os animais têm direito a viver? Que o lobo não tenha o direito de negar ao cordeiro o seu direito? Ou, ao contrário, que o cordeiro não tem o direito de negar ao lobo o seu? Se disserem que isso significa apenas que o homem (e só ele) não tem o direito de matar a um ou a outro ou a ambos, isso não significa que eles tenham direitos, mas que, por uma ou outra razão, o homem assume deveres para com eles. Proclamar que todos os animais têm direito à vida é inconsequente, pois inúmeros animais só podem viver em detrimento de outras espécies. Ainda que nos abstivéssemos de comer animais, jamais impediríamos que outras espécies o fizessem, sob pena de elas mesmas morrerem. De um modo mais geral, é contraditória a noção de direitos dos animais: se cedermos ao lobo o direito de viver, retiramo-lo do cordeiro; se dissermos que o cordeiro tem direitos, que fazer do direito natural que o lobo tem de se alimentar? Proclamar direitos é forçosamente proclamar a igualdade desses direitos, e proclamar a igualdade dos direitos dos animais é absurdo: se concedermos ao nosso cão o direito de viver sem pulgas, retiramos das pulgas o direito de coabitarem com o cão. Os animais não podem ter todos eles direitos *iguais*, pois os direitos de alguns (os lobos, por exemplo, ou os cordeiros) implicam a negação dos direitos dos outros (os cordeiros, por exemplo, ou os lobos). Que sentido teria proclamar a igualdade dos direitos dos grandes símios (ou até dos homens) com os das pulgas? Acrescentemos que a noção de direitos subjetivos supõe uma autoridade neutra encarregada de fazê-los respeitar; ora, os únicos animais que podem fazer respeitar esses direitos são os animais humanos, que são, ao que dizem, os únicos que devam respeitá-los.

Os "direitos humanos", seja qual for a sua lista, baseiam-se não só na igualdade de direito entre todos os humanos, mas também no fato de eles pertencerem a uma comunidade virtual que implica reciprocidade: os direitos de um indivíduo são apenas o reverso dos deveres que os outros impõem a seu respeito. É por isso que só aquele que pode ser tido como responsável pelo que faz e a quem se podem imputar (para o bem ou para o mal) os seus atos, pode ter deveres e, com isso, gozar de direitos. Não há, portanto, direitos dos animais, pois só teriam direitos sem ter nenhum dever e, reciprocamente, os homens não teriam para com todos os ("outros") animais senão deveres, resumidos no de respeitar os direitos deles, e nenhum direito que fazer valer. Aliás, tampouco os animais teriam nenhum direito que fazer valer aos (outros) animais, mas só aos homens. O que é o mesmo que dizer que não se trata de reconhecer direitos aos animais, mas impor deveres aos homens para com eles, isto é, necessariamente deveres diferenciados em relação a alguns deles. E retornariam então as mesmas questões: *que* deveres, em relação a *quais* animais, em *quais* casos e por quê?

Os partidários dos direitos dos animais têm, porém, uma razão forte para afirmarem que são mesmo os animais, os animais *eles mesmos*, que *têm* direitos (à vida, ao bem-estar etc.). Ao argumento da reciprocidade, respondem eles, com efeito, pelo dos "casos marginais": "Reconhecemos direitos às criancinhas muito pequenas, ou aos adultos portadores de graves deficiências, incapazes de agir por si mesmos. Eles têm direitos (não podemos nem matá-los, nem fazê-los sofrer) sem ter deveres. São 'pacientes morais' (ou jurídicos). O mesmo acontece com os animais." O argumento baseia-se na distinção entre "agentes morais" e "pacientes morais", e pretende mostrar que, dado que muitos seres humanos a que reconhecemos direitos, embora não possuam este ou aquele traço supostamente essencial à humanidade (por exemplo, a racionalidade, a linguagem ou a responsabilidade por suas próprias ações), a posse de direitos não é reservada apenas à humanidade.

O que deve reter-nos aqui para a nossa investigação acerca da humanidade é a metafísica dos "direitos naturais" em que se baseia esse raciocínio. Tudo se passa como se os seres humanos supostamente "incapazes" fossem em si mesmos portadores, por um dom *a priori* de Deus ou da Natureza, de uma espécie de atributo essencial e necessário a que chamamos "direito". Na realidade, o que se passa é muito simplesmente que *nós* os reconhecemos como integrantes da comunidade humana, que neles reconhecemos *pessoas* (atuais ou potenciais), que neles reconhecemos uma forma possível de humanidade, uma pessoa que fomos – a criança – ou que poderíamos ser ou teríamos podido ser. Pois o que é educar uma criança senão *torná--la* um indivíduo responsável, fazê-la entrar na comunidade humana, em suma, nela produzir *humanidade?* E o adulto gravemente deficiente, que só podemos considerar uma exceção e não a regra de nossa humanidade, proibimo-nos de considerá-lo como um "animal", justamente por sabermos que é o que qualquer homem, "por acidente", em certo sentido, e não por essência, *teria podido* ser.

Vemos que, na óptica animalista, os direitos (subjetivos) não são de modo nenhum a *consequência* de um princípio de justiça, mas uma espécie de "dom" naturalmente possuído por todos os viventes, iguais enquanto viventes. No entanto, uma concepção política do conceito de "direitos" neles veria, mais do que atributos misteriosos de certos seres, o efeito do ato simbólico de fundação de uma comunidade: corresponde a tal comunidade considerada (família, comuna, sociedade ou até humanidade) o tipo de igualdade que convém fazer valer entre os seus membros. Com isso, é feita abstração de todas as qualidades ou de todos os atributos dos indivíduos ("raça", dons, sexo, nascimento, idade, beleza, inteligência etc.) para só considerá-los como portadores abstratos, entre os quais se coloca uma igualdade *a priori*: igualdade dos irmãos de uma família, igualdade dos usuários de um serviço público, igualdade dos cidadãos de uma sociedade democrática, igualdade de pessoas no seio da humanidade.[42] Os direitos que reconhecemos *a priori* a esses seres são o resultado desse processo de abstração e são, por hipótese, *iguais*. Não é que os direitos de todos e de cada um, numa dada comunidade, seja ela qual for, *sejam* iguais – como se existissem *a priori* e tivessem por "propriedade" mensurável serem iguais – mas antes, inversamente, que a noção mesma de direitos (subjetivos) é o efeito do próprio reconhecimento da *igual* pertença à comunidade considerada. Os "direitos" são o efeito do processo de igualização, e não o contrário. Eles não podem ser desiguais por definição, ao contrário dos deveres morais que nos impomos para com as espécies animais – uma vez que o Animal não existe.

As teorias dos "direitos dos animais" são, portanto, sintoma da reinterpretação de toda a moralidade social nos termos liberais dos *direitos subjetivos*. Assim, também os animais tornam-se *indivíduos liberais*, dotados

---

42 É, por exemplo, o que encontramos na origem de muitas teorias contratualistas, em particular a de John Rawls (*Teoria da justiça*), que se vale, para ilustrar o seu princípio, da imagem do "véu de ignorância".

de direitos naturais, de um território próprio, de liberdade inalienável, de personalidade jurídica e, talvez em breve, de "propriedade privada". A natureza é povoada por indivíduos, todos eles sujeitos "livres" e igualmente portadores de direitos, com a diferença de que não mais se trata, como nas teorias liberais clássicas, de determinar o território de liberdade dos cidadãos em relação à onipotência dos Estados e de contribuir, assim, para a definição de um Estado de direito; trata-se de atribuir direitos naturais aos seres naturais *enquanto tais*, não para torná-los partícipes iguais do estado social, mas para permitir a todos *igualmente* o retorno à desigualdade do estado de natureza. Esse igualitarismo absoluto, portanto, necessariamente não tem limites definidos, quer a respeito de quem são os iguais, quer a respeito de como são iguais, quer a respeito de por que devem ser ditos iguais. Podemos perguntar-nos o que ganhariam os bichos em se tornarem indivíduos livres e iguais; podemos entrever o que os homens perderiam com isso.

NOSSA HUMANIDADE NO ESPELHO ANTIESPECISTA

Se o homem é um animal como os outros, então, conclui Francione, os homens devem conceder aos animais os "direitos" que reconhecem para si mesmos e "libertá-los" do "jugo" da domesticação milenar que lhes impõem, exatamente como um Estado liberal decidiria "descolonizar" as populações exploradas. Essa tese, por mais radical e indefensável que pareça, diz, na realidade, uma dupla verdade: o que significa toda importação de conceitos políticos no campo da moralidade concreta e a imagem da humanidade que ela supõe. Um conceito mais geral ainda que o de "direitos" resume por si só a estranha normatividade que se pretende deduzir da figura naturalizada do homem: o antiespecismo, construído por analogia com o antirracismo. Como as teorias de Francione, tal conceito se deduz logicamente da figura do homem "animal como os outros". Mas, à incongruência das consequências, ele soma a incoerência dos princípios. Estes merecem, porém, que neles nos detenhamos, pois revelam os perigos das morais naturalistas, do fundamentalismo da bondade e do igualitarismo ilimitado.

Não é preciso refutar o antiespecismo: ele mesmo se encarrega disso muito bem, pois entra necessariamente em contradição com os seus próprios princípios. A atitude que pretende denunciar radicalmente o antropocentrismo é radicalmente antropocêntrica. Pois nenhuma espécie natural respeita "naturalmente" as outras espécies naturais – acontece até, em geral, o contrário, como mostra justamente a Biologia Evolucionista.[43] *A fortiori*, nenhuma espécie natural considera nem pode considerar todas as outras de maneira igual, e ainda menos de igual modo que a sua. Nenhuma espécie pode ser antiespecista, a não ser a "espécie humana". Esta é, aliás, a única que pode simplesmente "considerar" as outras. A humanidade (ou este ou aquele de seus "membros", este ou aquele de seus componentes) pode, assim, sempre *querer* ser "antiespecista" porque ela é a única "espécie" que *pode* ser moral.

Em outras palavras: ou o homem deve ser antiespecista, ou não. Se o homem considerar que a sua humanidade justifique tratar a humanidade nele e em todos os outros de maneira moralmente diferente daquela com que trata os "outros animais", ele deve ser "especista". Mas suponhamos que se possa mostrar que ele deva tratar os animais como se trata moralmente a si mesmo; então, tudo o que se terá mostrado é que o homem deve comportar-se em relação aos outros animais de maneira diferente daquela como eles se tratam entre si ou como tratam os homens, ou seja, deve comportar-se de maneira completamente diferente da dos outros animais – o que é a definição de "especismo", ainda que seja antes, *stricto sensu*, um "especismo às avessas": adotar para a sua própria espécie outras normas do que as que se defendem para as outras. Ou seja, se o homem for moralmente especista, tem fundamentos para sê-lo; e se for seu dever ser moralmente antiespecista, então será *a fortiori* moralmente especista: ele extrai as suas normas e os seus valores dos traços próprios de sua humanidade. Em ambos os casos, deve comportar-se como ser humano moralmente diferente de todos os outros animais.

O antispecismo é uma contradição pragmática – isto é, uma proposição cujo conteúdo é contradito por sua própria forma –, como "Seja espontâneo" ou "É proibido proibir". Dizer que uma só espécie *deve* ser antiespecista é exatamente como se se dissesse (para retomar a analogia favorita – embora chocante – dos antiespecistas): só tal raça (a "branca", por exemplo) não deve ser racista – o que é evidentemente absurdo. O antirracismo não é a injunção a não discriminar os homens em função da raça (esta proposição é ela mesma "racialista", pois o conceito de raça não tem conteúdo claro), é somente o reverso necessário do universalismo humanista. O que justifica a prescrição antirracista é precisamente ser ela universal e, portanto,

---

43 Lembremo-nos de que se avalia que entre 96% e 98% das espécies naturais que existiram na Terra desapareceram – a maioria delas antes da chegada do homem –, o que não impede que nos preocupemos com a diminuição acelerada da biodiversidade sob a influência humana.

necessariamente reversível: ninguém pode ser discriminado em função de sua suposta "raça" e ninguém (seja qual for sua "raça") pode tratar este ou aquele indivíduo de maneira privilegiada ou discriminatória. Se não devemos fazer discriminação em função da raça, é porque devemos tratar igualmente todos os homens. Mas para necessariamente por aí o igualitarismo. Pois nenhum tipo de universalismo pode, por hipótese, se estendido a todas as espécies animais (e os ratos? e os piolhos?), e menos ainda a todas as espécies vivas (devemos parar de tomar antibióticos?). Para além do limite da humanidade, o igualitarismo entra em contradição consigo mesmo. Dizer que o homem é um animal como os outros é colocar-se numa contradição pragmática ao mesmo tempo inevitável e significativa.

As elucubrações antiespecistas, sob a sua aparência ingênua e radical, revelam na realidade a "verdade" da figura da humanidade que pretende apoiar-se no paradigma naturalista. Declarara Protágoras numa frase famosa: "O homem é a medida de todas as coisas, das que são, enquanto são, das que não são, enquanto não são."[44] Alguns filósofos tentaram contestar essa frase de diversas maneiras, e em especial de um ponto de vista lógico: não se podia objetar que ela se contradissesse a si mesma? Contam que Protágoras retorquiu que não era nada disso e, aliás, os que pretendiam contradizer sua tese apenas a confirmavam: "O homem é a medida de todas as coisas. [...] Mesmo quem se opõe a essa tese é obrigado a testemunhar em favor dela. Pois ao sustentar que o homem não é a medida de todas as coisas, ele o confirma, pois é homem[45] [...]." Assim, ao pensamento contemporâneo que diz "O homem *não é* a medida de todas as coisas porque, apesar da sua pretensa superioridade sobre as outras espécies, ele *não é*, na realidade, *senão* um animal como os outros", um novo Protágoras poderia responder que esse mesmo pensamento, próprio do homem, apenas confirma que ele não é um animal como os outros. Ou seja: supondo que os pensadores do naturalismo anti-hierárquico tenham razão, isso mesmo provaria que estão errados; e todo argumento que aventassem para provar sua afirmação não faria mais do que refutá-la. Diriam que ela é o resultado das pesquisas dos neurocientistas, dos paleoantropólogos, dos etólogos, dos biólogos da evolução? É insustentável, mas o admitamos. No entanto, ao justificar suas afirmações por meio de conhecimentos científicos, pressupõem que tais conhecimentos sejam o fiador último das nossas crenças. Não devem reconhecer que eles são próprios só da humanidade? Poderiam todos alegar (de acordo com seu

---

44 Ver, por exemplo, Platão, *Teeteto* 151 e ss.; Sexto Empírico, *Esboços pirronianos* I, 216ss.
45 Segundo Sexto Empírico, *Contra os dogmáticos* VII, 60.

igualitarismo radical) que as formas de conhecimento animal têm o mesmo valor que as humanas; mas, então, eles não podem mais assentar *essa* afirmação nos "conhecimentos" dos etólogos e dos neurocientistas. Como poderiam as Ciências mostrar, sem se contradizerem, que a representação que os patos ou os chimpanzés têm do mundo tem o mesmo valor que o próprio conhecimento científico? Se *a Ciência* pudesse mostrar que a ciência que temos dos chimpanzés equivale à que eles têm de nós, entraria necessariamente em contradição consigo mesma. Se tiver razão, estará errada: contradição pragmática. Se realmente existirem conhecimentos "cientificamente *provados*", este é o sinal da superioridade cognitiva da Ciência que o prova: portanto, quem quer que afirme que "está cientificamente provado que não há diferença fundamental entre o homem e o animal" não faz mais do que afirmar a superioridade da Ciência do homem e, portanto, a diferença fundamental entre o homem e o animal.

Por que essa animosidade contra o "animalismo"? Porque ele é consequência do paradigma naturalista e, sob suas aparências generosas e caridosas, ameaça os fundamentos do universalismo humanista: este está tão longe de estar "esgotado" ou "superado", que a maioria dos homens e das mulheres do planeta continua a lutar pelo seu reconhecimento. Por que dar tanta importância às especulações antiespecistas? Porque elas mostram bem as incoerências e os perigos dessa nova moralidade, cuja potência cresce cada vez mais e tende a se impor sem enfrentar resistência. Essa normatividade é caracterizada por uma contradição pragmática análoga à do relativismo. Encontramos outras formas dela: como poderia um discurso antropológico mostrar que o discurso dos indígenas estudados por ele tenha o mesmo valor que o que os estuda e, por isso mesmo, perder todo crédito em valorizar o discurso dos indígenas? Ou ainda, reciprocamente: como poderia um discurso antropológico mostrar que o discurso dos "dominados" tem o mesmo valor que ele mesmo, sem se afirmar como aquele pelo qual os valores afloram no discurso? A normatividade naturalista, por sua vez, diz do homem que ele é um ser de "natureza", mas gostaria que ele deixasse essa pretensa "natureza" ser o que é sem ele. Diz ela que o homem está "na" natureza e gostaria, ao mesmo tempo, de tirá-lo dela, pois quer uma natureza sem o homem. A normatividade contemporânea diz um mundo em que o homem possa não existir; sonha com uma natureza em que o homem deixe de agir e da qual se tenha ausentado para poder deixá-la existir. Pois essa natureza, esses outros animais que ela vê, imagina, ou melhor, inventa e com os quais identifica a humanidade, ela os vê e os pensa como espectadora, sem ver e sem pensar que tal pensamento contradiz por seu ato o que ela pensa. Como aquele que dissesse "Eu não existo" negaria por seu dizer aquilo que diz. Como aquele que se imagina morto e não pode evitar estar no mundo imaginando esse mundo de onde se ausentou. Esse ponto de vista contemporâneo sobre o homem e a natureza que afirma a naturalidade do homem e pretende reinstalá-la *dentro* da natureza, como se devolve um peixe à água, nega ser um ponto de vista sobre a natureza, ser um ponto de vista necessariamente humano, em todo caso exterior a essa natureza. Ao dizer "O homem é um animal como os outros", a nova normatividade diz que ela mesma não existe para poder dizê-lo. É como aquele que diz "Não digo nada". Mas o que pode querer dizer esse pensamento que diz que não deve existir? Não quer dizer, na realidade, que ele *não* quer existir ou mesmo que ele *quer* não existir? Não é o que chamamos niilismo?

A contradição pragmática do antiespecismo é o outro lado da contradição interna a essa última figura do homem: animal como os outros – com a condição de não o ser; único animal que age – sobre animais que, todos eles, padecem etc. Quer-se estender indefinidamente a bondade à natureza inteira – que não pode suportar isso. (Uma bondade sem limites tem necessariamente efeitos perversos.) Ainda que o antiespecismo seja um pensamento fraco, é promissor, pois entrecruza muitos traços significativos da normatividade contemporânea: a política do apolitismo, a fome de igualdade ilimitada – isto é, sem os limites necessários à sua própria definição –, a contradição pragmática própria a todo ponto de vista que nega ser um ponto de vista, ou a sua simétrica, a contradição própria ao relativismo.

Os valores humanistas são, talvez, tão ameaçados quando pretendem estender-se para além dos limites da humanidade, que quando se pretendem reservados a uma parte dos homens. O naturalismo antiessencialista cai no absurdo ao se pretender anti-hierárquico, e a ideia de igualdade se esvazia de sentido quando não está vinculada a uma vontade de justiça ou a um ideal jurídico ou político. O igualitarismo pode até tornar-se uma ideologia particularmente perniciosa porque, ao contrário do trans-humanismo tecnicista, que tem a delicadeza de se enfarpelar com os trajes tradicionais do demônio, ele se insinua em nossos conceitos e em nossas crenças revestido da obsessão do Bem, segundo o seguinte raciocínio:

Já que a "Ciência" mostra que o homem não existe, pois não é senão um "animal como os outros", então é certo tratar os homens como os outros animais (por exemplo, impedindo-o de prejudicar os que são potencialmente nocivos) e tratar os animais como homens livres e iguais (por exemplo, libertando-os do jugo dos homens).

CONCLUSÃO

Nossa humanidade

As quatro figuras do homem mostram-se tão férteis no plano moral como fecundas no plano científico. Em sua face moral, não são, obviamente, nem verdadeiras, nem falsas. Não podemos sequer dizer que sejam boas ou más, absolutamente falando. Trazem consigo promessas de desenvolvimentos universalistas e, no entanto, também de riscos – risco de justificar a escravidão ou a dominação das mulheres em nome de um essencialismo naturalista; de justificar a redução de todas as espécies naturais à matéria bruta, em nome de um essencialismo dualista; de justificar a dominação dos sujeitos em nome da onipotência do saber sobre a ilusão; de justificar a assimilação do homem à máquina ou ao animal, em nome de um naturalismo igualitário. Nos quatro casos, o que deu real poder nocivo a esses conceitos foi a força que pretendiam tirar de sua face científica. Nessa outra face, porém, tais figuras tampouco são verdadeiras ou falsas. O caso é que elas são igualmente frutuosas ao permitirem o estabelecimento de programas científicos, ou pelo menos por terem garantido filosoficamente o valor deles: o homem de Aristóteles ("vivente que dispõe do *logos*") é o objeto sobre o qual se edificaram as Ciências Naturais da Antiguidade (em especial a Zoologia e a Cosmologia); o homem de Descartes, substância pensante (estreitamente unida a um corpo) é o sujeito por excelência da Física Matemática; o homem estrutural (sujeito sujeitado) é o homem ideal para disciplinas que se pretendem ao mesmo tempo ciências e humanas; e é no homem neuronal (animal como os outros) que se fundamentam os atuais programas naturalistas de conhecimento do homem.

Vemos diariamente se confrontarem estas duas últimas concepções do homem. Alguns já enterram as "Ciências Humanas e Sociais" no cemitério dos paradigmas obsoletos – quando não das ideologias pré-científicas. Observam que a vocação científica da Psicanálise há muito se esvaiu, e o que nela resta de ambição teórica está hoje vinculado a métodos das disciplinas literárias (comentário de textos e interpretação dos grandes autores) – o que não impede de modo algum o bom êxito persistente desse método clínico em certos países latinos; observam também que a Sociologia Construtivista está em busca do seu paradigma desde a retração do estruturalismo – o que não impede frutuosas investigações de campo; que a Etnologia morre aos poucos, à medida do desaparecimento dos seus objetos (as sociedades "primitivas") – embora seus métodos fundadores se reciclem ao lidarem com novos objetos; que a Linguística se tornou quase universalmente chomskiana, isto é, naturalizada ou naturalizável, e que logo só restará a História, a mais antiga das Ciências Humanas, se é que alguma vez ela foi uma delas, para representar essa aventura científica de dois séculos, que culminou no estruturalismo. Acrescentam que hoje o único programa verdadeiramente científico em matéria de conhecimento do homem é o que, na esteira da Biologia e do paradigma cognitivista, arrebata partes cada vez maiores das antigas Ciências Humanas, cria novas disciplinas ambiciosas e permite encontros disciplinares imaginativos; observam, ademais, que essa naturalização progressiva das Ciências do Homem corresponde aos anseios dos fundadores mais respeitados dessas Ciências, e que a inevitável absorção delas no novo paradigma é menos um sinal de seu desaparecimento do que de sua maturidade. Em suma, um paradigma esgotado seria substituído progressivamente por um paradigma conquistador. Tudo isso é verdade, sem dúvida, em grande parte, ainda que tenhamos esboçado acima (Capítulo 6) alguns motivos para duvidar que a História das Ciências seja tão simples e para pensar que as miragens de unificação naturalistas continuam mais distantes do que parece.

Poderíamos, aliás, perguntar se essa oposição das duas imagens do homem é assim tão decisiva e se deve necessariamente ser frontal. Não se trata de uma mera peripécia da eterna querela entre o adquirido e o inato? Ela não poderia ser resolvida com duas frases concordatárias, do tipo "O homem tem, por certo, um patrimônio genético, mas mesmo assim é dependente de seu meio", ou por qualquer outra forma mais sutil de não dar razão a nenhuma das duas partes em detrimento da outra? É de temer que o problema epistemológico não possa ser resolvido por oposições tão vagas e gerais, pois as divergências sérias começam a partir do momento em que se colocam as questões concretas. Deparamo-nos com alguns exemplos: como explicar o autismo? Deve-se ou não interpretar a homossexualidade? Outros exemplos: como analisar os fenômenos religiosos contemporâneos? Como "a coisa do grupo que forma a sua identidade", logo como um fenômeno social fundamental que tem por função primeira unir, mediante crenças e ritos, os homens de uma comunidade? Ou como manifestações de certas particularidades naturais da mente humana, por exemplo, a necessidade de imaginar agentes sobrenaturais, dotados de intelecto e vontade, com os quais os homens tenham interações vinculadas sobretudo ao valor moral de seus atos? (As duas explicações acusam-se mutuamente de se inspirarem em considerações políticas inconfessas e que só têm em comum o poder de perturbar o crente.) Ou, para tomar o exemplo de um fenômeno menos crucial, a música, também ela manifestação tida como universalmente humana, pois não se conhece nenhuma cultura humana que não recorra a sons, ritmos, cantos e instrumentos: como avaliar o que todas essas músicas particulares nos revelam acerca de nossa humanidade? Para responder a esse tipo de questão, podemos voltar-nos, à escolha, para dois tipos de Ciência: uma "Ciência Humana" herdada do século XX, a Etnomusicologia, ou uma "Ciência Natural" nascida no século XXI, a Biomusicologia.[1] Por vocação profissional, o etnomusicólogo será relativista: ele nos explicará as funções que têm para cada povo as inúmeras manifestações sociais, religiosas e simbólicas sustentadas pelo que *nós* chamamos de música; afirmará o caráter decididamente etnocêntrico do próprio conceito de "música" e evitará ver nele algum sentido universal, sempre suspeito de trazer consigo algum pressuposto "ocidental". A Biomusicologia, ao contrário, não se contentará em assinalar universais humanos da música (o recurso a escalas fixas, a noção de tônica etc.), mas procurará os ganhos adaptativos, do ponto de vista da evolução, da percepção do ritmo ou da reprodução melódica, não só no homem, mas nos mamíferos superiores. E, entre o biomusicólogo e o etnomusicólogo, que só compartilham um igual poder de perturbar o melômano, ouviremos as mesmas acusações que entre os dois sociólogos

---

1 Ver Brown, Merker e Wallin, "An Introduction to Evolutionary Musicology". In: ———, *The Origins of Music*. A Biomusicologia compreende, na realidade, três disciplinas: a Musicologia Evolucionista, a Neuromusicologia e a Musicologia Comparada.

da religião, de defender uma "visão do homem" impregnada de preconceitos ideológicos ou de estar a serviço de operações políticas. Não há um único problema, um único conceito, uma única prática humana acerca dos quais não se possam contrapor, não só duas teorias científicas – este é sempre o caso acerca de qualquer coisa –, mas, de um modo mais geral, dois grandes tipos de abordagem metodológica, antinaturalista e naturalista, baseados em duas concepções opostas do homem.

Existem, na realidade, razões epistemológicas fundamentais pelas quais o conflito entre essas duas concepções não possa ser resolvido pela refutação de uma ou de outra, ou pela promoção de algum homem médio, meio natureza, meio cultura. Cada um desses dois conceitos tem o poder de congregar ao seu redor métodos, teorias, disciplinas e programas científicos específicos: ele está no princípio deles. Ora, não é nunca isoladamente que os princípios podem ser postos à prova da experiência (por exemplo, para serem eventualmente refutados ou confirmados por ela), mas solidariamente, com o conjunto dos outros conceitos que dele dependem no âmbito das teorias por eles fecundadas.[2] Portanto, nunca podemos dizer se são verdadeiros ou não: a questão sobre se é verdade que o homem é mais dependente do dado natural ou do que adquire do meio não pode nunca ser colocada isoladamente, nem, portanto, ser resolvida de maneira clara.

O filósofo pacifista deverá, então, ter um discurso epistemológico mais sólido, defender uma definição clara das fronteiras científicas e dizer aos beligerantes o seguinte: "É inútil brigar para saber se o homem não passa de um ser natural ou não é tal ser. É o mesmo que perguntar quem tem razão, o biólogo ou o historiador, o paleoantropólogo ou o antropólogo cultural. Adotem, aqueles que fazem etnologia, um conceito do homem e um conceito do animal pelos quais as culturas humanas se oponham às culturas animais. E expliquem, os que querem fazer etologia, as condutas de todos os seres naturais (inclusive os homens) em relação ao meio natural. Nós, filósofos, por nosso lado, não tiraremos nenhuma lição relativista dessa divisão do trabalho científico, apenas uma lição epistemológica: os conceitos não podem atravessar indenes as disciplinas ou os paradigmas científicos, pois são estes últimos que lhes dão sentido e valor." Tal filósofo poderia acrescentar: "É ingênuo pretender que a 'linguagem', por exemplo, não seja própria ao homem. Mas seria igualmente ingênuo pretender o contrário. Há necessariamente um conceito de linguagem que engloba formas

---

2 É o que se chama "holismo epistemológico", cuja primeira formulação é de Pierre Duhem e que foi formalizado por Willard Van Orman Quine.

de comunicação animal, e há necessariamente outro conceito de linguagem que só se refere à linguagem humana (à estrutura sintática, à dupla articulação, ao poder de produção infinita de novas frases, à potência metafórica etc.). Há, sem dúvida, um conceito de arte que pode ser aplicado a certas produções dos símios, das baleias e dos pássaros, e outro que abrange Shakespeare, Rembrandt e Mozart. Não é, evidentemente, o mesmo conceito, e não é estendendo o segundo que se obtém o primeiro. O mesmo acontece com a 'cultura', a 'vida social', a 'moral', o 'pensamento' etc. – todas elas coisas que sempre podemos naturalizar (e ganhamos necessariamente com isso um plano de inteligibilidade) ou nos recusar a naturalizar (e ganhamos com isso outro plano de inteligibilidade)."

E deveria o filósofo concluir com um alerta: "Seja o que for que vocês deduzam em suas investigações, evitem tomar a proposição fundadora de seu paradigma científico ("O homem é um animal como os outros e não há exceção humana"[3] ou "O homem não é um animal como os outros e há mesmo uma irredutível exceção humana"); evitem, digo, tomar essa proposição puramente *analítica* (ou, se preferirem, esse postulado) como uma proposição *sintética* (ou, se preferirem, como uma verdade demonstrada) e exportá-la para fora de seu campo epistemológico, para fazê-la desempenhar um papel normativo. E isso vale tanto para essas figuras do homem como para as outras, por exemplo, as do animal racional ou da substância pensante."

A lição negativa mais geral que pode ser tirada das análises desenvolvidas nos dez capítulos deste livro é, com efeito, a proibição dessas duas passagens. Proposições analíticas acerca do homem – ou seja, proposições fundadoras de um programa de conhecimento da natureza ou do homem – não podem ser tomadas como proposições sintéticas – isto é, como verdades científicas; e podem ainda menos ser tomadas como proposições normativas acerca do que os homens devem ou não fazer aos outros homens ou aos outros seres naturais.

* * *

As lições das duas figuras do homem oriundas das Ciências do Homem parecem, portanto, essencialmente negativas. Não tornaram elas pelo menos caducas, como desejavam as figuras "metafísicas" anteriores, em especial o animal racional da Antiguidade e a substância pensante clássica?

---

3 Lembremo-nos do título do livro marcante de Jean-Marie Schaeffer, *La fin de l'exception humaine*, op. cit.

Há, ao contrário, nessas duas figuras filosóficas, algo que resiste a toda tentativa de crítica, ou mesmo de "desconstrução". Entendamo-nos: enquanto figuras do homem de duas faces, não são mais "verdadeiras" que as duas figuras ulteriores, nem na face científica nem na face moral. Mas, enquanto definições filosóficas do homem separáveis desses dois contextos, elas resistem a toda refutação, e em particular às críticas que lhes foram feitas em nome das formas contemporâneas de saber sobre o homem. Lembremo-nos: as últimas figuras do homem foram construídas refutando as anteriores. O homem estrutural opunha-se à consciência de si do homem cartesiano, mas igualmente ao ser racional aristotélico – sendo a racionalidade de preferência o apanágio dos seus rivais, o *Homo economicus* ou o homem liberal. Quanto às Neurociências e seu homem renaturalizado, seu adversário principal continua sendo o dualismo (cartesiano) do espírito e do corpo, pois todo seu esforço consiste em explicar um pelo outro. Ora, não se pode prever que nem um nem outro conseguirão livrar-se desses dois conceitos filosóficos, o animal racional e a substância pensante unida a um corpo.

Podemos, em primeiro lugar, duvidar de que os métodos naturalistas das Ciências Cognitivas, que explicam os fenômenos da mente por meio de mecanismos computacionais ou neurológicos, possam um dia explicar tudo o que podemos entender por consciência e tudo o que Descartes entendia por pensamento.[4] Podemos até avançar que há algo, no dualismo, que resiste necessariamente a toda objeção. O quê? A consciência; ou talvez, mais precisamente, a experiência em primeira pessoa.

Cumpre introduzir aqui duas distinções. É preciso, em primeiro lugar, distinguir mente e consciência – e isto contra Descartes, que assimilava os dois.[5] As duas figuras contemporâneas do homem (estrutural e neuronal)

---

4 "Pelo nome de pensamento, compreendo tudo o que está de tal maneira em nós, que o conhecemos imediatamente [somos imediatamente cognoscentes dele]. Assim, todas as operações da vontade, do entendimento, da imaginação e dos sentidos são pensamentos" (*Respostas às segundas objeções*, AT IX, 124).

5 Descartes nunca usa a palavra "consciência", desconhecida na língua francesa da época. Ele não diz "Somos conscientes de", mas "Somos imediatamente cognoscentes de" (ver a nota anterior), ou "Temos conhecimento atual de". Um dos textos em que Descartes assimila mais claramente o pensamento (conteúdo mental) e a consciência é o seguinte: "Quanto à questão sobre se pode haver no espírito, enquanto coisa que pensa, algo de que ele mesmo não tenha conhecimento atual, parece-me que ela é muito fácil de resolver, pois vemos muito bem que nada há nele, quando assim o consideramos, que não seja um pensamento ou que não dependa inteiramente do pensamento: caso contrário, isso não pertenceria ao espírito enquanto coisa que pensa; e não pode haver em nós nenhum pensamento de que, no mesmo momento que está em nós, não tenhamos um conhecimento atual. (*Respostas às quartas objeções*, AT IX, 190)

concordam num ponto: a mente não se reduz à consciência que temos dela. De um modo mais geral, uma das principais contribuições da Psicologia Científica (quer Behaviorista, quer Funcionalista etc.), e não apenas da Psicanálise, é ter permitido essa distinção. Há conteúdos mentais de que não temos consciência. Podemos, porém, perguntar o que permite dizer que algo esteja "na mente", se não mais dispomos, como Descartes, do critério da consciência que lhe permitia distingui-lo do que está no corpo. Para praticamente todos os "psicólogos", a resposta é o critério de causalidade. No fundo, é o de Descartes: é pensamento aquilo que pode causar um pensamento ou ser causado por um pensamento – com a única diferença de que, para Descartes, só podia ser pensamento o que fosse consciente. Assim, está "na mente" todo pensamento (desejo, crença, imagem, recordação etc.), consciente ou não, que possa causar pensamentos conscientes ou atos. (Podemos incluir entre os seus efeitos as atitudes, emoções e, em Freud, sonhos e "atos falhos".) A crença de que seu pai morreu pode ser ou a adesão consciente do sujeito a essa sentença ("meu pai morreu"), ou a capacidade que tem essa representação de determinar nele atitudes, atos, recordações, emoções etc. O desejo de um objeto não é definido pela consciência que dele tem o sujeito, mas pela capacidade de suscitar no sujeito atos ou pensamentos que exprimam ou impliquem uma atração por esse objeto. Podemos tirar dessa distinção mente/consciência diversas conclusões científicas: por exemplo, que o estudo da mente pode dispensar todo recurso à consciência e se limitar à observação dos comportamentos exteriores (Behaviorismo); ou, pelo contrário, que, uma vez que o essencial do conteúdo da mente é inconsciente e só parte dele pode ter acesso à consciência em sua forma primitiva ou em forma deformada, transposta, simbolizada etc., o estudo da mente deve poder passar das manifestações conscientes para as suas causas inconscientes (Freudismo); ou ainda – esta é a conclusão tirada pelas Ciências Cognitivas – que devemos poder estudar os conteúdos mentais (as "representações", conscientes ou não) como manifestações causadas por estados do cérebro. Mais particularmente, em sua variante principal – o Funcionalismo –, os conteúdos mentais serão explicados pela função, isto é, pelo papel causal que desempenham nos comportamentos que o organismo possa ter e pela interação causal com outros estados mentais. Bastará, então, para explicar o fenômeno mental em questão, especificar qual mecanismo (computacional ou neuronal) é capaz de desempenhar essa função, como um pêndulo marca a hora. A aprendizagem, por exemplo, pode facilmente ser descrita em termos funcionais como a capacidade de adaptação do organismo às mudanças no meio ambiente – sem ser preciso invocar outras explicações propriamente espirituais. Munidas desse viático, as Ciências Cognitivas parecem bem armadas para explicar a consciência: basta especificar as suas funções. Entre estas, podemos citar a função de vigília: o organismo desperto é muito mais atento às modificações do meio ambiente do que o organismo adormecido; a função perceptiva: o organismo que percebe de diferentes maneiras o seu meio ambiente e as suas modificações está mais bem equipado para se manter vivo do que um organismo insensível – acrescentemos que quanto mais diferenças o organismo perceber em seu meio ambiente por meio dos diversos sentidos, melhor poderá defender-se; a função memorial: o organismo que pode recordar seus estados passados pode reagir melhor aos acontecimentos presentes; a função de autocontrole: o organismo capaz de ter acesso a seus próprios estados internos tem um desempenho muito melhor do que os outros; a função da consciência de si: o organismo capaz de conhecer a unidade e a individualidade de sua própria existência poderá dirigi-la melhor em função de objetivos a longo prazo etc. Praticamente não há dúvida de que essas funções sejam as que se podem atribuir precipuamente à consciência, a qual significa vigília, percepção, memória, autocontrole, consciência de si.

Infelizmente, nenhuma dessas funções supõe realmente a consciência.[6] Ou melhor, cumpre distinguir dois sentidos da palavra e, por conseguinte, duas coisas. Há o que podemos chamar de consciência psicológica (em inglês: *awareness*), que permite a um ser ter consciência do estado do seu meio ambiente e dos seus estados internos; e há o que podemos chamar de consciência fenomenal (em inglês: *consciousness*), que permite a um organismo experimentar, na primeira pessoa, esses diferentes estados. É o que acontece, por exemplo, com o gosto dos morangos silvestres, o sabor de um vinho Chambertin, o aroma do pão quente ou do tabaco frio, a sonoridade do Stradivarius, o azul das campânulas, a maciez da seda, mas também o calor tropical, o medo do escuro, as saudades, a esperança, o enjoo, a febre ou a coceira provocada pela picada de um mosquito etc. Ora, todas as funções que atribuímos à consciência psicológica (vigília, percepção, memória etc.) poderiam ser executadas por um organismo ou mesmo por um mecanismo *sem nenhuma experiência fenomenal*, isto é, que não sinta nenhum desses estados qualitativos que os filósofos da mente chamam de *qualia* – os quais, inversamente, parecem irredutíveis a estados funcionais. Ou seja, a consciência

---

6 Pauto-me aqui nas excelentes análises de Chalmers, *The Conscious Mind. In Search of a Fundamental Theory*.

caracteriza-se psicologicamente pelo que faz e fenomenologicamente pelo que sente.[7]

Podemos, portanto, distinguir três tipos de organismo. Há organismos sem mente, ou seja, sem consciência psicológica, por exemplo a maioria das máquinas, provavelmente algumas plantas ou ainda os animais cartesianos. Há, em seguida, organismos com uma consciência psicológica (por exemplo, máquinas de Turing ou grande número de animais "inferiores"), capazes de vigília, de "perceber" as modificações rápidas ou graduais de seu meio ambiente, de "conhecer" por meio de retroação seus próprios atos internos, mas sem que isso *lhes provoque nada*. (Se batermos palmas perto de uma mosca, ela sai voando, é o comportamento adaptado. Será que ela "ouviu" as minhas mãos baterem, "percebeu" as vibrações do ar? Em certo sentido, sim, pois reagiu. Mas será que "ouviu", no sentido de essas palmas terem provocado nela uma sensação qualitativa – sonora, tátil etc.? Sentiu "medo"? Sim, em certo sentido, pois reagiu por um comportamento de fuga. Mas será que ela experimentou esse estado particular da mente que chamamos medo, ou não será este um modo de descrever o comportamento dela por analogia com o nosso? Impossível saber. Uma coisa é certa: é possível construir máquinas que reagem exatamente como a mosca e de que sabemos serem absolutamente carentes de consciência fenomenal.) Há, por fim, organismos que dispõem de consciência psicológica funcional e de consciência fenomenal, nos quais *provoca alguma coisa* perceber, recordar, sentir dor etc.: os seres humanos, evidentemente, grande número de animais "superiores", provavelmente. É difícil resolver o problema empírico: que animais têm consciência fenomenal, e de quê? Mas tal problema talvez não tenha nenhum sentido, pois, mesmo se determinado animal, por exemplo, o morcego, que se orienta graças a um sistema de sonar, tivesse uma consciência fenomenal, jamais poderíamos saber qual é ela, ou seja, "como é ser morcego", de acordo com o título do célebre artigo de Thomas Nagel:[8] sempre podemos explicar funcionalmente o seu comportamento a partir das informações de que sabemos que ele dispõe e, ainda que o pormenor nos escape provisoriamente (as Neurociências só progridem a passos de gigante), podemos, portanto, postular que o seu comportamento se explica em termos neurológicos ou computacionais, pois podemos fabricar radares, sonares ou veículos que fazem "tuu-tuu" cada vez mais rápido quando se aproximam recuando de uma parede; mas jamais poderemos saber "como é",

---

7 Ibid., p.11.
8 Nagel, "Quel effet ça fait d'être une chauve-souris?". In: _____, *Le point de vue de nulle part*.

para o morcego, ter essas informações (se é que isso provoque nele alguma coisa) e muito menos *traduzir* em nossos sistemas de *qualia*, para nós, que nada sentimos com isso, seu próprio sistema (putativo) de *qualia*. Ou seja, nada temos que esperar da questão empírica "Que consciência *fenomenal* têm os seres não humanos?"

O que importa é menos a questão empírica do que a distinção conceitual: é possível conceber sem contradição um ser que disponha das funções psicológicas precedentes (vigília, percepção, autocontrole etc.), mas absolutamente carente de toda consciência fenomenal, um zumbi, por assim dizer. Ninguém sabe por que sentimos o que sentimos. A consciência fenomenal parece, com efeito, dificilmente explicável em termos funcionais: compreendemos que perceber seja útil para um ser vivo, mas por que deveria ele, além disso, sentir alguma coisa: amarelo, açucarado, quente etc.? Compreendemos como é útil fugir diante do perigo, mas por que deveríamos, além disso, sentir o que chamamos medo? Compreendemos por que um organismo deve poder evitar ser danificado, mas por que, além disso, isso lhe causa dor? A consciência fenomenal talvez até seja inexplicável, pura e simplesmente. Pois, desde que julgamos poder explicá-la, nos damos conta de que é sempre um aspecto da consciência psicológica que explicamos. Há sempre um abismo entre tudo o que podemos dizer, na terceira pessoa, isto é, objetivamente, a respeito da consciência e a riqueza fenomenal e infraconceitual do mundo sentido em primeira pessoa, isto é, subjetivamente. De um modo mais geral: toda descrição científica do mundo e da mente, inclusive a das Neurociências, é compatível com a ausência de consciência. Pode-se naturalizar a intencionalidade, que era um Himalaia a conquistar,[9] mas não a consciência, que parece pertencer a outra ordem. Não só não podemos explicá-la, mas *nem sequer sabemos o que seria uma explicação*. Afinal, é mais fácil explicar a vida que explicar a consciência, porque, por mais difícil que seja a tarefa de explicar a vida (e é por isso que os "vitalistas" pensavam tratar-se de um fenômeno irredutível), sabemos o que seja explicá-la: ser capaz de reduzi-la a mecanismos mais fundamentais; seria (ou é) poder determinar que processos psicoquímicos permitem executar as funções próprias a um vivente (metabolização, reprodução, comportamento adaptado etc.). Mas o que seria explicar a consciência fenomenal, cujas funções somos incapazes de determinar ou até mesmo de saber se as tem? E o que seria dividir a estrutura da consciência em seus elementos mais simples (outra maneira de explicar um fenômeno físico ou biológico), pois não vemos de que seja "composta"

---

9 Ver anteriormente, p.122.

a consciência? Na realidade, nada é mais *simples* que a consciência – e é por isso que ela parece mesmo inexplicável.

O que concluir disso tudo? A necessidade de um retorno a uma visão mística do sobrenatural da alma? De modo algum. Há, sem dúvida, espaço para teorias naturalistas da consciência, mas também sem dúvida não há nenhuma via mecanicista, nenhuma redução a processos neurológicos. Talvez a consciência faça parte dos elementos fundamentais da Física (não da Biologia), da mesma forma que a massa ou o espaço-tempo, entidades irredutíveis a outras, de que não se procura dar conta, pois permitem dar conta das outras, e das quais, porém, se pode fazer a teoria, mostrando que relações necessárias elas têm entre si.[10] Mas não é esse o nosso objeto, que é apenas mostrar haver uma verdade do dualismo, invencível a toda forma de reducionismo.[11] Descartes havia apenas colocado a barra no lugar errado ao assimilar, sob o nome de "pensamento", consciência psicológica (redutível de direito a mecanismos físicos) e consciência fenomenal (irredutível) e privando todos os animais de uma e de outra. Mas seu Grande Argumento continua válido, a saber, que a mente (ou melhor, a consciência) é mais fácil de conhecer do que o corpo, porque temos acesso em primeira pessoa a fenômenos que, ainda que possam ser com razão relacionados a "coisas exteriores", têm um teor qualitativo irredutível a tudo o que deles podemos conhecer objetivamente: "Eu sou o mesmo que sinto, isto é, que recebo e conheço as coisas como pelos órgãos dos sentidos, pois, na verdade, eu vejo a luz, eu ouço o ruído, eu sinto o calor. Mas vão dizer que tais aparências são falsas e que estou dormindo. Que seja; todavia, pelo menos, é muito certo que me parece que eu vejo, ouço e me aqueço; e é propriamente isso que em mim se chama sentir, e isso, tomado mais precisamente, não é senão pensar"[12] – ou melhor, corrigiremos, "ter consciência".

Contentamos-nos acima com esboçar essa irredutibilidade da consciência em primeira pessoa a toda explicação do mundo em terceira pessoa, pois o nosso objeto não é ela, mas a humanidade. No máximo podemos sugerir, de passagem, que a irredutível dualidade da consciência e do corpo está, provavelmente, na origem do dualismo metafísico que é o único fundo comum a todas as crenças religiosas: a crença em "minha alma", em sua independência em relação ao meu corpo, à sua sobrevivência, à sua

---

10 É a via sugerida por Chalmers, *The Conscious Mind,* op. cit.

11 David Chalmers fala de "dualismo naturalista" (ibid., capítulo 4). A nosso ver, não há nenhuma razão para recuar diante da hipótese de um dualismo ontológico. Não vemos *a priori* o que o tornaria mais "irracional" ou menos "científico" que o monismo.

12 *Segunda meditação.*

preexistência, a crença na alma dos antepassados ou dos mortos, no espírito da floresta ou do Grande Todo, nos deuses antropomórficos, no Deus pessoal dos monoteísmos etc. Se for esse o caso, teríamos motivos para crer que a questão sobre se a religião é fundamentalmente "natural" ou "cultural" não se coloca diretamente nesses termos. Ela teria um fundamento natural, mas não no sentido reducionista que damos no mais das vezes a essa ideia.

Para nós, porém, o essencial não está aí, e por enquanto só pode ser negativo. Pois se tudo o que precede acerca da "consciência" estiver de alguma forma correto, nada podemos extrair daí a respeito da "nossa humanidade", pois, ao contrário do que pensava Descartes acerca do pensamento, a consciência fenomenal não permite definir o homem, sobretudo por oposição ao animal. Poderíamos até ver em todo esse raciocínio um argumento animalista. "Muito bem, dirão, não se pode saber 'como é ser morcego' porque ele dispõe de um sistema de sonar que não podemos representar fenomenologicamente. Mas o argumento já é menos válido acerca dos cães, dos cavalos ou dos chimpanzés, que têm um sistema perceptivo bastante próximo do nosso. E, principalmente: não posso, por certo, saber como é ser cão, mas, no fundo, será que posso saber como é ser Aristóteles ou Descartes? Ou, melhor ainda: sei muito bem como é saborear o morango silvestre, o pão que sai do forno e sentir enjoo, mas será que sei como isso é para você? E terei algum dia a prova de que você vê igual a mim o que vejo 'azul' ou que você sente medo ou calor exatamente como eu? Provavelmente não." Esse argumento equivale a dizer: a consciência (fenomenal) é em primeira pessoa e não pode de modo algum tornar-se pública, isto é, objetivamente *humana*. Os *qualia*, portanto, nunca estão no mundo humano mesmo, mas ou, no sentido estrito, em "meu mundo" privado, ou, em sentido amplo, no mundo comum a todos os seres "conscientes", para além das fronteiras da nossa humanidade.

A isso, cumpre responder o seguinte: pelos *qualia*, estou em meu mundo, sem dúvida. Mas o mundo em que vivo é um mundo comum, pois dispomos da linguagem, pela qual a primeira pessoa pode dizer-se e ser compreendida em terceira pessoa ao dirigir-se a uma segunda pessoa. Para compreender a outrem, não preciso de modo algum saber "como é ser ele ou ela", preciso apenas compreender o que ele (ela) me diz, e isso mesmo me basta muitas vezes para colocar-me no seu lugar. É pela linguagem que o mundo se torna comum, e é nesse mundo que vivemos, nós outros, humanos, e não num mundo de *qualia* que são, no entanto, irredutíveis a estados do meu organismo. E se me faltam as palavras para dizer como é para mim sentir frio, ver o azul das campânulas, sentir remorsos, ter medo ou sentir subir a febre, eles não faltam a todos, e muito menos "em si", pois a linguagem humana tem de único o fato de que o seu poder não tem limites. O que vai ser dito jamais foi dito. Mesmo quando as palavras parecem faltar, acabamos um dia descobrindo que certa expressão era possível para dizer essa tonalidade singular de consciência fenomenal que julgávamos fosse indizível. Jamais saberemos como é ser morcego. Jamais saberemos como é ser Aristóteles ou Descartes. Mas podemos saber como é ser humano ao lermos Montaigne ou Proust.

E é nisso, também, que o Grande Argumento de Aristóteles é tão irrefutável quanto o Grande Argumento de Descartes. Somos "animais racionais" na exata medida em que somos animais falantes – "falantes" no sentido preciso em que Aristóteles entendia o *logos* num texto que podemos citar uma segunda vez:[13]

> O homem é o único animal que tem uma linguagem [*logos*]. Por certo, a voz é o sinal do doloroso e do agradável, por isso a encontramos nos animais; a natureza deles, com efeito, chegou ao ponto de sentir o doloroso e o agradável e de significá-los mutuamente. Mas a linguagem existe para manifestar o vantajoso e o nocivo e, por conseguinte, também o justo e o injusto. Com efeito, não há senão uma coisa que seja própria dos homens em relação aos outros animais: o fato de serem os únicos que tenham a percepção do bem, do mal, do justo e do injusto e das outras noções deste gênero.[14]

Os animais podem exprimir o que sentem para o bem ou para o mal – e, acrescentaremos a respeito dos animais sociais que dispõem de uma "linguagem" elaborada – podem comunicar entre si, por um sistema de signos, as informações úteis à sobrevivência ou à harmonia do grupo. Mas a linguagem humana é essencialmente diferente por sua estrutura predicativa. Falamos *de* alguma coisa (S) e *afirmamos* sobre ela alguma coisa (P). "S é P." Falamos de campânulas e dizemos que elas são azuis; ao que se pode sempre responder que não, que tendem mais para o violáceo. Os interlocutores devem poder falar da mesma coisa (o sujeito S), mas devem sempre poder afirmar ou negar sobre ela outra coisa (o predicado P). Eles devem entender-se sobre o que falam para poderem contradizer-se.[15] O *logos* assim entendido basta, portanto, para garantir as condições da objetividade: vivemos

---

13 Ver anteriormente, p.29-30.
14 *Política* I, 2, 1253a 1-19.
15 Desenvolvemos essa ideia em *Dire le monde*.

num mundo de "morangos silvestres", "vinhos de Borgonha", de "pão" e de "tabaco", de "violinos", de "seda", de "calor", de "trópicos" e de "medo"; de "esperanças", de "remorsos", de "coceiras", de "picadas" e de "mosquitos". Nós outros, homens, que nos podemos falar, vivemos todos no mesmo mundo. Mas o *logos* assim entendido garante também as condições da contradição, portanto do diálogo, entre interlocutores quaisquer. Dizemos "S é P" ("isto é justo") a alguém, que sempre pode replicar que "S não é P" ("isto não é justo"). O *logos* permite, pois, finalmente o diálogo acerca de valores morais e políticos objetivos (o bem e o mal, o justo e o injusto), e não só de afeições subjetivas (o bom e o mau, o útil e o nocivo). Objetividade do mundo de que se fala, diálogo que trata do que dele se diz, controvérsia sobre os valores comuns, são estas algumas das obras do *logos* humano. Basta isso para definir o homem como "animal racional"? Talvez. Pode ser que todo "animal falante" seja racional. Seria, então, isso a nossa humanidade?

* * *

Recapitulemos. As quatro figuras do homem têm dupla face: teórica e prática, cognitiva e normativa, científica e moral. A Ciência não nos pode dizer o que é o homem, e tampouco o que ele deve fazer. Não podemos dizer o que é o homem a partir do que dele nos diz a Ciência. Mas, em compensação, podemos concluir daí que o homem é o ser "capaz de conhecimento científico". Não podemos dizer de uma definição qualquer do homem o que ele deve ou não fazer, ou seja, uma Moral. Mas, em compensação, se o homem for um ser que pode fazer o que deve, podemos pelo menos sustentar que ele é o ser "capaz de conduta moral". Ou seja, da simples consideração "cética" das quatro figuras do homem, todas elas ligadas a um projeto científico e por consequências morais, deduzem-se duas características possíveis da nossa humanidade.

É o que se depreende também de dois paradoxos com que nos deparamos. Nenhuma Ciência pode mostrar que "o homem é um animal como os outros", quando mais não seja porque seu "dito" seria contradito por seu "dizer": essa proposição refuta-se a si mesma. Se for verdadeira, é falsa. Se o homem fosse um animal como os outros, a Ciência teria razão de dizê-lo; mas se a Ciência tiver razão, é porque o homem é capaz de ter acesso a um modo de conhecimento confiável, a Ciência, que o distingue de todos os outros animais, e isso provaria, portanto, que a Ciência está errada; ele não é um animal como os outros, é o animal capaz de Ciência. Do mesmo modo:

NOSSA HUMANIDADE

se o homem for um animal como os outros, nenhuma moral pode dizer-nos como ele deve comportar-se em relação aos outros animais, mesmo que seja só porque tal conduta contradiria seu próprio princípio. Se ele pode tratar "bem" os outros animais, é porque ele se considera vinculado a princípios que o distinguem dos outros animais; não é, portanto, por ser um animal como os outros que ele age assim, mas justamente por não sê-lo. Ele não é um animal como os outros, é um animal moral. A "Ciência" e a "Moral", seria isso, então, a nossa humanidade. Mas o que significa isso?

Propusemos uma definição descritiva da Ciência.[16] Devemos agora dizer o que é a Ciência *para o homem*, ou seja, o que é ser um ser capaz de Ciência. São necessárias três condições, talvez quatro.

Todo animal precisa de conhecimentos sobre o mundo. Alguns têm, provavelmente, conhecimentos "conscientes" – no sentido fenomenal do termo. Percebem algo do mundo e isso produz neles alguma coisa. O primeiro grau de conhecimento é a crença, por mais vaga que seja. "Aqui--um-predador", "ali-um-parceiro-sexual" etc. Em si mesma, a crença não se dá por verdadeira ou falsa, ela se apresenta como um dado imediato do mundo: "Aqui-fonte-de-comida".

Mas o que é próprio do homem é poder alcançar um segundo grau de conhecimento, uma crença sobre a sua crença – e isso pelo simples fato de dispor da linguagem.[17] Com efeito, suponhamos que ele creia – como Descartes na Primeira Meditação – estar sentado junto ao fogo a escrever e em seguida se dê conta de que tudo não passava de um sonho, que tal crença era falsa: na verdade, está nu em sua cama. Para poder pensar "Não passou de um sonho", é preciso que ele tenha uma crença sobre a própria crença, a crença na falsidade de sua crença precedente. As ideias de "verdade" e "falsidade" implicam a de crença de segundo grau. O mesmo acontece

---

16 Ver anteriormente, Introdução, p.12. Propúnhamos para ela a seguinte definição: "todo processo de conhecimento de uma área particular que se empenha em descrever e explicar os fenômenos confrontando seus conceitos e teorias com a experiência, por meio de métodos transmissíveis".

17 Retomo aqui, em parte, a argumentação de Donald Davidson, em particular em "Animais racionais" (In: _____, *Paradoxes de l'irrationalité*). Davidson, porém, não concederia que se possam ter crenças de primeiro grau (o que chamo de crenças vagas) sem tê-las de segundo grau. Segundo a sua concepção do "holismo mental", não podemos ter crenças ou até desejos (e, mais geralmente, atitudes proposicionais) sem termos linguagem e, portanto, sem termos ao mesmo tempo o conceito de crença, bem como um conjunto organizado de crenças. Ou seja, um ser não falante não pode ter nem desejos, nem crenças propriamente ditas. A nossa posição é, portanto, claramente mais generosa em relação aos animais não falantes, pois lhes atribuímos crenças (e desejos -- ver adiante) de primeira ordem. Este, pelo menos, é o nosso uso dos termos "crença" e "desejo", que é mais vago do que o dele.

quando, estando ao lado de uma pessoa que pensa haver algo para comer na cozinha, eu lhe aviso: "Não, não tem pão aqui". Tenho uma crença sobre a sua crença, a crença de que ela é falsa. Chamemos tais crenças de segundo grau de juízos. "Isso (tal crença) é verdadeira (ou falsa)" é um juízo. (A maior parte do tempo, no entanto, a ideia de verdade da crença permanece implícita no juízo, fica subentendida na asserção. O juízo afirmativo "tem pão aqui" significa que tal crença é verdadeira e "não tem pão" significa que ela é falsa.)[18] Para ter crenças de segundo grau, crenças sobre crenças, as suas ou as dos outros, é necessária a linguagem. Podemos, evidentemente, sonhar sem termos o conceito de sonho, mas não podemos pensar que sonhamos sem ter o conceito de sonho (ou pelo menos de crença falsa), ou seja, sem dispormos da ideia de realidade objetiva independente de nossas crenças. Só posso dizer a meu interlocutor que está enganado com a condição de dispor de uma linguagem em que "pão" designa a mesma coisa para ele e para mim e de ter, por conseguinte, uma linguagem predicativa: "S é P", "S não é P". Um animal sem linguagem não pode ter senão uma crença vaga, de primeiro grau, como "aqui-fonte-de-comida" – pois não dispõe dos conceitos de "fonte" e de "comida", que pertencem à nossa maneira humana, linguística, conceitualizada, de interpretar os comportamentos *dele*. Pensamos que ele pense que há "comida": isso apenas confirma que falamos, não permite concluir daí que ele o pense. Para poder ter acesso às ideias de verdadeiro e falso, é preciso, pois, poder falar.

Mas, inversamente, *basta* poder falar para poder ter o conceito de verdade. Um "animal falante" é um animal que pode entender-se com outro sobre o que seja "pão" e, por conseguinte, pensar que "isto é pão" e que "isto não é pão, apesar de parecer". Pelo simples fato de poder falar, ele tem não só grande número de crenças a respeito das crenças de primeiro grau, isto é, das condições necessárias para "ser pão" ou não, para "estar quente" ou "frio", "duro", "bem cozido" etc.; e poderá aprovar ou contradizer aqueles com quem compartilha o mundo em que certas coisas são "pão duro e frio". Só os seres falantes têm acesso a um mundo objetivo; eles vivem no mesmo mundo, um mundo *real*, que podem distinguir de um mundo imaginário, onírico ou fictício. E a linguagem é a condição necessária e suficiente para distinguirmos a objetividade do mundo de que podemos falar – de que podemos falar uns com os outros – da subjetividade das percepções imediatas que cada um pode ter delas e de onde tira suas crenças. Os homens,

---

18 É o que já mostrava Aristóteles, *Metafísica* Λ, 7, 1017a 31-5, que fazia do verbo "ser" no juízo o marcador da asserção, portanto da verdade da proposição.

NOSSA HUMANIDADE

enquanto falam, podem distinguir o real do ilusório, o verdadeiro do falso, o que é objetivo e o que não passa de subjetivo.

Mas isso é, evidentemente, *suficiente* para podermos dizer que eles são "animais racionais". Pois o fato de ter um "juízo" (no sentido de afirmação de uma crença, de crença implicitamente posta como verdadeira, de crença de segundo grau) implica necessariamente um bom número de outros juízos logicamente compatíveis com o primeiro: o juízo de que "o pão pode ser comido", "o pão pode ser cozido", de um modo mais geral de que "tudo o que se come mata a fome", talvez também de que "o pão é feito de farinha", "o pão é vendido na padaria", "o pão está quente quando sai do forno", "todo pão quente se esfria" e, de um modo ainda mais geral, de que "tudo o que é quente acaba esfriando" etc. Obviamente, como observa Donald Davidson,[19] não podemos estabelecer a lista completa das crenças verdadeiras que dependem de uma única crença verdadeira, nem daquelas de que esta depende. É certo, porém, que não podemos fazer nenhum *juízo* sem dispormos implicitamente de uma ampla rede de juízos logicamente interligados. Isso não exclui que possamos fazer juízos incoerentes: é o que forçosamente nos acontece, bem como a todos os "animais racionais". Só um "animal racional" pode ser irracional. E só os seres humanos são animais racionais.

Para ser "capaz de Ciência" é preciso, porém, uma terceira condição, alcançar um terceiro nível de conhecimento: não mais a simples crença, nem a crença sobre a crença – o juízo –, mas a crença sobre a crença sobre a crença: o saber. Assim como, para passar da crença ao juízo, é preciso passar da crença imediata e subjetiva à crença de que uma crença seja objetivamente verdadeira ou falsa, é preciso, no terceiro grau, passar da crença objetivamente verdadeira à *razão* objetiva pela qual ela é verdadeira: chamaremos "saber" a crença verdadeira acompanhada dessa razão, ou seja, de sua justificação – do que Platão chama, justamente, o seu *logos*:[20] sabemos que P (é verdadeiro) *porque* Q. "Sei que tem pão na cozinha porque o comprei e foi lá que o deixei." Assim como se passa do primeiro ao segundo grau pelo *logos*,

---

19 Davidson, "Animais racionais", art. citado, p.67. No mesmo sentido, mostramos (*Dire le monde*, op. cit., capítulo 1) que toda predicação pressupõe um sujeito em que a totalização dos seus predicados já está dada, ou seja, uma predicação "essencial". Assim, para poder dizer o que quer que seja acerca do "pão", já se deve pressupor que ele é *por si* alguma coisa e a *mesma* coisa para os que falam dele: é implicitamente a respeito do conteúdo dessa "essência" que os interlocutores concordam, mesmo se, é claro, essa "essência" nunca seja, de fato, completamente dizível (a lista dos predicados tidos como essenciais nunca se fecha), nem perfeitamente idêntica para os dois interlocutores.

20 Ver *Teeteto* 201b ss.

isto é, pela possibilidade da afirmação e da negação a respeito da mesma coisa, passa-se do segundo ao terceiro grau pela possibilidade de interligar os juízos entre eles a respeito da mesma crença. Na passagem de um grau de conhecimento a outro, dá-se um ganho de objetividade: julgamos objetivamente que uma crença subjetiva é verdadeira, sabemos objetivamente a razão pela qual um juízo é verdadeiro. A objetividade das razões, porém, de modo algum é da mesma ordem que a dos juízos. A objetividade dos juízos recorre à *realidade* do objeto das crenças para determinar sua verdade ou falsidade; a das razões recorre à relação dos juízos para justificar a verdade deles. Uma justificação pode recorrer a uma experiência do curso do mundo (constatou-se em geral que...), a induções (toda vez que...), a deduções (se... então...) etc. Ela implica o diálogo, a necessidade de justificar-nos ou de convencermos aquele a que nos dirigimos de que temos boas razões para afirmarmos o que afirmamos, ou mesmo a necessidade de convencer um auditório real ou imaginário, particular ou universal, pessoal ou impessoal. De um modo mais geral, tal justificação pode tornar-se argumentação. Todos os animais racionais podem alcançar esse segundo nível de racionalidade que é a justificação de seus juízos, portanto, o saber.

Chamaremos "Ciência" um saber geral que recorra a procedimentos universalizáveis (ou pretensamente tais) de justificação – e, portanto, um quarto grau de conhecimento, que relaciona entre elas porções de saber. A passagem da justificação "local" de um juízo a um procedimento geral de justificação de um saber é o acesso a um novo nível de objetividade – e, por conseguinte, também de racionalidade: a *ideia de Ciência* supõe que os procedimentos sejam objetivos, no sentido de serem públicos, abertos, transmissíveis e sempre possivelmente questionados pelo confronto das justificações ou pelas novas contribuições da experiência. Assim são elaboradas diferentes Ciências que ora recorrem a procedimentos puramente lógicos (a demonstração, por exemplo), ora supõem a coleta de dados e as contribuições críticas da observação comparada (a experiência), e ora necessitam da experimentação ativa. Que os procedimentos científicos sejam (teoricamente) abertos ao confronto livre e permanente dos modos de justificação, implica que as Ciências e suas teorias têm uma História. Essa exigência de abertura exclui, portanto, os procedimentos – por mais "racionais" que possam parecer – que em última instância se baseiem na autoridade absoluta dos textos, no respeito pela palavra dos mestres ou no respeito pelos juízos aceitos. Esta é, pelo menos, a *ideia* de Ciência ou ideal científico. Determinar em que medida esta ou aquela "Ciência" real (formal, como as Matemáticas; natural, como a Física; humana, como a

NOSSA HUMANIDADE

História ou a Sociologia etc.) coincide com essa ideia ou se aproxima desse ideal de universalidade dos procedimentos de justificação é uma questão epistemológica com que nos deparamos aqui ou ali; é também um problema social e institucional, que os sociólogos das Ciências nunca deixam de ressaltar. De qualquer modo, o conhecimento científico aparece como uma espécie de crença de quarto grau: crença no valor universal das justificações dos juízos referentes a crenças. A humanidade é a capacidade de alcançar esse quarto grau de conhecimento – isto é, esse terceiro nível de racionalidade.

Isso não significa, é claro, que ela possa sempre alcançá-lo. Isso depende de condições econômicas, sociais, políticas, ideológicas e religiosas mais raras, entre as quais figuram a possibilidade de livre exame, a prática aberta da discussão em comum, o questionamento dos juízos da tradição, a crítica dos "mestres de verdade", às vezes também condições de concorrência entre "autoridades institucionais" etc. Diremos, pois, com prudência, que a humanidade é a capacidade de *alcançar* o saber e de *visar* a um conhecimento universal.

Passemos agora à segunda caracterização positiva do homem que pode ser extraída das lições negativas das quatro figuras – a de nossa terceira parte. Ele é um animal moral.

Dizer que o homem é moral não significa de modo algum que ele seja bom por natureza. Nem, aliás, que seja mau. Essa disjunção, como observa Kant,[21] não é sem dúvida pertinente; por natureza, o homem não é nem bom, nem mau, ou é os dois ao mesmo tempo, capaz tanto de extraordinária dedicação como de inominável barbárie. Há tantas provas da "humanidade" dos homens como de "crimes contra a humanidade". É, porém, incontestável que ele seja o único vivente para o qual a questão se coloca. Não cabe perguntar se os tsunamis, as plantas, as ostras, os cães ou até os macacos ajam em função de valores (é justo, é injusto), respeitando conscientemente normas (agir bem, agir mal), cumprindo deveres (eu deveria fazer isto, não se deve fazer aquilo), demonstrando virtudes e vícios (tal conduta é corajosa, magnânima, desonesta). Mas o que significa "agir moralmente" para o ser que é capaz disso – o *ser humano*? Para poder agir moralmente, são necessárias, mais uma vez, três condições, talvez quatro.

A primeira condição é a ação – por oposição a um evento que acontece ou que se sofre. Definamos a ação como um evento imputável a um *agente*,

---

21 Kant, "Doutrina filosófica da religião", 1ª parte, Observação. In: *A religião nos limites da razão*, t.3, p.33.

no sentido de ser a causa dele. Não falamos de moral quanto ao tsunami devastador ou à picada da víbora. O gato que cai do teto não age, o que arranha, sim. A máquina ou o organismo funcionam, não agem. O vento que sopra não age, o trem que apita tampouco, mas o maquinista que o faz apitar, sim. Portanto, uma ação é, do ponto de vista do agente, uma conduta intencional, em que a intenção mesma pode ser mais ou menos consciente, o que implica que não só pode ser descrita, de fora ou em terceira pessoa, como dirigindo-se a uma meta (assim são as funções das máquinas ou os tropismos das plantas), mas que é também determinada pela satisfação de um "desejo", no sentido mais vago do termo, desde que seja pelo menos parcialmente *experimentada* pelo agente. Para os animais que agem, entre os quais, é claro, está o animal humano, o desejo é um *móvel* de ação. Mas o móvel é insuficiente: o agente deve, ademais, valer-se de diversos meios capazes de satisfazer o seu desejo ou de alcançar a sua meta, em especial o controle mais ou menos consciente de seus gestos ou de seu corpo, durante toda a ação. Nesse sentido, a ação é um conceito *vago*, cujos critérios não são absolutos, mas graduais, variando em função do *grau* de consciência (fenomenal) das metas (de sua percepção vaga durante a ação até sua deliberação prévia a longo prazo) e do grau de controle e de plasticidade dos meios usados: gestos mais ou menos automáticos, controle mais ou menos consciente e atento da sequência de atos etc. Assim, alguns seres agem mais que outros e, algumas vezes, agimos mais que outros. O cavalo que se dirige para um bebedouro provavelmente age mais do que o mosquito quando pica. O bebê ao mamar age sem dúvida menos que o adulto ao escolher o prato no restaurante, mas aquele que dá seus primeiros passos age sem dúvida mais do que o adulto quando caminha. Seja como for, não há nenhuma diferença conceitual, só uma diferença de mais para menos, entre as ações humanas mais ou menos conscientes, bem como entre as ações de diferentes tipos de agentes, humanos ou não. É, portanto, possível sustentar, contra a visão cartesiana do homem, que há muitas espécies vivas capazes – *em maior ou menor medida* – de ação. É por isso que o respeito que possamos ter em relação às outras espécies é variável, segundo sua maneira de agir e sua aptidão a fazê-lo, isto é, exatamente segundo seu grau de agentividade.[22]

Mas a segunda condição muda tudo. Para agir moralmente, não basta ser agente, é preciso também ser *sujeito*, isto é, poder agir livremente – o que nada mais significa do que poder agir como se quer e não só como se deseja. Para que um ser seja moral, não basta ser capaz de agir, portanto de

---

22 Ver anteriormente, capítulo 10, p.274-5

desejar agir, mas ser capaz de querer agir, portanto de desejar *desejar ou não* agir. É a capacidade de ter, como diz Harry Frankfurt,[23] além dos desejos de primeira ordem, desejos de segunda ordem referentes aos anteriores: chamaremos esses desejos de segunda ordem de "volições", para distingui-los dos outros. Um ser moral deve poder ter volições acerca do que os seus desejos deveriam ser. Essa capacidade de ter desejos de segunda ordem é própria dos seres humanos. É o que os constitui como sujeitos, dando-lhes a consciência (de modo algum ilusória) de serem livres: eles podem ser livres em relação a seus próprios desejos, o que não significa de modo algum que sejam dotados de "livre arbítrio" absoluto, de uma capacidade metafísica ou sobrenatural de se abstrair de todo determinismo natural, mas simplesmente de uma capacidade de pensar o próprio pensamento, de refletir sobre os próprios desejos, de aprovar ou desaprovar (para o bem ou para o mal) seus próprios *móveis*, e de tornar essa aprovação ou desaprovação um *motivo* de segundo grau da própria ação. É livre o agente se age como quer, isto é, se age como *quer desejar* agir – e é por isso que se considera que ele teria podido agir de modo diferente do que agiu. De agente ele se torna sujeito. O alcoólatra deseja beber, mas não deseja desejar beber; queria não desejar sua bebida. Não bebe livremente. O homem tem maior ou menor temperança se pode beber, em maior ou menor medida, em função do que quer beber e não só do que deseja. Não controla apenas a ação pelo desejo, mas controla também o desejo pela vontade. Esta é a condição para que a ação seja moral. Essa vontade (ou liberdade) também tem, é claro, seus graus, como o desejo e a agentividade. Podemos, por exemplo, ser mais ou menos temperantes. Mas há uma diferença conceitual, e não só de grau, entre o desejo de um agente (que comporta graus) e a sua vontade de desejar ou não desejar (que também comporta graus). E essa capacidade de ser o *sujeito de suas ações* e de se reconhecer como tal sujeito, faz de cada homem um ser livre, isto é, um ser que pode agir como quer. Esse motivo de ação é propriamente humano. Como a crença na *verdade* da crença, que é o juízo, o desejo de desejo, que é a volição, é o acesso a um primeiro nível de racionalidade, porque é desejo da *retidão* do desejo. Para o sujeito, seu desejo é "direito" ou não, assim como a sua crença é verdadeira ou falsa. Como a faculdade de julgar, a faculdade de querer depende apenas da faculdade da linguagem, no sentido por nós definido. Com efeito, a vontade supõe que o

---

23 Acerca dessa característica da ação humana e dessa definição de liberdade, ver Frankfurt, "Freedom of the Will and the Concept of a Person". In: _____, *The Importance of What We Care About*.

sujeito possa pensar que é lícito não satisfazer um desejo que, no entanto, é seu: ele o sente, mas não o aprova. Para aprovar um desejo, porém (dizer-lhe sim ou não, como se afirma ou se nega que o pão está na cozinha), o sujeito deve representar-se esse desejo no conjunto de seus efeitos, representar-se a si mesmo como *sujeito a* esse desejo e identificar-se ou não com esse *sujeito que satisfaz o seu desejo*. Para poder aprovar ou não o que deseja ("Não, não desejo este desejo que sinto"), é preciso, de certa forma, que ele possa pensar-se na terceira pessoa ("este desejo de beber, portanto de beber demais, portanto de não poder parar de beber..."), que possa objetivar o que sente na primeira pessoa – o que não é possível sem uma estrutura predicativa pela qual falamos com nós mesmos e pensamos, e pela qual dizemos algo *a respeito de* alguma outra coisa: "S é P".

É necessária, porém, uma terceira condição para que haja ação moral. Para poder falar de moral (seja ela qual for), não basta que um ser possa *querer*, isto é, desejar desejar ou desejar não desejar e que, de agente, se torne sujeito. É preciso que ele também possa querer como pensa *dever* querer. De sujeito, ele se torna pessoa. Pois, enfim, o temperante quer livremente desejar e não desejar, mas também o frio criminoso que rumina longamente sua vingança e prepara minuciosamente o golpe. Ele domina sua cólera, age como quer, mas não age moralmente: não porque é imoral matar em geral (esta é outra questão), mas, mais imediatamente ou mais formalmente, porque não quer necessariamente agir conforme o que reconhece *dever* fazer. Um ser é moral *quando pode agir segundo móveis de ação de terceira ordem*: não mais apenas segundo os desejos (móveis de ação), não mais apenas segundo volições (motivos de ação, desejos de desejos), mas segundo *valores*: razões de agir, motivos motivados, desejos de desejos de desejos. Um ser age moralmente se puder pensar, dizer, expor os valores em nome dos quais age: "Ajo assim porque está *certo*"; "Agir assim é *justo* por tal e tal razão". E esses valores são necessariamente universalizáveis, no sentido mínimo de serem comunicáveis e compartilháveis. São a sobrevivência da humanidade, a justiça social, a Ciência; mas podem ser a honra, a glória, ou até a riqueza; ou ainda a grandeza de Deus, a nação, a raça superior etc. Dizer que um ser age moralmente não significa que ele aja bem; pois podemos discordar dos seus valores, dado que, justamente, eles são da ordem do discutível – como vimos no Grande Argumento de Aristóteles. Dizer que o homem é um "animal moral" é dizer que ele é o ser que pode agir em nome de valores. São eles que justificam a correção dos seus desejos, assim como ele é capaz de justificar com razões a verdade das suas crenças. E, com isso, alcança um segundo nível de racionalidade.

NOSSA HUMANIDADE

No entanto, se há valores morais universais, eles permitem alcançar um terceiro nível de racionalidade moral, que constitui um quarto grau do desejo. Haverá valores universais, isto é, *que não possam mais ser discutidos* segundo o "pró" e o "contra" na estrutura predicativa? Só podem ser valores que fundam a própria possibilidade dessa estrutura e, portanto, da discussão.[24] Se existem, não têm conteúdo particular; ou antes, seu próprio conteúdo é deduzido das condições procedimentais de seu estabelecimento, que nada mais são do que as condições formais do *logos* no sentido aristotélico. Sempre é preciso que seja possível a discussão com qualquer outro homem acerca dos valores comuns: podem ser os de uma comunidade real, por exemplo, a sociedade, essa sociedade em que os homens podem falar-se ou deveriam sempre poder fazê-lo – trata-se, então, de valores políticos e, em primeiro lugar, a justiça; podem ser os valores da comunidade virtual, a humanidade, o conjunto de todos os interlocutores possíveis, o conjunto daqueles com quem seria possível discutir, dizer "sim" ou "não", "S é P", "S não é P" –, trata-se, então, de valores morais. A humanidade é a comunidade de todos os que podem falar-se e que são iguais enquanto falantes. Reconhecer a humanidade em cada um é reconhecê-lo como interlocutor possível e considerar a possibilidade dessa interlocução como o fundamento de todo valor. É o que chamamos, ao longo de toda esta investigação sobre a nossa humanidade, o "humanismo": um humanismo prático, que se baseia apenas na possibilidade universal de um diálogo racional sobre os valores. Não podemos desenvolver, nestas poucas observações de conclusão, o que significa tal universalidade. As consequências disso – pois é por elas que julgamos os princípios morais – não seriam, aliás, nem um pouco originais. Mas não era esse o nosso objetivo aqui; era somente mostrar a profunda semelhança entre os níveis de racionalidade no conhecimento e na ação, os dois ângulos pelos quais consideramos as figuras de nossa humanidade.

Vemos, com efeito, que há uma correspondência termo a termo entre as nossas duas caracterizações do homem: é o ser capaz de conhecimento científico ou o ser capaz de ação moral. Aquém de toda racionalidade, há a mera crença ou o mero desejo. Eles são comuns, provavelmente, a inúmeros animais, desde que lhes reconheçamos um grau mínimo de consciência de seus próprios atos. É impossível, como se observou, avaliar quantitativa ou qualitativamente essa "consciência": não podemos saber como é, para o

---

24 Quanto a este ponto, unimo-nos à Ética da discussão de Habermas (ver, por exemplo, *De l'éthique de la discussion*) e de Apel (*Éthique de la discussion*).

cão, conhecer e agir como um cão. Mas é provável que, em certo sentido, possamos atribuir ao cão um primeiro grau de conhecimento (crenças) e de ação (a satisfação de desejos): ele é agente. Mas para ser *sujeito* de conhecimento ou de ação, é necessária a racionalidade humana fornecida pela linguagem. Tal é o primeiro nível de racionalidade: alcançamo-lo por uma crença a respeito de uma crença (um juízo) ou por um desejo de um desejo (uma volição). É preciso que o sujeito, graças ao poder dado pela linguagem e pelo conceito (isto é, o pensamento de seu pensamento), decida se a sua crença é verdadeira ou se o seu desejo é correto. Em seguida, no segundo nível de racionalidade, aquele pelo qual alcançamos a moralidade ou o saber, é preciso que a pessoa possa justificar seus juízos ou suas volições por meio de *razões* comunicáveis, compartilháveis e generalizáveis, que chamamos, no caso da ação, de valores. Há, provavelmente, um quarto grau de conhecimento ou de ação – logo, um terceiro nível de racionalidade. Trata-se de um ideal de racionalidade: um ideal de procedimento para fundamentar universalmente os valores, que deveria realizar-se no humanismo universalista.

De qualquer forma, agora é possível dizer o que é a nossa humanidade – com a condição de não transformar esta fórmula numa norma com que medir os homens reais e de não crer que uma definição permita compreender a humanidade. (Compreendê-la seria poder dizer o que é ter o senso do belo, do sagrado ou da morte. Compreender a nossa humanidade seria poder explicar não só a Ciência e a Moral, mas o que chamamos Arte – um nome equívoco para algo proteiforme em que se exprime, de múltiplas maneiras, esse senso do belo, do sagrado ou da morte. Seria poder compreender o que tornou possíveis o *Mahabharata* e as *Mil e uma noites*, a *Arte da fuga* e o *blues*, o Alhambra de Granada e o Templo do Céu em Pequim, a tragédia grega e o *kabuki*, a pintura do Renascimento italiano e a caligrafia árabe, os baixos-relevos de Palenque e a máscara de Tutankhamon...)

No entanto, se for necessária uma fórmula, digamos, então, que o homem é mesmo um "animal racional" – o que não é muito original. Podemos até dizer que é o único "animal racional", com a condição de compreendermos de que se compõe essa racionalidade, de nela entendermos dois domínios e de nela distinguirmos três graus. Ser racional é dispor de uma linguagem predicativa pela qual podemos julgar o que são as coisas e opor-nos a respeito delas. Sem esse tipo de linguagem, não teríamos, sem dúvida, nenhum meio de distinguir o fluxo de nossa consciência da objetividade do mundo ou a ilusão da realidade. Por essa linguagem predicativa, podemos ao mesmo tempo alcançar um saber racional e uma ação razoável.

NOSSA HUMANIDADE

Ser racional é também poder atingir três graus de racionalidade: a verdade do juízo ou a retidão da vontade, a justificação dos juízos por meio de razões ou das vontades por meio de valores, e a universalidade dos procedimentos que permitem estabelecer os conhecimentos ou garantir o valor das ações.

Por certo, as Ciências são apenas tentativas imperfeitas, sempre precárias, de alcançar esse ideal. São próprias da humanidade, o que não significa que toda a humanidade possa sempre alcançá-la: as circunstâncias para que se renuncie aos mestres de verdade só raramente se reúnem. As Ciências nascem aqui ou ali, ora na Grécia, ora na China, ora na Península Arábica, sobre estes ou aqueles objetos, sob esta ou aquela forma. Não se pode tirar daí nenhuma lição relativista que afirme o igual valor de todos os procedimentos de justificação. Do mesmo modo, o humanismo universalista é manifestado ora por essa cultura, ora por tal outra, mas na maioria das vezes por nenhuma – pois nenhuma cultura é "universalista", o que seria contraditório. Nenhuma lição relativista pode ser tirada do fato de o universalismo não ser universalmente reivindicado ou de o humanismo não ser jamais próprio de toda a humanidade. Não, o universal não é uma invenção etnocêntrica. Não se deve crer que seja particularidade do "Ocidente", sob o pretexto de que países ditos ocidentais abrigam, às vezes, seus projetos imperialistas por trás de álibis universalistas ou de que é mais fácil, em nossos dias, defender o universalismo nos países "ocidentais" do que em outros lugares. Mas, venham elas de onde vierem, é sempre por meio de vozes singulares – de Aristóteles a Descartes, de Montaigne a Lévi-Strauss, mas também de *Antígona* a Aung San Suu Kyi, de Toussaint Louverture a Nelson Mandela – que cabe falar em nome de nossa humanidade.

REFERÊNCIAS BIBLIOGRÁFICAS

ACCARDO, A. *Introduction à une sociologie critique*. Lire Pierre Bourdieu. Bordeaux: Le Mascaret, 1997.

AGAMBEN, G. *Homo sacer*. Le pouvoir souverain et la vie nue. Paris: Seuil, 1995.

ALTHUSSER, L. *Réponse à John Lewis*. Paris: Maspero, 1973.

_____. *Sur la reproduction*. Paris: PUF, 1995.

ANDLER, D. *Introduction aux sciences cognitives*. Paris: Gallimard, 2004.

LONG, A. A.; SEDLEY, D. N. *Les Philosophes hellénistiques*, II, *Les Stoïciens*, 53 B5-9. Paris: Flammarion, 1997, p.337.

APEL, K.-O. *Éthique de la discussion*. Paris: Cerf, 1994.

ARIES, P. *Essais sur l'histoire de la mort en Occident*. Paris: Seuil, 1975.

_____. *L'Enfant et la vie familiale sous l'Ancien Régime*. Paris: Plon, 1960.

_____. *L'Homme devant la mort*. Paris: Seuil, 1977.

ARON, J.-P. *Essai sur la sensibilité alimentaire à Paris au XIXe siècle* [Ensaio sobre a sensibilidade alimentar em Paris no século XIX]. A. Colin, 1967.

_____. *Le mangeur du XIXe siècle*. Lausanne: Ex-Libris, 1973.

AUCANTE, V. *La Philosophie médicale de Descartes*. Paris: PUF, 2006.

AUDARD, C. *Qu'est-ce que le libéralisme?* Éthique, politique, société. Paris: Gallimard, 2009.

BACON, F. *Novum Organum*. [Ed. bras.: BACON, F. *Novum Organum*. Trad. e notas de José Aluysio Reis de Andrade. São Paulo: Nova Cultural, 2000].

BARKOW, J. H.; COSMIDES, L.; TOOBY, J. *The Adapted Mind. Evolutionary Psychology and the Generation of Culture*. Nova York: Oxford University Press, 1992.

BÉGORRE-BRET, C. *Aristote et la définition de l'homme*. Paris, 2004. Tese (Doutorado). Universidade de Paris X.

BENOIST, J. Du bon usage de la structure: descriptivisme versus normativisme. In: *Revue de métaphysique et de morale*, 2005/1, n.45.

BENVENISTE, E. *Problèmes de linguistique générale* I. Paris: Gallimard, 1966. [Ed. bras.: *Problemas de linguística geral* I. São Paulo: Pontes, 1991].

BERGER, P.; LUCKMANN, T. *La Construction sociale de la réalité*. Paris: Méridiens Klincksieck, 1986.

BERNSTEIN, B. *Langage et classes sociales* [Linguagem e classes sociais]. Paris: Minuit, 1975.

BESNIER, J.-M. *Demain les posthumains*. Paris: Hachette, 2009.

BITBOL-HESPÉRIÈS, A. Cartesian Physiology. In: _____. *Descartes' Natural Philosophy*. Londres / Nova York: Routledge, 2000.

BOLTANSKI, L. *De la critique*. Précis de sociologie de l'émancipation. Paris: Gallimard, 2009.

BOURDIEU, P. L'illusion biographique. In: *Actes de la recherche en sciences sociales*, n.62-3, jun. 1986, reeditado em *Raisons pratiques. Sur la théorie de l'action*. Paris: Seuil, 1994.

_____. *Choses dites*. Paris: Minuit, 1987. [Ed. bras.: *Coisas ditas*. São Paulo: Brasiliense, 2004].

_____. *La domination masculine*. Paris: Seuil, 1998.

_____. *La misère du monde*. Paris: Seuil, 1993. [Ed. bras.: *A miséria do mundo*. Petrópolis: Vozes, 2003.

_____. *Leçon sur la leçon*. Paris: Minuit, 1982. [Ed. bras.: *Lições de aula*. São Paulo: Ática, 1994].

_____. *Questions de sociologie*. Paris: Minuit, 1980.

BOYER, P. *Et l'homme créa les dieux*. Comment expliquer la religion. Paris: Gallimard, 2003.

BRENTANO, F. *Psychologie du point de vue empirique*. Trad. M. de Gandillac. Paris: Vrin, 2008.

BROWN, S.; MERKER, B.; WALLIN, N. An Introduction to Evolutionary Musicology. In: *The origins of music*. Cambridge: MIT Press, 2000.

BRUNOIS, F.; GAUNET, F.; LESTEL, D. Étho-ethnologie et ethno-éthologie, *Social Science Information*, v.45, n.2, 2006.

BRUNSCHWIG, J. L'esclavage chez Aristote. In: *Cahiers philosophiques*. Paris: CNDP, n.1, set. 1979.

BUFFON, G-L. L. «Premier discours». In: *Histoire naturelle, généralle et particulière*. Paris: Imprimerie Royale, 1749.

BURGAT, F. *L'animal, mon prochain*. Paris: Odile Jacob, 1997.

_____; DANTZER, R. (Orgs.). *Les animaux ont-ils droit au bien-être?* Paris: INRA, 2001.

BUTLER, J. D. *Adapting Minds*. Evolutionary Psychology and the Persistent Quest for Human Nature. Cambridge: MIT Press, 2005.

CANGUILHEM, G. *Études d'histoire et de philosophie des sciences*. Paris: Vrin, 1968, p.13.

CAPDEVILA, N. *Las Casas*. Une politique de l'humanité. Paris: Cerf, 1998.

CHALMERS, D. J. *The Conscious Mind*. In Search of a Fundamental Theory. Nova York: Oxford University Press, 1996.

CHANGEUX, J. *L'Homme neuronal*. Paris: Fayard, 1983. [Ed. port.: *O homem neuronal*. Trad. Artur Jorge Pires Monteiro. 2.ed. Lisboa: Publicações Dom Quixote, 1991].

CHAPOUTIER, G. La vie et l'art: deux réponses à la mort cosmique. In: Études sur la mort. Le Bouscat: L'Esprit du temps, 2003.

_____. *Kant et le chimpanzé*. Essai sur l'être humain, la morale et l'art. Paris: Éditions Berlin, 2009.

CHARTIER, R. *Au bord de la falaise*. L'histoire entre certitudes et inquiétudes. Paris: Albin Michel, 1998.

COPPENS, Y.; PICQ, P. (Orgs.). *Aux origines de l'humanité*, t.2: Le propre de l'homme. Paris: Fayard, 2001.

CORBIN, A. *L'harmonie des plaisirs*. Paris: Perrin, 2008.

CORBIN, A. *Le miasme et la jonquille*. L'odorat et l'imaginaire social, XVIIIe – XIXe siècle. Paris: Flammarion, 1986.

COUTURAT, L. *Opuscules et fragments inédits de Leibniz* Paris: F. Alcan, 1903.

CRUBELLIER, M.; PELLEGRIN, P. *Aristote*. Le philosophe et les savoirs. Paris: Seuil, 2002.

CYRULNIK, B. (Org.). *Si les lions pouvaient parler*. Essai sur la condition animale. Paris: Gallimard, 1998.

DAMÁSIO, A. *L'Erreur de Descartes*: la raison des émotions. Paris: Odile Jacob, 1995. [Ed. bras.: *O erro de Descartes*: emoção, razão e cérebro humano. São Paulo: Cia. das Letras, 2004].

DARWIN, C. *La descendance de l'homme*. Paris: Complexe, 1981.

DAVIDSON, D. Animaux rationnels. In: *Paradoxes de l'irrationalité*. Paris: Éd. de l'Éclat, 1991.

DE FONTENAY, E. *Le silence des bêtes*. Paris: Fayard, 1998.

DELEUZE, G. À quoi reconnaît-on le structuralisme?. In: CHÂTELET, F. *Histoire de la philosophie*, VIII, *Le XIXe siècle*. Paris: Hachette, 1973.

_____. *Pourparlers*. Paris: Minuit, 1990.

DELMAS-MARTY, M. *Libertés et sûreté dans un monde dangereux*. Paris: Seuil, 2010.

DELUMEAU, J. *La peur en Occident, XIVe-XVIIIe siècle*. Paris: Fayard, 1978.

DESCARTES, R. *As paixões da alma*. São Paulo: Martins Fontes, 1998.

_____. *Discurso do método*. São Paulo: Martins Fontes, 2009.

_____. *Meditações metafísicas*. São Paulo: Martins Fontes, 2011.

_____. *O mundo ou Tratado da Luz*. Campinas: Editora da Unicamp, 2009.

_____. Oitava regra para a direção do espírito. In.: _____. *Regras para orientação do espírito*. São Paulo: Martins Fontes, 2007.

_____. *Princípios de Filosofia*. São Paulo: Hemus, 2007.

_____. *Quarta meditação*. In: _____. *Meditações metafísicas*. São Paulo: Martins Fontes, 2005.

DESCOLA, P. *Par-delà nature et culture* [Para além da natureza e da cultura]. Paris: Gallimard, 2005.

_____ e PALSSON, G. (Orgs.). *Nature and Society: Anthropological Perspectives* [Natureza e sociedade: perspectivas antropológicas]. London: Routledge, 1996.

DIAMOND, J. *Le troisième chimpanzé*. Essai sur l'évolution et l'avenir de l'animal humain. Paris: Gallimard, 2000. [Ed. bras.: *O terceiro chimpanzé*. A evolução e o futuro do ser humano. Rio de Janeiro: Record, 2010].

DIGARD, J.-P. Canards sauvages ou enfants du bon Dieu? Représentations du réel et réalité des représentations. In: *L'Homme*, n.176-7, jan.-jun. 2006.

DUBREUIL, C.-M. L'antispécisme, un mouvement de libération animale. In: *Ethnologie française*, 2009/1, t.XXXIX.

DURKHEIM, E. *Les règles de la méthodesociologique*. Paris: PUF, 1967. [Ed. bras.: *As regras do método sociológico*. São Paulo: Martins Fontes, 2007].

_____. *Année sociologique*, XII (1912).

FEBVRE, L. La sensibilité et l'Histoire. In: _____. *Annales d'histoire sociale*, t.III [1941], p.18. [Ed. bras. A sensibilidade e a história. In: *Combates pela história*. Lisboa: Editorial Presença, 1989].

FERRY, L. *Le nouveau ordre écologique*. Paris: Grasset, 1992.

FLANDRIN, J.-L. *Le sexe et l'Occident*. Paris: Seuil, 1981.

————; MONTANARI, M. *Histoire de l'alimentation*. Paris: Fayard, 1996. [Ed. bras.: *História da alimentação*. São Paulo: Estação Liberdade, 1998].

FOUCAULT, M. *Dits et écrits I*. Paris: Gallimard, 1994.

————. *Histoire de la sexualité*. Paris: Gallimard, 3 volumes publicados, 1976-1984. [Ed. bras.: *História da sexualidade*. Rio de Janeiro: Graal, 1993.

————. *Il faut défendre la société*. Paris: Gallimard, 1997. [Ed. bras.: FOUCAULT, M. É preciso defender a sociedade. In: ————. *Resumo dos Cursos do College de France* (1970-1982). Trad. A. Daher. Rio de Janeiro: Jorge Zahar, 1997.

————. *Les mots et les choses*. Paris: Gallimard, 1966. [Ed. bras.: *As palavras e as coisas*. Uma arqueologia das ciências humanas. Trad. Salma Tannus Muchail. São Paulo: Martins Fontes, 2000].

————. *Naissance de la biopolitique*. Cours au Collège de France (1978-1979). Paris: Gallimard-Seuil, 2004. [Ed. bras.: *Nascimento da biopolítica*. Trad. Eduardo Brandão. São Paulo: Martins Fontes, 2008].

FRANCIONE, G. *Animals as Persons:* Essays on the Abolition of Animal Exploitation. Nova York: Columbia University Press, 2008.

FRANKFURT, H. Freedom of the Will and the Concept of a Person. In: *The Importance of What We Care About*. Cambridge: Cambridge University Press, 1998.

FREUD, S. De quelques mécanismes névrotiques dans la jalousie, la paranoïa et l'homosexualité. In: *Névrose, psychose et perversion*. Paris: PUF, 1974.

————. *Introduction à la psychanalyse*. Paris: Payot, 1969.

————. *L'Interprétaion des rêves*. Paris: PUF, 1967. [Ed. bras.: *A interpretação dos sonhos*. Trad. Walderedo Ismael de Oliveira. São Paulo: Círculo do Livro, 1989].

————. *Trois essais sur la théorie sexuelle*. Paris: Gallimard, 1987. [Ed. bras.: Três Ensaios sobre a teoria da sexualidade. In: *Obras psicológicas completas*: Edição Standard Brasileira. v.VII. Rio de Janeiro: Imago, 1996].

FRIEDLÄNDER, S. *L'Antisémitisme nazi*. Histoire d'une psychose collective. Paris: Seuil, 1971.

GASTON, G. G. Modèles qualitatifs, modèles quantitatifs dans la connaissance scientifique. *Sociologie et sociétés*, [Montreal], v.14, n.1, 1982.

————. *Pensée formelle et sciences de l'homme*. Paris: Aubier, 1960. [Ed. port.: *Pensamento formal e ciências do homem*. Lisboa: Editorial Presença, 1975].

GAUCHET, M. *Le désenchantement du monde*. Paris: Gallimard, 1985.

GOLDSCHMIDT, V. La théorie aristotélicienne de l'esclavage et sa méthode. In: ————. *Écrits*: Études de philosophie ancienne. Paris: Vrin, 1984. t.1.

GUEROULT, M. *Descartes selon l'ordre des raisons*. Paris: Aubier-Montaigne, 1968. t.II.

GUSDORF, G. *Introduction aux sciences humaines*. Essai critique sur leurs origines et leur développement. Paris: Les Belles Lettres, 1960.

HABERMAS, J. *De l'éthique de la discussion*. Paris: Editions Du Cerf, 1992.

————. *Vers un eugénisme libéral?* Paris: Gallimard, 2002.

HACKING, I. *Entre science et réalité*. La construction sociale de quoi? Paris: La Découverte, 2001.

HEIDEGGER, M. La question de la technique. In: ————. *Essais et conférences*. Trad. André Préau. Paris: Gallimard, 1958. [Ed. bras.: A questão da técnica. In: ————. *Ensaios e conferências*. Petrópolis: Vozes, 2002].

HEINICH, N. Vérités de la fiction: Entretien avec Paul Veyne, François Flahault, Nathalie Heinich et Jean-Marie Schaeffer. *L'homme*, Paris, n.175-6, p.233-50, jui.-sep. 2005.

HOBBES, T. *Léviathan*: traité de la matiére, de la forme et du pouvoir de la république ecclésiastique et civile. Trad. F. Tricaud. Paris: Sirey, 1971. [Ed. bras.: *Leviatã* ou matéria, forma e poder de um estado eclesiástico e civil. Trad. Alex Marins. São Paulo: Martin Claret, 2008].

HUME, D. *Tratado da natureza humana*. São Paulo: Editora Unesp, 2000.

JEANGÈNE VILMER, J.-B. *Éthique animale*. Paris: PUF, 2008.

KANT, E. Doctrine philosophique de la religion. In: _____. *La Religion dans les limites de la raison*. Paris: Gallimard, 1986. t.3. (Plêiade).

_____. *Logique*. Paris: Vrin, 1982. [Ed. bras.: *Lógica*. 3.ed. Rio de Janeiro: Tempo Brasileiro, 2011].

KOYRÉ, A. *Du monde clos à l'univers infini*. Paris: Gallimard, 2003. (Tel). [Ed. bras. *Do mundo fechado ao universo infinito*. 4.ed. Rio de Janeiro: Forense Universitária, 2001].

KUHN, T. *Structure des révolutions scientifiques*. Paris: Flammarion, 2008. (Champs). [Ed. bras.: *A estrutura das revoluções científicas*. 6.ed. São Paulo: Perspectiva, 2001].

LACAN, J. *Le séminaire:* VIII – Le transfert. Paris: Seuil, 1991. [Ed. bras.: *O seminário:* livro 8 – a transferência. 2.ed. Rio de Janeiro: Zahar, 1992].

LAHIRE, B. *La culture des individus*. Paris: La Découverte, 2004. [Ed. bras.: *A cultura dos indivíduos*. Porto Alegre: Artmed, 2006].

LE BLANC, G. *L'esprit des sciences humaines*. Paris: Vrin, 2005.

LECOURT, D. *Human, posthumain*. Paris: PUF, 2003. [Ed. bras.: *Humano pós-humano*: a técnica e a vida. São Paulo: Loyola, 2005].

LESTEL, D. *L'animal singulier*. Paris: Seuil, 2004.

_____. *Les origines animales de la culture*. Paris: Flammarion, 2003. [Ed. bras.: *As origens animais da cultura*. Lisboa: Instituto Piaget, 2001.]

LÉVI-STRAUSS, C. *Anthropologie structurale, I*. Paris: Plon, 1958. [Ed. bras. *Antropologia estrutural*. Trad. Beatriz Perrone-Moisés. São Paulo: Cosac Naify, 2008].

_____. *Anthropologie structurale, II*. Paris: Plon, 1973.

_____. *L'homme nu*. Paris: Plon, 1971.

_____. *Les structures élémentaires de la parenté*. Paris: Mouton, 1967.

MACCORMACK, C.; STRATHERN, M. (Orgs.). *Nature, culture and gender*. Cambridge: Cambridge University Press, 1980.

MALHERBE, M. Bacon et la Deductio ad praxim. *Revue philosophique de la France et de l'étranger*, Paris, t.128, n.1, 2003.

MAUSS, M. *Sociologie et anthropologie*. Paris: PUF, 1973. [Ed. bras.: *Sociologia e antropologia*. Trad. Paulo Neves. São Paulo: Cosac Naify, 2008].

MENGER, P.-M. *Le travail créateur*. S'accomplir dans l'incertain. Paris: Gallimard-Seuil, 2009.

NACCACHE, L. *Le nouvel inconscient*. Freud, Christophe Colomb des neurosciences. Paris: Odile Jacob, 2006.

NAESS, A. *Ecology, community and lifestyle*. London: MF, 2008.

NAGEL, T. Quel effet ça fait d'être une chauve-souris? In: _____. *Le point de vue de nulle part*. Paris: Éd. de l'Éclat, 1993.

PACHERIE, E. Naturaliser l'intentionnalité et la conscience. In: PACHERIE, E.; PROUST, J. *La philosophie cognitive*. Paris: Ophrys, 2004.

_____. *Naturaliser l'intentionnalité*. Paris: PUF, 1993.

PASCAL, *Pensées*. Ed. Lafuma. Paris: Seuil, [1962?]. [Ed. bras.: *Pensamentos*. São Paulo: Martins Fontes, 2001].

PELLEGRIN, P. La théorie aristotélicienne de l'esclavage; tendances actuelles de l'interprétation. *Revue philosophique de la France et de l'étranger*, Paris, n.2, 1982.

_____. Les fonctions explicatives de l'Histoire des animaux d'Aristote. *Phronesis*, [S.l], v.31, n.2, 1986.

_____. *La classification des animaux chez Aristote*. Statut de la biologie et unité de l'aristotélisme. Paris: Les Belles Lettres, 1982.

PICHOT, A. *La société pure*. De Darwin à Hitler. Paris: Flammarion, 2001. [Ed. port. *A sociedade pura*: de Darwin a Hitler. Lisboa: Instituto Piaget, 2002].

POPPER, K. *La Logique de la découverte scientifique*. Paris: Payot, 1978.

PROCHIANTZ, A. Mon frère n'est pas singe. *Critique*, [S.l.], n.747-8, ago.-set. 2009.

PROUST, J. *Les animaux pensent-ils?* Paris: Bayard, 2003.

RADCLIFFE-BROWN, A. *Structure et fonction dans la société primitive*. Paris: Minuit, 1972. [Ed. bras.: *Estrutura e função na sociedade primitiva*. Petrópolis: Vozes, 1973].

RAWLS, J. *Théorie de la justice*. Paris: Seuil, 1987. [Ed. bras.: *Uma teoria da justiça*. São Paulo: Martins Fontes, 2008].

REGAN, T. *The case for animal rights*. Berkeley: University of California Press, 1985.

ROSSI, S.; VAN DER HENST, J.-B. (Orgs.). *Psychologies du raisonnement*. Paris: Deboeck, 2007.

SANTO AGOSTINHO. *Oeuvres I*. Paris: Gallimard, 1998. (Plêiade).

SAUSSURE, F. *Cours de linguistique générale*. Paris: Payot, 1972. [Ed. bras.: *Curso de linguística geral*. São Paulo: Cultrix, 2008].

SHAEFFER, J.-M. *La fin de l'exception humaine*. Paris: Gallimard, 2007.

SINGER, P. *Libération animale*. Paris: Grasset, 1993.

SLOTERDIJK, P. *Règles pour le parc humain*. Une lettre en réponse à la Lettre sur l'humanisme de Heidegger. Trad. O. Mannoni. Paris: Mille et une nuits, 2004. [Ed. bras.: *Regras para o parque humano*: uma resposta à carta de Heidegger sobre o humanismo. São Paulo: Estação Liberdade, 2000].

SOLJENITSIN, A. *L'Archipel du goulag*. Paris: Seuil, 1974. [Ed. bras.: *Arquipélago Gulag*. São Paulo: Círculo do Livro, 1976].

SPERBER, D. L'enquête ontologique. Du mode d'existence des objets sociaux. In: LIVET, P.; OGIEN, R. (Orgs.). *Raisons pratiques*. Paris: EHESS, 2000. n.11.

_____. *Le contagion des idées*. Paris: Odile Jacob, 1996.

_____; ORIGGI, G. Pourquoi parler, comment comprendre?. In: HOMBERT, J.-M. (Org.). *Aux origines des langues et du langage*. Paris: Fayard, 2005. p.236-53.

_____; WILSON, D. *La pertinence*. Communication et cognition. Paris: Minuit, 1989. [Ed. port.: *Relevância*: Comunicação e cognição. Lisboa: Fundação Calouste Gulbenkian, 2001].

SUEUR, C. La démocratie participative chez les singes. Étude comparative de l'influence des relations sur l'organisation des déplacements collectifs chez deux espèces de macaques. *Le Monde*, Paris, 15 oct. 2009.

TRUBETZKOY. La phonologie actuelle. In: _____. *Psychologie du langage*. Paris: Félix
    Alcan, 1933.
VOVELLE, M. *La mort et l'Occident de 1300 à nos jours*. Paris: Gallimard, 1983.
_____. *Mourir autrefois*. Paris: Julliard, 1974.
WALLERSTEIN, I. *L'universalisme européen*. De la colonisation au droit d'ingérence.
    [Paris]: Demopolis, 2008.
WEBER, M. A objetividade do conhecimento nas ciências e na política sociais. In:
    _____. *Essais sur la théorie de la science*. Paris: Plon, 1965.
WOLFF, F. Des conséquences juridiques et morales de l'inexistence de l'animal.
    Pouvoirs, n.131, 2009.
_____. *Aristote et la politique*. Paris: PUF, 1991. [Ed. bras.: *Aristóteles e a política*. São
    Paulo: Discurso Editorial, 2001].
_____. *Dire le monde*. Paris: PUF, 2000. [Ed. bras.: *Dizer o mundo*. São Paulo: Discurso
    Editorial, 1999].
_____. *L'Être, l'Homme, le Disciple*. Paris: PUF, 2000.
WORMS, F. *La philosophie en France au XXe siècle*. Moments. Paris: Gallimard, 2009.
    (Folio Essais).

ÍNDICE REMISSIVO

Accardo, Alain, 98
Agamben, Giorgio, 276
Agente, 70-1, 80, 83, 87, 90-2, 102,
    111, 183, 234, 250, 275, 285,
    297, 313-6
agentividade, 234, 236, 274, 314-5
Agostinho de Hipona (santo), 10, 23
Alcibíades, 50
Alembert, Jean le Rond d', 181
Alexandre de Afrodísia, 48
alma, 10-2, 15, 25, 35, 39, 41, 43-4,
    47-50, 52-63, 65-7, 79, 100, 113,
    143, 148-9, 155, 160, 170-1, 206-8,
    212-3, 215, 223-4, 235, 263, 305-6
Althusser, Louis, 73, 86, 113
animais, 8-9, 24-5, 28-9, 31, 33, 35-9,
    41, 46, 50-1, 53, 62, 94-6, 115,
    118-9, 121, 124-5, 131, 139, 148,
    154, 157, 169-71, 206, 213, 224-5,
    231, 233-5, 264, 270-9, 281-93,
    303, 307-8, 311
animal (o), 16, 49, 51, 63-4, 94-5, 105,
    114-5, 118-9, 123-5, 129-30, 133-5,
    145-6, 151, 161, 185-6, 206, 234,
    267, 269-73, 275, 278-82, 285-6,
    289, 298, 308
animal político, 29-30, 42, 117, 205,
    210-5
animal racional, 10-1, 15-6, 19, 23,
    29-31, 32, 37, 45, 47-49, 51, 62,
    117, 143, 164, 172, 196, 204-5,
    210, 212-7, 263, 299, 308, 311-8

animalismo, 65-6, 234, 266, 270, 271-
    81, 285-9, 292
antiespecismo, 277-8, 289-90, 293
antiessencialismo, 115, 142, 151, 153-4,
    161, 243, 253
Antígona, 319
antinaturalismo, 92-4, 97-9, 101-2,
    104, 127, 131, 225, 232-3, 242-3,
    247, 253, 265, 280, 299
Antropologia, 7, 14, 71, 73-5, 77, 80,
    95, 97, 110-2, 119-20, 130, 133-5,
    146, 160, 188, 240, 244, 246, 248,
    251, 292, 298
Apel, Karl-Otto, 317
Apolônio Díscolo, 83
Ariès, Philippe, 95
Aristóteles, 10-2, 14, 17, 23-46, 48-51,
    62-67, 78, 93, 105, 115, 117, 124,
    133, 139-40, 144-6, 148-51, 153-6,
    164, 167-9, 171-5, 177-9, 185-6,
    191-2, 194, 196, 203, 205-7, 224,
    231-2, 236, 250, 263, 295, 306-7,
    310, 316, 319
Arnaud, Antoine, 55
Aron, Jean-Paul, 95
Aron, Raymond, 90
arte, 84, 87, 94, 96, 99, 125-6, 240-1,
    299, 318
ator, 16, 70, 80, 88, 90, 92
Aucante, Vincent, 230
Audard, Catherine, 244
Aung San Suu Kyi, 319

Bacon, Francis, 47, 226-7
Barkow, Jerome H., 119
Barthes, Roland, 73
Becher, Johann Joachim, 13
Bégorre-Bret, Cyrille, 28
Benoist, Jocelyn, 113
Bentham, Jeremy, 180
Benveniste, Émile, 7, 73, 85, 95, 110, 154, 181
Berger, Peter, 101
Bernstein, Basil, 98
Berr, Henri, 95
Besnier, Jean-Michel, 267-8
Bettelheim, Bruno, 7-8
bipedalismo, 27-9, 32, 45, 64, 116-8, 140
Bitbol-Hespériès, Annie, 230
Blanchot, Maurice, 76
Bloor, David, 103
Boltanski, Luc, 88, 253
Borelli, Giovanni Alfonso, 230
Borges, Jorge Luis, 25
Bourdieu, Pierre, 7, 73, 87, 91, 93, 96, 98, 114, 133, 139, 154, 181, 252
Boyd, Robert, 127
Boyer, Pascal, 120, 130
Brentano, Franz, 122
Brown, Steven, 297
Brunois, Florence, 130
Brunschwig, Jacques, 27, 217
Buffon, Georges-Louis Leclerc (conde de), 33, 75, 140
Burgat, Florence, 281, 283
Buss, David, 146
Butler, David J., 146

Cabanis, Pierre Jean Georges, 75
Canguilhem, Georges, 19
Capdevila, Nestor, 218
causalidade (causa), 16, 25, 31-2, 42-4, 64, 67, 70, 76, 80, 89, 93, 97-8, 121, 132, 157, 162, 166-7, 170-1, 173-4, 182-4, 190, 193-4, 225, 229, 245, 252, 301, 314
cérebro, 7, 16, 28, 53, 108, 110, 112, 114, 119-24, 128-9, 134, 140, 194-5, 271
Chalmers, David J., 302, 305
Changeux, Jean-Pierre, 7, 139

Chapouthier, Georges, 125
Chartier, Roger, 86
Châtelet, François, 96, 113
Chomsky, Noam, 296
Ciência (definição de), 13-5, 18-9, 28, 164-8, 309, 312-4. *Ver também* teoria científica
Ciências Cognitivas, *ver* cognitivismo
Ciências Humanas, 12, 17-8, 45, 69-105, 107-8, 110-4, 125-8, 130, 132-4, 145, 147, 152, 158-60, 162-3, 177-84, 193, 203, 239-54, 296
cognitivismo (Ciências Cognitivista), 7-8, 10, 13, 15, 17, 97, 109-14, 119, 123, 129-30, 134-5, 195, 262, 296
compreensão, *ver* explicação/ compreensão
computação (cálculo), 13, 110, 121, 123-4, 180, 227, 300, 303
Comte, Auguste, 75
Condillac, Étienne Bonnot de, 81
Condorcet, Nicolas, marquês de, 180
consciência, 51-2, 77, 79-92, 104-5, 109, 117-8, 157-62, 176, 181, 196, 242-3, 268, 279, 301-7, 314-5, 317-8
construtivismo, 99, 103, 254, 296
Coppens, Yves, 126
Corbin, Alain, 95
Cosmides, Leda, 119
Couturat, Louis, 122
Crubellier, Michel, 185-6
cultura(s), 7-8, 16, 18, 73, 75, 77-9, 84, 87, 94, 96, 99, 108, 119-20, 125-35, 140-1, 152, 201, 240-2, 247-50, 254, 306
Cyrulnik, Boris, 126

Damásio, António, 62
Dantzer, Robert, 283
Darwin, Charles, 109, 116, 262, 279
Davidson, Donald, 311
Dawkins, Richard, 120
definição do homem, 8-9, 11-3, 15-6, 18, 23-33, 46, 48-51, 61-7, 104,

108, 115-6, 139, 148, 152, 203-6, 212, 224-5, 233, 253, 271, 277

Deleuze, Gilles, 73, 96, 113

Delmas-Marty, Mireille, 259

Delumeau, Jean, 95

Derrida, Jacques, 113

Descartes, René, 10-3, 17, 44, 47-67, 78-9, 82, 100, 102, 105, 121, 124, 139-40, 145-52, 154, 160, 162, 174-6, 180, 194, 196, 203, 223-37, 270, 280-1, 285, 295, 300-1, 305-7, 309, 319

Descola, Philippe, 94, 127, 130-4

Despret, Vinciane, 126

Destutt de Tracy, Antoine, 75

Deus, 9, 53-4, 58-9, 62, 67, 100, 102, 124, 135, 146-7, 150-2, 224, 232, 272-3, 287, 306, 316

deuses, 25, 29-31, 35-37, 46, 53, 62, 66, 124, 150, 219, 224, 306

Diamond, Jared, 118

Diderot, Denis, 180

diferença específica, 27-9, 49, 115, 169, 277

Digard, Jean-Pierre, 132

Diógenes, Laércio, 23

Direitos, 8, 94, 234, 244-7, 250-1, 260-1, 266-7, 270, 272, 274, 282, 285-9

Direitos do Homem (ou humanos), 7-8, 241, 247, 272, 285-6

Direitos dos Animais, 7-8, 267, 270, 272, 285-9

distância epistemológica, 72, 152, 159-62, 225, 233, 237, 245, 251, 253-4

dualismo, 11, 18, 49, 57, 62, 131, 139, 153-4, 158-9, 162, 183, 225, 231-5, 239, 242, 280-1, 295, 300, 305

Dubreuil, Catherine-Marie, 277

Duhem, Pierre, 298

Durkheim, Émile, 14, 72, 75, 80, 84, 86, 93, 108, 114, 154, 160, 181, 192, 194

Economia, 16, 28, 71, 87, 96, 103, 111-2, 119, 245-6, 272, 313

Elizabeth de Boêmia, 58, 61

Epicteto, 23

Epicuro, 283

escravidão, 16, 213-5, 217-8, 221, 249, 263, 295

especismo, *ver* antiespecismo

espírito, 47, 53-7, 80-2, 97, 109-13, 120-4, 128-9, 133, 149, 152, 174-5, 180, 194-6, 224, 300, 303, 306. *Ver também* mente

essência, 9, 23-8, 30, 32-3, 37, 39, 48, 53, 57, 64, 76-8, 98, 105, 114-5, 141, 143-52, 171, 205-11, 216-21, 224, 237, 263, 265

essencialismo, definição do, 115, 140, 143-5, 149-51, 153, 161, 205, 208-12, 216-21, 232-33, 236-7, 239, 242-3, 262-4, 295. *Ver também* antiessencialismo

estoicos, 48, 57

estrutural (homem), 7-10, 12, 69, 73, 78-9, 84, 88-9, 91-4, 96-7, 104, 108, 111, 128, 140, 152, 158-61, 177-8, 184, 239, 242-6, 249-52, 300

estruturalista, 11-2, 15, 17, 72-3, 76, 78, 80, 83, 86-7, 91, 94-5, 99, 104-5, 107-13, 119, 121, 128, 135, 161, 180, 184, 192, 239, 245, 253, 296

estruturas, 7, 71, 83, 85, 87-8, 109, 126, 128, 179, 181, 184, 187-9, 191, 194, 241-2, 245, 252, 257

Ética, *ver* Moral

Etnologia, 13, 73, 75, 107, 119-20, 146, 148, 158, 246, 296

Etologia, 108, 112, 125, 127, 291, 298

Euclides, 184

Eudoxo de Cnido, 173

Eurípides, 215

evolução, 7, 95, 109, 112, 116-9, 125, 127, 140, 153, 157, 161, 195, 255, 261-4, 267, 291, 297

explicação/compreensão, 71, 80, 89-90, 97, 109, 157, 183

Febvre, Lucien, 86, 95

Ferry, Luc, 266

figura, definição da, 10-1, 15-19, 38, 44-7, 63-4, 71, 73, 77-8, 88, 91, 99, 104-5, 108-9, 112, 114-6, 128, 130, 133, 145-9, 151-4, 161-2, 164-6, 201, 203-4, 217, 242, 244, 252-4,

259, 262, 269-72, 280, 291, 293, 299-300, 308, 313
Filosofia, 10-1, 17, 19, 23, 74-6, 89, 113-4, 123, 148, 159, 175, 205, 216-7, 226, 244, 267, 270, 277, 280, 285, 300, 302
Física, 11-2, 40-1, 43-5, 52, 56, 61, 63-7, 155-60, 162, 167-8, 171-7, 179-80, 183, 192-6, 203, 216-7, 227, 229, 312
Física Matemática, 11, 44-5, 49, 60-1, 63, 66, 160, 163, 172, 174, 176, 182, 193-4, 312
Flahault, François, 102
Flandrin, Jean-Louis, 95
Fontenay, Élisabeth de, 270, 285
Foucault, Michel, 25, 69, 73, 76, 84, 86, 95, 107-8, 113, 135, 276
Francione, Gary, 285, 289
Frankfurt, Harry, 315
Frazer, George, 240
Freud, Sigmund, 14, 72, 80, 84-6, 93, 96, 114, 117, 128, 154, 255, 258, 301
Friedländer, Saul, 264
Fukuyama, Francis, 268

Galef Jr., Bennett G., 127
Galileu, Galileo Galilei (dito), 44, 47, 152, 174, 180, 194
Gauchet, Marcel, 152
Gaunet, Florence, 130
genes, 7, 16, 116, 119-20, 126, 128, 140, 153, 195, 219, 221, 261, 277, 296
Goldschmidt, Victor, 217
Granger, Gilles Gaston, 73, 113, 178-9, 181
Greimás, Algirdas Julien, 73
Guéroult, Martial, 59
Gusdorf, Georges, 140, 180

Habermas, Jürgen, 244, 267-8, 317
Hacking, Ian, 103
Harvey, William, 174, 230
Heidegger, Martin, 117, 227, 267
Heinich, Nathalie, 102
Heródoto, 83
Heyes, Cecilia M., 127
Hiérocles, 48

hilemorfismo, 40-1, 44-6, 66, 154, 156-7, 168, 172, 178
Himmler, Heinrich, 264
Hipócrates, de Quios, 164
História, 7, 10, 13-4, 18-9, 70, 72-5, 77-8, 80, 83-4, 86, 88, 95, 97, 125, 128, 141, 147, 152, 158-9, 164, 178, 184, 193, 240, 243, 248, 251-4, 262, 264-6, 312
Hobbes, Thomas, 121
Hombert, Jean-Marie, 125
homem, ver definição do homem; próprio do homem
homem estrutural, ver estrutural
Homo sapiens, 116-7, 127, 146, 268, 280-1
homossexualidade, 8, 104, 258, 297
humanidade (crimes contra a -), 202, 313
humanismo, 16, 19, 134, 216, 218, 221, 234, 237, 239, 242, 249, 251, 267, 276, 281, 293, 317-9
Hume, David, 180, 209
Husserl, Edmund, 89, 154
Huygens, Christian, 229

Ideologia(s), 10, 16, 71, 84, 87, 98, 121, 145, 202, 221, 236-7, 240, 251, 254, 293, 313
ilusão, 16, 79, 83-4, 88-9, 92-3, 98-9, 102-3, 111, 128-9, 134, 147, 161, 244-5, 247, 252-4, 295, 311, 315, 318
incesto (proibição do), 95, 187, 189, 191
inconsciente, 7, 71, 73-4, 77, 84, 86, 93, 96, 108, 110-2, 128, 147, 159-60, 247, 250, 257
intencionalidade, 111, 122-4, 154, 304

Jakobson, Roman, 110
Janet, Pierre, 80
Jeangène, Vilmer Jean-Baptiste, 277
Jonas, Hans, 268

Kanner, Leo, 7
Kant, Emmanuel, 8, 125, 178-9, 208, 244, 313
Kepler, Johannes, 176
Koyré, Alexandre, 47, 173
Kuhn, Thomas, 109

La Mettrie, Julien Offray de, 230
La Rochefoucauld, François (duque de), 81
Lacan, Jacques, 7, 73, 85, 96, 181, 258
Lahire, Bernard, 90
Laland, Kevin N., 127
Lamarck, Jean-Baptiste de, 38
Larrère, Catherine, 283
Larrère, Raphaël, 283
Las Casas, Bartolomé de, 218
Le Blanc, Guillaume, 177
Le Goff, Jacques, 73
Le Roy Ladurie, Emmanuel, 73
Lecourt, Dominique, 268
Leibniz, Gottfried Wilhelm, 121, 140, 180
leis da natureza, 47, 64-7, 93, 108, 127, 155, 158, 162, 172, 175-9, 182, 184, 192, 194, 226, 228, 232, 242-3
Lênin, Vladimir Illitch, 265
Lestel, Dominique, 126, 130, 281
Lévinas, Emmanuel, 285
Lévi-Strauss, Claude, 7, 9, 14, 73, 76, 86, 93-4, 96, 181, 184, 186-92, 240, 255, 319
liberalismo, 16, 244-6, 248, 251-2, 258, 266, 286, 289, 300
liberdade, 55, 61, 73, 79, 85, 103, 149, 179, 217, 244-5, 248-9, 251, 268, 285, 289, 293, 315
língua(s), 7, 16, 25, 71, 73, 75, 79, 83, 85, 95, 125, 140, 145, 159-60, 243, 254
linguagem, 10, 24, 30-2, 40, 42, 51, 73, 77-8, 87, 96, 104, 108-9, 125, 135, 145-6, 152, 157, 194, 216, 240-1, 287, 298-9, 309-10, 318
Linguística, 7, 13, 72-3, 77-8, 85, 96, 107-8, 112, 158, 160-1, 183, 193, 241, 246, 296
Linné, Carl Von (Lineu), 13, 75, 140
Littré, Émile, 240
Livet, Pierre, 100
Locke, John, 81, 244
logos, 10, 29-32, 42-3, 46, 51, 63, 65, 124, 144, 161, 210, 212, 215-6, 224, 295, 307-8, 311, 317
Long, Anthony A., 48

Louverture, Toussaint, 319
Luckmann, Thomas, 101
Lucrécio, 283

Mac Cormack, Carol, 130
Malherbe, Michel, 227
Manceron, Vanessa, 130
Mandela, Nelson, 319
Mandeville, Bernard, 81
Mao Tsé Tung, 265
máquina, 8, 16, 53-4, 121-4, 148, 174, 225, 234-5, 267-71, 281, 284, 303, 314
Marx, Karl, 72, 84, 86-7, 114
Matemática, 24, 33, 44-5, 49, 53, 54, 60, 63-4, 66, 71, 112, 155, 163, 167, 171-7, 193-4, 196, 227, 312
Maupertuis, Pierre Louis Moreau de, 180
Mauss, Marcel, 86
Mead, Margaret, 188
medida, 44, 124, 150-1, 153, 175, 179-81, 192, 208, 291
Mendel, Gregor, 116
Menger, Pierre-Michel, 90
mente, ver espírito
Merker, Björn, 297
Mersenne, Marin, 54, 174, 230
Metafísica, 8, 11-2, 40-1, 46, 48-9, 57, 63, 67, 93, 113, 117, 144-5, 196, 203, 205, 216-7, 229, 287, 310, 315
Mill, John Stuart, 75, 244
Montaigne, Michel de, 80, 307, 319
Montanari, Massimo, 95
Moore, George Edward, 209
Moral, 8, 16-7, 19, 30, 32, 45, 62-3, 76, 90, 102-3, 120, 124-6, 144, 148-9, 154, 176, 201-10, 215-18, 224-5, 229, 233-5, 238, 243-4, 246, 250-2, 269-85, 289, 292, 295, 297, 299, 313-5
Morgan, Lewis, 240
morte, 9, 25, 35, 46, 48, 52, 95, 108, 112-3, 125, 276, 285, 297, 318
Mozart, Wolfgang Amadeus, 299
mulheres (condição das), 9, 16, 102, 188-9, 214-6, 218, 221, 248, 295

mundo (cosmos), 17, 23, 33-8, 41-2,
44-7, 64, 96, 100, 140, 149-53,
172-3, 177, 183, 193, 216-7, 224,
304-6, 308-10, 318

Naccache, Lionel, 128
Naess, Arne, 266
Nagel, Thomas, 303
naturalismo (naturalização), 12, 18,
73, 93-4, 97-9, 101, 108-9, 112,
115-6, 121-4, 127, 129-33, 140,
147, 153-4, 156, 158, 180, 193-5,
205, 208, 212, 216-7, 239-40,
253, 256-61, 264-7, 271-2, 278,
291-3, 296, 300, 305. *Ver também*
antinaturalismo
naturalista (sofisma -), 103, 220
natureza, *ver* leis da natureza
Neurociências, 7, 14, 16, 18, 62, 108,
110, 119, 122-3, 128-9, 140, 152,
156, 163, 193, 195-6, 277, 291,
300, 303-4
Newcastle, William Cavendish
(marquês de), 229
Newton, Isaac, 48, 176, 178, 180,
194-5
Nietzsche, Friedrich, 267
norma(s), 10, 16, 37, 45, 71, 76, 95,
103, 145, 148, 187, 201-4, 206, 209,
213, 218-20, 232, 241, 248-9, 257,
266, 278, 290, 292-3, 308, 313, 318

Ogien, Ruwen, 100
Origgi, Gloria, 125

Pacherie, Élisabeth, 122, 129
Paleoantropologia, 7, 70-1, 108, 116,
119, 291, 298
Palsson, Gisli, 130
Panofski, Erwin, 86
paradigma, 7, 13, 15, 18, 72-3, 77-8,
80, 83-4, 92-4, 104-5, 109, 111-4,
121, 128-9, 133, 161, 163, 180,
193, 202, 245, 255-6, 262, 269,
279, 296, 298-9
Pascal, Blaise, 150-1, 202
Pellegrin, Pierre, 30, 33, 170, 185-6, 217
Piaget, Jean, 96

Picq, Pascal, 126
Pinker, Steven, 146
Platão, 24, 30, 43, 50, 58, 100, 102, 164-7,
171, 174, 177, 179, 182-3, 291, 311
Pol Pot, 265
Política, 10-1, 16, 19, 30-3, 45, 71, 87,
98, 102, 117, 125, 181, 185, 204,
236, 239, 243, 253, 263, 276, 281,
285, 313
Popper, Karl, 13
população (genética), 116, 146, 153
Prochiantz, Alain, 277
próprio (do homem), 18, 52, 54, 78-81,
92, 114, 131-5, 146-8, 194, 242-3,
245, 270, 309
Protágoras, 291
Proust, Joëlle, 126, 129
Proust, Marcel, 307
Psicanálise, 13-4, 70, 75, 84, 96,
107, 112, 160-1, 241, 256-8,
262, 296, 401
Psicologia, 13, 70, 72-5, 108, 111, 119,
123, 125, 183, 193, 301
Psicologia Evolucionista, 8, 13, 108,
113, 146, 156-7
Ptolomeu, 13
Putnam, Hilary, 123

Quine, Willard Van Orman, 298

racismo, 9, 98, 220-1, 240, 261-2, 277,
289, 317
Radcliffe-Brown, Alfred, 97, 191
Rawls, John, 244, 250
razão (explicação, motivo), 12, 29,
71-2, 81, 89, 165, 184, 311-3, 316
razão (faculdade), 11, 29-32, 46, 48,
51, 54, 57, 60-2, 67, 72, 116, 126,
140, 150, 172, 174-5, 206, 208,
211-4, 216, 224, 287, 311-2, 316
Regan, Tom, 285
Regius, Henricus, 52, 55, 58, 232
regra(s), 10, 16, 64, 94, 102, 120, 149,
185, 187-9, 191-2, 275, 280, 288
Reich, Wilhelm, 13
relativismo (relatividade das culturas),
14, 91-2, 132, 145, 240-1, 292-3,
297-8, 319

NOSSA HUMANIDADE

Religião, 8, 21, 84, 96, 111, 115, 120-1, 154, 157, 247, 278, 298, 306, 313
Rembrandt, Harmenszoon Van Rijn, 299
Ribot, Théodule, 75, 77, 80
Richardson, Peter J., 127
Roué, Marie, 130
Rousseau, Jean-Jacques, 80, 86
Russell, Bertrand, 122

Sartre, Jean-Paul, 115, 117, 154
Saussure, Ferdinand de, 72, 85-6, 181
Schaeffer, Jean-Marie, 102, 116, 126-7, 299
Schumpeter, Joseph, 83
Sedley, David, 48
Sepúlveda, Juan Ginés de, 218
Sexto Empírico, 23, 291
sexualidade, 95, 103, 145, 216, 241, 258, 309
Shakespeare, William, 299
simbólico, 8, 87, 93, 96-7, 108, 110, 123, 133, 158, 189, 240, 254, 270, 301
símio (macaco), 125-6, 286, 299
Simmel, Georg, 182
Singer, Peter, 277-8, 285
Skinner, Burrhus Frederic, 80
Sloterdijk, Peter, 267, 276
Sociologia, 12-3, 72-4, 77-8, 80, 83-4, 90, 93, 95, 98-103, 108, 111, 120, 133, 147, 158, 160-1, 183, 193, 242, 245, 296, 313
Sócrates, 50, 74
sofisma naturalista, *ver* naturalista
sofistas, 30, 74
Soljenitsin, Alexandre, 265
Spencer, Herbert, 262
Sperber, Dan, 99, 120-1, 125, 130
Spinoza, Baruch, 78, 245
Stahl, Georg-Ernst, 13
Stálin, Joseph, 254
Strathern, Marilyn, 130
Strauss, Leo, 262
Sueur, Cédric, 125
sujeito, 16, 69-70, 78-80, 82-93, 112-3, 134-5, 139-40, 154, 157-9, 162, 233-5, 243-4, 246-7, 249-50, 252, 257-8, 274, 278, 285, 289, 301, 314-6, 318

sujeito da Ciência, 40, 48, 60-1, 65-7, 70, 72, 84, 88, 134, 146, 148, 159-62, 176-7, 225, 236, 253
sujeito sujeitado, 7, 10-1, 15, 69, 86, 89, 105, 108, 139, 162, 181, 196, 204, 239, 246, 250-2, 254, 258, 296
sujeito/predicado, 31, 307, 311, 316, 318

Técnica, 29, 226-31, 236, 267-70
teoria científica, 10, 13, 23-4, 32, 109-11, 129, 132, 204, 227, 246, 261, 263, 298, 304, 308
Tocqueville, Alexis de, 244
Tooby, John, 119
totalitarismo, 16, 243, 252-3, 264, 266
trans-humanismo, 266, 269-71, 293
Troubetzkoy, Nicolaï, 110
Turing, Alan, 110, 122-3, 271, 303
Tylor, Edward, 94, 240

valores, 10, 16, 30, 32, 45, 102, 201-4, 211, 232, 240-1, 255, 266, 270, 272-3, 279, 292-3, 308, 316-9
Van Der Henst, Jean-Baptiste, 157
Velázquez, Diego, 69
verdade, 9, 16, 46-8, 80, 98, 100-1, 146, 171, 224, 251-3, 291, 298-9, 309-10, 312-3, 315-6, 319
Vernant, Jean-Pierre, 73
Veyne, Paul, 102
vida (vivente), 25-7, 29-32, 38-40, 42, 48, 51-3, 56-7, 63, 67, 105, 117-8, 125-6, 140, 144, 146, 151, 158, 166, 168-70, 185-6, 189-91, 211-2, 224, 228-31, 257, 262-3, 266-9, 274-6, 278, 283-7, 299, 304
Viète, François, 173
Vovelle, Michel, 95

Wallerstein, Immanuel, 218
Wallin, Nils L., 297
Watson, John Broadus, 80
Weber, Max, 80, 83, 90, 124, 182
Weil, André, 110
Wilson, Deirdre, 121
Wolf, Christian, 13, 180
Worms, Frédéric, 70, 113
Wundt, Wilhelm, 75

SOBRE O LIVRO

Formato: 16 x 23 cm
Tipologia: Iowan Old Style 10/13,1
Papel: Off-white 80 g/m² (miolo)
Cartão Supremo 250 g/m² (capa)
1ª *edição*: 2013

EQUIPE DE REALIZAÇÃO

Edição de texto
Samir Thomaz (Copidesque)
Daniel Lühmann (Preparação de original)
Elisa Andrade Buzzo (Revisão)

Capa
Estúdio Bogari

Editoração Eletrônica
Sergio Gzeschnik (Diagramação)

Assistência Editorial
Alberto Bononi
Jennifer Rangel de França

Rua Xavier Curado, 388 • Ipiranga - SP • 04210 100
Tel.: (11) 2063 7000 • Fax: (11) 2061 8709
rettec@rettec.com.br • www.rettec.com.br